Inzigamdorf, den 16. 08. 07

RENATE JUST

KRUMME TOUREN 3

REISEN IN DIE NÄHE

IN NIEDERBAYERN

VERLAG ANTJE KUNSTMANN

© Verlag Antje Kunstmann GmbH, München 2007
Umschlaggestaltung: Michel Keller, München
Gestaltung: Sabine Wimmer, München
Lithografie: Reproline Genceller, München
Satz: Frese, München
Druck und Bindung: Clausen & Bosse, Leck
ISBN 978-3-88897-434-2
1 2 3 4 5 • 10 09 08 07

INHALT

Inhalt

»MA G'WOHNT'S.« –
HEIMATPROVINZ NIEDERBAYERN

Streng genommen wohne ich gar nicht in Niederbayern, sondern nur ganz nah dran, auf 1800 Meter Abstand genau. Vom Hang hinterm Haus schaue ich auf die Waldflecken, Maisäcker und Hofstellen von Grubing, das ist schon niederbayerisch. Fensterkreuze und Gartenzäune kann ich mit dem Fernglas scharfstellen, und auch der hochzirpende Kiebitzruf kommt von »drüben« her angeflogen. Seit eineinhalb Jahrzehnten habe ich diese Nahsicht, fast täglich kreuze ich auf einem einspurigen Fahrweg die niederbayerische Grenze zum nächsten Einkaufsmarkt mit Poststelle, zum Bankautomaten oder zur Dorfapotheke. Da darf ich Niederbayern wohl mittlerweile Heimat nennen, »Lebensabschnittsheimat« zumindest, mit der ich, nicht ohne Zwiespältigkeiten, verhakelt und verbunden bin. Schnell ist das nicht gegangen. Von München und dem Alpenvorland aus hatte »Niederbayern« immer einen fernen Klang, wenn nicht gar einen inferioren. Da hinter in den Osten, wann kam man da schon hin? Mal eine herbstliche Grenzkammwanderung im Bayerischen Wald – das war schön, still und eine Idee gruselig, so direkt am Eisernen Vorhang. Mal besuchte man eine der frühen Landkommunen im abseitigsten Rottal – eine Expedition zu Einöden mit komischen Namen, bei der man sich in gleichförmigem Gehügel ständig verfuhr, eine Gegend, »wo da Hund varreckt«. Und die Städte dort, wusste man doch, waren stockschwarz und schwerstkatholisch, Hans Kapfinger und Franz Xaver Unertl als Inbegriffsnamen klerikalkonservativer Exotik.

Klischees, die hartnäckig sind. Dabei fängt Niederbayern ein paar Kilometer hinter den Startbahnen des Münchner Flughafens an; bei dickem Stauverkehr ist man schneller in Landshut als in der Hauptstadt. Und die immer wieder behauptete Grundverschiedenheit der altbayerischen Landesteile – hie die prangenden Geranienbalkons und Lüftlpaläste Oberbayerns, da das strenge, karge niederbayerische Bauernland –, auch sie ist vielerorts bedeutungslos. In unserer Gegend, wo die Landkreise Mühldorf und Altötting an jene von Landshut und Rottal-Inn stoßen, ist die Landschaft prima vista rundum zum Verwechseln: ein etwas mattes Auf und Ab aus Bachsenken und Anhöhen, Streusiedlungen und Einzelhöfen, die Baulichkeiten zumeist sachlich modernisiert, die Dörfer idyllefern. Wenn man gefragt wird, öfters skeptisch, wie sich's denn so lebt im ostbayerischen Abseits, ist man versucht, mit einer einheimischen Formel zu antworten: »Danke, ma g'wohnt's.«

Man sollte sich jedenfalls nichts vormachen: So reizvoll und buntscheckig-heiter, die Schaulust am Landschaftsschönen befriedigend wie, sagen wir, am Samerberg oder hinterm Staffelsee ist es in niederbayerischen Gefilden kaum irgendwo. Plattling und Aiterhofen, Pocking oder Weihmichl sind Gemeinwesen, von denen kaum jemand als Ruhesitz träumen wird. Wer es zu Geld oder Renommée gebracht hat, der *stammt* gelegentlich aus Niederbayern, freiwillig dort niederlassen wird er sich erheblich seltener als in der Hauptstadt oder im Fünfseenland. Von außen wird dann gern kennerisch das Unaufgeputzte, Herbe der ostbayerischen Landesteile beschwärmt, »echt« sei es daselbst und ohne folkloristische Schminke. Schon wahr, dass man sich hier weder mit Aufhübschung noch mit konservatorischer Bedachtheit vergleichbare ästhetische Mühen gemacht hat wie im weit pittoreskeren Alpenvorland. Man mag ja Gewerbegebiete, Neubausiedlungen ohne Ende und mit Plastikplanen abgedeckte Gemüsefelder »echt« im Sinne unverstellter Nutzungsorientierung finden – den Reisenden stimmen die »praktischen«, von der Tradition ausgeräumten, dafür weithin mit Baumarktschrott aufgefüllten, niederbayerischen Veduten oft nicht besonders glücklich.

Wer sich entschlossen hat, im Unterland zu siedeln, hat das meist aus pekuniären Gründen getan. Landkommunen, Künstler, weniger begüterte Stadtflüchter konnten im weitläufigen, agrarischen Niederbayern noch Hofstellen mit viel Grund drumherum auftun, die sich bezahlen ließen. Und dann »g'wohnte« man es über die Jahre: das etwas flaue Akkerwiesenland »ohne Wein und Nachtigallen«, die Abwesenheit von spiegelnden Seen und schneeigen Gipfeln, die zunächst beklemmende Übersichtlichkeit der nachbarlichen Kleinstädte, die Ferne der metropolitären Reizfaktoren. Über die deutsche Provinz liest man ja neuerdings viel Gerührtes. Seitdem die coolen Medienschaffenden der Großstädte ihre Heimatnester wieder entdeckt haben, samt allen »Entschleunigungsoasen« (herrlicher Terminus) der provinziellen Seinsweise, erlebt das Abseits der kleinen Städte und Gemeinden einen Aufmerksamkeitsboom, der sich gewaschen hat. Der Zuzügler oder Dagebliebene in der »Idiotie des Landlebens« (Karl Marx) pflegt naturgemäß andere Einstellungen als der passagère Nostalgiker. Eine seiner Daueremotionen ist die Haßliebe, seine Gemütslage das Wechselbad. Heimat im niederbayerischen Dunstkreis: das heißt immer wieder Ärger über die Kirchturmpolitik der hemmungslosen Gewerbegebietsausweisungen, über weiterwuchernde Ortsrandsiedlungen voller Eigenheim-Mißgeburten. Heimat in Niederbayern bedeutet die nagende Bangigkeit vorm kompletten Unwirtlichwerden der historischen Innenstädte, wenn nun auch das letzte traditionelle Haushaltswarengeschäft, der schöne Feinkostladen unter den Stadtplatzarkaden dichtgemacht hat. Unterwegs auf Niederbayerns Straßen fährt man immer wieder mal durch eine versehrte, freudlos traktierte Landschaft; gelegentlich kann es einem zuviel werden vor all den Hagebau-, Hornbach- oder Schleudermaxx-Bunkern im Augenfeld, vor den fabrikgedrechselten Beiz-Balkonen, von denen noch nach Monaten die Nationalflaggen der Fußball-WM im Wind flappen.

Und doch ist man schleichend zum »Heimatler« geworden, wie der Schriftsteller Eckhard Henscheid sich als überzeugter Oberpfalz-Provinzler gern angeredet sähe. Verstohlen hat sich Zuneigung eingenistet zu dem ganzen Nicht-viel-Hermachen, der werktagsmäßig-unpolierten Unaufdringlichkeit niederbayerischer Landschaftstableaus und Stadtbilder, deren Verstecktes, Spezielles öfters erst das geduldige Erkunden enthüllt. Keine protzige, keine auftrumpfende Gegend ist das, in der ich da heimisch geworden bin, das kommt mir sehr entgegen. Schönheitspreise dürfen touristischere Regionen kassieren. Wobei es natürlich niederbayerische Highlights gibt, die überall mithalten können. An das bildschöne Landshut, an den Reichtum der Asamkirchen und Barockklöster sein Herz zu verlieren ist nicht schwer. Aber mindestens so teuer geworden sind mir die niederbayerischen Stimmungen des »so schön beiseit«, wie es bei Robert Walser einmal heißt: eine gleichmütige Leere und Ruhe abseits der Durchgangsstraßen, eine Blankziegelkapelle im Bachgrund, das hochsommerliche Mittagsbrüten menschenleerer Kleinstadtgassen, ein sinkender Juniabend auf den Hügeln zwischen Sulzbach und Kollbach, die zarten und strengen Felderbilder des Vorwinters. Ich mag die Sprache, die »grob« sagt, wenn sie etwas häßlich findet, und »schmecken« statt riechen, ich bin überrascht worden von der Freundlichkeit und Hilfsbereitschaft der Mitmenschen, die mir hier draußen begegnet sind. Ich mag die Wiederholungen und vertrauten Alltagsbewegungen des provinziellen Daseins, das ritualisierte Hin und Her auf den historischen Marktplätzen, deren Charme mich immer wieder einspinnt. Ich mag den kellerkühlen Lufthauch der Landkirchen in der Julihitze, werktäglich verlassene Biergärten, in denen man der einzige Gast ist und nur ein alter Hund im Hausschatten schnarcht. Ich mag sogar das lokale Anzeigenblatt »Vilstalbote« mit seinen graugerasterten Fotos von Walddiscos und Schützenkönigen und seinen Polizeiberichten à la »Rollerblader fährt Straßenlaterne auf dem Lidl-Parkplatz um«.

Nur: »Ma gwohnt's«? Ein anderer schöner bayerischer Ausdruck lautet: »I g'lang damit.« Danke, mir reicht aus, was ich habe. Mehr als das: Mein nah benachbartes Niederbayern hat sich als ein generöses und haltbares Geschenk erwiesen – nicht auffällig glamourös verpackt, aber das Auswickeln ist jeder Mühe wert.

»Jedenfalls ist man komplett selig, durch
solche Straßen zu ziehen, in halb
verschlafener Welt ...«
Alfred Kerr

Kapitel 1

LANDSHUTER EUPHORIEN
HERZOGSTADT UND HINTERLAND

»HUNDERTUNDFÜNFZEHN JAHR'
MÖCHT' MAN ALT WERDEN«

Daß ein normales Leben nicht lang genug dauert, ist Alfred Kerr auf einer Reise eingefallen. »Hundertundfünfzehn Jahr' möcht man alt werden«, dieser Wunsch platzt förmlich aus ihm heraus, vor schierer Euphorie, vom »Glück, dazusein und zu atmen«. Wo? In Capri oder an der Côte, in Paris oder Papeete? Nein, Landshut in Niederbayern ist es gewesen, das den weltläufigen, böszüngigen Berliner Theaterkritiker in derart ausnahmehaftes Entzücken versetzte.

Zu Anfang des 20. Jahrhunderts hat er aus der Hauptstadt, aus »Preußisch-Halbamerika«, eine Bayernfahrt unternommen – »Auf die Nester dort hab' ich eine Leidenschaft« – und schwärmerische kleine Feuilletons verfaßt: »Jedenfalls ist man komplett selig, durch solche Straßen zu ziehen, zwecklos, in halb verschlafner Welt, jedes Haus, jedes Dach, jedes Tor, jedes Kramfenster anzuglotzen, zwischendurch zum Dräxlmair hineinzugehen, ein Bier zu trinken … und hernach auf die Burg Trausnitz zu klettern … Von dort sieht man das Städtle so liegen wie auf alten getuschten Zeichnungen. Das ist überhaupt keine Ortschaft – sondern was Geschnittenes und Angemaltes. Der Fluß glänzt mitten hindurch. Man sieht auf Klöster, Stifte, Türme, Hügelgemäuer, ein Spittelchen, ein Rathaus; auf manche Hufschmiede, manches Faß, auf manches Grab … und den glückseligen Mittag.« Und noch mal: »…Ich will hundertfünfzehn Jahr' alt werden.«

Ein knappes Jahrhundert später kann man in Landshut im »Dräxlmair« nicht mehr einkehren; es gibt keine Wagen mit Landgäulen und rennenden Mägde mit »links hochgesteckten Schürzen« mehr. Die von Kerr bestaunten Hafnereien, Melbereien, Zinn- und Gelbgießergewerbe, die Brauereidünste und »sumsenden« Mühlräder – nur noch in seiner Reiseminiatur bewahrt. Und doch versteht man Kerr nur allzu gut. Ich erinnere mich genau daran, wie ich vor Jahren zum ersten Mal in die alte Stadt quasi hereingefallen bin, an einem grauen Frühwintertag, von oben her, vom Hofberg. Ich bin damals versehentlich auf die für den Durch-

Blick von der Isar

gangsverkehr eigentlich gesperrte, abschüssige Straße »Am Graben« geraten. Heute stelle ich mich ab und zu dumm und ignoriere das rotweiße
Verbotsschild – weil dies ein so ungewöhnlich schönes Stadt-Entrée ist.
Man rutscht einen steilen, laubbaumbestandenen Hohlweg bergab, rechts
und links bauen sich alsbald breite Giebelhäuser auf. Handwerkerbehau-
sungen früherer Jahrhunderte sind das, mal mit Pult-, mal mit Krüppelwalmdach, mit zierlichem Rautengitterbalkon oder sogar einem spätgotischen Flacherker versehen. Alle Gebäude stehen ein wenig unregelmäßig
zueinander, mal eng aneinandergehängt, mal etwas erhöht oder rückver-
setzt; es gibt krummgetretene Hausstiegen, Straßenbiegungen und platzartige Erweiterungen, verwachsene Gärten – der ganze Graben ist eine
altmodische Straße »wie früher«, die paar modernisierten Häuser stören
unerheblich. Das blaßrote Ziegelwerk des spätmittelalterlichen Burghau-
ser Tors bleibt rechts liegen, noch einmal geht es äußerst gach den Klöpfl-

graben hinunter. Und dann tritt man hinter der Straßenkurve, wo einst das Münchner Tor stand, fast automatisch auf die Bremse. Denn da ragt schlagartig, schräg in den Platzraum gestellt, in ganzer Länge vom Hauptportal bis zur äußersten Spitze, der unglaubliche Kirchturm von St. Martin in den Blick. Seit 1500 steht er so da, der höchste Backsteinkirchturm der Welt, den gewiß nicht nur ich auch den *schönsten* Turm der Welt finde. Manchmal bilden seine Terrakottatönungen einen fast grell leuchtenden Kontrast zum Himmelsazur, manchmal verwaschen seine Farben im Winterdunst, verbirgt sich die 130 Meter hohe Spitze mit ihren weißgoldenen Fialenkränzen in dünnen Wolken. Immer ist seine schlanke Gestalt Mirakel und Augenglück – mit ihren vollendeten Abstufungen, ihren vielgestaltigen Spitzbogenfenstern, Blendarkaden, der Sonnenuhr und den asymmetrisch-dekorativen Treppentürmchen. Auf den Martinsturm »hab' ich eine Leidenschaft«, und das Lesezeichen der Buchhandlung Pustet, gleich gegenüber dem Hauptportal, das ihn in schöner, detailpräziser Schwarzweißgraphik abbildet, klemmt bei mir in einer ganzen Reihe bayerischer Bücher.

Warst du wieder mal in deinem Landshut? werde ich zu Hause mit leichtem Spott gefragt, wenn ich heimkehre aus dieser etwa 35 Kilometer entfernten Stadt, in der ich mich zugegebenermaßen oft und gern herumtreibe. Was für ein Trost die Entdeckung des wärmenden Stadtraums Landshut damals vor 15 Jahren gewesen ist, als wir zu klammer Jahreszeit in ein noch unfertiges ostbayerisches Bauernhaus umgezogen waren, das in fremder Nebellandschaft lag. Auch damals habe ich einen Parkplatz am Dreifaltigkeitsplatz, zu Füßen des Bronzedenkmals von Herzog Ludwig dem Reichen, gefunden. Und erst einmal, mich drehend, Fassaden und Giebel begafft, die sich da rundherum aufbauten. In den kleinen Geschäften um den Platz waren schon die Lampen angeschaltet, und darüber erkannte man das Ochsenblut, Blaßgelb oder Graugrün der Verputzfarben, man sah unterschiedlich hohe Zinnen-, Stufen- und Volutengiebel, schräg aufgesetzte Erker, Torbögen und Hausheilige, Handtuchhäuser, die nur zwei Fenster schmal waren, und solche mit stattlichen Doppelfronten, das

Pflaster abgetreppt mit alten Eisengeländern, als dunkle Masse drüber die Burg. »Was Geschnittenes und Angemaltes«, hat Kerr in Landshut assoziiert – ich hatte an jenem ersten Spätnachmittag das Gefühl, in einem meiner Kinder-Adventskalender aus dem Ars-Sacra-Verlag, oder waren sie von Bärenreiter?, gelandet zu sein, in einem dieser sorgfältig gepinselten, ur-heimeligen Kleinstadtgewinkel, in die man schon immer gern hineinverschwunden wäre. Landshut ist für mich »Adventskalenderstadt« geblieben, was natürlich Unsinn ist, denn Niederbayerns Hauptstadt, mit 60 000 Einwohnern, mit erheblichen Gewerbe- und Industrieagglomerationen an ihren flachen Rändern, mit Großkliniken und Fachhochschulen, Siedlungsballungen und allzu nahem Kernkraftwerk, ist im Gesamtbild nicht wirklich niedlich. Aber ihr historischer Kern, cum grano salis unzerstört, zwischen den steilen, waldigen Hofbergleiten und den Flußarmen in der Senke hat für den häufigen Besucher aus dem Umland eine schon fast magische Behagens-Aura. Er staunt manchmal selber darüber, wie wunderlich wohlig und etwas infantil angeheimelt er sich ausgerechnet in dieser, ihm lange unbekannten, bayerischen Stadt fühlt. Eine späte Liebe, Landshut, blitzartig einschlagend und dann sehr hartnäckig.

Vielleicht hat sie zu tun mit den Maßen und Dimensionen dieses Stadtgebildes, die gleichzeitig generöse Weite wie wohnungsartige Geborgenheit suggerieren. Vielleicht auch damit, daß es die Maße der Kindheit sind – meine Heimatstadt, wenngleich nicht altbayerisch-gotisch, sondern lutherisch-klassizistisch, hatte den gleichen sehr übersichtlichen mittleren Zuschnitt. Und so mag ich in Landshut auch die Straßenzüge der jüngeren Vorstädte »extra muros«, diese höchstens dreistöckige biedermeierliche oder gründerzeitliche Wohnbebauung, geradlinig bahnhofwärts. Unaufwendige, aber stimmig verkettete Zinshaus-Ensembles, wo mir an etwas verschlafenen, sonnigen Nachmittagen zwischen Fenstersimsen, Gitterzäunen, Haustoren und Hofeinblicken, die meinen Kinderbildern so urähnlich sind, manchmal die Zeit rückwärts zu laufen scheint.

FEHLT WAS, AUSSER ALPENBLICK?

Aber vor allem ist es natürlich die Altstadt, die immer wieder lockt. Das Ortsbild des historischen Landshut könnte man eine jener »Weltlandschaften« nennen, wo auf kleinem Raum, wie im Modell, alles hineingepackt ist, was wir üblicherweise freudig beäugen: Flußgestade und Bergeslehne, Stadtmauern und Brücken. Türme, Giebel und Arkaden. Parklandschaft und gotischer Platz. Höfe- und Gassenenge. Kloster und Kreuzgang, Renaissancepalazzo und selbstredend eine spektakuläre Burg. Fehlt was, außer Alpenblick und Seepromenade vielleicht? Und dabei hat diese Bilderbuch-Ballung kaum etwas Museales, die gelegentlichen Sightseer verläppern sich fast ganz im bayerisch-einheimischen Alltagsumtrieb. Schon am Dreifaltigkeitsplatz, dem Eingang zur Altstadt wie zur »Altstadt« – so heißt irritierenderweise auch die platzartige Hauptstraße –, herrscht Geschäftigkeit. Bei »Feinkost-Strobl«, seit Ewigkeiten existiert dieser kleine Kramer unter dem schönen Volutengiebel, holt man sich Zeitungen, und die Kinder versorgen sich aus dem hier besonders breiten Angebot gummiartiger Süßware. Vom »Strobl-Muatterl«, der betagten Ladnerin, ließen sich die seinerzeit legendären Eishockeyspieler des EV Landshut, der Kühnhackl Erich, der Auhuber Butzi oder der Schloder Alois, vor jedem größeren Match über die Schulter spucken (»Strobl-Muatterl, jetzt muaßt uns o'speibn!«). Ein Bäckerladen (heute »mit Reinigungsannahme«) im Sprenggiebelhaus nebenan ist dort, urkundlich bezeugt, seit über vierhundert Jahren ohne Pause heimisch – seit 1493 liegt die Backzulassung, die »Beckengerechtsame« auf der Hausnummer Dreifaltigkeitsplatz 10, wie Nummer 14, gerade mal zwei Fenster breit, stets einen Kaminkehrer beherbergt hat. Nummer 13, mit wohlerhaltenem altem Treppenhaus und Arkadeninnenhof, war nacheinander von vielen Landadelsfamilien bewohnt, später dann weniger nobel von einem Lottokontrolleur und einem Leihhausinhaber. Der REWE-Markt im massigen, zinnenbewehrten Querriegel des herzoglichen Hofkastens von 1468 dient heute auf etwas andere Weise der Grundversorgung als zu Zeiten

der »Reichen Herzöge«. Damals war der Zehentstadel das große Getrei-
delagerhaus der Stadt – als 1475 zur berühmten Fürstenhochzeit Aber-
tausende fremder Rösser in Landshuts Mauern verköstigt werden mußten, ließ man den Hafer einfach aus röhrenartigen Maueröffnungen per
Massenabfertigung vor die Pferdemäuler rutschen. Das Bronzedenkmal
vor dem heute neugotisch überformten Zehentstadel ehrt den Vater des
seinerzeitigen Bräutigams, Herzog Ludwig den Reichen, einen Herr-
scher, der auch zum Fürchten war. Seine erste Amtshandlung anno 1450
bestand in der Vertreibung der bis dato geschützten jüdischen Bevölkerung, die damals gedrängt rund um den Dreifaltigkeitsplatz siedelte, so sie
sich nicht taufen ließ und 30 000 Gulden Steuern berappte. Die Synagoge
wurde ein Jahr danach zum christlichen Gotteshaus (heute abgebrochen)
konsekriert. Das feierliche Monument des Judenaustreibers steht genau
an ihrer Stelle.

Wenn wir über die östliche Platzseite in die Höhe schauen, ragt uns
über grünem Waldhang der Dürnitzbau von Burg Trausnitz in den Blick.
Die Burg, so nah und steil über dem Altstadtgewirr, ist zum Verdruß der
Kommunalpolitik nicht wirklich bequem zu erreichen. Entweder muß
man eine schweißtreibende Reitertreppe namens »Ochsenklavier« er-
klimmen oder sich auf längeren fußläufigen Umwegen hintenrum nähern. Also hat man, auf touristische Attraktivitätssteigerung sinnend, neuerdings den Plan eines Burgaufzugs vom Dreifaltigkeitsplatz aus gefaßt.
Ein solcher Schrägaufzug mit nur zwei Minuten Fahrtdauer, der auf
Schienen durch die Laubwildnis des Hanges liefe, stößt freilich auf größte
Bedenken des Denkmalamts. Unter anderem fürchtet man, daß Bauarbeiten die letzten Relikte von Landshuts mittelalterlichem Judenviertel de-
molieren könnten, dessen Fundamente unter dem Platz ein bedeutendes
»Bodendenkmal« darstellen.

Wir bleiben noch in der Talsohle, schlendern zum holperpflastrigen
Nahensteig, dessen Name vermutlich hebräischen (nahar: Bach) Ur-
sprungs ist. Für des Nahensteigs altehrwürdige Szeneattraktionen, das
Programmkino »Kinoptikum« und die Absturzkneipe »Schwarzer Hahn«,

ist der Tag noch bei weitem zu jung. Die flottere Business-Szene, oder was sich in Landshut dafür hält, trifft sich im nicht nur namentlich schwer auf metropolitär getrimmten »Börsencafé« unter den benachbarten Altstadt-arkaden, mit dominanter Cocktailbar und Designerbestuhlung. Wenn's schon Latte Macchiato sein muß, dann sitzt man aber schöner an den massiv-modernen Holztischen vorm »Haus Kronprinz«, direkt vis à vis von St. Martins prachtvollem Kielbogen-Hauptportal.

»ÜBER DAS MENSCHEN- UND MATERIALMÖGLICHE HINAUS« – SANKT MARTIN UND SEIN TURM

Jetzt sind wir unmittelbar unter dem Turm der Martinskirche und müssen den Kopf auf Anschlag in den Nacken legen, um seine volle Höhe zu er-fassen. Das riesig aufgesperrte Maul der Prunkpforte im Turmfuß bedeu-tet, daß die kompletten 130,6 Meter nur auf zwei seitlichen Stützwänden ruhen. Und das auf ziemlich glitschigem Untergrund: auf mergeligem, mit nassem Kiessand untermischtem Boden, »der im Grunde nichts ande-res ist als ein Isarsumpf«, heißt es in einem neueren Buch über den Mar-tinsturm. Um seine gewaltige Höhe zu stabilisieren, rammte man im 15. Jahrhundert dicht an dicht fast tausend Holzpfähle in den nässenden Grund, eine sogenannte »Weißtannenbürste«; ein ähnliches Prinzip hält Venedig über Wasser. Auch der Landshuter Turm blieb bis in die Siebzi-gerjahre des 20. Jahrhunderts vollkommen standfest – bis durch die Isar-regulierung und große Kaufhausneubauten am nahen Altstadtrand der Grundwasserspiegel sank. Luft kam an die mittelalterlichen Holzfunda-mente, die zu faulen begannen. Als der Turm sich um etliche Zentimeter südwärts neigte, mußte schleunigst gehandelt werden. In einem völlig neuen Verfahren, das der Statiker Gallus Rehm entwickelt hatte, wurde dem fast 20 000 Tonnen schweren Giganten ein »Betonschuh« angezo-gen – man schob ihm in jahrelanger Sanierung mit größter Vorsicht stäh-lerne Hohlkörper als Stabilisatoren unter, die anschließend mit Beton verfüllt wurden. Seit 1991 steht Landshuts Wahrzeichen wieder senkrecht,

Das Portal von St. Martin

und erhalten bleibt uns die Stadtvedute mit dieser samt Turm einzigartig plazierten Kirche, die Wilhelm Hausenstein so geschildert hat: »… als käme sie aus dem Hintergrund herein wie eine riesige Person, die eine Schulter leicht in die Straße vorschiebend … Ich möchte schwören, daß ich nie eine Kirche schöner habe dastehen sehen.«

Tief gekehlt und in einem nadelspitzen Wimperg nach oben gezogen ist ihr spätgotisches Hauptportal; es saugt den Blick einwärts auf erstaunlich leuchtende Farben – das Taubenblau des Gewändes, die bunten Kleider der Evangelisten und Kirchenlehrer, die maisgelben Kringellocken der Engelsköpfe. Ein wahres Bilderrätsel stellt das Tympanon dar. Da sieht man eine einknickende Dame mit verbundenen Augen und einem Widderkopf in der Linken – das ist die Synagoge, die vom Kreuzestod Christi in die Knie gezwungen wird. Eine Venusfigur, das Heidentum symbolisierend, stürzt vom Sockel, ein Schriftband teilt uns mit: »nvn wird frau venus vor die welt hinausgeworfen.« Körperlose Hände spenden Segen und schwingen Schwerter über die armen Seelen in einer Art Käfighäuschen, aus dem die eigentlich ganz vergnügt in die Gegend linsen – als säßen sie nicht im Fegefeuer, sondern an einem bequemen Fensterausguck über dem Altstadtgewusel.

Dieses verliert sich schlagartig, wenn man den engen Durchlaß unter einem Schwibbogen betritt, der entlang der Kirchenseite auf den St. Martins-Friedhof führt. Schon lange ist dieser stille Platz keine Begräbnisstätte mehr, sondern ein bezaubernder Winkel Landshuts, ein friedliches, schön gepflastertes Karree, mit Reihen von ordentlichen Kugelbäumchen bewachsen. Rechterhand haben wir eine vielgestaltige Giebelreihe kleinerer Bürgerbauten, zur Linken St. Martins ragendes Backsteinschiff, das die Häuschen wie ein großes, freundliches Tier zu beschützen scheint. In die Kirchenmauer sind zahlreiche Epitaphien eingelassen – vor allem zieht aber den Blick ein steinerner Kopf auf sich, der als Stütze einer Christus-Halbfigur dient. Dieser asketische Männerschädel mit der Brecht-Frisur, den markanten Stirnadern und Sorgenfalten, dem skeptischen, introvertierten Ausdruck der Augen ist ein realistisches Ausnahmewerk der spät-

gotischen Porträtplastik. In seiner hochindividualistisch modernen Auffassung könnte es sehr gut einen Intellektuellen unserer Tage darstellen,
einen grüblerischen Dramaturgen oder Altphilologen. Es zeigt uns aber
den Baumeister der Martinskirche, den »pawmeister zu sand Martein«,
Maestro Hanns von Burghausen, der über entscheidende Phasen der
mehr als hundertjährigen Bauzeit architektonische Regie führte. Umrun-
den wir nun den Chor von St. Martin und betreten das Innere durch das
nördliche Seitenportal.

Man kann diese Kirche auf seinen Landshuter Wegen einfach lässig
durchqueren, rein durchs Taufportal, raus durchs Bürgerportal – sie liegt

praktisch mitten auf der Einkaufsstrecke, die man mit seinen Tragetüten von Feinkost Stegfellner, der Hofpfisterei-Filiale, dem Modehaus Oberpaur oder dem Schwaiger-Markt abklappert. Ich tue das oft, denn auf der kurzen Diagonale unter St. Martins Gewölbe gerät man kurzfristig und wohlbekömmlich in etwas fundamental *anderes,* etwas unübersehbar Hochheiliges und dennoch Heiterkeit und Leichtigkeit Verströmendes. Das Bauwerk Martinskirche ist an sich eine komplette Unmöglichkeit, kein Bauamt der Jetztzeit würde eine dermaßen riskante, filigrane Statik genehmigen, die eigentlich »über das Menschen- und Materialmögliche hinausgeht«. Der himmelhohe Hallenraum mit seinen Netzgewölben ist meist in hellstes, mauvefarbenes Licht gebadet, die Seitenwände sind kaum tragfähig, denn sie bestehen fast nur aus Glasfenstern. Der ganze Raum ruht auf den birkenschlanken, unendlich überhöht scheinenden Binnenpfeilern. 29 Meter hoch sind sie bei kaum zwei Metern Durchmesser, bessere Stricknadeln, die da ein gewaltiges Dach stemmen. Nichts Klobiges, später Zugefügtes verstellt die großen Perspektiven dieses transparenten, schwerelosen Schiffs, ein Raum der allerhellsten Mystik, so kommt er einem vor. *Wenn* »Gottes Haus«, dann muß es sich idealerweise so ansehen und anfühlen wie Sankt Martin zu Landshut – ein so gewagter, so ästhetisch grandioser Raum beglückt auch den Zweifler und versetzt auch ihn fast zwingend in eine Gemütslage frommen Respekts, aber auch tröstlicher Gelassenheit, in der sich das eine oder andere Gebet nahezu von selbst ergibt.

Die Martinskirche wurde nicht von einem Potentaten und Feudalherrn zur eigenen Ruhmesmehrung in Auftrag gegeben – sie ist ganz und gar eine Leistung der städtischen Bürgerschaft. Um die 8000 Landshuter Einwohner waren es zu Beginn des 15. Jahrhunderts, die sich für *ihre* ureigene Kirche über Jahrzehnte grausam krummlegen mußten. Auch das monumentale Holzkruzifix, acht Meter aus einem einzigen Lindenstamm geschnitzt, das frei im Chorbogen hängt, sparten sie aus ihren Mitteln zusammen. Später bezahlten sie den einheimischen Bildschnitzer Hans Leinberger, der damals in der Landshuter Barfüßergasse, heute Bindergasse, seine Werkstatt betrieb, für das wohl bedeutendste Kunstwerk dieser Kirche: die Rosenkranzmadonna vorn im rechten Seitenschiff. Sie gilt als eine der Hauptschöpfungen dieses spätmittelalterlichen Großmeisters einer furiosen, schon fast barock-exaltierten Schnitzkunst eines Einzelgängers, von dessen Leben man kaum etwas weiß.

Ich bin wahrlich nicht die einzige, welche seine Mariengestalt immer wieder besucht. Die Leinberger-Madonna hat sich niemals wunderwirkend betätigt, man kann nicht mal Kerzlein anzünden vor ihr. Sie steht einfach nur erhöht an der Wand, knapp überlebensgroß, Spielbein vor Standbein, gleichzeitig bodenständig-fest und fast tänzerisch schwebend in ihrem wild wogenden Gewand. Der Ausdruck ihres ganz und gar unsüßlichen, eher bäuerlichen Gesichts ist schwer zu deuten. Versunken? In sich ruhend? Manchmal kann man ihre Miene fast verdrossen finden. Gar nichts Verhaltenes hat der schneckerlgelockte Jesusknabe auf ihrem linken Arm, der aussieht, als wolle er gleich auf und davon hüpfen auf seinen Wulstbeinchen. Sie hält ihn fest und doch locker, wie ihre ganze Erscheinung etwas Freibewegtes, aber auch Verhaftetes hat. Die Leinberger-Madonna will mir als der Inbegriff der Patrona Bavariae erscheinen, eine Hiesige, eine Unsrige, die bei aller Hoheit kernig und kraftvoll wirkt – und als hätte sie etwas zu melden bei der allerhöchsten Instanz. Wahrscheinlich wird diese Lindenholzfigur deshalb seit Jahrhunderten von den Menschen als Fürsprecherin geliebt und aufgesucht; fast immer sitzt eine vereinzelte Person in den hohen Holzbänken zu ihren Füßen und scheint schweigend irgendwelche Anliegen mit ihr zu verhandeln, scheint um eine Tröstung oder eine Gesundung, ein Gelingen oder ein Glück, oder auch nur den Weiterbestand von Balance und Gemütsruhe zu bitten. Das war allezeit so, seitdem sie dieser Kirche ihren guten Geist verleiht. Man kommt immer ein bißchen zur Ruhe in dieser Nische, angesichts ihrer dauerhaften Gegenwart, neben sich auf dem blankgewetzten Sitz von 1670 die Plastiktüten von heute – und dann quert man das hallende Kirchenschiff wieder, tritt zurück in Getriebe und Geräuschkulisse jenseits der Portale.

EINE APOTHEKE IN DER ZWEIBRÜCKENSTRASSE – GREGOR STRASSER UND HEINRICH HIMMLER IN DER ISARSTADT

Ein Bildwerk in St. Martin verweist uns auf die jüngst vergangene Geschichte. In der Kastuluskapelle, in einem Glasfenster der Nachkriegszeit, hat der Maler Max Lacher den Folterknechten, die den Heiligen Kastulus schinden und zur Vierteilung vorbereiten, die Gesichter von Hitler, Goebbels und Göring verliehen.

In den Zwanzigerjahren, der sogenannten »Kampfzeit« der NSDAP, war Hitler öfters in Landshut zu Gast bei seinem Parteigenossen, dem Apotheker Gregor Strasser, der damals in der Zweibrückenstraße zwischen den beiden Isararmen eine »Medizinaldrogerie« besaß. Der Niederbayer, ein Nazi der ersten Stunde, der 1922 der SA und kurz danach der NSDAP beigetreten war, tat sich hervor mit der Gründung eines rechtsradikalen Kampfverbands, des »Sturmbataillons Niederbayern«, das unter anderem an Hitlers Marsch auf die Münchner Feldherrnhalle beteiligt war. Gregor Strasser hatte Hitlers Vertrauen und machte in den Folgejahren eine große braune Karriere – bis zum Reichspropagandaleiter und Reichsorganisationsleiter der NSDAP in Berlin. 1932, als er im Gegensatz zu Hitler Koalitionsverhandlungen befürwortete, fiel er in Ungnade und wurde 1934, obwohl er alle Parteiämter niedergelegt hatte, im Zuge des »Röhmputsches« von der Gestapo erschossen.

Daß sich der Apotheker aus der Zweibrückenstraße durch sein gewaltsames Ende zu einer Art »gutem Nazi« qualifiziert habe, einem mit humanerem und linkslastigerem Gedankengut als die NS-Parteilinie, verweist die Landshuter Historikerin Gabriele Goderbauer-Marchner ins Reich der Mythenbildung. Theodor Heuss, der vor der Machtergreifung mit Strasser im Reichstag gesessen hatte, bezeichnete ihn als »grobschlächtig, wenig sympathisch«, andere hatten ihn als »Depp« und »Schrecken des Wirtshauses« erlebt. Fürchterlicher war auf alle Fälle ein Sekretär und Mitarbeiter Strassers im Kontor über der Drogerie, wo man fleißig den Aufbau der NS-Organisationen betrieb, Heinrich Himmler sein Name.

Unlängst habe ich Alfred Anderschs autobiographische Schulge-schichte »Der Vater eines Mörders« wieder gelesen, die eindringlich das ressentimentgeladene deutschnationale Bürgermilieu in den Jahren nach dem Ersten Weltkrieg schildert. Jener Mördervater, mit dem der junge Andersch-Protagonist am Münchner Wittelsbacher-Gymnasium anein-andergerät, ein in finsteren Farben gemalter bedrohlich-autoritärer Schul-direktor, das war des unseligen »Heinis« Vater Gebhard Himmler, zuvor über etliche Jahre Konrektor am humanistischen Gymnasium Landshut, dem heutigen Hans-Carossa-Gymnasium an der Freyung. Dort ging auch der 1900 geborene Heinrich Himmler ab 1913 zur Schule. 1917 brach er ab und meldete sich freiwillig zum Kriegsdienst, 1919 holte er an der Freyung seine Reifeprüfung nach. Was der Landshuter Abiturient nach-malig als »Reichsführer SS«, als einer der Hauptschuldigen am System der Konzentrations- und Vernichtungslager, verantwortete, das kostete unter Millionen anderen auch die Landshuterin Cilly Hirsch auf erbärmliche Weise das Leben.

Wenn wir vorm Modehaus Oberpaur und der Parfümerie Douglas gleich gegenüber St. Martin in der Altstadt stehen, dann sollten wir Cilly Hirschs gedenken, an die keine Tafel erinnert. Die beiden neuzeitlich aus-gebauten Geschäftshäuser sind keine größere Zierde des Straßenzugs – das gründerzeitliche, zierratreiche Kaufhaus Tietz, das zuvor hier stand, würde einem heute wohl besser gefallen. Die Jüdin Cilly Hirsch, eine Tante der berühmten Schauspielerin Lilli Palmer, war die Besitzerin die-ses angesehenen Warenhauses – wie überhaupt die jüdischen Bürger Landshuts, die sich seit der mittelalterlichen Vertreibung erst wieder im 19. Jahrhundert in der Stadt angesiedelt hatten, einen sehr guten Ruf genossen, denn sie waren wohltätig und vielfältig sozial engagiert. Das nützte ihnen wenig, als die »Juda verrecke!«-Schmierereien an ihren Schaufenstern auftauchten, als die Diskriminierung und Verfolgung ihren mörderischen Lauf nahm. Als es dazu kam, daß Cilly Hirsch fürchten mußte, abgeholt zu werden, stürzte sie sich aus dem Fenster ihres Wohnhauses. Sie war nicht tot, sie kam noch ins Krankenhaus. Dort starb sie elend auf dem Flur, weil brave Landshuterinnen sich weigerten, mit einer schwerstverletzten Jüdin das Krankenzimmer zu teilen. Vier weitere Landshuter Juden begingen vor dem drohenden Abtransport Selbstmord, die verbliebenen wurden 1942 nach Osten transportiert. Überlebt hat keiner von ihnen. Und zugrundegegangen sind im idyllischen Landshut gegen Kriegsende auch zahlreiche jener 500 Häftlinge des KZ-Außenlagers Dachau, die man unter unmenschlichen Bedingungen dazu trieb, die Bombenschäden rund um den Bahnhof zu beseitigen. Eines der letzten NS-Opfer war Franz Seiff aus dem nahen Dörfchen Schweinbach, der von der SS auf dem Viehmarkt öffentlich gehängt wurde, eine Woche vor der Kapitulation, weil er auf seinem Haus eine bayerische Fahne gehißt hatte. Als es dem Mesner Engelbert Ott von St. Martin schließlich gelang, auch das unter hohem Risiko, weiße Bettlaken von der Turmplattform wehen zu lassen, waren die Amerikaner fast schon da.

VON DER LANDSHUTER »BETONGOTIK«

Zum Wohle der Nachgeborenen ist Landshut im Krieg weitgehend unzerstört geblieben – das historische Bild der Stadt war dann eher in den bau- und modernisierungswütigen Sechziger-/Siebzigerjahren des vergangenen Jahrhunderts hochbedroht und hat auch gelitten, bis die Denkmalschutzgesetzgebung von 1973 einen gewissen Einhalt gebot. Dennoch wird bis heute an der geschichtsträchtigen Substanz genagt und gegraben, wird ausgehöhlt, entkernt und getürkt, daß es eine Art hat. »Versündigt an Landshut«, so äußerte der vielfach preisgekrönte Architekturkritiker und TV-Publizist Dieter Wieland, »hat sich erst unsere Zeit«. Wieland muß es wissen, denn er ist Landshuter und hat seine ganze Kindheit in der Isarstadt verbracht, als »Gassenkind«, das zwischen Hofgarten und Martinskirche aufwuchs, das sich als »Prantlgartner« mit der Kirchgassen- und der Bindergassenbande schlug und liebend gern auf den Martinsturm kletterte: »Da hab ich sehen gelernt.« Landshut, sagt er, bleibe seine erste und nachhaltigste Liebe und sei »von Altbayerns Städten die vollkommenste«. Dieter Wieland hat den plastischen Terminus von der »Betongotik« erfunden, wahlweise auch »Pseudo- oder Mickymausgotik«, welche in Landshut schleichend den Platz echter, gewachsener Bausubstanz einnehme. Es läßt sich nicht leugnen, daß »die gotische Stadt«, so Landshuts werbewirksames Markenzeichen, in Teilen halt nur eine gotisierende ist. Schon im Historismus hat man mittelalterliche Bauten kräftig aufgehübscht und überakzentuiert – etliche der besonders dekorativen und zinnenreichen Giebel verdanken sich der romantisierenden Rückwärtsgewandtheit des 19. Jahrhunderts. Damals aber ließ man die Substanz der Häuser in Ruhe; es erhielten sich die Gewölbevorhallen und schweren Balkendecken, die patinierten Türen, Treppenhäuser und Fensterlaibungen – vor allem aber die wunderbaren Innenhöfe mit ihren mehrstöckigen Galerien und Laubenumgängen.

Heute läuft das umgekehrt. Hauptsache, die Fassade sieht noch irgendwie altertümelnd aus. Wenn's gut geht, bleibt *sie* immerhin stehen, während dahinter die Abrißbirne Kahlschlag macht. Das neue Innenleben der Häuser bilden dann die üblichen polierten Arztpraxen, Banken, Versicherungsbüros, teuren Maisonette-Mansarden, Tiefgaragen oder Kettenkaufhäuser der verspiegelten Rolltreppen, mit den »Standards des dritten Jahrtausends«. Geschenkt, daß ein historisches Stadtzentrum, will es sich einige Quirligkeit erhalten und nicht zum Freilichtmuseum petrifizieren, derlei Einrichtungen braucht, die gängigen Shoppingpalazzos und Drogeriemärkte, die Fastfood- und Handy-Outlets, wenn *zumindest* die variantenreichen alten Giebelfassaden bleiben. Die »Betongotik« jedoch geht noch einen Schritt weiter, wie im Falle der Baulichkeit, die schräg gegenüber vom Rathaus ein Billigklamottenladen-Chainstore innehat.

Da klaffte in der vertrauten Giebelabfolge eines Tages ein Loch wie von einem gezogenen Zahn, eine Lücke, durch die der Wind pfiff. Bei einem späteren Besuch in Landshut war in diesem Hohlraum wundersamerweise ein traditioneller geschweifter Dreifachgiebel erwachsen, eine

komplette Simulation in trautem Taubengrau, ein brandneues Großkauf-
haus als ebensolches Barockidyll. So was finden Architekturkritiker pein-
lich und »unehrlich« bis auf die Knochen und warnen in Landshut aus
gutem Grund vor der Ausbreitung derlei pseudohistorischer Kulissen-
schieberei, denn für solche architektonische Abkocherei gibt es andere
Beispiele und weitere Bestrebungen sowieso. Da steht als nächstes der
»Moserbräu« an der Ecke Altstadt/Nahensteig auf der Agenda der Abriß-
strategen; das Denkmalamt wußte dies bislang noch zu blockieren. Aber
der Doppelbau aus Adelspalais und ehemaliger Brauwirtschaft mit einem
Kern aus dem 17. Jahrhundert und schönem Laubenhof ist in miserablem
Zustand – und die Pläne für einen säuberlichen Neubau in »Landshuter
Plastikgotik« sind längst in der Hinterhand. Da kümmert, gleich neben
der bedeutenden spätgotischen Heiliggeistkirche, das doppelte Giebel-
haus Altstadt 391/92 in beklagenswerter Verfassung vor sich hin – der Besitzer wünscht seine Umgestaltung zu einem mehrstöckigen Parkhaus
(Zufahrt nur durch den Fußgängerbereich möglich!) samt einigen Wohnungen. Sollte ihm die Stadt in seinen Plänen (»groß, hoch und häßlich«,
wurde im Bausenat befunden) nicht willfahren, »dann bleibt's halt stehen
bis zum Verfall«. Bereits genehmigt wurde der Abbruch der historischen
Arbeiterhäuser in der stillen Königsfelder Gasse – eine schlicht-reizvolle
Häuserreihe mit großzügigen Fenstern, Steintreppchen zu den alten
Holztüren, kleinen Grünhöfen. Bausubstanz gut in Schuß, Grundrisse
sehr brauchbar und durchdacht. In London zum Beispiel wäre derglei-
chen zu hochattraktiven Mews- oder Kutscherhauswohnungen restauriert worden. Verständige Planungen dafür gab es auch in Landshut. Hier
aber wird demoliert zugunsten einer überdimensionierten Wohnanlage in
0815-Optik, 2000 Quadratmeter mit zweistöckiger Tiefgarage, die der
Gasse ihren lauschig-patinierten Charme radikal austreiben wird.

HINTER DEN FASSADEN – LANDSHUTER HÖFE

Tröstlicherweise gibt es in der Altstadt noch viel zu sehen, was nicht den Weg der Betongotik gegangen ist. Es lohnt sich beispielsweise, die unauffällige Haustür neben einer Commerzbankfiliale, Altstadt 81, im besonders prächtigen »Pappenbergerhaus« aufzudrücken. An Klingelknöpfen und Briefkästen vorbei, durch den Flur, gelangt man in einen versteckten Hinterhof, der zu seiner Erbauungszeit um 1405 nicht viel anders ausgesehen haben dürfte. Vor allem verblüfft der Gegensatz zur Schauseite dieses ochsenblutfarbenen Profanbaus, die geradezu maniert überladen ist mit Extratürmchen und Extrahäuschen und weißen Rauhputzornamenten, alles original aus dem 16. Jahrhundert. Im Hof aber steht man im strengen, etwas düsteren Mittelalter aus unverputztem Backstein, Türme und Erker ragen burgartig in die Höhe. Man muß sich nur etwas fahlen Fackelschein dazudenken, um sich die Verschwörer von 1410 zu vergegenwärtigen, die sich in diesem Hinterhaus des Ratsherrn Röckl zusammentaten, um gegen den Herzog auf der Trausnitz oben zu konspirieren. Der geplante Bürgeraufstand – sein Anlaß sollen die drückenden Steuerlasten durch die Herrschaft gewesen sein – ging blutig zu Ende. Die Verschwörer wurden verraten, gefoltert, geblendet, geköpft oder der Stadt verwiesen. Daß es Röckls junge Ehefrau gewesen sei, welche das Komplott wegen einer Liebschaft mit dem Hofjunker Ebran von Wildenberg hintertrieben habe, gehört in den Bereich der Moritaten – ein Bühnenstück von 1782 hat sich diese Historienkolportage ausgedacht.

Der Pappenberger Hof ist nicht der einzige Innenhof, in den man sich aus dem Straßengetriebe der Altstadt mal kurz verdrücken kann. Hinter der Westseite des Dreifaltigkeitsplatzes versteckt sich beispielsweise das »Bauzunfthaus« mit Teilen der alten Stadtmauer und einem Wasserturm samt Brunnenhaus. Hier finden immer wieder kunstgewerbliche Märkte, Kurse zu traditionellen handwerklichen Techniken, Vorträge zur Stadtgeschichte statt, und manchmal gibt es auch Biergartenbetrieb mit Biokost. In den ummauerten Galerienhof der »Landshuter Zeitung«, Altstadt 89,

Der Papperberger Hof

kann man sich ebenso zurückziehen wie in den schönen rückwärtigen Bereich des ehemaligen Oberndorferschen Palais, Altstadt 299, oder unter die Rundbogenarkaden des Hauses Altstadt 180. Ganz aus Holz und Glas sind die Baluster-Galerien des Bürgerhauses Altstadt 369, eines Barockbaus von 1689. Kaffee wird einem dort nicht serviert, den bekommt man unter den Renaissance-Arkaden des grandiosesten Landshuter Atriums, des hochherrschaftlichen Innenhofs der Stadtresidenz, eines meiner liebsten Pausen-Retiros in der Stadt.

DER DICKE ZAUDERER UND SEIN »WALHNHAUS« – IN DER STADTRESIDENZ

Meistens sitze ich hier nur und lese Zeitung, es ist fast immer ganz ruhig in diesem wunderbar ausgewogenen Geviert aus weißgelbem Mauerwerk, hohen Säulenbögen und regelmäßig proportionierten Fensterreihen. Da blinzelt man in die Sonne, beäugt das Spiel von Licht und scharfen Schatten auf den Rustikoquadern, den dreieckigen oder bogenförmigen Fenstergiebeln, den verspielten venezianischen Dachkaminen. Die Stadtresidenz ist reinste italianità in Niederbayern, wenn der Himmel blau ist, kann man sich mühelos in einem Palazzo der Emilia oder Lombardei wähnen. Der größte Ruhm dieses Stadtschlosses besteht darin, daß es der erste Renaissancebau überhaupt ist, der nördlich der Alpen errichtet wurde. Man mag es kaum glauben: Nicht einmal fünfzig Jahre nach der Fertigstellung des Martinsturms, diesem Inbegriff der in die Vertikale strebenden Gotik, stand dieser Bau in seiner völlig neuartigen, klassizistischen, rechtwinkeligen Formensprache da – das muß um 1540 ein ähnlich gewagter Stilbruch gewesen sein wie vom Wilhelminismus zum Bauhaus.

Einmal habe ich in der Stadtresidenz nicht nur Cappuccino geschlürft, sondern mich zusammen mit einem verlorenen Touristenpaar der Schloßführung unterzogen, einer ziemlich melancholischen Unternehmung, eigentlich gar nicht recht passend zu Glanz und Opulenz des

In der Stadtresidenz

Besichtigungsobjekts. Es war ein heißer Sommernachmittag, die Luft drückend in den Staats- und Schauräumen, die bei allem Prunk jahrhundertelange Verlassenheit zu verströmen schienen. Der irgendwie am ganzen Leben resignierte Fremdenführer teilte einem gleich mal mit, daß man soeben das defizitärste Objekt der »Bayerischen Schlösser- und Seenverwaltung« in Augenschein nehme, verschwindend wenige nur würden die Stadtresidenz besichtigen, und wir wollen eine Kulturnation sein, ach was, immer nur vorm Fernseher hängen, ihm bliebe bald auch nichts anderes übrig, wenn er demnächst abgewickelt würde … Man klappert etwas beklommen durch die Marmorsäle mit ihren phantasiereich kassettierten und ausgemalten Tonnengewölben, ihren antikisierenden und allegorischen Bilderwelten, durch den Italienischen Saal und den Göttersaal, das Sternen-, Apollo-, Venus- und Dianazimmer − wildbewegte Geschichten aus Ovids Metamorphosen zu Häupten, den olympischen Götterhimmel in Aktion, einen ganzen Planeten- und Fixsternhimmel in detailfroher Tierkreiszeichen-Darstellung. Es sind großartige Renaissanceräume, die mehr Betrachter verdient hätten, Stuckarbeiten, Ornamentik und Malerei von hoher Qualität. Und doch liegt eben diese diffuse Einsamkeit über der Stadtresidenz − es war *ein* Mann, der sie ersonnen und errichten lassen hat, *ein* Mann, der sie für ein paar späte Lebensjahre mit rauschendem Hofleben erfüllte, dann fiel sie in eine Art langen Schlaf, der über die Jahrhunderte nur von gelegentlichen Besuchern und Bewohnern unterbrochen wurde. Im Bacchus-Zimmer – sehr passend, denn er war ein großer Trinker und Esser – tritt uns Herzog Ludwig X. (1495 bis 1545) in einem dunkeltönigen Gemälde von Hans Mielich eindrucksvoll gegenüber: eine vollbärtige, überaus massige Gestalt in reicher Gewandung. »Ludovicus Inferiorae Bavariae Dux« hat nie eine Frau gefunden, obwohl er Brautwerbebriefe durch ganz Europa versenden ließ, und war bei seinem Tod erst fünfzig Jahre alt. Sein realistisches Epitaph in Kloster Seligenthal zeigt ihn als derart vom Wohlleben in die Breite gegangen, daß sein Brokatmantel offen klafft, mit hervortretenden Augen und einem leeren, in sich gekehrten Blick. Als »der dicke Zauderer« wurde er etikettiert – legendär waren aber auch seine Leutseligkeit, sein Hang zu Wein, Weib, Gesang. Und als er bei einer Reise zu den verwandten Gonzagas in Mantua des dortigen Palazzo Té ansichtig geworden war, kannte seine Begeisterung keine Grenzen. Ein solches »Walhnhaus«, ein welsches »gepäu«, mußte unbedingt auch in Landshut her. So entstand hinter dem vergleichsweise schlichten »Deutschen Bau« an der Straßenseite ab 1536 der weit attraktivere und aufwendigere »Italienische Bau«, beide verbunden durch den schönen Arkadenhof. Zwei Jahre wurde in der neuen Stadtresidenz in großem Rahmen gefeiert, getafelt, pokuliert – eine Reitertreppe ersparte dem beleibten Hausherrn sogar das Treppensteigen in die Beletage –, dann starb der Herzog, mutmaßlich an seinem Lebensstil. Seine wittelsbachischen Nachfolger konnten mit dem Stadtschloß offenbar wenig anfangen, sie zogen wieder die Trausnitz als Wohnort vor. Wen haban diese Säle und Kabinette danach überhaupt beherbergt? Von Prinz Eugen ist ein kurzes Logis während Kriegszeiten 1704 überliefert, und gegen Ende des 18. Jahrhunderts hielt es der Herzog von Birkenfeld-Gelnhausen, ein entfernt wittelsbachisch verwandter Fürst ohne Land, immerhin 19 Jahre im Deutschen Bau aus; die klassizistischen »Birkenfeld-Zimmer« waren seine Wohnräume. Von ihm heißt es, daß er seine Landshuter Jahre nur zum »Wohle des Hauses« absolvierte, die niederbayerische Stadt tödlich langweilig fand und 1809 heilfroh war, endlich nach München »erlöst« zu werden. In jenen Jahren hielt auch Napoleon Bonaparte für genau eine Stunde in der Stadtresidenz Hof, wobei ihm die Landshuter Jugend »ein Bouquet von Rosen mit auf zwei Atlasblättern gedruckten Inschriften in kindlicher Liebe und Ehfurcht« überreichte. Dann zog auch er nach München weiter.

Die Residenz wurde vor einigen Jahren wundervoll sorgfältig restauriert und sollte nicht nur für eine Kaffeepause herhalten; ich habe jedenfalls dringend vor, sie noch einmal anzusehen, vielleicht mit einem lebensfroher gestimmten Guide.

»UNTER DEN BÖGEN«

Durch die großzügige Gewölbevorhalle verlassen wir den höfischen Bezirk wieder und kreuzen zwischen gut besetzten Eiscaféstühlen und den bunten Marktständen der »Schwaiger« die Altstadt, jenen gedehnten, bogigen Straßenplatz, der schlicht einer der atemberaubendsten Stadträume des alten Europa ist. An Atmosphäre hat er sehr gewonnen, seitdem nach dem Durchgangsverkehr auch die letzten städtischen Busse verbannt sind – und es ist zu hoffen, daß man seine gepflasterte Weitläufigkeit nicht mit allzu viel »mobilem Grün«, Pflanzkübeln, Vitrinen, Büdchen und anderem Schnickschnack möbliert. Wir ziehen eine große Diagonale am dreigiebeligen – un-neugotischen – Rathaus vorbei (in der Stadtinfo kann man sich mit reichhaltigem Prospektmaterial versorgen) und spazieren weiter »Unter den Bögen«, den schattigen Laubengängen der Altstadt-Ostseite, einer Shopping Mall mit viel Tradition. Die Lädchen früherer Zeiten waren notorisch für die bissigen Klatschweiber hinterm Verkaufstisch: »Wer unter den Bögen durchkommt ohne Spott / der hat wahrlich Gnade vor Gott!« ging ein einschlägiges Verslein. Gut möglich, daß bei der »Weißwurstsusi« im Spitzbogen vor der Sparkasse die heutigen Ratschkathln auch so manches zum Hecheln haben. Die meisten Leute,

die um den kleinen Stand mit seinem Wurstkessel herumstehen, ausdau-
ernd bei jedem Wetter, bestellen jedenfalls Nachschlag bei der freundlichen Blondine, so gut sind ihre Wiener und ihre nur fingerdicken
Weißwürstl. Die Gesprächsfetzen auf den beliebten Weißwurschtsusi-
Stehplätzen sind vielgestaltig. Eine Runde älterer Herren beschimpft
Günter Grass: »Ah geh, a Unsympath war er scho immer.« Nebendran
wird einer besten Freundin offenbar Schockierendes referiert: »Kaasweiß
bin i worn, sag i dir …« Ein dritter Dialog verhandelt die Serviceleistun-
gen von Lauda Air. In Sachen Wurstbuden scheint es eine Landshuter
Lagerbildung zu geben. Der fettigere Bratwurststand Unter den Bögen /
Ecke Schirmgasse ist auch von seinen Anhängern umlagert – aber das sind
eben andere. Wie sich auch das Publikum vom »Café Belstner« eher selten mischt mit jenem des »Café Chocolat«. Das »Chocolat« ist trendy und
jung, das Belstner durchaus nicht. Hier bescheinen Kronleuchter hinter
Raffstores Tizianrepliken und gerahmte Familienfotos; überall Kranzerln,
Konsolen mit lachsfarbenen Kunstblumen unter rosablauem Stuck – der
Baumkuchen ist vorzüglich, und der Kaffee kommt noch überwiegend
im Kännchen, nicht im Glas und nicht »to go«. In der Sparkasse, Altstadt
300, sollte man eine kleinere Geldtransaktion vornehmen, denn sie besitzt
eine spektakuläre Schalterhalle: ein reichfiguriertes gotisches Sterngе-
wölbe, das aus einer dicken Mittelsäule herauswächst. Die Sparkasse, das
frühere Grasbergerhaus, spielte 1475, zur Fürstenhochzeit, eine wichtige
Rolle: Hier residierte die 18jährige Braut mit ihrem Gefolge, jene polni-
sche Prinzessin Jadwiga / Hedwig, die sich vor ihrer politisch arrangierten
Verehelichung mit dem jungen Wittelsbacherprinzen Georg angeblich
die Augen aus dem Kopf heulte. Im Prunksaal des Rathauses können wir
die historistischen Großgemälde betrachten, die den damaligen, unendlich prunkvollen, Festumzug zeigen, gefiltert durch die nostalgische Optik des späten 19. Jahrhunderts, die auch die Münchner Künstlerfeste dieser Ära prägte. Erst diese Wandbilder Münchner akademischer Maler, die
in ihrem detailfrohen Glanz und Gepränge an die russischen Realisten erinnern, haben zwei Landshuter Bürger, einen Gastwirt und einen Zwie-

backfabrikanten, zu Beginn des 20. Jahrhunderts auf die Idee gebracht, die Fürstenhochzeit als Live-Spektakel nachzuinszenieren, seither Landshuts Aushängeschild mit weltweitem Ruhm.

Ja, die Landshuter Hochzeit, auch ökonomisch »LaHo« genannt, dieses konkurrenzlos größte Historienspiel Europas mit Tausenden von kostümierten Teilnehmern, mit dem gigantischen Festumzug, den Ritterspielen, dem Lagerleben, der Hochzeitszeremonie ... Es wird Zeit zu gestehen, daß sie nunmehr schon viermal an mir vorbeigerauscht ist, seitdem ich in der Nähe lebe. Im Vierjahresrhythmus findet dieselbe häusliche Debatte statt: Woll'n wir nicht doch mal rüberfahren, ist ja schließlich nicht *irgendwas*, und so in der Nähe ... Aber nie war die Motivation wirklich hinreichend – über die »LaHo« wird jedes Mal so üppig berichtet, in Funk und Fernsehen, Zeitungen, Magazinen, Büchern, daß es einem eigentlich reicht. Und wenn man Franz Xaver Gernstls lange TV-Dokumentation über Casting, Vorbereitungs- und Einkleidungszeremonien für das große Fest gesehen hat, das akribische Training von Menschen und Rössern, von Tänzern wie Turnierkämpfern, von Kindern und Greisen – dann kann man sich zwar vorstellen, daß man als Mitwirkender dieser Masseninszenierung einen gewaltigen Spaß an der Freud' hat, sich als Schaulustiger ohne Spitzhut, Barett oder Schnabelschuh aber doch ein wenig ausgesperrt vorkäme. Der honoratiorenlastige Verein »Die Förderer« setzt das Ereignis nun schon seit 1902 generalstabsmäßig in Szene, wer als Landshuter Bürger mittun darf, kann sich geadelt fühlen. So manche Protagonisten beginnen als Kleinkind im Minigrößen-Wams und beenden ihre Hochzeiterkarriere irgendwann im schweren Pelz, als betagter Edelmann im kaiserlichen Gefolge. Unbedingt zugute zu halten ist der LaHo, daß sie niemals eines der kommerzorientierten Historien-Events gewesen ist, die in ihrer Nachfolge allenthalben tourismus-gedeihlich erblüht sind – sie ist ein veritables einheimisches Vergnügen, das mitten aus der Bürgerschaft kommt. Enthusiamus und Einsatzfreude all dieser Edelfräulein und Fahnenschwinger, Landsknechte und Ratsherren, Brautjungfern und Kuttenmönche, hochadeligen Brokatträger wie lumpigen

Die Landshuter Hochzeit

Bettelleute sind ungekünstelt und dauerhaft. Wer nicht mitspielen darf, vergießt häufig bittere Tränen, prozessiert gar bis zum Oberlandesgericht um seine Teilnahme und kann sich höchstens mit dem allabendlichen informellen »Tribünenfesteln« trösten, bei dem die Landshuter singend und bechernd unter sich feiern und die auserwählten Mittelalter-Mimen sich locker zwischen nicht-gecastete T-Shirt-Träger mischen. Nur Außenstehende sind von einem Umstand irritiert, der ebenso unerklärlich wie hartnäckig ist: daß nämlich der vielstimmige Schlacht- und Willkommensruf bei den großen Umzügen ein sehr neuzeitliches »Halloo!« ist. Das klingt eher à la »Hi, friends« als nach einer authentischen Begrüßungsformel von 1475. Vielleicht, rätselt man, hat man irgendwann einmal »Holla« mit »Hallo« verwechselt?

Kurzum: ich habe »Das große Halloo« der Fürstenhochzeit, so ein neuerer Buchtitel, bisher klaglos verschmerzt, wohl wissend, daß ich da vermutlich etwas Spektakuläres verpasse. Meine Neigung gehört dem gelassenen Alltagsgesicht der alten Stadt, und sobald man anhebt, Birkenstämmchen in Kübeln vor den Schaufenstern aufzubauen und die Verkehrszeichen mit Rupfensäcken zu verhüllen, fliehe ich sie lieber. Fürs lokale Mittelalter-Feeling empfehle ich, sich in an einem Caféhaustisch Unter den Bögen in einen sehr spannenden und souverän erzählten historischen Unterhaltungsroman namens »Der Tuchhändler« hineinzulesen, der den jungen Landshuter Autor Richard Dübell, einen gelernten Industriefachwirt, vor einigen Jahren schlagartig überregional bekannt machte. Eine recht finstere Kriminalgeschichte im Vorfeld der Fürstenhochzeit wird da ausgebreitet, aus einem novembrigen, nebligen Landshut der kienspanbeleuchteten Ziegelhäuser, in dem die Isar noch ein vielarmiges Sumpfland bildet, die enge Ländgasse ein Ort tiefer, unheimlicher Schatten ist und die schmatzenden Kot- und Lehmböden den Fußgängern fast die Stiefel vom Bein ziehen. Der Autor, ein begeisterter Laienhistoriker, hat ausgiebig in den Archiven recherchiert, so daß stimmiges Kolorit und historische Faktengenauigkeit seine Fiktion nicht nur sehr atmosphärehaltig, sondern auch beiläufig lehrreich machen.

HOLME UND SPROSSEN –
LANDSHUTS »LEITER«-GRUNDRISS

Die Grasgasse, daher ihr Name, war im Spätmittelalter noch mit Schilf und Wiesenhalmen bestanden. Heute ist sie eine der lebendigeren Seitenstraßen, welche die Hauptachse »Neustadt« mit dem zweiten langgezogenen Platz in Landshuts historischem Zentrum, der »Altstadt«, verbinden. Der Stadtgrundriß ist öfters mit einer Leiter verglichen worden, bei welcher Altstadt und Neustadt die Holme, die Verbindungssträßchen die Sprossen bilden. Jede dieser schattigen Gassen hat ihre malerischen alten Wohnbauten, jede ihren eigenen Reiz. Die Kirchgasse in der Flucht des Chors von St. Martin ist winkelig und etwas verträumt, das hier ansässige Antiquariat leider meist geschlossen. In der belebteren Schirmgasse betreibt Sylvester Damböck den besten Käseladen der Stadt, im schönen Barockbau des ehemaligen Palais Pettenkofer hat sich ein beliebtes italienisches Lokal angesiedelt und der enge, aber wohlsortierte Laden von »Schallplatten-Meyer« ist eine leicht schrullige Landshuter Institution. In der Steckengasse findet man die sehr freundliche, mit Regionalliteratur reich bestückte Stadtbibliothek im vormaligen Salzstadel, einem fast monumentalen Ziegelbau des 15. Jahrhunderts, der an die backsteingotischen Speicherhäuser nordischer Hansestädte erinnert. Die Grasgasse und die Rosengasse sind gut frequentierte Geschäftsstraßen. Die Herrngasse schließlich, am unteren Altstadtende, nahe Landshuts zweiter großer gotischer Kirche, Heiliggeist, lohnt sich wegen der sehr angenehmen Buchhandlung Dietl, und im Thailaden kann man seine Basmatireisbestände gleich säckeweise auffüllen sowie auf einen frisch bereiteten ostasiatischen Imbiß einkehren. Alle Quersträßchen enden an der Neustadt, einem weitläufigen Platzraum, welcher der Altstadt an architektonischem Charme durchaus das Wasser reichen kann.

Die Neustadt hat eine etwas jüngere Anmutung als ihre große Schwester, obwohl sie fast zeitgleich mit der Altstadt angelegt wurde. Das liegt zum einen an den vielen Adelspalais mit barocken (manchmal sind sie

auch neubarock) Schmuckfassaden, Volutengiebeln, Stuckornamenten, die sich an dieser Straße reihen. Zum anderen an den beiden Kloster-komplexen, die die Neustadt einfassen; nördlich das Ursulinenkloster, südwärts der Jesuitenkonvent, die im 17. Jahrhundert als Fanale der Gegenreformation hochgezogen wurden. Vor allem der Blick auf den im-posanten weißrosa Baukörper der Jesuitenkirche St. Ignatius, der die Straße wie ein Querriegel unterm Trausnitzhang beschließt, prägt ihr Ge-sicht. In St. Ignatius, die im üblichen steif-repräsentativen Kirchenbarock dieses Ordens gehalten ist, baut man seit einigen Jahren um Ostern wie-der eine Kuriosiät ersten Ranges auf, lange verpönt und in irgendwelchen Speichern zusammengeklappt verstaubend: das größte »Heilige Grab« Deutschlands, eine 30 Meter tiefe und acht Meter hohe Illusion auf drei-hundert Jahre alter Leinwand gemalt. Das Musterbeispiel eines barocken »theatrum sacrum«, eine gestaffelte Trompe-l'œuil-Kulissenwelt aus Holz-latten und Stoff – und der Leichnam des Herrn ist bei solchen Heiligen Gräbern stets von leuchtend bunten Lämpchen gerahmt. Fast hätte man die ganze Pracht vor einiger Zeit dem Sperrmüll überantwortet – die Gegenwart hat ihren etwas spektakelhaften, volkstümlichen Charme wiederentdeckt und dankenswerterweise aufwendig restauriert.

Als die schönsten Adelshäuser der Neustadt gelten das Palais Königs-
feld, Nummer 514, das Oberndorfer'sche Palais, Nummer 455, das vormalige Palais der Seyboldtsdorf und Glabsperger mit dem strengen
Dreiecksgiebel, Nummer 515, vor allem aber das Palais Nummer 505, der
jetzige »Gasthof Hofreiter« (mit verstecktem grünen Biergarten), der unter anderem von einer Adelsfamilie mit dem wirklich schwer zu memo-
rierenden Namen »Barone Guggemoos auf Herrengiersbach und Mirs-
kofen« bewohnt war. Bildschön ist auch die schwungvolle Front des
vormaligen »Gasthof Schwabl«, der leider dichtgemacht hat, weswegen
der Öffentlichkeit auch sein weitläufiger Gewölbeflez mit Rotmarmor-
säulen und der Hof mit den hölzernen Umgängen nicht mehr zugänglich
ist. Der »Schwabl« war ehedem Besitztum des Bürgermeisters Christoph
Closenberger, der eine Dame mit ebenfalls sehr ungewöhnlichem Taufnamen ehelichte: »Sidonia Airnschmalz« hieß sie und wird froh gewesen
sein über ihren Namenswechsel.

Wenige Gaststätten sind in der eigentlich so einladenden und lichten
Neustadt übriggelieben. Der »Hofreiter« und die »Goldene Sonne«,
Landshuts bestes Altstadthotel, der seit Jahrzehnten urig-vermuffte »Frei-
schütz«. Keine Cafés und keine Tische in der Sonne – wie der ganze zu-
geparkte Platz leider etwas von einem Durchgangs- und nicht von einem
Verweilort hat. Das war mal anders – in früheren Zeiten diente die Neustadt als »Schranne«, war Zentrum des Handels und Wandels, Anziehungs-
punkt fürs gesamte Umland. Wirtschaft reihte sich an Wirtschaft, wo man
seine Pferde abstellte und nach den Geschäften ausgiebig einkehrte. Sie
sind alle verschwunden, der »Goldene Löwe«, Duschl- und Firmerbräu
und viele mehr. Zumal im »Goldenen Löwen« herrschte anfangs des
19. Jahrhunderts ein Remmidemmi, das alteingesessenen Bürgersleuten
schon manchmal über die Hutschnur ging. Da trafen sich nämlich die
»Studios«, wie sie sich nannten, die Herren Studenten der »Ludwigs-Ma-
ximilians-Universität Landshut«. Die größte deutsche Hochschule, jetzt
in München, hat nämlich ihre Wurzeln im kleinstädtischen Landshut.

»EIN RUHIGER ORT, DER REICHLICHE SUBSIDIEN DARBIETET« – LANDSHUT IN DER ROMANTIK

Es war die Montgelas-Ära in Bayern, die Zeit der dominierenden – freilich auch von oben oktroyierten – Aufklärung, die Zeit der Säkularisation und des großen Aufräumens mit der klerikalen Allmacht. Damals beschloß die bayerische Regierung, ihre Landesuniversität aus dem immer noch jesuitisch und kirchlich geprägten Ingolstadt (»dort herrschten die Dunkelmänner«, so ein Zeitzeuge) nach Landshut zu verlegen, dem man größere Offenheit gegenüber den modernen Strömungen der Wissenschaftlichkeit und Rationalität konzedierte. Praktischerweise hatte man in Landshut auch gerade wieder ein Kloster leergeräumt und die Mönche in die Wüste geschickt, die Dominikaner nämlich, so daß sich in den Konventsräumen am Maximiliansplatz (heute Regierungsplatz) anno 1802 die brandneue Hochschule aufziehen ließ. Die Studenten, wie das so üblich ist bei taufrischen Regionaluniversitäten, kamen überwiegend aus dem Umland: Kleinstadtbürgerssöhne aus dem Handwerker- und Kaufleutemilieu. Sie waren vielfach ungehobelt und nicht unbedingt das Eleven-»Material«, das die weltläufigen Professoren, die man aus damaligen Geisteszentren wie Frankfurt, Göttingen oder Jena anwarb, gewöhnt waren. Der Rechtsgelehrte Friedrich Carl von Savigny etwa, den der Ruf nach Landshut in der Reichsstadt Frankfurt ereilte, war für seine schriftstellerische Arbeit auf der Suche nach »einem ruhigen Ort, der zugleich reichliche Subsidien darbietet« – und fühlte sich dann doch recht irritiert von den »gepreßten Manieren« seiner Studenten, die ihn mit »Ihro Gnaden, Herr Hofrat« anzureden pflegten und ihm zu seinem Widerwillen ständig »Handküsse applizieren« wollten.

Die komplette Universität hatte man von Ingolstadt in einigen Pferdefuhrwerken und Ochsenkarren herbeigeschafft, die beladen waren mit Folianten und Petrefakten, Glaskolben, Bänken und Pulten, Weltkugeln, medizinischem Instrumentarium oder optischen Geräten. Immerhin 125 000 Bände umfaßte die neue Bibliothek – der Säkularisation mit ih-

Die Landshuter Universität

ren Klosterplünderungen zu verdanken. In der Anatomie, den Hörsälen gegenüber gelegen, hatten die Mediziner gleich gute Arbeitsvoraussetzungen: Leichen zum Sezieren fielen in den kriegerischen Zeiten der napoleonischen Ära reichlich an. Die Uni-Kliniken waren nicht ganz auf heutigem Standard; in der Spiegelgasse 209 lag die »Entbindungsanstalt«, die als »klein, drückend und feucht« beschrieben wurde, und das »Klinikum Obere Länd 42« konnte 56 Patienten unterbringen. Aber auch die Studentenzahlen kommen einem heute lächerlich niedrig vor: Ein paar Hundert waren es pro Semester, wiewohl die Universität Landshut sich bald einen guten Ruf, vor allem in den Fakultäten der Jurisprudenz, Naturwissenschaften und Theologie, erarbeitete. Der Spott des Bayern-Hassers Clemens Brentano (er fand auch die Zwiebeltürme lächerlich), es handle sich bei Landshut um eine »Jesuitenknabenschule«, war keineswegs berechtigt. Zwar war einer von Landshuts berühmtesten Hochschullehrern, der Theologieprofessor Johann Michael Sailer, ein katholischer Kleriker, aber doch einer von eigenwilliger und liberaler Observanz, vom Vatikan nicht besonders wohlgelitten. Und von einem Ergebnis der akademischen Jahre, die bereits 1826 zu Ende gingen, profitieren wir Nachfahren noch heute: Es waren die Pflanzexperimente der Botaniker, auch

mit allerlei fremdländischen Gewächsen, die uns die wunderbare Parklandschaft des Hofgartens über der Stadt mit ihren heutigen Baumriesen
beschert haben.

Das verschlafene Landshut mußte sich umstellen, als die Studenten
kamen. Die Stadt war, nach der glanzvollen Epoche der »Reichen Herzö-
ge« im Spätmittelalter und der noch immer luxuriösen und weltläufigen
Hofhaltung ihrer Renaissance-Nachfolger, in einer Art provinziellem
Dämmerzustand stagniert. Die Universität brachte heilsame Unruhe und
Aufschwung – so mußten sich brave Hausfrauen in ihren Giebelhäuschen
auf einmal als Studentenbudenvermieterinnen bewähren. Franz Graf von
Pocci, der nachmalige berühmte Biedermeier-Humorist und langjährige
Münchner Hofbeamte, war ein Studiosus zu Landshut und hat seine Me-
nage im »Krüll'schen Haus« in der Altstadt 78 farbig geschildert: den
Buchhändler Krüll, seinen Hausherrn, »eine köstliche Gestalt mit einem
Haarzöpflein, brummig, aber tief räuspernd und ziemlich sultanisch im
Comptoir sitzend«. Die Studentenmutter Madame Krüll, »ein gutmütiges,
korpulentes Weibchen, stets mit goldener Riegelhaube geschmückt«, den
»Buchhalter Radenger, viele Jahre schon im Hause, stets noch nord-
deutsch sprechend, höchst wichtigtuend und mit spitzer Nase«, die Haus-
tochter Grethi, »gar nicht hübsch – also zur Studentenliebschaft nicht
geeignet«.

Für derlei Bedürfnisse gab es andere Adressen, zum Beispiel die Gastwirtschaft »Zur Geis« auf dem Hofberg, die als Spielhölle verrufen war
und deren Wirt Anton Schandl mit gleich drei wenig zugeknöpften
Töchtern aufwarten konnte. Über die Reize dieser »Nymphen von der
Geishütte« haben sich einigermaßen kernige studentische Texte erhalten –
wie auch über die durchaus bacchanalischen Trinksitten, die durch die
Neubürger in den Gastwirtschaften einrissen, so beim »Gröbinger« in der
Neustadt: »Wie die Räuber waren sie um ihren vollen Schanktisch gela-
gert und soffen einander kannibalisch zu.« Sperrstunde war eigentlich um
zehn Uhr – sorgliche Zimmervermieter holten ihre Schützlinge dann mit
der Laterne heim –, aber auf den Buden wurde dann beim sogenannten

»Nachtlichteln« gerne weitergebechert und aus überlangen Tabakspfeifen gequalmt, die auf der Straße verboten waren.

Es muß eine merkwürdige Mixtur gewesen sein, das Landshuter akademische Leben zur Zeit der Romantik. Einerseits herrschte in Briefen und Zeugnissen der exaltiert-schwärmerische hohe Ton jener Epoche, andererseits waren die Freizeitgebräuche von sehr bodenständig-roher Natur: Massenschlägereien, Duelle, grölende Saufgelage gab es zuhauf. Das innige Lied im Volkston »Wenn ich ein Vöglein wär« war ursprünglich ein Kommerslied, eine Biertischhymne – Franz von Pocci hat sie für seine Burschenschaft, die »Isaria«, im »Dierlinger-Bräu«, dem späteren »Schwablwirt«, verfaßt. Jedes farbentragende Corps hatte natürlich sein Stammlokal, die »Palatia« den »Spitalerkeller«, die »Bavaria« den »Goldenen Löwen« in der Neustadt/Ecke Herrngasse, die »Suevia« den »Gröbinger-Wirt«, ebenfalls in der Neustadt. Auf den Paukböden ging man auch schon mal seiner Nase verlustig, und beim Pausingerschlößl auf dem Moniberg kam es gern zu gewaltigen Kloppereien, »Knotenholzereien«, zwischen den Landsmannschaften. Der klagende Nachruf eines Landshut-Absolventen, »Oh herrliche *Musenstadt*, jeder Studio sehnt sich nach dir zurück«, will einem zu solchen Gebräuchen nicht recht passend erscheinen. Aber die Landshuter Universität hat immerhin auch eine ganze Reihe tüchtiger Wissenschaftler, Staatsbeamter, Ärzte produziert, bevor die Obrigkeit der Landeshauptstadt München beschloß, die Hochschule an sich zu ziehen. Und auch die Musen hatten eine Heimstatt, wenn auch nicht in den Kneipen oder bei den Feuerwerken auf dem Klausenberg, so doch im »Johner'schen Haus«, wo die Rechtsprofessoren Anselm Feuerbach und Friedrich Carl von Savigny logierten und Salon hielten. Und wo sich zeitweilig eine Verwandtschaft nachdrücklich bemerkbar machte, die den berühmten Namen Brentano trug.

GIFTMARZIBILLE, ERZWINDHUND UND BURSCHI-
KOSE SALONIÈRE – DIE BRENTANOS IN LANDSHUT

Es ist ein hellgraues, neuklassizistisches Haus an der Ecke Neustadt/
Steckengasse, in dessen Vorgängerbau im Spätsommer 1808 Friedrich
Carl von Savigny, seine Frau Gundel, geborene Brentano und die
zwei kleinen Kinder Franz und Poulette Quartier nahmen. Sie bezogen eine Wohnung, deren acht Zimmer alle ineinandergingen,
durchwegs tapeziert, damals eine Seltenheit, und mit zahlreichen
Einbauspiegeln versehen waren. In das Musikzimmer, eine Etage
über der Familienwohnung, zog eine Ikone der deutschen Romantik, nachmalig der Inbegriff der »romantischen Frau«, Gundels jüngere Schwester Bettine Brentano, später dann verheiratete Bettine
von Arnim.

Die Temperamente waren wohl sehr unterschiedlich. Gundel Savigny,
eine gute Gastgeberin, galt eher als »ängstlich« und zurückgenommen,
ihr gelehrter Gemahl, damals ein Mittdreißiger, war ebenfalls eher
eine gemessene Vernunftsnatur, »sehr bedacht und sorgsam«. Von der
berühmten, außerordentlichen Bettine, die jedermann von unseren alten Fünf-Mark-Geldscheinen kennt, weiß man manchmal nicht so
recht, ob man sie eher für einen bewunderungswürdig lebhaften,
phantasievollen, überbegabten Irrwisch oder doch eher für eine überdrehte Nervensäge halten soll. Begeisterungsfähig und schnell ent-
flammbar, hat sie in vielerlei dilettiert, Fleiß und Konstanz waren ihre
Sache weniger, weshalb sie es bei allem »heftigen Kunsttreiben«, bei
aller genialischen Attitüde – sie war sich ihrer Originalität überaus bewußt – erst sehr spät, wenn überhaupt, zu einem wirklich originären
»Werk« brachte. Ihr Bruder Clemens sah sie durchaus kritisch, als eine
Person, die »mit stetem Reden, Singen, Urteilen, Scherzen, Fühlen,
Helfen, Bilden, Zeichnen, Modellieren alles in Beschlag nehme und in
Taschenspielerfertigkeit zurecht gewalttätige … das alles auf einem
geheimen Hintergrund des Nichtgenügenden.«

In Landshut war die knabenhafte, dunkellockige Jungfer Bettine Mitte zwanzig, also für die damalige Zeit nicht mehr blutjung. Alle Porträts zeigen sie eher als eine herbe, aparte Erscheinung denn als porzellanene Schönheit. Die Brentanos, von den verstorbenen Eltern her wohlbedacht, konnten sich das Leben der leisure class leisten. Bettine, so der Historiker Benno Hubensteiner, »klimperte auf dem Klavier herum, nahm bei dem alten Kanonikus Eixdörfer General-baßstunden, lief zum Wolfstein hinaus und zur Gretlmühle, las nachts am Fenster in den »Wahlverwandtschaften« und schrieb ihre be-rühmten Briefe an Goethe«, fünf aus Landshut; drei Antworten des Dichterfürsten an das »interessante Bettinchen« bekam sie ins Joh-ner'sche Haus gesandt. In der von ihr selbst in höherem Lebensalter stark überarbeiteten Auswahl »Goethes Briefwechsel mit einem Kinde« kann man Bettines Briefstil nachlesen, in seiner Mischung aus schwer erträglicher hysterischer Exaltation und manchmal zum Glück auch ironischer Beobachtungsgabe. Bettine Brentano ließ sich in Landshut von Ludwig Emil Grimm porträtieren, ungünstig, viel-leicht weil sie so lange stillsitzen mußte – Bruder Clemens fand die

Landshuter Radierung scheußlich: »Eine geistreiche, lebendige, gute und magere Person kann man nicht stupider, todter, armesündermäsiger und wassersüchtiger vorstellen...« Sie hütete gutmütig die Kleinkinder der Savignys und rapportierte den abwesenden, besorgten Eltern so witzig wie ausführlich: »Der Bub kommt mir alle Morgen beinah einen Zoll dicker vor ... die Pulett nennt ihn einen Bierkrug ... Drrr buh– zths dh dh dh thrz – so hat Euer Sohn gesprochen, als ich ihn heute Morgen fragte, was ich Vater und Mutter schreiben soll...« Ihre übliche, gewissermaßen »alternative« Aufmachung muß den Landshuter Philistern sehr merkwürdig vorgekommen sein: »Abgeneigt allem modischen Flitter und Tand trug sie fast immer ein schwarzseidenes, malerisch in offenen Falten herabfließendes Gewand, wobei nichts die Schlankheit ihrer feinen Taille bezeichnete als eine dicke weiße oder schwarze Kordel, deren Ende wie bei Pilgerkleidern lang herabhing«, so erinnert sich der spätere Arzt Johann Nepomuk Ringseis.

Bei den um einiges jüngeren Landshuter Studenten war die »burschikose Salonière« Bettine vergöttert; so etwas Kapriziöses wie sie kannte man nicht in Niederbayern. Sie ließ sich gern anhimmeln, machte manchen auch schöne Augen, etwas Ernsthaftes ließ sie aber nicht zu. Erst im Jahre 1810, als es an den Wegzug von Landshut nach Berlin ging, begann sie eine merkwürdig schwärmerisch-keusche, ätherisch überhöhte Briefliebschaft mit dem fünf Jahre jüngeren Landshuter Jurastudenten Max Prokop von Freyberg, welcher aber der ironischblitzgescheite, sehr handfeste Achim von Arnim ein rasches Ende bereitete, indem er sich nach jahrelangem Fernsein endlich erklärte, Bettine heiratete, mit ihr nach Preußen zog und sieben Kinder zeugte. Da mußte das ewig träumerisch-verspielte, etwas unreife Luftwesen sehr schnell erwachsen werden.

Über ihre Landshuter Zeit von 1808 bis 1810 hat sich Bettine stets mit Wohlwollen, vielleicht eine Idee herablassend, geäußert. »Ach, liebes Landshut...«, schrieb sie, »heimatlich ist die Stadt, freundlich die Natur, zutunlich die Menschen und die Sitten harmlos und biegsam.« Sie hätte die niederbayerische Episode ihres langen Lebens gänzlich als eine heitere, beschauliche Phase abbuchen können, hätten nicht gleichzeitig mit ihr der ziemlich chaotische Bruder Clemens und dessen nicht minder explosive 18jährige Ehefrau Auguste in dem Städtchen geweilt und die Verwandtschaft mit ihrem höllischen, absurden Eheleben monatelang in Atem gehalten. Die arme Familie Savigny, die ja eigentlich der Ruhe und Zurückgezogenheit wegen nach Landshut gegangen war, muß sich vorgekommen sein wie in einem Irrenhaus.

Als sich Auguste Brentano, geborene Bußmann, im März 1809 endlich, endlich entschloß, Landshut in einer Mietkutsche und chaperoniert von »einem hinkenden Orgelspieler« zu verlassen, da lagen hinter der 18jährigen knapp zwei Jahre eines Ehestands, der sich mit Edward Albees oder Tennessee Williams' Haßliebe-Dramen leicht hätte messen können. Ihr Gatte Clemens, immerhin dreizehn Jahre älter, traute sich wieder aus seinem Versteck im abgeschiedenen Landschlößchen Stallwang hervor, in dem er sich aus Furcht vor seinem »Ehekreuz«, seiner »Giftmarzibille« verkrochen hatte. Die Stadt Landshut war um eine Sensation ärmer, denn zum Schluß hatte das Paar die Öffentlichkeit mit Kreischereien und Ausrastereien in den Wirtshäusern schaurig schön unterhalten. Und die Schwägerin Bettine konnte ihr zerrissenes Kleid flicken, das bei dem Gerangel um einen ebenfalls im Wirtshaus inszenierten Selbstmordversuch Augustes in Fetzen gegangen war.

Eine der bizarrsten Ehegeschichten der Weltliteratur, die in Landshut zum Kulminationspunkt gekommen war, hatte ihr Ende mit Schrecken gefunden, wenn auch die Scheidung noch fünf Jahre auf sich warten ließ. Der ganze Kladderadatsch ist bis ins letzte Detail dokumentiert – was uns Heutigen eine voyeuristische Schlüssellochlektüre beschert, die das Niveau der Tratschpresse allerdings um einiges übersteigt. Daß wir derart am Privatesten teilhaben können, liegt daran, daß sich die Zirkel der Romantik unentwegt ausführlichste Briefe schrieben, ein einziges Stimmengewirr, meist von erheblicher Sprach- und Bildkraft. Im Skandalfall Bußmann/Brentano beschimpften nicht nur die beiden Betroffenen einander brieflich, es nahm auch das gesamte Umfeld von den nächsten Verwandten bis zu den Rändern der Freundeskreise regen Anteil. Man klatschte gründlichst über den Kasus, beriet sich etwas scheinheilig (»ich versichere Dir, es ist eine verdammt saure Commission, diese Leute zur Vernunft zu bringen«), erteilte gute Ratschläge oder amüsierte sich sarkastisch über »die alte sumpfige Grundmasse in diesem ehelichen Teiche …«

Auguste Bußmann war sechzehn, ein hübscher Teenie, ein reiches Mündel und wohl ein etwas verzogener Fratz, als sie dem Dichter Brentano, dessen erste Frau noch nicht lange unter der Erde war, bei einer Soiree in Frankfurt öffentlich in die Arme sank und so den Skandal ins Rollen brachte. Brentano muß damals ein rechter homme à femmes, ein »erotisches Genie« gewesen sein, »ein Kobold und Bürgerschreck im pfirsichfarbenen Rock, der rücksichtslos zu spotten und bezaubernd zu erzählen verstand, ein leidenschaftlicher, unsteter Mann, zur Hingabe, zum gefährlichen Spiel, zum Unglück fähig, bis zur Selbstzerstörung« (H. M. Enzensberger). Ein »schwarzer Schmetterling«, so der Titel einer Brentano-Biographie – sein Zeitgenosse Voß nannte ihn freilich einen »Erzwindhund«. Er ließ sich jedenfalls unbesonnen ein auf die »phisische Leidenschaft« eines »entflammten, bethörten, albernen Mädchens«, wie dessen Vormund rügte, entführte die Minderjährige mit allen Schikanen und mußte dann schleunigst mit ihr ordnungsgemäß »copulirt« – von einem Pfarrer getraut – werden, um den Eklat zu vertuschen. Die Mesalliance wurde sehr schnell überdeutlich. Seine hemmungslos verliebte blutjunge Frau, die überdies ein impulsives, ungebärdiges Temperament besaß, voller »Thorheiten und Ungebührlichkeiten« steckte, ging dem ohnehin hoch reizbaren Dichter alsbald schrecklich auf die

Nerven. Er begann, sie zu einer Art Teufelin, zur personifizierten Schlechtigkeit zu stilisieren, es häufen sich die Freundesbriefe, in denen Auguste als sein »Halseisen« auftaucht, als »simpel und wahnsinnig«, die »Widerbellerin«, sein »furchtbares Weib«, diese »perverse Person, die sich an Opium und schlechten Romanen berauscht«. Augustes Sündenregister kann einem aus heutiger Sicht so höllisch nicht scheinen: Sie »heulte und stampfte im Bette«? Sie »rutschte in Gesellschaften herum«, obwohl doch angeblich so unglücklich? Sie war auf eine Leihbücherei abonniert und las gern die ganze Nacht Schundromane? Sie hämmerte manchmal auf ihren Gatten ein, trat und spuckte, worauf er sie dann sowieso gleich »durchprügelt wie einen schlechten bösen Hund«? Man verdrosch und küßte und verdrosch sich wieder im Hause Brentano – wenn es da einen Dämon gab, so hatte er wohl beide befallen. Der ältere Ehemann machte jedoch seine Frau allein verantwortlich für das Drama, und alle Zeitgenossen, später dann seine Biographen und Interpreten – bis auf Enzensberger in seinem »Requiem für eine romantische Frau« – folgten ihm in der Version, Auguste sei eine unerträgliche Hysterikerin gewesen. 1808/09, als das Paar seine Tiraden und Streitereien nach Landshut verlegt hatte, ist das zuvor vielleicht nur »stürmische, unbiegsame Mädchen« dann in der Tat durchgedreht.

Es ist nicht ganz klar, wo die Landshuter Wohnung lag, in der die beiden mit dramatischer Wucht ihren letzten Akt aufführten. Benno Hubensteiner schreibt, Brentano habe an seinem langen Versepos »Romanzen vom Rosenkranz« in der Herrngasse überm »Goldenen Löwen« gearbeitet, andernorts ist aber auch von einer »Wohnung mit Isarblick« die Rede. Brentano war »ohne Stand«, beruflos und finanziell ungebunden und wollte sich im gotischen Landshut nach Sammelobjekten umtun – in Folge der Säkularisation bekam man mittelalterliche Altartüren zu 45 Kreuzern, ganze Schnitzaltäre mit Relief zu vier Gulden nachgeschmissen. Doch sehr bald gingen dem unruhigen Geist die Anregungen ab. Er langweilte sich unendlich und klagte bereits nach ein paar Wochen, er lebe »auf die Zähne beißend untätig, biß die Kinnlade niederfallen wird«. Beste Voraussetzungen für zähe Ehekräche, die in Landshut zunächst mittels unter den Türen durchgeschobenen Zettelchen ausgetragen wurden. Diese erhaltenen Dokumente sind von verbissener Kleinlichkeit – man will zwar nun prinzipiell auseinander, aber in giftigstem Ton wird um die geringfügigsten Modalitäten gezetert. Wer kriegt das Klavier, wer darf die Dienstmagd Frenz wie lange beanspruchen, was wird mit den Weinfässern im Keller, wem steht das Erbauungsbändchen »Trösteinsamkeit« zu?

Als sie Haß und Qual gar nicht mehr aushalten konnte, griff Auguste Brentano zu einem Mittel, das sich schon einmal als nicht probat erwiesen hatte. In Kassel war ein halbherziger Selbstmordversuch – sie hatte sich mit einem Messerchen die Pulsadern aufgeritzt – bei ihrem Gatten nur auf beißenden Hohn gestoßen: »In meinem großen Elend ist das neueste, daß die zu Zeiten ganz verrückte Auguste mit einem Federmesser und einer Schere aus Langeweile sich zwei Stiche gegeben hat, die ein kolossaler Floh auch hätte vollziehen können, aber leider muß sie sich außer dem Frisieren und Schnüren jetzt selbst bedienen ...« In der Landshuter Zeit wollte die 18jährige gleich doppelt mit theatralisch inszenierten »Giftkomödien« auf ihr Elend aufmerksam machen – und erreichte nur, daß sie nun vollends als meschugge galt. In einem Gasthaus – Bettine war dabei – schüttete sie den Inhalt einer Strohflasche »mit Bedeuten in ein Glas Malaga und setzte es an«. Es gab einen großen Aufruhr, Handgemenge, Ärzte wurden gerufen, denen Auguste »Convulsionen« vorspielte und jammerte, bald werde sie sterben, sie verzeihe allen ... Später stellte sich heraus, daß das Gift Zahnpulver gewesen war – weil es so schönen, lebensgefährlich wirkenden Schaum vor dem Mund erzeugte.

Clemens Brentano war da vor solchen und ähnlichen Auftritten seiner »Furia« längst geflohen und hatte sich unauffindbar versteckt. Im Schlößchen Stallwang, »kaum größer als eine Laterne«, ein paar Kilometer nordöstlich von Landshut, war er bei dem Ex-Benediktiner und Naturforscher Candidus Huber untergekrochen und fühlte sich in der Studierstube des Insektenkundlers pudelwohl: »Auguste kann mir hier gar nichts tun, denn ich bin ganz umgeben von einigen tausend Holzraupen«. Er klebte Bockkäfer, Blattläuse und Schmeißfliegen auf Goldpapier, fand seine »ganze Lage höchst JeanPaulisch« und bat nur um die Anlieferung von einigen Hemden und Socken, einer »Bouteille Rack, etwas Tee und eine große Wurst oder rohen Schinken wünsche ich auch«.

Das klingt nach einsetzender Rekonvaleszenz – und in der Tat war Auguste nunmehr wohl so blamiert, daß sie sich noch im gleichen Monat dareinfand, zu ihrer Familie nach Hessen zurückzukehren. Bettine Brentano äußerte danach in einem Brief an Arnim sogar Bedenken, daß ihr Bruder »jetzt, wo sein Hauskobold weg ist, vor Gram und Langweile vielleicht vergehen« könne, aber der trank, allein zurück in Landshut, ungescheut »den von seiner Frauen zurückgelassenen Wein, der so sauer und schlecht ist wie die Frau selbst«. Es dauerte nicht mehr lange, bis der ganze Brentano-Savigny-Sippenverband aus Niederbayern weg- und weiterzog – nach Berlin und später in alle möglichen deutschen Regionen. Was Auguste Bußmann-Brentano angeht, so lebte sie noch einige Jahre recht unkonventionell – man sah sie in Männerkleidung, in Tschako und Ulanenuniform durch Berlin reiten, in Paris betätigte sie sich als frühe Journalistin – und wollte unbedingt Napoleon nach St. Helena folgen. Schließlich nötigte ihr die Familie eine Vernunftehe mit einem ordentlichen Frankfurter Bankmenschen auf, aus der mehrere Söhne hervorgingen, die sie innig liebte. Mit dem Selbstmord allerdings hat sie dann, knapp über vierzigjährig, doch ernst gemacht – sie ertränkte sich im Main. Als der in die Jahre gekommene, zum Frömmler und Sonderling gewordene Clemens Brentano die Nachricht erhielt, kommentierte er sie mit »Greulich!«.

CAROSSA UND CHRIST, THOMA UND SPERR –
LITERATEN IN LANDSHUT

Wir sind nicht in die Ferne gezogen, sondern in der Isarstadt geblieben und müssen vom Dominikanerkloster am heutigen Regierungsplatz – die Regierung von Niederbayern sitzt nun in den seinerzeitigen Universitätsgebäuden – nur ein paar Schritte die Maximilianstraße entlanggehen, um zum Wohnhaus der Lena Christ, Nr. 8, zu kommen. Unbedingt wollen wir aber auch einen Blick in die Dominikanerkirche tun, eine von Landshuts bedeutendsten Barockkirchen, von Johann Baptist Zimmermann wundervoll ausgestattet und jüngst zu neuem Glanz restauriert – leider ist das Kirchenschiff meist mit einem Gitter versperrt. Lena Christs Haus ist sehr schlicht, ein Mietshaus des 19. Jahrhunderts, wo die großartige Volksschriftstellerin aus Glonn in Oberbayern während des Ersten Weltkriegs eine Zeitlang lebte. Sie war aus München ihrem Mann, dem wenig erfolgreichen Autor Peter Benedix, gefolgt, der als Reservist in der Landshuter Kaserne für den Fronteinsatz getrimmt wurde. Lena Christs Werke aus diesen Kriegsjahren sind zwiespältig – einerseits hatte sie 1916 ihr Meisterwerk, den realistischen Roman »Rumplhanni«, abgeschlossen, andererseits gab sie sich aber auch für eine Art patriotischer Hurrah-Literatur her, die Erzählungen »Unsere Bayern 1914«, die keinesfalls auf der Höhe ihres Könnens waren.

In Landshut, das von Kriegsnöten weitgehend verschont war, fühlte sie sich wohl. Zunächst bewohnte sie 1917 ein paar möblierte Zimmer »Unter den Bögen«, ihre beiden Töchter Alixl und Lena hatte sie ins Dominikanerinnen-Internat im nahen Niederviehbach gegeben. Sie blieb in der Stadt, als Benedix Anfang 1918 schließlich an die französische Front ziehen mußte, und besserte die Versorgungslage auf, indem sie sich als »Milidärbrifschdellerin Christus« betätigte – sie verfaßte für des Schreibens wenig kundige Bauersfrauen eine Menge von Briefen an Männer und Söhne im Feld oder auch Freistellungsgesuche an die Behörden, wenn die eingezogenen Soldaten dringend daheim bei der Ackerarbeit

Hans Carossa im Fotoatelier

benötigt wurden. Lena Christ war mittlerweile in die Maximilianstraße umgezogen, sie schrieb, wie immer im Bett liegend, an ihrem dritten Roman der eher burlesken Stadt-Land-Geschichte »Madam Bäuerin« – und ihr Leben hätte vielleicht länger gewährt und einen freundlicheren Verlauf genommen, hätte sie nicht bei einem Landshuter Lazarettbesuch den um vieles jüngeren Bänkelsänger Ludwig Fabbri kennengelernt.

Dieser liebenswürdige, aber etwas hallodrihafte junge Mann, den sie zunächst mütterlich förderte, war schließlich der Auslöser für ihren Ruin und ihr viel zu frühes Ende. Sie ließ sich in der Landshuter Wohnung auf eine Liebschaft mit »dem Bub« ein, die mutmaßlich erste und einzige große Passion ihres Lebens, gestand die Affäre ihrem Mann nach Kriegsende in Landshut und trennte sich im Januar 1919 von ihm. Ihre letzten Lebensjahre in München verliefen zermürbend: chaotisch, ruhelos, verarmt. »Der Bub« war bald auf und davon, das Interesse an ihrer schriftstellerischen Arbeit war gleich null, sie zog rastlos von Wohnung zu Wohnung und machte sogar das Mobiliar zu Geld. Als ihr wegen einer dilettantischen Bilderfälschung aus Geldnöten ein Gerichtsverfahren drohte, nahm sie auf dem Münchner Waldfriedhof Zyankali.

Ludwig Thoma ist Lena Christs bewundertes Vorbild gewesen – sie mußte sich wahrlich nicht vor ihm verstecken –, und auch er hat sich eine Zeitlang in Landshut getummelt. Am humanistischen Gymnasium setzte der unmögliche Pennäler Ludwig, dessen Bad-Boy-Karriere ihn durch zahlreiche Lehranstalten und Internate Bayerns geführt hatte, seiner unrühmlichen schulischen Laufbahn 1886 ein recht lobenswertes Ende. In Landshut hat es dem Oberprimaner überraschend behagt. »Die wohlhäbige Stadt, Mittelpunkt einer reichen Bauerngegend, gefiel mir sehr gut.« Gleich gegenüber vom Gymnasium in der Unteren Freyung fand er ein Untermietzimmer und äugte den »zahlreichen hübschen Bürgerstöchtern« hinterher: »Vom Kollerbräu zum Dom flanierte die Jugend, die in Uniform schon etwas vorstellte, und die andere, die mit Band und Mütze bald etwas vorstellen wollte, und sie grüßten, hier verwegen, dort schüchtern, die Weiblichkeit.« Der Landshuter Gymnasialdirektor begegnete dem jungen Thoma mit Sympathie und Wohlwollen – was zu erstaunlichen Notenerfolgen des bis dato miserablen Schülers führte. Sein Reifezeugnis legte er immerhin mit der anständigen Durchschnittsnote von 2,4 ab, als achtbester von 18 Abiturienten, obwohl er in seinen Erinnerungen einschränkend vermutete, die Prüfung sei in jenem Jahr besonders leicht gewesen, weil auch ein königlich-bayerischer Prinz durchgehievt werden mußte. »Etliche Tage sangen und tranken wir noch in Landshut herum und kamen uns bedeutender und freier vor wie jemals wieder im Leben.«

Das humanistische Gymnasium im alten Franziskanerkloster, das heutige Hans-Carossa-Gymnasium, steht, mit einigen Anbauten, noch heute an der Freyung wie vor über hundert Jahren. »Seit 1961 trägt unsere Schule des Namen eines seiner bedeutendsten Schüler« (man darf hoffen, daß für den Satzbau dieser Website-Information kein Deutschlehrer zeichnet). Hans Carossa war als Neunjähriger 1888 in die königlich-bayerische Traditionsanstalt eingerückt, ein wohlbehütetes Landarztkind aus einem Marktflecken isarabwärts, von eigenwilligem, so heftigem wie träumerischem Temperament, die Freiheiten ländlichen Herumstromerns gewöhnt. Das alles vertrug sich schlecht mit den streng reglementierten Lebensbedingungen und Hierarchien eines internen Heimschülers im Studienseminar. Sofort nach Eintritt, vor den Spinden im langen Klostergang, muß sich der Neuzugang maßregeln lassen: »Kannst du mir sagen, wo die von der ersten Klasse hingehören?« hat er einen »hübschen, schmalwangigen Jungen mit hohem Schopf« ahnungslos gefragt, worauf dieser »die Hände ringend nähertrat. ›Entartung frisst um sich, es brüllt zum Himmel! Ein windiger Erstklassist, noch mit Heimwehtränen beschmutzt … da geht er her und spricht einen Zweitklassisten mit Du an. Wissen Sie, welche Strafe darauf steht?‹«

Der sensible Schüler Carossa, der zunächst alle Heimweh-Bezichtigungen »mit wildem Lachen« von sich weist, fällt diesem aber doch qualvoll anheim. Er leidet unter den Statusprahlereien seiner Mitschüler, unter einem nach Veilchen duftenden prügelnden Präfekten, der sich nach seinen Bambusrohrhieben immer selbst mit »brausendem Bromsalz« beruhigen muß, unter dem ganzen gaslichtbeschienenen »traurig entfärbten Dasein, das uns innerhalb der Klostermauern dahintrug«, einer generellen »Zerrüttung seiner Natur«. Ungetröstet vergießt er seine Tränen »wie in Asche geweint«. – »Schläfrig umwölkt fiel ich durch die Zeit, Hemd oder Strümpfe zu wechseln, entschloß ich mich nur schwer ... niedrige Noten stellten sich ein, von Tadelreden begleitet, ein Bericht an den Vater ward angedroht ...«

Carossas altväterisches Timbre war schon zur Entstehungszeit der Schulerinnerungen anno 1928 deutlich unzeitgemäß. Und doch entfaltet das Gravitätisch-Biedermeierliche, gelegentlich auch Selbstironisch-Humorige dieser Schulerzählung mit der Zeit einen atmosphärischen Zauber, dem man immer wieder erliegt. Man muß allerdings weglesen über Carossas stets allzu feierliche und hochtönende Exkurse zur Menschenbildung an sich und im allgemeinen, diesen edlen »Führung-und-Geleit«-Ton, den man heute nur unverdaulich finden kann. Er hat uns jedenfalls in seinen Schulmemoiren, und anderswo verstreut in seinem Werk, ein stimmungsvolles Bild des alten Landshut hinterlassen, das bis ins hohe Alter seine »Traumstadt« blieb. So vom bis heute verträumten Platz der Freyung, dem einzig baumbestandenen der Altstadt, wo er in seinen späteren Schuljahren im Haus Nr. 615 beim Lehrerspaar Hilgärtner logierte. Den backsteingotischen Kirchturm von St. Jodok hat er dort vor seinem Fenster, einen etwas kleineren und plumperen Bruder des Martinsturms, aus dem kümmerliche, angewehte Birkenstämmchen wachsen und um den die Dohlen kreisen. Er schaut auf den Platz nach einem Gewitter, »das viele Blüten abgestreift hatte, vermischt mit Maikäferflügeln bedeckten sie den Kies der Anlagen, und spiegelnd glänzte das abgebrauste Laub«. Oder er wandert auf die damals noch freien, heute restlos verbauten Anhöhen des Monibergs, sieht von dort im »silberhellen Rauch die altersbraune, ziegelrot gesprenkelte Stadt« liegen und gräbt gern mal einen großen Stein aus dem Boden, um ihn ins Rollen zu bringen: »Nun stellte man sich vor, daß er drunten im Wald einen Wanderer verletzt oder eine Natter erschlagen habe, und empfand ein schwermütiges Machtgefühl.«

Am berühmtesten ist Carossas Schilderung der Turmbesteigung von St. Martin geworden, die übernächtigte, verkaterte Himmelsstürmerei dreier soeben erfolgreicher Abiturienten an einem frühen Sommermorgen, wie sie sich von Stockwerk zu Stockwerk ins Licht arbeiten: »Ein Eisentürchen stand halb offen, man bückte sich zu einem kleinen Schritt und stand auf einmal zwischen Himmel und Stadt, nur durch ein karges Gewinde gotischen Zierats vom Absturz geschieden. Eisiger Wind fuhr durch Rock und Haar; dabei war mir, als könnte ich durch die kleinste Kopf- oder Schulterbewegung den Turm zum Einfallen bringen…« Ein Text von ausgewogenem Wohlklang, eine Metapher natürlich auch für den nunmehrigen Weg ins Freie dieser jungen Leute und mit Recht ein Klassiker so mancher Anthologie.

Als Muster an Ausgewogenheit läßt sich der 2002 in seinem Haus auf dem Moniberg verstorbene Dramatiker Martin Sperr wahrlich nicht charakterisieren. Exzessiv in Essen und Trinken, nach einer Hirnblutung in jungen Jahren erheblich behindert, hat dem Lehrerssohn aus dem nahen Dorf Wendelskirchen *ein* Stück zu Weltruhm verholfen, jene »Jagdszenen aus Niederbayern«, die zum Inbegriff des kritischen Volksstücks der Sechzigerjahre wurden in der expressiven Wucht, mit der sie Triebstau und Minderheitenhatz auf dem »wölfischen« Bauernland beschrieben. Sperr hatte die »Jagdszenen« 18jährig verfaßt – seine späteren Volksstücke, darunter das sehr holzschnittartige Baulöwen-Drama »Landshuter Erzählungen«, erreichten die Ausnahmequalität des Erstlings leider nicht mehr. Dennoch gilt Martin Sperr mit Kroetz und Fassbinder als wesentlicher Repräsentant einer kritischen bayerischen Heimatliteratur; er hat an der Stadt Landshut sehr gehangen und liegt hier auch begraben. Eine Würdigung bei den alljährlichen »Landshuter Literaturtagen« hätte er längst verdient.

»ÜBERALL DIE GEWALTIGEN ARME DER ISAR, TEILEND, RAUSCHEND.« – VON DER FREYUNG ANS WASSER

Die Freyung ist der Platz in der Landshuter Altstadt, wo man sich gleich eine Wohnung mieten möchte. Sie liegt ein bißchen abseits, schräg verschoben zu den anderen breiten Achsen, und ist das kleinstädtischste, liebenswürdigste, grünste Karrée. Alles auf der Freyung ist ein wenig miniatürlicher als auf Landshuts prächtigeren Schneisen; St. Jodoks Turm kürzer und gestauchter als der Martinsturm, die Häuser putziger und weniger repräsentativ – »Häuschen-an-sich« wie auf Kinderbildern, einstöckig, mit Kniestock und spitzem Dach stehen sie harmonisch aneinandergereiht. Etliche sind mit den typischen Landshuter Bogenzinnen geziert, die aussehen wie übereinander gestaffelte Kaminchen, aber auch die traufseitigen Bauten, die größeren und neueren Wohngebäude des Jugendstils, wie die vormalige Likörfabrik Dinges, das Kolpinghaus, das Jodoksstift, fügen sich an diesem Platz zu einem Ensemble erwärmenden Behagens, wie aus einem der Josefine-Siebe-Kinderbücher der Jahrhundertwende, nach denen ich im Grundschulalter süchtig war.

Kontrastprogramm ist dann die kühle Strenge der frühgotischen Veitskrypta unter der Jodokskirche. Das Kircheninnere selbst prangt sehr neugotisch daher, dies allerdings in einer handwerklichen Präzision und Geschlossenheit, daß die neuerdings wachsende kunsthistorische Anhängerschaft des Historismus St. Jodok als Gesamtkunstwerk hoch schätzt. Wer sich mit der »Steckerl- oder Schreinergotik« trotzdem nicht recht anfreunden mag, der kann in der Jodokskirche immerhin Gewölbestudien treiben, Kreuz-, Netz-, Stern- oder Fächergewölbe zu unterscheiden lernen, er kann die beiden grandios realistischen Grabmäler neben dem Eingangsportal bewundern oder die besonders schöne eiserne Sakristeitür mit ihren formenreich geschlosserten Beschlägen. Die monumentale Jodoks-Figur von Hans Leinberger, der gleich um die Ecke in der Bindergasse – seinerzeit Barfüßergasse – arbeitete und der Pfarrei angehörte, hat sich leider die Landeshauptstadt für ihr Nationalmuseum gegriffen. Be-

Die Freyung in den 50er Jahren

deutend sind aber auch die beiden Assistenzfiguren des barocken Kruzifixes gegenüber der Kanzel, Johannes und Maria Magdalena – sie stammen von einem Meister der bayerischen Rokokoplastik, Christian Jorhan, der vor allem im Raum von Landshut und Erding eine Fülle besonders virtuoser, ausdrucksstarker Bildwerke hinterlassen hat und gleich neben St. Jodok, im Haus Freyung 603, über Jahrzehnte seine Werkstatt betrieb.

Heute sieht die Fachwelt den 1727 geborenen Niederbayern Jorhan auf ähnlichem Niveau wie seinen wesentlich namhafteren Zeitgenossen Ignaz Günther; erst allmählich wird sein in Dorfkirchen, Klöstern, Adelssitzen weit verstreutes Werk erfaßt und erschlossen. Leuchtende, so empfindsame wie vitalitätssprühende Bildhauerkunst – und das Leben eines im Akkord malochenden Handwerkers ohne jeden Anspruch auf artistischen Höhenflug, in einer dunklen, kleinräumigen Werkstatt, von Existenzsorgen geplagt, ein Massenlieferant klerikaler Auftragswerke, von denen eines schöner, einzigartiger ist als das andere. Die Mitgift seiner Regensburger Frau diente zur Werkstatteinrichtung, als sich Jorhan 1756 in Landshut niederließ. Das Haus, von den »Pösmayrischen Erben pro

550 f.« (Gulden) erworben, war hypothekenbelastet, der Gerichtsvollzie-
her Dauergast. Im engbrüstigen, »eingadigen« Haus (der heutige Bau entstand später) hausten nebst der Familie noch bis zu vier Untermieter; eine
»Tagwerckers Wittib« und eine »Kanzlisten-Tochter« unter ihnen. Der
Nachbar der Künstlerwerkstatt war ein »Kuddelwamper«, ein Verwerter
von Tiereingeweiden. Auch Christian Jorhan lebte »das Einerlei einer
zunftgebundenen Handwerkerexistenz«, wie es in der ausgezeichneten,
leider vergriffenen Jorhan-Monographie von Otto Schmidt heißt, mit
Schwerarbeit »vom Hahnenschrei bis zum Gebetläuten«, eine »monolithi-
sche, vor-subjektive Existenz«, in der »Privatheit, Innerlichkeit nicht stattfanden«, in der jedes Detail festgelegt war: der Platz in der Kirchenbank
und bei der Fronleichnamsprozession, sogar die Kleiderordnung als ehr-
barer Bildschnitzer. Genauestens fixiert war auch die Arbeitsverteilung:
Eine Figur mußte ungefaßt, also unbemalt, die Werkstatt verlassen, »nur
die Augensterne durften markiert sein«, damit die ebenfalls in Zünften or-
ganisierten Faßmaler nicht um *ihren* Broterwerb gebracht wurden. Dazu
kam der »ästhetische und dogmatische Kanon der Auftraggeber«, so gut
wie immer die Geistlichkeit. Sie entschied nicht nur, welche Heiligen gefertigt wurden, sondern auch über »Kopftyp, Kleidung und Attribut –
nichts stand in der freien Verfügbarkeit des Kunsthandwerkers«. Die
Gewinnspannen waren gering, die Kosten hoch und die Auftragslage
schwankte – mal kam der Schnitzer Jorhan, der als Gehilfen höchstens
seine Söhne hatte, kaum nach mit der Fertigung von Engeln und Heiligen vom Allgäu bis zum Böhmerwald, dann gab es wieder jahrelange
Flauten. Ab 1770 wurden die Notlagen krasser – eine »schwere Theue-
rung« und Faulfieber suchten die Stadt heim –, zudem brach bei den Kirchen plötzlich Sparsamkeit aus. Die ästhetischen Leitbilder waren im
Umbruch – Bilderlust und pralle Körperlichkeit des Rokoko wurden
mählich abgelöst vom Klassizismus Winckelmann'scher Prägung, der
Rückkehr zu den »reinen Formen der Antike«, und was eben noch an
dicken Putten und gestikulierenden Heiligen fast die Kirchen sprengte
(Jorhans Gewerbe), galt nun als »überflüssige Stukkador und andere unge-

reimte und lächerliche Zutaten«. Ein »Auferstandener« brachte weniger als zehn Gulden, jede Bildschnitzerei war bürokratisch zu beantragen – bis dann die Säkularisation zu Jorhans endgültigem bitterem Niedergang führte. 1802 war er schon ein alter Mann von 75 Jahren, als die sogenannte »Aufhebungskommission« an ihn herantrat, die den Wert kirchlichen Besitzes taxieren ließ. Den Bildhauer Jorhan wies man an, seine eigenen Werke pekuniär einzuschätzen, und zwar so niedrig wie möglich, denn was sich nicht verschleudern ließ, sollte ausgesondert und vernichtet werden. Diese finale Demütigung der »Zerstörungsschätzungen« hat er nicht lange überlebt. Es existiert ein amtliches Feuerprotokoll, das den Zustand des Jorhan'schen Hauses nach seinem Tod an »hitzigem Gallfieber« dokumentiert. Weder Fensterglas noch Fensterrahmen waren noch vorhanden, der Ofen kaputt – »erweislich ist es, daß das Anwesen dieses Mannes in einer sehr mißlichen Lage stande … nunmehr aber ist Jorhan verdorben und gestorben«. Seine Sterbemesse kostete 16 Kreuzer, die unterste Kategorie, ein Grabstein ist nicht vorhanden.

Große Jorhan'sche Altarwerke oder seine hinreißend schönen Kanzeln finden sich in Landshut nicht, da muß man sich zum Beispiel nach Maria Thalheim oder Altenerding im südlich angrenzenden Oberbayern begeben. Aber es gibt eine Reihe einzelner Bildwerke, in den Kirchen der Stadt verteilt: Figuren in der Theklakapelle an der Alten Bergstraße und in der Frauenkapelle gleich neben St. Martin, einen Heiligen Florian auf dem Hofbrunnen der Trausnitz – und in einem Dorf etwas westlich außerhalb, in der Friedhofskapelle von Tondorf bei Gündlkofen, eines seiner späteren Meisterwerke: eine Immaculata von tänzerischer, herber Eleganz, die eine Madonnenlilie derart graziös hält, daß man es nie vergißt.

Landshut sieht sich gern als Bildhauerstadt: ob die Lebensumstände des großen Leinberger (sein Hauptwerk, der Moosburger Altar, ist über die B 11 in kürzester Zeit erreichbar) 250 Jahre früher auch so strapaziös waren, wissen wir nicht, weil sein Leben kaum bezeugt ist. Fest steht, daß es heutige Skulptoren leichter haben, wie der berühmte, jetzt 82jährige Bildhauer Fritz König, der auf seinem Hof Ganslberg über Landshut Araberpferde züchtet, der weltweit auf den großen Biennalen, der documenta etc. ausgestellt wurde, eine wohldotierte Professur innehatte und dem die Stadt ein prachtvolles eigenes Museum für seine Werke und Sammlungen eingerichtet hat. Das »Skulpturenmuseum im Hofberg«, ein paar Schritte von der Freyung entfernt, ist wunderbar in die alte Stadtmauer integriert und zieht sich mit Granitböden, Klinkermauern und weißgekalkten Sichtbetonwänden weit in den Berg hinein – ein würdiger Ort für die jeweiligen, lang andauernden Wechselausstellungen aus des Meisters Schatzkammer: eigene Werke und Zeichnungen, seine bedeutende Sammlung afrikanischer Plastiken oder derzeit noch ein beziehungsreiches Sammelsurium, das sich »Meine Arche Noah« nennt und Fritz Königs eigene Schöpfungen konfrontiert mit Exotica, Volkskunst, Fundstücken aller Art. Die Ausstellungen sind vielbeachtet und hochgelobt, wie Königs gesamtes Werk, dessen Kugelskulptur »Große Karyatide« vor dem World Trade Center nach dem Terroranschlag von 2001 zwar beschädigt, aber kenntlich in den Schuttmassen aufgefunden wurde und heute als Mahnmal wieder im New Yorker Battery Park steht.

Die Wertschätzung der Stadt für diesen Gegenwartskünstler ist schön und ehrenwert – bedauerlich ist, daß solchermaßen kaum noch Mittel übrigbleiben für ein seit Jahren dringend nötiges Projekt: ein eigenes Stadtmuseum nämlich. Das so geschichtsträchtige und an Schätzen reiche Landshut wurstelt in dieser Beziehung ausgesprochen kümmerlich vor sich hin. Geringe Bestände der Sammlungen bestücken ein paar klimatisch ungünstige Räume der Stadtresidenz; in dezentralen Ausstellungsarealen wie der Heiliggeistkirche und dem Franziskanerkreuzgang sind nur temporäre Ausstellungen möglich. Der große Rest – mindestens 15 000 Gemälde, Skulpturen, Teppiche, Textilien, archäologische Objekte, Musikinstrumente, kunstgewerbliche Gegenstände und Alltagsdokumente, dazu Schenkungen, Bibliotheken – modert unter konservatorisch völlig unzureichenden Umständen in diversen Depots und muß auch noch ständig umziehen, wenn die Stadt z. B. eine Immobilie gewinnbringend verkloppt. Als Landshut-Liebhaber wünscht man sich mit dem städtischen Museumsleiter Franz Niehoff dringend, daß da bald Abhilfe geschaffen werde.

Wir sind weitergeschlendert auf unserem Rundgang: Über die Jodoksgasse zurück zum Regierungsplatz, durch das schmale Ursulinengäßchen, dessen eine Seite die Klostermauer bildet, zum belebten Bischof-Sailer-Platz, am Rand zum modernen Landshut. Am Ende der gleichnamigen Gasse ragt die Baumasse der Heiliggeistkirche in die Höhe, wiederum im Spätmittelalter aufgemauert aus jenen Ziegeln, die aus den Lehmböden der Region stammten, die nach der Größe einer Maurerhand zugeschnitten waren und deren Farbe Wilhelm Hausenstein »rotviolett wie Weinhefe« fand. Die Hallenkirche wird heute für meist sehr gelungene Ausstellungen, auch spannender moderner Kunst, benutzt, sie ist St. Martins Gegenstück am unteren Altstadtende, ebenfalls vom Meister Hanns von Burghausen errichtet. Auch sie war durch Grundwasserabsenkungen bedroht, und man hat bei der Restaurierung ihr wunderbares Gewölbe in der überraschenden alten Farbigkeit rekonstruiert: Blendendweiße Rundsäulen, baumartig wie Palmenstämme, verzweigen sich fächerartig-vegetabil wie zu großen Palmwedeln in die Gewölbefelder, in einen sonnengelben Kirchenhimmel.

Unter dem Vorhallendach von Heiliggeist, vor dem gotischen Steinmetzportal, das jenes von St. Martin an Gestaltungskraft und Figurenreichtum noch übertrifft, blicken wir nun aber endlich aufs Wasser, das hier in einem breiten Becken mitten durch die Stadt strömt; hoch stehen die Fluten und rollen schnell dahin. »Überall die gewaltigen Arme der Isar, teilend, rauschend« – so hat der österreichische Schriftsteller Heimito von Doderer seine zeitweilige Wahlheimat Landshut charakterisiert. Über die verkehrsreiche Heiliggeistbrücke, am alten Spital vorbei, kreuzen wir zunächst nur einen Zweig des Flusses, hinüber in den jenseitigen Stadtteil »Zwischen den Brücken«. Dort drüben ist keineswegs Schluß mit dem historischen Stadtbild.

»Am Isargestade« heißt das Sträßchen, das den Fluß nordwärts begleitet – auch hier kann man nur dem Chronisten Angelus Rumpler zustim-

Die Jodokskirche

men, der schon 1505 schrieb: »Wenige Häuser gibt es in der Stadt, die man tadeln müsste.« Wieder so eine schöne, giebelständige Aufreihung entlang des Wassers, dazwischen der noble Barockbau des alten Finanzamts, das gerade renoviert wurde, ein paar Lädchen in der Häuserfront, darunter ein bodenständiger Fischhändler, wo man Saiblinge und Forellen garantiert knackfrisch bekommt. Zwei angenehme Einkehrmöglichkeiten gibt es ebenfalls am Isargestade: das gemütliche kleine »Café Himmel«, sogar mit Fremdenzimmern samt schöner Fluß- und Altstadtsicht, und, hinter einem Bogengang etwas zurückgelegen, den urigen Biergarten »Zur Schleuse«, ein idealer Ort für heiße Tage, tief verschattet unter hohen Bäumen und umgeben von einem altmodischen, grüngestrichenen Holzzaun. Um die Ecke gelangt man in die Litschengasse, auch hier ansehnliche Häuser, so der Zinnenbau der ehemaligen Metzgerei Schweiblmaier, vor allem aber die grüngestrichenen Holztore und Fensterrahmen des »Weinhauses Deutter«, seit 200 Jahren als Weinhandel am Ort – und einfach ein schönes, altes Geschäft mit einer vorzüglichen Weinauswahl. Die Weinproben beim Deutter finden oft im »Sebastianipavillon« rückwärts im Hof statt, einem zierlich-eleganten, verglasten Hinterhof-Schlößchen von 1790, das bald wieder vom formellen Rokokogarten der Entstehungszeit begleitet sein soll.

Neben dem barocken Sebastianikirchlein erreichen wir die vielbefahrene Zweibrückenstraße – und *so* auf dem Zahnfleisch gehen können wir gar nicht, daß wir das Kloster Seligenthal, ein paar hundert Meter stadtauswärts jenseits des zweiten Isararms, versäumen dürften. Seligenthal – das ist noch mal ein Landshuter Glanzpunkt und, obwohl etwas abseits gelegen, ein Ursprungsort der ganzen Stadt. Hier, in der feuchten Isarebene, schlängelten sich im frühen Mittelalter etliche Bächlein, wie der Pfettrach- und der Hammerbach, durchs Auenland, und ein Bachlauf in einer Senke mußte immer sein, wo ein Zisterzienserkloster gegründet wurde, das schrieb die Benediktsregel vor. Also legte die verwitwete Wittelsbacher-Herzogin Ludmilla in diesem »vallis felix« 1232 den Grundstein für ein zisterziensisches Nonnenkloster. Fast 800 Jahre ununterbro-

Kloster Seligenthal

chen besteht die Abtei seitdem, fürstliches Hauskloster und wittelsbachische Grablege, eines der ältesten, ehrwürdigsten, reichsten Frauenklöster
Süddeutschlands, in welches viele große Adelshäuser ihre nicht verheiratbaren Töchter gaben und das sie allezeit großzügig dotierten.

Heute haben die etwa 60 Seligenthaler Schwestern durchaus Geldsorgen; gewaltige Renovierungarbeiten waren bitter nötig und sind seit 2004
im Gange, über Jahre wird der Konvent eine Baustelle sein. Die Klausur
der Zisterzienserinnen ist immer noch streng, der ganze, sehr weitläufige
Seligenthaler Bezirk von einer übermannshohen blaßgelben Mauer eingefaßt, die ihn nach wie vor zu einer abgekehrten, etwas rätselhaften Enklave innerhalb des modernen, bahnhofsnahen Landshut macht. Offen
zugänglich ist nur der Schulbereich, drei angesehen Mädchenschulen und
ein Kindergarten – und der erste von Barockgebäuden eingefaßte Rabattenhof bis zur Klosterkirche. Dahinter verbirgt sich ein Gewirr von teilweise noch mittelalterlichen Konvents- und Wirtschaftsgebäuden, Zellentrakten, Höfen, Kapellen, Friedhof und Kreuzgang, ausgedehnten
Blumen- und Nutzgärten, Sternwarte, Wiesenflächen und Baumhainen,
eine fromme Stadt in der Stadt.

Freien Zugang haben wir zur Abteikirche. Der Kirchenraum, ur sprünglich romanisch, wurde um 1732 umgebaut und ausgestattet, und über das Resultat überschlagen sich alle Kunstführer: Er »zählt zu den edelsten Räumen des Rokoko, die wir besitzen«, ein »unverwechselbares Gesamtkunstwerk«, ein »schwereloser Raumeindruck«, obwohl die Schöpfer nicht zu den ganz großen Namen der Epoche zählten. Johann Baptist Gunezrhainer hat die Pläne entworfen, gebaut hat der Landshuter Hofmaurermeister Johann Georg Hirschstetter, Stuckierung und Malerei oblagen dem allerdings sehr prominenten Johann Baptist Zimmermann, und den Figurenschmuck hat Wenzel Jorhan, des nachmalig berühmteren Christians Vater, beigesteuert. Wenn die Sonne scheint, möchte man aus diesem heiteren, strahlenden Raum gar nicht mehr heraus, so viel Glanz und Leichtigkeit umgeben einen, während man in einer Kirchenbank für die Laien rastet – der Nonnenchor darüber zieht sich fast bis zur Vierung vor. Besonders reizend ist die Madonna auf dem rechten Seitenaltar, ein bildhübsches, zartes junges Mädchen mit angedeutetem Lächeln und Schwanenhals, der Bildschnitzer muß sehr verliebt gewesen sein in seine eigene Figur – oder vielleicht in sein Modell. Die charmesprühende »Höninger Madonna« in Seligenthal ist das glatte Gegenteil der expressiv-erdenschweren Leinberger-Muttergottes in St. Martin – beide gehören zu Bayerns schönsten und durch die Jahrhunderte beliebtesten Bildwerken. Man mag sich nicht vorstellen, daß die Seligenthaler Kirche während der Säkularisation für ganze 1800 Gulden zum Abbruch verkauft werden sollte – zum Glück blieb sie ebenso bestehen wie der ganze Klosterkomplex, der 1802 zwar aufgelöst, 1835 unter Ludwig I. aber schon wieder von angestammten Ordensfrauen besiedelt wurde.

Ein paar Schritte hinter der Abteikirche liegt die romanische Afrakapelle – sollte sie nicht zugänglich sein, kann man einen Besuch bestimmt an der Pforte regeln. Das Kirchlein mit dem Zwiebelturm-Dachreiter ist Landshuts ältestes Gotteshaus, besuchenswert vor allem wegen der Plastiken des 13. Jahrhunderts an der Empore. Da steht in einer Art Holzhäuschen das Stifterpaar Ludwig und Ludmilla, überschlank, ernst und gesammelt – wunderbare Exempel edel-vergeistigter, frühmittelalterlicher Skulptorenkunst. Begleitet sind die beiden monumental idealisierten Herrschergestalten von gezählten 32 Winzlingen auf beiden Seiten der Empore, einigen Engeln und vielen zwergenhaften Fürsten – angeblich gab es bis zum 30jährigen Krieg noch viel mehr von diesen netten, bunt bemalten Adlaten.

Wer sich für Bauformen und Stimmungen des späten 19. Jahrhunderts und der Jahrhundertwende interessiert, hat rund ums Kloster einige Anschauung. Ganz in der Nähe befinden sich die denkmalgeschützten Ensembles gut erhaltener Gründerzeitzeilen, in der Seligenthalerstraße stadtauswärts und rund um die Luitpold-, Klötzlmüller-, Schwimmschul- und Papiererstraße stehen noch ganze Reihen von Wohnbauten des Historismus. Wir schlagen uns südlich in die Gassen, entweder durch die Fischergasse oder in die Pfettrach- und Wagnergasse, wo sich noch einige alte Häuser gehalten haben, zum Steg über die Kleine Isar; beide Male landen wir auf der auf der Mühleninsel zwischen den Flußarmen.

Die Mühleninsel habe ich in ihrem alten Zustand nicht mehr kennengelernt. Bis in die Siebzigerjahre war sie ein ziemlich wüstes Industrierevier, nur durch die Große Isar von den Altstadtmauern getrennt. Da ballten sich auf dem schmalen Flußeiland drei Kraftwerke, die »Vereinigten Kunstmühlen«, Bayerns größter Mühlenbetrieb, die Bayerische Kraftfutter GmbH sowie ein Eisenwaren- und Sanitärgroßhandel; Lastwagenverkehr und Emissionen waren heftig. Ein gigantischer Stahlsilo, den die Mühlenwerke bauen wollten, hätte die Stadtsilhouette grausam zerstört, deshalb entschloß sich der damals noch junge Oberbürgermeister Josef Deimer zu einem mutigen Schritt. Die Stadt verzichtete auf gravierende Gewerbesteuereinnahmen und brachte den Großbetrieb zur Absiedlung, hinaus in die Nachbargemeinde Ergolding. Statt dessen ist aus der Mühleninsel eine sehr anmutige Erholungslandschaft geworden, ein Wasserpark mit Uferwegen und schwingenden Holzstegen über die Isararme hinweg, mit formellen Bassins und Blumen-Parterres, mit clematisüberwucherten Pergolas und wildwachsenden Blumenwiesen, naturnahen Hainen und Bachmulden.

130 000 Kubikmeter industrieller Baumasse wurden dazu abgerissen, nur eine Handvoll historischer Gebäude blieb in der neuen Idylle stehen: ein gotischer Stadel, der heute für moderne Ausstellungen genutzt wird, der harmonische Biedermeierbau des alten Rauchensteinerhauses, jetzt ein städtisches Begegnungszentrum, und das alte »Gasthaus zur Insel«, das ehedem, eingezwängt zwischen Fabrikbauten, den Mühlenarbeitern zur abendlichen Einkehr diente und jetzt, am Wasser, in den Wiesen, mit unschlagbarem Altstadtpanorama, vielleicht die spektakulärste Lage der ganzen Stadt hat.

Wir haben uns nun wahrlich auch Eindrücke-Sortieren und ausgiebige Labung verdient. Wer richtig gut essen will, kreuzt den Ländsteg und spaziert am anderen Ufer auf der »Isarpromenade« südwärts bis zum Ländtor, dem letzten übriggebliebenen Stadttor. Wir zielen auf den weißgelb verputzten großen »Bernlochner«-Komplex, einen ansehnlichen biedermeierlichen Repräsentationsbau. Der Erbauer Johann Bernlochner hat in der ersten Hälfte des 19. Jahrhunderts eine ganze Menge Spuren in der Stadt hinterlassen, Baulichkeiten in einem ansprechenden, schlichten neoklassischen Stil – das »Ottonianum« und das »Dräxlmaier-Schlößchen« am Hofberg, Gestüts- und Garnisonsbauten und eine Reihe von Villen. Mit dem Großbau am Ländtor, der als Stadthotel auf hohem Niveau geplant war, muß er sich allerdings verspekuliert haben. Er rechnete damit, daß das brandneue Verkehrsmittel Eisenbahn unmittelbar an dieser Stelle seine Streckenführung planen würde – doch wurden Landshuts Gleiskörper und Bahnhof dann weitab nördlich realisiert. Trotzdem ist »Der Bernlochner« ein wichtiges städtisches Zentrum geworden. In den »Redoutensälen« findet so ziemlich alles vom Faschingsball über Tangokurse und Klavierkonzerte bis zu Ärztetagungen statt. Das für eine Provinzbühne ziemlich oft gelobte »Südostbayerische Städtetheater« hat hier seine Spielstätte, und das »Theaterrestaurant Bernlochner« gehört zur Edelgastronomie der Stadt. Es kocht der namhafte österreichische Küchenchef Helmut Krausler, man sitzt schön und großzügig in einem diskret modern adaptierten weitläufigen Speiseraum und kann sich zu mo-

Landshut in Breitwand

deraten Preisen an steirischer Spezialitätenküche und schöner österreichischer Weinauswahl delektieren. Einen Gastgarten direkt an der Isar gibt es auch. Weil aber die Aussicht nicht so reizvoll ist wie von der kostmäßig weit weniger anspruchsvollen »Insel«, sind wir zum Abschluß dieser Stadtspaziergänge lieber dort im Biergarten hockengeblieben.

Wir sitzen an unserem kariert gedeckten Tisch direkt am Fluß, der fast auf Uferhöhe dahinströmt, und haben Landshut noch mal in Breitwand vor uns. Im Norden den etwas stummelhaften, unfertigen gotischen Turm von Heiliggeist. Am gegenüberliegenden Gestade ein langes Stück Stadtmauer, Badhaus und Röcklturm als Akzente verschiedener Jahrhunderte. Dahinter herrschaftlich ragend der »Italienische Bau« mit seinen kuriosen Kaminen. Dann, wenn man seinen Sitz ein wenig weiterruckelt, der Martinsturm, darüber die Trausnitzgemäuer hoch im Grünen. Wir lassen den bräunlichen Heferest in unserem Weißbierglas stehen, schieben den Stuhl knirschend zurück und verabschieden uns ganz und gar ohne Wehmut. Es wird nicht lange dauern, bis uns das alles hier wiedersieht.

»ICH KANN AM BESTEN IM TAL JOSAPHAT ARBEITEN.« HEIMITO VON DODERER – EIN AUSTRIAKE IN NIEDERBAYERN

Am 4. Januar 1961, um halb vier Uhr nachmittags, erblickte ein Ehepaar auf seinem Winterspaziergang am Englbergweg auf dem Landshuter Hofberg Merkwürdiges: »Wir gingen gegen Osten (heimwärts, die sinkende Sonne im Rücken), als das Objekt über einem gegen Süden gelegenen Wald auftauchte. Es wurde – wegen der rötlichen Färbung durch die bereits schrägen Sonnenstrahlen – von Maria zuerst für einen Fasan gehalten ... Es hatte über dem Wald eine Schwenkung gemacht und flog nun in etwa 300–400 m Höhe senkrecht zu unserer Wegrichtung vorüber ... mit hoher Geschwindigkeit in der Richtung nach Norden. Dies geschah vollkommen lautlos. Die Gestalt war boots- oder fischförmig, metallisch glänzend, oben rötlich. Durch die *Lautlosigkeit* schließt sich die Annahme von einem Motorflugzeug aus, durch die Schnelligkeit die eines Segelflugzeuges. Es war an diesem Tag vollkommen windstill und nur wenig bewölkt. Wir hatten eine Viertelstunde vorher zwei Düsenjäger auf einem Übungsfluge beobachtet. Das später gesehene Objekt war *mindestens* halb so schnell. Ich erinnere hier noch daran, daß ich während meiner sechs Jahre bei der Luftwaffe naturgemäß eine gewisse Übung im Erkennen vom Flugzeugen bekommen habe ... Folgerungen überlasse ich Dir. Es grüßt Dich innigst Heimito.« Daneben noch, in diesem Brief an den Schwager: »Alles richtig! Maria.«

Ein UFO am Hofberg? Man sollte vielleicht in Erwägung ziehen, daß Heimito von Doderer zeitweilig eine gewisse Neigung zum Okkulten pflegte und daß seine Landshuter Frau Emma Maria, geborene Thoma, auch schon mal eine »Mittagsteufel-Erscheinung« in der ruhigen Pulverturmstraße erlebt zu haben behauptete, bei der im leeren Dachboden zu ihren Häuptern plötzlich ganze Geisterarmeen zu rumoren und trampeln anhoben und anschließend eine »schwere

Tal Josaphat 2

Badewanne aus Eisenzink zerknüllt wie Papier« vor ihrer Wohnungs-
tür stand.

Beide Geschehnisse haben das Paar offenbar nicht nachhaltig irritiert,
denn es lebte ein im Großen und Ganzen sehr friedsames und ge-
mächliches Leben in der niederbayerischen Provinz. Spaziergängern
auf dem Englbergweg oder auf dem Fußpfad zur Wallfahrtskapelle
Maria Brünnl werden die beiden kaum aufgefallen sein. Ein bieder-
bürgerliches Duo fortgeschrittenen Alters; sie vom dauergewellten,
korsetttragenden Typus Handarbeitslehrerin oder kuchenbackende
Tante, kurzsichtig und etwas kaninchenzähnig. Er eine Idee exzentri-
scher, meist mit »Mascherl« und offenstehendem Trenchcoat angetan,
den Hut weit in den Nacken geschoben, dazu seine »reptilienartige«
Physiognomie mit dem strichschmalen Eidechsenmund und den
schrägen Mongolenaugen.

Hier oben auf den östlichen Anhöhen, nahe der Stadtgrenze, ist
Landshut landschaftlich wohl am schönsten, am offensten. Der Blick
geht weit übers stark gefaltete niederbayerische Bauernland. In der
Senke liegen die Dörflein Salzdorf und Berndorf mit ihren gedrun-

Heimito und Maria

genen Kirchlein (Berndorf hat auch einen traditionsreichen Biergarten); wenn es sehr klar ist, kann man in großer Ferne die Alpenkette erkennen. Vom Brünndlweg ist es nicht weit über die Weickmannshöhe in die gewundene Pönaiergasse, in der ein wildromantischer Gutsbauernhof mit Krüppelwalmdach und aufgemalter Sonnenuhr die Blicke fängt. Die Gasse mündet in den ungeteerten Weg mit dem sonderbaren biblischen Namen »Tal Josaphat«, der sich zwischen Wiesen und Obstgärten bergauf zieht. Von denen ist einer besonders weitläufig, schattig hinter einem verwitterten Holzzaun; die knorrigen Stämme von Apfel- und Birnbäumen müssen seit Jahrzehnten so dastehen. Das Haus oberhalb, Tal Josaphat 2, zu dem der Hain gehört, hat heute einen modernen, architektonisch gelungenen Wintergarten-Stahlanbau und ist im Besitz der jungen Familie Ebner, die per handgemaltem Schild am Gartentürl anzeigt, daß frischer Most zum Verkauf stehe.

Tal Josaphat 2 hatte in den Fünfziger/Sechzigerjahren – und noch bis ins letzte Jahrzehnt vor der Jahrtausendwende – natürlich ein anderes Gesicht. Es war ein bräunlich verputzter, sachlicher Villenbau mit hölzernen Läden, damals wie heute in sehr schöner, freier Lage ohne unmittelbare Nachbarn. Emma Maria von Doderer, seit 1952 mit dem Wiener Romancier verheiratet und von ihm »Mienzi« genannt, war dort 1956 eingezogen, aus der innenstadtnahen Pulverturmstraße ins Grüne, und somit ihrem Gatten zu einem elysisch-stillen Arbeitsrefugium, seinem »Mienzi-Nest«, verhelfend. »Ich arbeite am besten im Tal Josaphat«, pflegte der seinem Wiener Kreis periodisch mitzuteilen, um sich dann für Wochen und Monate aus dem Alsergrund und der Josefstadt zu verkrümeln und eine Art Systemwechsel in sein gänzlich konträres Landshuter Ehestands-Milieu zu vollziehen. Es war in der bayerischen Kleinstadt, wo er die großen, so eminent wienerischen Werke seiner späteren Jahre zu erheblichen Teilen niederschrieb: »Die Dämonen«, »Die Wasserfälle von Slunj«, den Fragment gebliebenen »Grenzwald«, aber auch »Die Merowinger«, diese überdrehte, vor Wut und Komik vibrierende Groteske.

Heimito von Doderer und Emma Thoma, entfernt mit Ludwig Thoma verwandt, hatten sich 1937 in Dachau kennengelernt, als beide 41 Jahre alt waren. Die Umstände von Doderers Dachauer Aufenthalt waren eigentlich sehr unrühmlich – er war, als frühes NSDAP-Mitglied und völlig brotloser Wiener Schriftsteller, sozusagen taktisch »ins Reich« gewechselt, in der Hoffnung, als Mitglied der Reichsschrifttumskammer in Nazi-Deutschland zu Erfolg und Anerkennung zu gelangen – und zehrte derweil, wie er fünf Lebensjahrzehnte von elterlichen Zuwendungen lebte, ein kleines Legat auf, das auf einer deutschen Bank festlag. Dachau war als Wohnort billiger als die nahe Verlagsstadt München – und das bereits bestehende KZ mit seinen Schrecken wollte er nie wahrgenommen haben. Immerhin fand er das braune Deutschland in seinen militaristischen und massenhaften Ritualen wesentlich unerträglicher als zuvor angenommen, was aber vermutlich auch an seiner fortgesetzten Kümmerexistenz lag – kein Mensch hatte auf einen namenlosen, verschrobenen Wiener Literaten gewartet. Er soff sich mit obskuren Kumpanen

durch diverse Münchner Bierkneipen, wohnte am Dachauer Stadtrand in einer jener Bruchbuden, wie er sie schon aus Wien kannte
und euphemistisch »Atelier« nannte, mit Pappkoffer als Teetisch, Koh-
leöfchen, seinem Bogen an einem Wandhaken und einer windigen
Reißzweckenbespannung ums Bett. Sein Durchbruch kam dann
schließlich in München: Der Verlag C. H. Beck gab ihm seinen ersten
ernstzunehmenden Buchvertrag für den Roman »Ein Mord, den jeder begeht« und für die erste, damals noch höchst fragwürdige, antisemitisch getönte Fassung der »Dämonen«.

Zwei Tage vor der ersehnten Zusage lernte er in einem Wanderzirkus
Emma Maria Thoma kennen, die er als »kleines Mädchen« empfand,
das ernsten Blicks die Elefantenkunststücke betrachtete, die aber nach
allgemeiner Maßgabe damals schon eher eine alte Jungfer war. Resch
und bayerisch sitzt sie auf einem Foto jener Jahre in einem Herrgottswinkel; sie galt einerseits als sehr fromm und sehr schüchtern, bei
jedem Anlaß errötend – andererseits war sie eine pragmatische, selbständige Frau, die sich perfekt mit Buchhaltung und Rechnungs-
wesen auskannte und damals in Landshut eine Bettwäsche- und
Textilienhandlung leitete. Einen Hang zum »Höheren« hatte die ehemalige Klosterschülerin aber auch, sie war sehr sprachbegabt, las viel,
besonders gern Adalbert Stifter – und als man nach dem Zirkus-
besuch nächtens ein dunkles, mooriges Wasser querte und der gern
grandseigneural posierende Doderer sie am Arm nahm, da wußte sie,
so hat sie später gesagt, »das ist jetzt mein Schicksal«.

Die Verbindung, die dann folgte und bis zu Doderers Tod 1966
währte, hatte wahrhaft ihre sumpfigen Abgründe. Daß seine »Mienzi«
so eine brave, schamhafte, jüngferlich-keusche Person war, eben dies
machte für den erotisch perverseren Lustbarkeiten zugeneigten Doderer ihren besonders prickelnden Reiz aus. Keineswegs war Emma
Maria Thoma nur der provinzielle Ruhepol in seinem Leben, das solide Bratkartoffelverhältnis, die brave Mami mit dem properen Heim,
nach der sie so idealtypisch aussah. Sie hat bereitwillig, bis ins hohe

Alter, seine für sie zweifellos sehr gewöhnungsbedürftigen sexuellen Inszenierungen mitgespielt, hat die sogenannte »Prozedur« noch 64-jährig bis morgens um fünf Uhr über sich ergehen lassen, in welcher Doderer das böse, lüsterne »Eichkatzl« war und sie, an eine eigens gezimmerte Säule gebunden, eine jener »süßen, demütigen, heiligen Dulderinnen« geben mußte, die in »erregendem« Weihrauchdunst und Kerzenschein mit einem roten Samtpeitschchen, eher symbolisch als schmerzhaft, gegeißelt wurde. Doderers, des katholischen Konvertiten, erotische Obsessionen drehten sich vorrangig um frühbarocke religiöse Schinken mit verrenkten Heiligen, brechenden Blicks und halbentblößt, Opfer und Märtyrerinnen – und wenn ihm in der Wirklichkeit so ein »lebendes Bild« befriedigend nachzustellen gelungen war ... »deine weißen, frommen Füße, wie sie unter den halb herabgeglittenen Gewändern hervorstehen ...«, dann trug er in sein Tagebuch das Kürzel »d. exc. m.« – »dies excellentis martirii« – ein. »Mienzis« Hauptmanko in seinen Augen bestand darin, daß sie, wiewohl von durchaus kompakter Figur, immer noch nicht fleischig und massig genug für seine Gelüste war. Telefonisch pflegte er aus Wien »stöpfl, stöpfl« anzumahnen, mehr zu futtern, und ihm Gewichtszunahmen gleich zu vermelden.

Ansonsten aber, ja ansonsten war das Landshuter Eheleben der Doderers von einer spießigen Normalität, die alle Wiener Künstlerfreunde des Gemahls aufs höchste verblüffte. Die urbane, elegante Schriftstellerin und Essayistin Hilde Spiel, die den Schriftsteller Doderer über alle Maßen schätzte, war einmal im Tal Josaphat zu Gast und äußerte sich in ihren Memoiren einigermaßen despektierlich über den Abend: »Wir fuhren hin, mieteten uns ein im Gasthof zur Sonne und betraten die in funktionellem Fichtenholz möblierten Räume der guten Ehefrau. Dort erwartete uns ein riesiger, dampfender Porzellantopf, gefüllt mit Weißwürsten – unzähligen Paaren dieser bleichen, nach dem Verzehr einiger von ihnen immer widerwärtiger werdenden Fleisch- und Darmgebilde. Sie wurden mit sehr viel

Bier, aber ohne die geringsten Beilagen serviert, weder mit Senf noch Kraut noch Kartoffeln. Und mit geradezu tückischem Vergnügen nötigte uns Heimito dazu, uns dies, wie er hervorhob, echt bayerische Mahl bis zum Überdruß einzuverleiben. Im Bayerischen lag wohl die Rettung vor jener Wiener Dekadenz, der er in seiner Jugend anheimgefallen war.«

Daß Doderer auch »im Bayerischen« dem Dekadenten nicht abhold war, wissen wir spätestens seit der umfänglichen, aus Briefen und Tagebüchern kein verfänglich-privates Detail verschweigenden Doderer-Biographie von Wolfgang Fleischer, der als junger Mann sein Sekretär war. Auch Fleischer ist in der Landshuter Idylle einmal zu Besuch gewesen: »Die modern-biedere Wohnung verblüffte mich, auch der große, geschmückte Christbaum, der noch immer im Wohnzimmer stand, am meisten aber Doderer selbst. In Wien hatte ich ihn, auch in der Wohnung, nie anders als mit blinkenden Straßenschuhen, stets in Krawatte oder ›Mascherl‹ gesehen; hier jedoch wirkte er, in Strickweste und Pantoffeln, geradezu domestiziert … Doderer wies immer wieder auf die Behaglichkeiten hin, die ihm hier zur Verfügung stünden – unter anderem auch Radio und Plattenspieler.« Unter dieser Musikanlage müssen die Mitbewohner im Tal Josaphat – die Doderers lebten im Parterre – freilich schwer gelitten haben: Der Hausherr hörte nämlich sein Leib- und Magenstück, Beethovens siebte Symphonie – grundsätzlich nur in Maximallautstärke. Er selbst war extrem lärmempfindlich; wenn er den Vormittag über schrieb – gemäß seinen unerläßlichen Ritualen mit verschiedenfarbigen Füllfedern für die diversen Handlungsstränge seiner Romane – durfte Mienzi keinen Mucks von sich geben, hatte am anderen Ende der Wohnung still über einem Buch zu verharren. Und er arbeitete viel in Landshut, diszipliniert und ungeheuer produktiv. »Sie rührt sich gewaltig unter mir, diese Arbeit, wie ein übermäßig starkes und schweres Pferd, das ich kaum zu regieren vermag.« Weswegen uns Lesern ja alle seine schuldbewußten Exzesse, seine obskuren erotischen Präferenzen, seine festgefressenen Marotten und gefürchteten Brüllorgien eigentlich ganz wurscht sind – Hauptsache, er versorgte uns mit dem Suchtstoff seiner Sprachgewalt. Er mag sich, opportunistisch und verblendet, auf haarige politische Irrwege begeben haben, er mag ein manchmal peinlicher Poseur gewesen sein, in Frauenbeziehungen eine Pest – und die Lavendelwolke, die ihn stets umgab, kaum auszuhalten: Im Tal Josaphat saß er konzentriert mit Blick auf die Obstbäume, ab und zu spannte er im Garten zur Erholung seinen Bogen – und beschrieb Stöße von Papier mit jenen phänomenalen Sprachgeflechten, denen seine Anhängerschaft verfallen ist, auch wenn sie sich nicht zu den extrem kennerischen »Heimitisten« oder den schwärmerisch adorierenden »Strudlhofziegen« zählen kann und mag.

Wien mit den Stammkneipen »Blauensteiner« und »Falstaff« mag die Stadt der nächtlichen Gelage und Debauchen gewesen sein, jener »Drahereien«, bei denen Doderer sogar die Avantgardisten der Wiener Gruppe mit Cognac aus Champagnerkelchen unter den Tisch trank. In Landshut aber, dem biedermännischen Arbeitsort, notierte er, nur zum Beispiel, 1950 die ersten Ideen für die Firma »Hulesch und Quenzel«, eine weltweite Quäl-Institution (»kaufmännisch organisiert, jedoch wesentlich eine metaphysische Instanz«), welche die Menschheit in den »Merowingern« mit piesackenden Alltagsärgernissen überzieht: »Schrecksessel« (plötzliche Verkürzung eines Beines) oder »Untertassen, pneumatisch« (haften einige Sekunden an der Teetasse), »schneidende Kragenknöpfe« (von Zeit zu Zeit Hervorschnappen einer winzigen Klinge) oder »Künstlicher Taschengrus« (mit dauernder Schmutzwirkung auf Fingerspitzen und Nägel) finden sich im Artikel-Katalog dieses Unternehmens, »Sektion fortlaufende Peinigungen«. In Landshut hat er die gültige, von rechtslastigen Verirrungen bereinigte Fassung der über 1300seitigen »Dämonen« erarbeitet, in denen sich ein überwältigender Wien-Kosmos entfaltet, durch alle Schichten und Milieus, vom Cobenzl zur Brigittenau, vom

Alsergrund zur Eroicagasse; und Landshut war auch der wesentliche Schreibort des letzten Projekts, das sein bedeutendstes werden sollte, aber nicht mehr beendet wurde, des »Romans No. 7«, natürlich auch in altösterreichischen K.u.k.-Gefilden spielend. Friedrich Torberg hat den Kollegen Doderer »Austriae poeta austriacissimus« genannt, den österreichischsten aller Dichter – aber geschrieben wurde dieses pannonische Opus großteils in einer behäbigen bayerischen Kleinstadt.

Landshut kommt im Werk nicht vor – nur das unferne Dörfchen Weihmichl in einer kleinen Groteske. Man darf aber davon ausgehen, daß ihm als studiertem Mediävisten und konvertiertem Katholiken das altdeutsch-klerikale Erscheinungsbild der Stadt sehr wohlgefällig war. In den »Tangenten« jedenfalls, seinem schwer lesbaren, theorielastigen Tagebuch jener Jahre, wird die Isarstadt selten, dafür aber stets geradezu beglückt erwähnt. Doderer erfreut sich da an einem »wie von goldenem Himmelswein übergossenen Herbsttag in Landshut«, er lauscht an einem Augustsamstag dem »Glockenhall, immer wie Wolken … Hinter dem Chor des Domes in den schmalen Gäßchen klopft es aus den Werkstätten, geht der kleine Verkehr über die Fahrbahn, duftet's oder stinkt's – wahrlich, ich sah gestern in dieser alten Stadt noch das fünfzehnte oder siebzehnte Jahrhundert ganz konkret eingeschoben ins zwanzigste, und dieses wieder ins neunzehnte, und so fort: die Gleichzeitigkeit der Zeiten – einziger und wichtigster Schlüssel zu allem, was man Geschichte nennt!« Oder, ein Jahresende »in dieser schönen Stadt, wo ich daheim geworden bin und jetzt gar eilfertig arbeite … überall die gewaltigen Arme der Isar, teilend, rauschend. Gerade an diesem herrlichen Orte gelandet zu sein…: wie sich alles fügt, ich hab's nur nötig, die Hebel zu bedienen und zu tun, was getan werden muß.«

TON, STEINE, SCHERBEN –
VOM HOFBERG IN DEN KRÖNING

Auf den östlichen Anhöhen des Hofbergs, des Annabergs, geht Landshut auf eine immer noch recht anmutige Weise in die Wiesen, Wälder und Senken des Umlandes über. Man hat das ja selten noch: daß eine Stadt nicht rundherum eingekesselt ist von den infernalischen Zweckbautenringen der Moderne, sondern sich locker und einigermaßen diskret mit villenartiger und Resten bäuerlicher Bebauung verkleckert ins Freie.

Von überall hier oben sticht einem eine sehr seltsame Kirche ins Auge – »sticht« im Wortsinne, denn ihre beiden runden Ziegeltürme erinnern markant an scharfgespitzte Bleistifte. Die runden Türme sind für Bayern sehr ungewöhnlich; sie ähneln eher Minaretten als hiesigen Glockentürmen, und die Entstehungslegende der Heilig-Blut-Kirche weist auch in den Orient. Dieser zufolge sei dem rauflustigen Reichen Herzog Heinrich III. vom Kaiser Sigismund 1414 eine Bußwallfahrt nach Jerusalem verordnet worden, zum dortigen Heiligen Blut und zum echten »Tal Josaphat« am Ölberg. Dem Herzog aber sei diese Unternehmung zu unbequem und gefährlich erschienen. Also benannte er ein nahes bäuerliches Tal einfach um und baute sich selbst eine Heiligblutkirche mit exotischem, angedeutet levantinischem Erscheinungsbild – dort habe er dann Messen für sein Seelenheil lesen lassen und so formell seine Sühne geleistet.

In der Umgebung der Kirche – Friedhof, Pfarrgasse, Heiligblutweg – hat sich noch einiges vom Zauber des alten Hofbergs erhalten, der einem Lust auf eine Zeitreise macht, wenn man sich durch Bände mit historischen Fotos blättert. Es muß, noch weit ins zwanzigste Jahrhundert hinein, eine wunderbare, gründurchwachsene Melange aus kleinen Bauernanwesen, Gärten, bürgerlicher Villenarchitektur, Mostschenken und altmodischen Ausflugscafés geherrscht haben, von der nur noch Reste bewahrt sind. Der Hofberg war eine dörfliche Welt für sich, mit ganz eigener Atmosphäre, mit Zwergschule, kleinem Postamt, ein wenig Sommer-

frischebetrieb, später dann den prächtigen Landhäusern der Landshuter Nobilitäten, der Honoratioren und Industriellen, in ihren baumbestandenen Parks. Es gab beliebte Gartenlokale hier oben, wie das türmchenverzierte »Maria Waberl«, den »Dräxlmaierkeller«, die »Mostschenke Luginger«, das »Hofgartencafé« mit seiner verglasten Sommerhalle, Tanzpodium mit Auftritten eines »Batschari« genannten Ariensängers, wo sich die »Zimmerstutzengesellschaft«, ein Schützenverein, traf. Zwischen Hainen aus Welschnußbäumen waren aber auch die kleinen, spitzgiebligen Katen, die Holzschupfen und Krautgärten der ärmeren Dorfbevölkerung verstreut, wie der »Dickerl am Stein«, das Rettenbeck-, Nettinger- oder Brandstetter-Anwesen in der Schönfüßlgasse, die Streifenöder Einöde, deren Bewohner Klauenpfleger von Metier war; der Brunnbauer bei Maria Brünnl betrieb hingegen eine öffentliche Badstube. In den Kramerlädchen bekam man offenen Zucker in Papiertüten abgefüllt und Sauerkraut aus dem Faß, und der Holzschlittenverleih für die Rodelbahn Heiligblut kostete zwei Pfennige.

»Da oben wohnen die besseren Leit« galt ab der zweiten Hälfte des 19. Jahrhunderts mit der Industrialisierung, als sich die Kunstmühlendirektoren, die Inhaber von Dünger- und Chemiefabriken oder der »Anglo-Suiß-Biscuitfabrik«, die Schnupftabakfabrikanten und Großbrauereibesitzer in der frischen Brise des Hofbergs ansiedelten, die oberhalb der eigenen Industrie-Ausdünstungen wehte. Auf dem Hofberg und dem Annaberg entstanden prunkvolle Villen der Gründerzeit in ihrem ganzen Stil-Eklektizismus, vom neoklassischen Palais über die nachempfundene Ritterburg (die Villa Scheidemandel hatte explizit die Trausnitz zum Vorbild) bis zum lüftlbemalten Alpenlandhaus. Fast alle von ihnen sind längst in Schutt und Scherben gegangen; zwei besonders schöne Exempel stehen heute noch: die ragende Schreyer- oder Oberpaur-Villa über der Gerhart-Hauptmann-Straße und besagte Scheidemandel-Villa in der Weinzierlstraße mit bergfriedartigem Turm, hohen Bogenfenstern, Fachwerk-Erker – und auch im Inneren über die Zeiten bewahrt als Musterbeispiel repräsentativer Wohnkultur des Historismus. Zwischen den Schnitzvertikos, altdeutschen Kachelöfen und schweren Wandpaneelen der Chemiefabrikantenfamilie Scheidemandel war der Gymnasiast Hans Carossa gelegentlich eingeladen und bedankte sich dafür brieflich beim »Hochverehrten Herrn Commerzienrat«, bei der »Verehrtesten aller Frauen« in ziemlich liebedienerischem Tonfall. Dies war die erste Begegnung des kleinen Landarztsohns mit der wohllebigen Welt wilhelminischen Reichtums, mit Salonplaudereien, opulenten Tafeleien und Gartenfesten, und das alles imponierte ihm sehr: »Die himmlische Villa, das zärtliche Klavierspiel, die feschen Radlerinnen, die Rosenknospen … Alles schwebt immer vor mir, ernst und lächelnd«, schrieb er als Münchner Medizinstudent an die Gastgeberfamilie.

Den Hofgarten hoch über Landshut, bestimmt einen der schönsten Parks Süddeutschlands, sollte man an einem blitzenden Frühlingstag besuchen, wenn das Laub noch zart und transparent ist und die Dächer und Türme der tiefliegenden Stadt durchscheinen läßt. Die einzige reelle Parkmöglichkeit am Hofberg ist der Platz zu Beginn der Edmund-Jörg-Straße, wo auch der kurze schattige Fußweg zur Trausnitz ausgeschildert ist. Unvergleichlich ist die Lage dieser imposanten Burg: Der Blick vom

Schanzl, die Wehrgänge, Zwingergärten, Wiesenflächen, die sie umrahmen. Mancher wird sich an das nächtliche Flammenmeer auf der Trausnitz 1961 erinnern, als große Teile der Burg unrettbar ausbrannten. Die Gruselgeschichte von der Putzfrau, die einen Tauchsieder in einem Eimer vergessen und so das Feuer ausgelöst haben soll, erzählt jeder Führer gern (mahnend werden dabei kleine Kinder von ihren Müttern angeblickt), dabei kann ebenso ein Kabelbrand schuld gewesen sein. Zum Glück blieben die kunsthistorischen Kleinodien der Burg unberührt – die singuläre Commedia-dell-Arte-Narrentreppe mit ihren deftigen Szenen von ausgekippten Nachttöpfen und Klistieren in Eselshintern z. B., und die großartige Georgskapelle, eine Schatzkammer frühmittelalterlicher Plastik und gotischer Altäre. Ansonsten sind die restaurierten Räume ohne ihr zuvor opulentes manieristisches Interieur zwangsläufig etwas karg, und man muß seine Phantasie bemühen, um sich die glamouröseste Zeit hier oben vorzustellen, das 16. Jahrhundert, als das junge herzogliche Thronfolgerpaar Wilhelm und Renata auf der Trausnitz eine Hofhaltung von verspieltem Luxus und raffiniert-exzentrischem *Lifestyle* entfaltete. Das Paar liebte alles Ausgefallene und den Kitzel des Exotischen – so tummelten sich auf der Burg italienische Komödiantentruppen, Sänger und Musikanten (darunter der berühmte Orlando di Lasso). Nächtelange Tanzfeste mit Feuerwerk und Fackelschein wurden von Turnieren, Schlittenfahrten, Kostümbällen, Serenaden und Theaterspielen abgelöst, riesige Lustgärten mit Pavillons und Laubengängen, neckischen Wasserspielen, sogenannten »Vexierwassern«, kunstvollen »Grottierwerken« mit »Pomeranzen, Feigen, Lorbeerpaum« bepflanzt, zogen sich statt der alten Weinberge bergab (der bayerische Wein war dem Prinzen ohnehin zu sauer). Barbiere aus Böhmen, kroatische Stallknechte, französische Fechtmeister gehörten ebenso zum Gefolge wie Hofnarren, Zwerge, »Mohrenkinder«, sogar ganze »Negerkolonnen«, Akrobaten, Maler, Architekten, Goldschmiede, Edelsteinschneider … Die finstere Vorfahrenburg baute der junge Bayernprinz, 19jährig war er bei seiner Verehelichung, zu einem Domizil à la mode für

Die Narrentreppe

die Liebste um. Es entstand der Italienische Anbau mit der komödianti-
schen Stiege, einem der ersten Fürstenbäder samt vier Meter langem ovalen Zinnbassin; die Kabinette und Säle waren mit Brüsseler Wandbehän-
gen, Teppichen aus Persien, geprägten Ledertapeten verkleidet. Nichts war
zu aufwendig: Der Trausnitz-Burghof erhielt die prächtigen, maisgelben
Arkadengänge aus teuren Rustikoquadern eingepaßt, auf denen wir uns
heute noch ergehen.

Besondere Kurzweil aber verschaffte dem Prinzen Getier aller Art; in
ganz Europa wurden Handelshäuser wie die Fugger beauftragt, fremdar-
tige Lebewesen herbeizuschaffen. Volieren für exotische Vögel, Fasanen-
und Hühnerhäuser erbaute man zwischen den Rabatten und Orangerien,
Kamele, Krokodile, Affen und weiße Pfauen zierten die Menagerie. Für
Löwen und Leoparden gab es den abgesenkten Löwengarten (»es ist wieder ein Leb umgefallen«, mußten die Hüter im Falle eines verendeten
Tieres dann und wann melden). Schildkröten, »zween papagey« und
»allerley seltsame mörvisch« (Meerfische) wurden aus Genua angeliefert,
und überall hoppelten scharenweise die »kuniglen«, die Königshasen, herum. Derweil häuften sich die Schulden ins Aberwitzige, bis zum finanziellen Totalzusammenbruch der lustigen Landshuter Hofhaltung 1575.
Das Prinzenpaar wurde später nach München zurückbeordert – und der
nachmalige Herzog Wilhelm V. verfiel in reifen Jahren einer asketischen
Religiosität, die ihm den Beinamen »der Fromme« einbrachte. Nur noch
schwarz gekleidet wurde nun einhergewandelt, und stets waren Bedürftige zur herzoglichen Tafel geladen.

Mit der faszinierenden »Kunst- und Wunderkammer«, die das Bayerische Nationalmuseum im Damenstock der Trausnitz eingerichtet hat,
kann man eine Idee bekommen von der damaligen Phantasieentfaltung
auch in den Interieurs, dem exzessiv betriebenen fürstlichen »Hobby« der
Kuriositätensammelei. Die »junge Kunstkammer« der Trausnitz war mit
über 6000 Objekten damals eine der bedeutendsten Europas – vergleichbar jener in Prag von Kaiser Rudolf II. Längst sind die Schätze in alle
Winde verstreut – in den heutigen Kabinetten hat man eine derartige

Kollektion sorgfältig zu rekonstruieren versucht. »Artificialia« und »Naturalia«, »Exotica« und »Scientifica« können wir da über zwei Stockwerke betrachten; von miniatürlich beschnitzten Pflaumenkernen über prunkvolle Nautiluspokale und Tritonshörner, Narwalzähne »in Form eines Ainkhirns« (Einhorns), magische Amulette und Alraunenwurzeln, sogenannte »Galgenmännlein« – aber auch raffinierte frühe Instrumente und elaborierte mechanische Uhren, in Elefantenform z. B., prächtige Bildertische mit der gesamten Flora und Fauna, die man damals kannte. Besonderes Staunen erregte seinerzeit ein Gürteltier, das man für ein Wasserwesen hielt, aber gleichzeitig einem Murmeltier ähnlich fand: »ein *Möhrwunder*, so einem Murmantl gleicht«.

Landshuts spektakulärstes Stadtpanorama bietet sich vom windigen Renaissance-Söller des Kemenatenbaus dar, dem Himmel näher kann man in dieser Stadt nicht stehen. Hier oben darf man während der Burgführung nur kurz verharren, viele Digitalkameras machen ihre kleinen Surrgeräusche, viele Finger deuten auf Dachgebilde, Fassaden, Plätze in der Tiefe. Aber die Terrassen der Burgschänke, vor allem die stadtwärtige, haben einen fast ebenso schönen Ausblick – ein gepflegtes, angenehm möbliertes Burgrestaurant ist das, kein Touristen-Schnellimbiß, und man hat, gegenüber dem nun frei und filigran vorm Himmelsblau stehenden Martinsturm, längeres Bleiberecht.

Der Hofgarten, der sich von der Trausnitz ostwärts zieht, ist ein steil abschüssiger Park, mit gemuldeten Wiesen und durch die Kuppenlandschaft geschlängelten Wegen, mit immer wieder überraschenden Tiefblicken und sich öffnenden Freiflächen – und die Pracht seiner alten Baumriesen, darunter vielen botanischen Raritäten wie Tulpenbäumen, amerikanischen Zedern und dem »australischen Zürgelbaum«, ist reinstes Labsal. Frühmorgens laufen die Kleiber, Kopf voraus, eilfertig die Stämme hinunter, und in den weitläufigen Zierteichen des Tiergeheges schlafen die Braut-, Mandarin- und Kolbenenten noch, die Köpfe in den Federn. Alle haben ihre kleinen, privaten Holzhäuschen im Wasser, wie miniatürliche Bootshäuser. Ziegen und Pfauen schreien aber schon jetzt in aller

Frühe recht durchdringend, und ganz still wird es erst wieder auf dem Weg zum verwunschenen, ummauerten Herzoggarten, einem kleinen Separatpark im großen Hofgarten. Das ist ein Ort wie aus einem Andersen-Märchen oder einer Eichendorff-Erzählung, intim, elegisch und etwas geheimnisvoll. Ein verwitterter, antikisierender Triumphbogen gewährt Zugang, die umfriedenden Ziegelmauern sind bemoost und brüchig. Mit Girlanden geschmückte Vasen ehren die Schöpfer des Gartens, die berühmten Brüder Sckell, die etwa zur selben Zeit auch den Münchner Englischen Garten anlegten. Die Wiesen stehen schon hoch und sind etwas verwildert, das einfache klassizistische »Herzogsschlößl« in der Mitte der Anlage dämmert unbewohnt vor sich hin, verlassen auch der kreisrunde »Freundschaftspavillon« zwischen hohem Buschwerk etwas im Abseits. Das Herzogsschlößl hat sich Wilhelm von Birkenfeld-Gelnhausen, der eine Reihe von Jahren die Stadtresidenz bewohnte, als Sommersitz erbauen lassen, und besonders rührend findet man die Inschrift am Triumphbogen, der Tochter und Sohn gewidmet ist: »Seinen lieben Kindern ließ der ihnen sehr zugetane Vater dieses Denkmal setzen«.

Daß der Hofgarten schon 1837 den Bürgern gehörte, dafür hat König Ludwig I. gesorgt, der die Stadt mit monarchischem Druck zum Ankauf des Geländes brachte und so seine Aufteilung in Bauparzellen verhinderte. Wir spazieren am »Gickerlbrunnen« vorbei, einem netten, modernen Bronzegockel oberhalb eines sanften Wiesenhangs, weiter zur früheren »Franziskanerrekreation«, einer flachen, verschatteten Enklave, in der die Mönche des unterhalb liegenden Klosters ab und zu gut verborgen ihre Turnübungen machten. Heute ist dieser Ort der »Fialenplatz«, den wiederum Hans Carossa in einem späten Romankapitel beschrieben hat und der, für ihn damals wie für uns heute, eine Art magischen Bezug herstellt zum Martinsturm. »Eine ebene kleine Fläche«, so Carossa, »war mit Bäumen bepflanzt: Ahorne, Linden, Akazien umgaben eine Ansammlung verwitterter Baustücke … Auch heute noch sind um ein hohes, gotisches Spitztürmchen, das eine metallene Kugel trägt, graue bemooste Fragmente ungefähr pyramidisch angehäuft, unregelmäßige Teile von Strebepfeilern,

Stücke von Maßwerk, durchbrochene Bögen, Kreuzblumen und halbe Heiligenhäuschen, aber auch Grabtafeln mit Inschriften … Diese sämtlichen gotischen Reste stammten von der obersten Spitze des Martinsturms, wo sie einstmals den höchsten, den kleinsten Kranz gebildet hätten, bis ihre zunehmende Brüchigkeit sie für die drunten Gehenden gefährlich machte, weshalb sie abgetragen und gegen neugearbeitete Bauteile umgetauscht wurden. Als Denkwürdigkeiten habe man sie dann hierhergebracht und aufgeschichtet.«

Auch für uns, wie für Carossa vor vielen Jahrzehnten, schlägt gerade die Turmuhr herüber, und wie nachvollziehbar ist es, daß dieser tiefe Ton ihn »ein wenig geisterhaft« berührte, »wenn ich bedachte, daß die hochehrwürdigen Bruchstücke, die jahrhundertelang in einer Zeit, die den Blitzableiter noch nicht kannte, Sommer um Sommer als Gipfelzierde unseres höchsten Turms inmitten der Gewittersphäre gewohnt hatten, eines Tages wie ein zerbrochenes Vogelnest von frommen Händen aufgelesen und auf den Hofberg herübergehoben wurden, um hier im Schatten des kleinen heiligen Haines zu verwittern.«

Mit diesem schönen Vergänglichkeitsbild wollen wir uns von Landshut verabschieden und hinausfahren in das lehmige niederbayerische Hügelland, aus dessen Boden alle seine ragenden Bauwerke errichtet wurden. Dazu müssen wir auf die Karte sehen, denn nachdem wir die Stadt an der Weickmannshöhe (und neuerdings an Bayerns modernstem Gefängnis) vorbei verlassen und die B 299 geradewegs gekreuzt haben, werden die Sträßchen alsbald sehr klein und kurvig. Richtung Weihbüchl führt unser Weg, dann über den Weiler Allmannsdorf nach Hoheneggkofen und weiter ins größere Kirchdorf Jenkofen, wo man sich durchfragen muß, wer gerade den Kirchenschlüssel verwaltet.

Jenkofen liegt »eingebettet zwischen fruchtbares Hügelland, Laub- und Nadelwälder«, heißt es in meinem Kunstführer – so was klingt immer nach einer Goldrahmen-Idylle, mit der man in Wirklichkeit weniger rechnen sollte, was die Gegenden angeht, durch die wir jetzt eine Zeitlang gondeln werden. Die Landschaft des Landkreises Landshut ist in weiten

Teilen eine eher etwas langweilige, da gibt's kein Vertun. Ich habe mich wahrlich über sechzehn Jahre, die ich in der Nähe lebe, bemüht, ihr einigen Liebreiz abzugewinnen. Aber sie bleibt eine sachliche Agrar- und Nutzlandschaft, viel Mais zwischen dem flachhügeligen Grünland, wenige so richtig erfreuliche Fernblicke, und die praktisch modernisierten Dörfer sind alle miteinander keine Augenweide. Man sollte das nicht immer beschönigen, es gibt einfach Landschafts- und Siedlungsformen, die ans Gemüt gehen und eine Augenlust sind – und solche, die für ihre Bewohner durchaus alltagstauglich und meinetwegen auch herzerwärmend sein mögen, den Reisenden aber etwas gleichgültig weiterziehen lassen. Das sei eben das herbere, unberührtere, in sich ruhendere Niederbayern, höre ich als Gegenargument – wenn es das nur wäre! »In sich geruht« hat es durchaus nicht – es dürfte von den bayerischen Landesteilen derjenige sein, der am radikalsten mit seinen traditionellen Bauformen aufgeräumt hat. Die niederbayerischen Siedlungen sind fast durch die Bank uniform erneuert; die dörflichen Häuser mit dem früher üblichen, sparsamen Rauhputzdekor, die hölzernen Vierseithöfe gar, sind bis auf herausstechende Einzelexemplare flächendeckend eliminiert. So viel seien Idyllesucher vorgewarnt – ich erinnere mich noch gut an meine eigene vage Grundenttäuschung, als ich vor Jahren auf erste Entdeckungstouren durch diese Landschaften ging. Keine Frage, daß man sich gewöhnt an die reizärmeren Regionen einer neuen Heimat – keine Frage auch, daß man sich in solchen unspektakulären Landstrichen besonders freut, wenn man die Nischen des Schönen, Besonderen für sich auftut.

Die Dorfkirche Mariä Himmelfahrt von Jenkofen ist so eine Überraschung; sie ist ein harmonischer gotischer »Staffelhallen«-Raum, und aus dem Chorpolygon leuchtet es in nahezu überirdischen Farben, einem tiefen Königsblau, Grün und schimmerndem Gold – Jenkofen besitzt ein paar der bedeutendsten spätmittelalterlichen Glasmalereien Süddeutschlands. Es sind runde Medaillons, sogenannte »Tondi«. Eines zeigt die Muttergottes auf einer Mondsichel, das »Herzogfenster« darunter ist randvoll mit einer Versammlung heiliger Personen, zu deren Füßen der Stifter kniet. Faltenwurf der Gewänder und Schimmer der Rüstung, Kronen und Rankenwerk, alles ist in filigraner Feinheit ausgearbeitet. Es gibt in der Kirche noch weitere Glasfenster mit Heiligen vor schönen gotischen Fialenarchitekturen, es gibt Wandmalereien des 16. Jahrhunderts und einen gotischen Flügelaltar mit einer »köstlichen« Schnitzmadonna (findet mein Kunstführer) sowie farbenfrohen Schnitzreliefs aus dem Marienleben, auch diese weit überm Niveau kleiner Dorfkirchen.

Ein paar Kilometer nördlich, über das ausgewucherte Großdorf Adlkofen zu erreichen, liegt oberhalb von Frauenberg ebenfalls eine besuchenswerte Landkirche. Auch hier eine gotische Mondsichelmadonna im raffinierten barocken Hochaltar und ein gotischer Schreinaltar, der aus verschiedenen Einzelstücken – Gemälden, Reliefs, Plastiken – zusammengefügt wurde. Die Malereien auf den geschlossenen Flügeln mit ihren Szenen aus Christi Kindheit zählen zu den Hauptwerken der Landshuter Schule um 1500. Gleich am Westrand von Frauenberg kann man in einem großen, wilden Wanderrevier spazierenlaufen – der ehemalige Standortübungsplatz der aufgelassenen Landshuter Garnison ist mit seinen Tümpeln und Teichen zu einem hochwertigen Naturschutzgebiet geworden, Gelbbauchunke und Wechselkröte wurden gesichtet, »steppenartiger Halbtrockenrasen« findet sich neben Hecken und Streuobstwiesen und dem Mischwald der Isarhangleiten. Das durchpflügte Panzerareal ist zur Heimstatt zahlloser seltener Amphibien-, Schmetterlings-, Insekten- und Vogelarten geworden, von hundert Pflanzen, die auf der Roten Liste stehen, gibt es hier Bestände, schöne Namen darunter, wie der »Erdbeerklee« und der »Orchideen-Buchenwald«.

Nur wenige Kilometer unterhalb eben dieser Isarhangleiten mit ihrer erfreulichen Biotopvielfalt liegt freilich Ohu, ein Name mit ganz anderem Klang. Die unmittelbare Nachbarschaft der Atomkraftwerke »Isar I« und »Isar II« samt im Bau befindlichem Brennstäbezwischenlager läßt die Genugtuung über sinnreich geschützte Naturräume ziemlich abrupt etwas absurd erscheinen. Es ist noch nicht so lange her, daß die Panikwellen in Folge des Twin-Tower-Terrors auch Niederbayern erreichten, daß überall breit die Frage diskutiert wurde: Wie anschlagssicher ist eigentlich Ohu? Die Gesellschaft für Reaktorsicherheit stellte damals fest: Gegen den gezielten Absturz eines Verkehrsflugzeuges gäbe es bei »Isar I« keinerlei Schutz, nicht für Gelbbauchunken und nicht für das ganze Land. Die Homepage der Nachbargemeinde Niederaichbach mutet einen da schon eher humorig an, wenn sie im Fall von KKW-Störfällen und -Katastrophen empfiehlt, die Fenster zu schließen: »Häuser bieten gegen Strahlung beträchtlichen Schutz.«

Wenn wir uns nun nach Osten wenden, erreichen wir über Oberaichbach einen weitläufigen Landstrich mit vielen Zwergdörfern und verstreuten Weilern, der insgesamt »der Kröning« heißt. Hier sind die Ton- und Mergelschichten der Böden besonders ertragreich und »spekkig«, weswegen der Kröning über Jahrhunderte ein Zentrum des Töpfer- und Hafnergewerbes gewesen ist. Bedauerlicherweise ist das Vergangenheit, denn die »Kröninger Hafnerware« war eine Art von schönem, schlichtem Gebrauchsgeschirr, das man sich auch heute reihenweise ins Küchenregal stellen möchte. Das Kröninger Geschirr, dessen Herstellung in den Dreißigerjahren langsam auslief, ist heute bei Sammlern höchst populär, und im Vilsbiburger Heimatmuseum, wo der rührige Kenner und Museumsleiter Lambert Grasmann die weltweit größte Kröning-Kollektion zusammengetragen hat, möchte man am liebsten ganze Fächer fürs eigene Bauernhaus abräumen. Sie haben die Schönheit des Einfachen, all diese tönernen Gebrauchsgegenstände, zum Nutzen gedacht und nicht zur Zier, vergleichbar vielleicht mit den schmucklosen Möbeln und Haushaltsobjekten der Shaker, für deren Alltagsästhetik man ja heutzutage auch viel Geld bezahlt. Man könnte sie ähnlich sehen, die schlichten, ausgewogenen Formen all dieser Weidlinge und »Bauernschüsseln« (mit eigens eingedrücktem Rand für die vielen Löffel des Gesindes), der »Rahmhefa«, »Dampfnudldegl«, »Nudlseier«, der bauchigen »Bluzlkrügerl« oder »gfuaßtn Reindln«. Dazu kommen die Farben, verwaschen-abgetönt, un-grell, erdig – meist ein sonnenhelles Ocker, aber auch dunklere Brauntöne, ein Grün wie von Spätsommerlaub, und besonders gesucht ist

Ein Hafneranwesen Ende des 19. Jahrhunderts

die sogenannte »blaue Ware«, bei der man mit zerstampftem Kobalt ein schattiertes, sanftes Taubenblau erreichte, das an den Himmel eines bedeckten Tages erinnert. Das wie zufällig verstreute Spritzdekor, »Schekkeln« genannt, ist äußerst sparsam und wurde meist mit dem Reisigbesen den Gefäßen »aufgeschlenzt«.

Im 15. Jahrhundert schon waren die ersten Hafneranwesen auf dem Kröning amtlich, dann verbreitete sich das Handwerk über die Jahrhunderte zu einer Art Massenmanufaktur – eigentlich galt das Kröninger Geschirr als »Bettlerhaferl«, simples Irdenzeug, in dem man zum Beispiel den Erntearbeitern die saure Suppe aufs Feld trug. In den Weilern und Höfen rund um den Hauptort Jesendorf, in Bödldorf und Buttenbach, in Grammelsbrunn, Kobl, Leiersöd, Hundspoint, Groß- und Kleinbettenrain, Pattendorf oder Wippstetten und vielen mehr wurde die Hafnerei als Lebensunterhalt wichtiger als die meist kleine Landwirtschaft. Im Inneren dieser Holz- und Ziegelhäuser mit ihren Umlaufbalkons ging alles durcheinander, Wohnen und Werken, Kochen und Lehmbaazen. Es gab in der Regel einen größeren Zentralraum, in dem neben Eßtisch, Bänken, Herrgottswinkel auch die Drehscheiben der Töpfer standen – auf Gestellen unter den Balkendecken, die sich durchs ganze Haus zogen, wurden die »grünen«, die noch ungebrannten Gefäße zum Trocknen aufgereiht, in der kleinen »Brennkuchl« heizte der »Oadofa«, der Brennofen, als wichtigste Gerätschaft Tag und Nacht vor sich hin.

Die Hafner mußten zur Verbreitung ihrer Produkte weite Reisen machen, bis nach Südtirol oder Linz an der Donau. Nur zu den Märkten der Nähe waren sie mit geflochtenen Rückenkraxen unterwegs, für längere Strecken benützte man den »Kreinzenwagen«, einen eigens verstärkten Heuwagen mit einem Einsatz aus Weidengeflecht, manchmal auch die Isarflößerei. Solide Geschäfte waren das – bis es mit der Bleigesetzgebung von 1883 zum allmählichen Niedergang kam. Beim Glasieren der Töpferware wurde damals reichlich Blei verwendet, das man aus Gründen der Holzersparnis bei zu niedrigen Temperaturen aufbrannte. Die Folge waren extrem schädliche Dämpfe, die häufig zu Bleivergiftungen, Anämie, Invalidität bei den Handwerkerfamilien führten, der gefürchteten »Hafnerkrankheit«. Zum Verbot solcher Methoden gesellte sich der Massenerfolg des damals neuen Emaille-Geschirrs – 1940 war nur noch eine Werkstatt auf dem Kröning tätig, jene von Sebastian Eder aus Jesendorf, bis auch dieser seinen Betrieb aufgab.

Wenn man heute über den Kröning fährt, erinnert kaum etwas an das alte Gewerbe. Vereinzelt findet man noch denkmalgeschützte Bauernhöfe; in einem wunderschönen Exemplar namens »Stein«, reizvoll allein gelegen nordöstlich des Dorfes Kirchberg, kann man sogar eine stilvolle Ferienwohnung im hölzernen »Inhäuserl«, dem ehemaligen Austrag des Altbau-

Töpferwaren aus Kröning

ern, mieten. Ein Badeteich ist in dieser Idylle vorhanden, und im Obst-
und Wiesengarten von fünf Hektar kann man seinen Liegestuhl aufbauen.

Eine Freude ist aber vor allem das alte Hafnerdorf Bödldorf, ein paar
Kilometer südlich von Kirchberg. Der ganze Ort wurde als Ensemble
denkmalgeschützt, sechs Höfe an einer gewundenen Dorfstraße und die
Weilerkapelle an deren Ende, schön eingerahmt von Bauerngärten mit
hölzernen Staketenzäunen und Streuobstwiesen. Seit 1474 waren die
Töpfer hier daheim, beim »Uiderl« und beim »Gratz«, beim »Martl« und
beim »Mathies«. Heute achten eher gutbürgerliche Herrschaften darauf,
daß ihr Dorf seine ausnahmehafte Intaktheit bewahrt; der ansässige Pro-
fessor Hermann Engslberger etwa, das Ehepaar Heinz und Gabi Richter,
das alte Kröning-Keramik sammelt, und auf seine Weise auch der Di-
plompsychologe Dr. Gerd Wenninger, der in der Mitte des Dorfes einen
Seminarhof eingerichtet hat. Der ist mit seinem Innenhof samt Tauben-
kobel und Kastanienbaum sehr ansehnlich – leider kann man dort aber
nur logieren, wenn man als Wirtschaftsunternehmen »Teamentwicklung«
oder »Qualitätsmanagement« trainieren will oder an »WoLiBa« (Work
Life Balance)- bzw. »SouSi«(Souverän und Sicher Auftreten)-Seminaren
teilzunehmen wünscht. Das beißt sich ein wenig mit der Work-Life-
Balance der ursprünglichen Kröninger Hafner-Familien, aber was soll's:
Hof Bödldorf Nummer sechs steht samt Gesindehaus, Heustadl und Kuh-
stall schön da und fügt sich stimmig ins Bild.

Von Bödldorf erreicht man nach ein paar Minuten Jesendorf, einen
kurzen Weg südlich davon liegt die kleine Wallfahrtskirche Wippstetten,
ein sehr hübsches gotisches Kircherl mit einer recht edlen Ausstattung
von 1760. Besonders schön ist die Decke, die vollständig mit dekorativen
Malereien überzogen ist, opulenten Rocaillen auf Brokatmustergrund,
auch Deckengemälde und Figurenschmuck sind kunstvoller als man hier
im ländlichen Abseits erwarten würde. Dem Gnadenbild unter seinem
Baldachin zündet man gern eine Kerze an, dann geht es weiter, auf dem
winzigen Bauernsträßchen über Eggenöd und Roß mählich abwärts ins
Tal der sich wild schlängelnden Kleinen Vils.

STADTSPAZIERGANG

Stadtmitte

Am Graben/Alte Bergstraße – Dreifaltigkeitsplatz – Nahensteig – Altstadt – Martins-
friedhof – Domfreiheit – St. Martin – Altstadt – Stadtresidenz – Obere Ländgasse –
Unter den Bögen – Schirmgasse – Neustadt – Regierungsplatz – Maximilianstraße –
Jodoksgasse – Freyung – Regierungsplatz – Ursulinengäßchen – Herrngasse oder Bi-
schof-Sailer-Platz – Heiliggeistkirche – Heiliggeistbrücke – Isargestade – Volksstraße –
Litschengasse – Zweibrückenstraße – Bismarckplatz – Kloster Seligenthal – Fischer-
gasse – Mühleninsel – Ländsteg – Isarpromenade – Ländtor und Bernlochnerbau –
Untere Länd – Dreifaltigkeitsplatz

Hofberg und Trausnitz

Parkplatz Edmund-Jörg-Straße – Kalcherstraße – Pfarrgasse – Heiligblutkiche – Tal
Josaphat – Pönaiergasse – Bründlweg – Maria Bründl – Schönfüßlgasse – Adelmann-
schlößchen – Parkplatz – Fußweg zum Schanzl und zur Burg Trausnitz – Fußweg zum
Tiergehege und Herzogschlößl – Stadtblick – Fialenplatz – Pfeifergoriweg zum Parkplatz

Tour östlicher Landkreis Landshut

Landshut Weickmannshöhe – Weihbüchl – Allmannsdorf – Hohenegglkofen – Jenkofen – Adlkofen – Frauenberg – Adlkofen – Oberaichbach – Gebiet Kröning: Angers-
dorf – Stein – Kirchberg – Bödldorf – Jesendorf – Wippstetten – Eggenöd – Roß – Dietelskirchen

Karten:

Falk Stadtplan Landshut
Topographische Karte 1:50 000 »Landshut und Umgebung«, Bayerisches Landesvermessungsamt

ÜBERNACHTEN

Gasthof Hotel »Zur Insel«, Badstraße 16, 84028 Landshut, Tel. 0871/923160,
Fax 0871/9231636, info@insel-landshut.de, www.insel-landshut.de.
Meine erste Wahl in Landshut wegen der unvergleichlich schönen Lage zwischen den
Isararmen auf der autofreien Mühleninsel, mit wunderbarem Panoramablick auf die
ganze Altstadt. Historischer Bau mit Biergarten am Wasser, Innenräume im Sechziger-
jahrestil, Zimmer landhausstilig hell mit hinreichendem Komfort. (ÜF ab 65 €)
Gasthof »Goldene Sonne«, Neustadt 520, 84028 Landshut, Tel. 0871/92530,
Fax 0871/9253-350, info@goldenesonne.de, www.goldenesonne.de.
Traditionsreiches Komfort-Hotel in schönem Barockhaus am historischen Straßenzug
Neustadt, sehr zentral mitten im alten Stadtkern, Zimmer gepflegt im klassischen Stil,
Restaurant, ruhiger Gartenhof rückwärts. (ÜF ab 86 €)
Ferienwohnung Leinhäupl, Ländgasse 127a, 84028 Landshut,
Tel. 08706/373, mobil 0179/50337337.
Zwischen dem italienischen Bau der Stadtresidenz, Stadtmauer und Isar gelegenes,
renoviertes altes Privathaus – historischer geht's nimmer. Ferienwohnung im dritten
Stock mit Balkon zum Fluß und zur grünen Mühleninsel. Zwei Zimmerchen, Küche,
Bad, 47 qm. Die ganze Wohnung, das ist ein echtes Schnäppchen für diese Lage mit-
tendrin, kostet 41 € pro Tag.
Bauernhof »Stein« bei Kirchberg im Kröning, zu buchen über
Familie von Kuepach, Edmund-Jörg-Straße 45, 84036 Landshut,
Tel. 0871/28563 oder walter@kuepach.de, www.ferienhof-stein.de.
Wunderschöner, typischer alter Hafnerhof des Kröning, viel Holz und altes Gemäuer.
Alleinlage, ausgedehnte Obstgärten, liebevoll gepflegtes Privathaus. Die zweistöckige
Ferienwohnung liegt im hölzernen Zuhäusl, Kachelofen, stilgerecht möbliert.

EINKEHREN

Restaurant »Bernlochner«, Ländtorstraße 2–5, 84028 Landshut, Tel. 0871/89990,
Fax 0871/8 99 94, info@bernlochner.com, www.restaurant-bernlochner.de.
Großzügiges, diskret und angenehm modernisiertes Theaterrestaurant im biedermeierlichen Bernlochner-Komplex, Isarterrasse. Sehr leckere österreichische Küche,
vom Kalbsbeuscherl, marinierten Tafelspitz mit Kernöl, Rehgulasch – bis zum edlen
Gourmet-Menü. Prima Desserts und Weine, alles zu moderaten Preisen. Sehr guter,
freundlicher Service. Geöffnet Mo – So 10–24 Uhr, Küchenzeiten 11–14 Uhr und
18–22 Uhr.

Restaurant »Fürstenhof« mit Romantikhotel, Stethaimer Straße 3, 84034 Landshut, Tel. 0871/92550, Fax 0871/925544, info@fuerstenhof.la, www.fuerstenhof.la. Gilt als Landshuts erste Gourmet-Adresse, Koch André Greul hat einen Michelinstern. Ein ganzes Stück abseits von der Altstadt in neugotischem Zinnen-Bürgerhaus, mir ist der Lokalstil etwas zu schnuckelig-gepflegt. Erlesene Sterneküche (Hummer-Menü, Kürbismenü), regionale Produkte phantasievoll verarbeitet, kernige Preise. Geöffnet 12–14 Uhr und 18.30–21.30 Uhr, kleine Karte bis 22.30, So Ruhetag, Montagmittag geschlossen.

Restaurant »Zum Ainmiller«, Altstadt 195-97, 84028 Landshut, Tel. 0871/21163; Fax 0871/2762258, web@zum-ainmiller-restaurant.de, www.zum-ainmiller-restaurant.de. Gutbürgerliches Traditionsrestaurant seit 1609, hinter prachtvoller dreiteiliger Zinnenfassade gleich neben St. Martin, gediegene bayerische Küche, getäfelte altdeutsche Stuben, schattiger Innenhof. Spezialitäten wie »Aufgeschmelzte Bierbrotsuppe« und Bayerische Creme. Geöffnet tägl. 11.30–14.30 Uhr und 17.30–24 Uhr. Mo Ruhetag.

Ristorante »Osteria Torretta«, Schirmgasse 264, 84028 Landshut, Tel. 0871/273344, Fax 0871/2766831, info@osteria-torretta.de, www.osteria-toretta.de. Angenehmes und beliebtes italienisches Restaurant in schönem Rokokohaus, dem ehemaligen Palais Pettenkofer. Auch mal für später abends, die Küche hat bis Mitternacht offen. Geöffnet tägl. 11–14.15 Uhr, 17.30–24 Uhr, Mo Ruhetag.

Gasthaus »Zur Schleuse«, Isargestade 739, 84028 Landshut, Tel. 0871/28588. Gründerzeitbau mit großen Bogenfenstern direkt an der Isar, einfachere bayerische Küche, aber ausgeschenkt wird das gute Augustiner-Bier. Vor allem schön der versteckte Biergarten mit hohen Bäumen. Geöffnet 9–1Uhr.

»Café Belstner«, Altstadt 295, 84028 Landshut, Tel. 0871/ 22190, Fax 0871/273690, belstner@arcor.de, www.cafe-belstner.de. Alteingesessenes Konditoreicafé »Unter den Bögen« mit plüschigem Interieur und guter Auswahl an Torten, Baumkuchen, Trüffeln eigenen Herstellung. Die Tische draußen, in der Fußgängerzone der Altstadt, stehen im Zentrum des Landshuter Geschehens und eignen sich gut zum Leute-Beäugen. Geöffnet Mo–Sa 9–18 Uhr.

»Café Chocolat«, Altstadt 254, 84028 Landshut, Tel. 0871/8000423, Fax 0871/8000279, chocolat-landshut@web.de, www.lokalpatrioten.de. Nämliches gilt für das Café Chocolat, nur sind hier Einrichtung und Publikum jüngeren Datums, auch recht gute Speisekarte mit Bioprodukten. Geöffnet Mo–Fr 9–23 Uhr, Sa 9–24 Uhr, So 10–23 Uhr.

»**Café Residenz**«, Altstadt 79, 84028 Landshut,

Tel. 0871/274646, info@residenzcafe.de, www.residenzcafe.de

Das Residenzcafé ist nur während der Sommermonate zu empfehlen, denn der Innenraum ist eher eng und dunkel. Im Sommer aber kann man entweder draußen in der
Altstadt, der Rathausfassade gegenübersitzen, vor allem aber unter den Arkaden des
phantastisch schönen Renaissance-Innenhofs der Stadtresidenz. Geöffnet 9–18 Uhr,
So (und Feiertage) 13–18 Uhr, Mo Ruhetag.

»**Café Aran – Brotgenuß und Kaffeekult**«, Kronprinzhaus, Altstadt 29,

84028 Landshut, Tel. 0871/2764785, www.aran.coop.

Hinter dem etwas albernen Namen verbirgt sich ein neuartiges Kettencafé mit Selbst-
bedienung, das vielerlei Kaffeesorten und leckere Schnittchen auf sehr gutem Haus-
brot mit den verschiedensten Belägen anbietet. Schöne, schwere Holztische draußen
auf dem Pflaster, direkt gegenüber St. Martins Prachtportal. Geöffnet Mo–Fr 9–19
Uhr, Sa 9–18 Uhr, So Ruhetag.

Altstadt-Sushi, Dreifaltigkeitsplatz 5, 84028 Landshut,

Tel. 0871/9664277, Fax 0871/9664288, www.altstadtsushi.de.

Einheimischen zufolge das mit Abstand beste Sushi der Stadt. Geöffnet tägl. 11.30–
14.30 Uhr und 17–23 Uhr.

»**Gasthaus Kölbl**«, Berndorf 1, Kumhausen, Tel. 0871/42450.

Urige Bauernwirtschaft mit sehr schönem Biergarten im Grünen, über ein nettes kleines Schlängelsträßchen vom Hofberg talwärts zu erreichen. Oft erst nachmittags geöffnet, nur Brotzeiten, die aber gut, günstig und reichlich, prima Hausmacher-Apfel-
kuchen. Mo Ruhetag.

KUNST UND KULTUR, SEHENSWERTES

Burg Trausnitz mit Kunst- und Wunderkammer, Burg Trausnitz 168, 84036 Landshut,
Tel. 0871/924110, Fax 0871/9241140, info@burgtrausnitz, www.burgtrausnitz.de.
Geöffnet tägl. 9–18 Uhr (April–September), 10–16 Uhr (Oktober–März).
Burg nur mit Führungen, Kunstkammer individuell zugänglich.
Dringend empfiehlt sich, im Museumsshop das instruktive kleine Begleitbuch zur
»Kunst- und Wunderkammer« zu erwerben, das die Bedeutung vieler Sammelobjekte
erst entschlüsselt – dann kann man dort Stunden gebannt zubringen.
Stadtresidenz, Altstadt 79, 84028 Landshut,
Tel. 0871/924110, Fax 0871/9241140, www.schloesser.bayern.de.
Geöffnet tägl. 9–18 Uhr (April–September), 10–16 Uhr (Oktober–März).
In den oberen Räumen Ausstellung zur Stadtgeschichte. Ein umfängliches Stadtmu-
seum ist geplant. Aktuelle Wechselausstellungen in den Städtischen Museumsstand-

orten Heiliggeistkirche, Museum im Kreuzgang, Rathausprunksaal, Städtische Galerie Rochuskapelle, Röcklturm kann man beim Verkehrsverein erfragen, neuerdings »Landshut Marketing & Tourismus«:

Rathaus, Altstadt 315, 84028 Landshut, Tel. 0871/922050, Fax 0871/89275, der überhaupt in allen touristischen Fragen hilft, oder über info@landshut.de, beziehungsweise www.landshut.de.

Skulpturenmuseum im Hofberg, Am Prantlgarten 1, 84028 Landshut, Tel. 0871/89021, Fax 0871/89023, skulpturenmuseum@landshut.de, www.landshut.de. Geöffnet täglich außer Mo 10.30–13 Uhr und 14–17 Uhr. Ausführliche Informationen über die Sammlung, ihre Entstehung, den Bildhauer Fritz König auch auf www.landshut.de

An periodischen Veranstaltungen sind in Landshut lohnend die jährlichen **Landshuter Literaturtage,** Informationen zum jeweilig vorgestelltem Autor und Programm, ein Rückblick über die Geschichte der Veranstaltung etc. auf www.landshut.de (Veranstaltungen) oder bei Katrin Weinzierl, Hauptamt Kultur, Rathaus, Tel. 0871/881616, Fax 0871/24570, Katrin.Weinzierl@landshut.de. Ferner das zweijährlich stattfindende Festival alter Musik **Landshuter Hofmusiktage,** Auskünfte über die Programmgestaltung 2008 beim Verkehrsverein oder unter www.landshuter-hofmusiktage.com.

Die **Landshuter Hochzeit** wird sich das nächste Mal anno 2009 ereignen, ausführliche Informationen auf www.landshuter-hochzeit.de. Der die Hochzeit ausrichtende Verein »Die Förderer« stellt jährlich im Sommer auch ein rauschendes **Altstadtfest** auf die Beine, mit »Deutschlands größtem Biergarten« vor historischer Kulisse, vielseitigem Musik- und Kleinkunstprogramm, das ein lyrischer Stadtprospekt so beschwärmt, »es macht Rums für die Sinne, ein Eindrucksstrudel schwirrt sich ins Bewusstsein« ... na, da muß man doch hin, Terminauskunft beim Verkehrsverein. Außerdem finden im Jahreslauf die beliebten Volksfeste **Frühjahrsdult** (nach Ostern) und **Bartlmädult** (August) statt, dann zu Anfang September der **Haferlmarkt** auf der Freyung, und schließlich vom 1. bis zum 23. Dezember der **Christkindlmarkt,** ebenfalls auf der stimmungsvollen Freyung, zu dem sich seit einigen Jahren ein Krippenweg gesellt. Da ist einiger Kitsch dabei – aber unbedingt sehenswert ist die traditionelle figurenreiche Krippe im Ursulinenkloster, eine der reizvollsten Bayerns. Rund um die Trausnitz schließlich trifft man sich seit einigen Jahren Ende Mai zum **Gartenfestival Burg Trausnitz,** von der Bayerischen Schlösserverwaltung und einem privaten Gartengestalter aufgezogen, eine dieser eher edlen Verkaufsausstellungen in schöner Umgebung, wo man Rosen, Mobiliar, Accessoires des kostspieligeren Genres erwerben, aber auch einfach nur ganz angenehm herumschlendern und sich informieren kann.

LEKTÜRE

Kunstführer für ganz Niederbayern:

- Herbert Schindler: Reisen in Niederbayern. Rosenheimer Verlagshaus 2005
  *Textidentischer Nachdruck des umfangreichen, lebendig erzählten Standardwerks
  zur niederbayerischen Kunstgeschichte. Der alte Prestel-Band war allerdings attrak-
  tiver.*
- Georg Dehio: Handbuch der deutschen Kunstdenkmäler. Bayern II:
  Niederbayern. Deutscher Kunstverlag 1988
  *Der gründlichste aller Kunstführer, dabei oft sogar gut lesbar. Unerläßlich für etwas
  weniger bekannte Denkmäler.*

Zu Landshut im Speziellen:

- Hans Bleibrunner: Landshut, die altbayerische Residenzstadt. Historischer Stadt-
  führer, Verkehrsverein Landshut 1988, nur noch antiquarisch
  *Ausführliches, schön illustriertes Stadtporträt, leider gibt es heute regulär nur noch
  eine viel dünnere Sparversion.*
- Michael Petzet/Volker Liedtke: Denkmäler in Bayern. Bd. 2/24. Stadt Landshut.
  Schnell und Steiner 1988, nur noch antiquarisch
  *Für den Landshut-Fan unerläßlicher, großformatiger Schwarzweiß-Bildband, in wel-
  chem wirklich jedes historische Gebäude abgebildet und gewürdigt ist.*
- Gerhard Tausche/ Werner Ebermeier: Geschichte Landshuts. C.H. Beck München
  2003
  *Guter, sachlicher Überblick des Landshuter Stadtarchivars über die lokale Geschich-
  te von den Anfängen bis zu Industrialisierung, NS-Zeit und Gegenwart*
- Dieter Dörfler (Hg.): Auf den Spuren einer mittelalterlichen Stadt. Attenkofer'sche
  Verlagsbuchhandlung 2001, beim Landshuter Verkehrsverein erhältlich
  *Geschichte als G'schichterln und Anekdoten, manchmal ein bißchen sehr launig er-
  zählt, aber viele Details, ursprüngliche Lokalzeitungskolumnen.*
- Otto Schmidt / Wolf-Christian von der Mülbe: Christian Jorhan d. Ä., Rauten Verlag
  1986, nur antiquarisch
  *Großformatiger Kunstband über den Rokokobildhauer, glänzend geschrieben,
  Künstlermonographie auch als hochinteressante Sozialgeschichte.*
- Hans Thoma: Hans Leinberger. Seine Stadt – seine Zeit – sein Werk.
  Pustet Regensburg 1979, antiquarisch
  *Die einzige Gesamtschau über Werk und Leben des großen spätgotischen Bildhau-
  ers ist im regulären Buchhandel auch nicht mehr greifbar – eine große Lücke.*

Zu Literaten in Landshut:

- Alfred Kerr: Erlebtes. Deutsche Landschaften, Menschen und Städte.

S.Fischer 1998, antiquarisch

In diesem sehr lesenswerten, amüsanten Sammelband über des großen Berliner Theaterkritikers Reisen durch die Heimatlande finden sich auch seine begeisterten Anmerkungen zu Landshut.

- Hans Magnus Enzensberger: Requiem für eine romantische Frau. Friedenauer Presse Berlin 1988

  Großartige, höchst unterhaltsame Brief- und Dokumenten-Zusammenstellung zum Ehedrama Clemens Brentano/Auguste Bußmann, das sich zu erheblichen Teilen in Landshut abspielte. Sehr lesenswert auch Enzensbergers kleine Brentano-Auswahl (samt seinem fulminanten Nachwort)) als Fischer-TB: Hier findet sich Brentanos langes Haßgedicht nach der Trennung von seiner »Ehefurie«: »Wohlan! So bin ich deiner los/Du freches, liederliches Weib! ...«

- Hildegard Baumgart: Bettine Brentano und Achim von Arnim. Berlin Verlag 1999, antiquarisch

  Sehr lebendige Biographie der romantischen Ikone Bettine, auch ausführliche Kapitel über ihre Landshuter Jahre.

- Günter Göpfert: Das Schicksal der Lena Christ. Rosenheimer Verlagshaus 2004

  Biographie der großen bayerischen Volksdichterin, auch sehr informativ über ihre Landshuter Zeit.

- Hans Carossa: Verwandlungen einer Jugend. Insel Verlag 1999, antiquarisch

  Die Schulerinnerungen aus dem Landshuter Gymnasium haben nicht ganz die atmosphärische Qualität des ersten Memoirenbandes »Eine Kindheit«, aber vermitteln viel Flair aus einem Klosterinternat und der Stadt zur Prinzregentenzeit.

- Richard Dübell: Der Tuchhändler. Roman aus dem späten Mittelalter. Bastei-Lübbe 1999

  Gelungenes Beispiel aus dem Genre historischer Unterhaltungsroman. Gut gestrickter und erzählter Krimi aus einem düsteren Landshut zur Fürstenhochzeits-Ära, viel Kolorit und gut recherchiert.

- Wolfgang Fleischer: Das verleugnete Leben. Die Biographie des Heimito von Doderer. Kremayr und Scheriau 1996

  Höchst indiskrete, sehr genaue Lebensbeschreibung des großen österreichischen Schriftstellers und schwierigen Menschen, der seine späteren Jahre zwischen Wien und Landshut aufteilte.

- Heimito von Doderer: Tangenten. dtv 1995

  Ders.: Die Dämonen. Nach der Chronik des Sektionsrates Geyrenhoff. C.H. Beck 1995 oder dtv 1985

  Ders.: Die Merowinger oder: Die totale Familie C.H. Beck 1962 oder dtv 1990

  Ders.: Die Wasserfälle von Slunj. C. H. Beck 1985 oder dtv 1991

»Der Mesner zieht die Glockenschnur,
im Echo schwingt das Netz der Spinnen.
Unhörbar mahnt im Niederrinnen
der rote Sand der Eieruhr.«
Günter Eich

Kapitel 2

»LAND OHNE WEIN UND NACHTIGALLEN« DAS SÜDLICHE NIEDERBAYERN UM VILS UND ROTT

AN DER KLEINEN UND DER GROSSEN VILS

Ein solch schlampiges, zockelndes Mäandern, wie es die Kleine Vils betreibt, ist unter den heutigen kanalisierten Flußläufen eine Rarität geworden. Das Flüßchen verläuft ein Stück nördlich von der größeren Schwester, der Großen Vils, die man bei ihren Windungen und Drehungen auch ziemlich in Ruhe gelassen hat. Bei Gerzen fließen sie ineinander und schneckeln sich fortan vereint der Donau entgegen. Etwas abseits der Durchgangsstraßen sind das, vor allem am Oberlauf, noch immer beschauliche, nur mäßig verbaute Täler; Stege und kleine Brücken queren das langsame Wasser zwischen Baum- und Buschgestaden, dichtem Rohrkolben- und Binsenbewuchs, manchmal gibt es kleine Sandbuchten, an denen ein Angler steht, manchmal hängt das ungemähte Gras der Bauernwiesen wie Polsterkissen über dem Wasserspiegel. Von den Anhöhen, zum Beispiel beim Weiler Oberenglberg südlich von Vilsbiburg, kann man hier und da in der Weitsicht vier bis fünf verschiedene Flur- oder Dorfkirchen zählen, hat Zwiebeln, Spitzhelm, Treppenturm auf einmal im Blick. Wir möchten vielleicht in Diemannskirchen die urige Dorfwirtschaft mit Biergarten von Vitus Schwaiger aufsuchen, im Umland beliebt wegen ihrer sagenhaft günstigen Preise für deftiges Essen, Spanferkel, Bier – insbesondere wegen der allfreitäglichen Schlachtschlüssel. Das 250-Seelen-Dorf Dietelskirchen, gleichfalls ein paar Kilometer östlich von Geisenhausen, wartet dann mit einer gänzlich unrustikalen Rarität auf, die in diesem Umfeld wahrlich überrascht, nämlich der großen Kirche Maria Immaculata im reinsten Jugendstil.

Man staunt schon über die Außenansicht des noblen weißen Baus von der Pfarrhofseite her, über die Jugendstilelemente auf den Pilastern, das riesige Chorfenster. Der Baustil erinnert einen vage an das Müller'sche Volksbad zu München – es gibt insgesamt nur drei Jugendstilkirchen in Bayern, weil Art Nouveau für Gotteshäuser sehr umstritten war. Viel bestechender noch sind dann natürlich der weitäufige, helle Innenraum, die golddurchsetzte florale Ornamentik der bogenförmig geschwungenen

Altaraufbauten, das zentrale Glasfenster mit einer plakativen Mariendarstellung in fast grellen Türkistönen, die Alfons-Mucha-artigen weißen
Stuckengel am Chorbogen – jedes Detail bis zu den flach gehämmerten
Messingleuchtern, den Beichtstühlen, dem Erbsengrün des Gestühls, sogar der Sakristeiglocke, ist wohlbedachtes Bestandteil dieses Jugendstil-
Gesamtkunstwerks, das dankenswerterweise bis heute ohne Veränderung
erhalten ist.

Wieso ein winziges niederbayerisches Bauerndorf den renommierten
Münchner Künstler Joseph Elsner mit der Planung einer derart exzeptio-
nellen Dorfkirche beauftragte, ist bis heute rätselhaft. Die Bevölkerung
mußte bei den Bauarbeiten jedenfalls kräftig selber Hand anlegen, um
Kosten zu sparen – man setzte sich also auch persönlich für ein architek-
tonisches Abenteuer ein – denn der Jugendstil war ja riskanteste Moderne, avantgardistisch, gewagt. »Die hatten Schneid«, hat ein Lokalhistoriker
kommentiert. Erst 1921, nach dem Ersten Weltkrieg und seinen Folgen,
konnte Maria Immaculata zu Dietelskirchen geweiht werden, und bis
heute sind die Einheimischen offenbar so stolz auf ihr stilreines Unikat,
daß sie niemals etwas daran verändern mochten.

»ABGELEGENE GEHÖFTE« – DER DICHTER GÜNTER EICH IN GEISENHAUSEN

Im nahen Städtchen Geisenhausen habe ich mich noch nie viel länger aufgehalten als bei der ergiebigen Gärtnerei Jägel alljährlich nötig
ist, um Sommerblumen-, Kräuter-, Kletterpflanzenbestände für den
Garten zu ergänzen. Es verwundert einen auch heute noch, was den
berühmten Nachkriegslyriker und Hörspielautor Günter Eich ausgerechnet in diesem einigermaßen nichtssagenden Nest acht Jahre lang,
von 1945 bis 1953, gehalten hat – bis er Ilse Aichinger heiratete und
in attraktivere Regionen um Chiemsee und Salzburg verzog. Gewiß,
es war die sogenannte »schlechte Zeit« nach Kriegsende, in welcher
sich schließlich Millionen an bis dato gänzlich unvertrauten Flecken

Süd- und Westdeutschlands wiederfanden, um in jenen Hungerjahren heikle Neuanfänge zu probieren. Günter Eich stammte aus Lebus an der Oder und hatte als Soldat bei einer Luftwaffen-Nachrichteneinheit gedient, die im Oktober 1944 ins niederbayerische Geisenhausen verlegt worden war. Er kannte den behäbigen Markt also flüchtig – und ließ sich aus der Kriegsgefangenschaft begreiflicherweise nicht in seinen ostdeutschen Heimatort entlassen, der in der sowjetischen Besatzungszone lag, sonder lieber in die amerikanisch besetzte Region an der Kleinen Vils. – Im Deutschen Literaturarchiv in Marbach, wo Günter Eichs Nachlaß liegt, kann man einen berührenden Faksimile-Brief von seiner Hand erwerben, bleistiftgeschrieben auf liniertes Billigpapier, mit der hingekrakelten Absenderadresse »Geisenhausen bei Landshut/Niederbayern, Kirchstr. bei Spenglerei Schmid«. Er richtete sich an den Schriftstellerkollegen Hermann Kasack, den Eich, bis die Verbindung abbrach, in Berlin als Lektor beim Suhrkamp Verlag gekannt hatte. »Da bin ich wieder. Aber wo finde ich Sie?« beginnt dieses tastende Schreiben, das so typisch ist für die Suchbewegungen und ersten Kontaktaufnahmen jener frühen Nachkriegszeit, für ihre harschen Lebensbedingungen. »Bitte schreiben Sie mir, ob Sie und die Ihren wohlauf sind. Ich bin von allen Freunden und Bekannten abgeschnitten und weiß von niemandem. Meine Frau war bis Kriegsende in Erlangen und ist jetzt verschollen. Meine Mutter ist mit einem Flüchtlingstreck aus Poberow nach Berlin gekommen und von dort vermutlich weiter nach Mecklenburg. Von meinem Bruder weiß ich nichts ... Seit drei Tagen habe ich ein Zimmer mit geliehenen Möbeln und einem Ofen – nur mangelts an jeglichem Heizmaterial. Noch habe ich für ein paar Monate Geld, daß ich schreiben kann. Eine ganze Menge Gedichte sind entstanden ... Ich ließ mich nach Niederbayern entlassen, das war Anfang Juli. Seitdem war ich an die sechs Wochen auf Reisen, auf der Suche nach meiner Frau und meiner Mutter und als Einkäufer von Stahl- und Eisenwaren. Inzwischen sind mir die notwendigsten Dinge wieder zugeflogen: Anzug, Mantel,

Schuhe. Wenig oder keinen Besitz zu haben, ist kein sonderlich betrübendes Gefühl. Nur Bücher fehlen mir, wenigstens Gedichtbücher.« Günter Eich war ein abgemagerter Enddreißiger, in den Rudimenten seiner Uniform, mit einem US-Frühstückskarton als Gepäckstück behängt, das seine gesamte Habe sowie etwas Brennholz enthielt, als er 1945 im Eisenwarengeschäft der Familie Schmid in der Geisenhausener Kirchstraße 4 um Quartier nachsuchte. Er bekam ein Zimmer im zweiten Stock zur Untermiete, mit Dachschrägen und Ausblick auf den backsteingotischen Turm der Kirche St. Martin, auf die bräunlich ausgewaschenen Ziegeldächer der Markthäuser rundherum, auf die Drähte der Elektroleitungen und die Dohlen, die um den Turmhelm sausten – alles spätere Motive seiner Geisenhausener Gedichte. In der Handwerkerfamilie war der fremde Kriegsheimkehrer offenbar wohlgelitten, wie ein Nachfahre der Schmids in einer Heimatchronik berichtet hat. Er teilte die Mahlzeiten mit der Familie und verbrachte auch die Abende in ihrem Kreis; er wurde als freundlich, bescheiden, unauffällig wahrgenommen, aber auch als einer, der gerne Witze machte, Wortspiele und Wortverdrehungen liebte und sich – wer nicht in jener Notzeit? – nicht nur für gutes Essen dankbar zeigte, sondern auch viel und gern über Nahrungsmittel redete. Eines seiner (wenigen) leichthändigheiteren Gedichte, »Die Pfarrersköchin«, verdankt sich mit Sicherheit kirchen-benachbarten niederbayerischen Küchenerfahrungen:

»Die Pfarrersköchin schwenkt die Pfanne,
  der Teig verteilt sich mit Gezisch.
  Hier wartet Eiweiß, Lauch und Fisch,
  der Rahm in der Emaillekanne.

  Geruch von Rauch und von Gewürzen.
  Die Köchin schwitzt im Feuerschein.
  Die Gartenarbeit fällt ihr ein.
  Die rote Grütze muß sie stürzen.

Sie scheucht die Fliege aus dem Haar
und von den frischgetünchten Mauern.
Der Regen draußen wird nicht dauern.
Wie schnell verging das letzte Jahr!

Der Mesner zieht die Glockenschnur,
im Echo schwingt das Netz der Spinnen.
Unhörbar mahnt im Niederrinnen
der rote Sand der Eieruhr.«

An Büchern freilich mangelte es in der Kirchstraße – immerhin war
aber Meyers achtzehnbändiges Konversationslexikon von 1894 »aus
dem Nachlaß von Oberlehrer Fahrmeier« im Haus, das Eich gelegentlich zum Arbeiten benützte – dies stets oben in seiner Dachkammer, die Rückseiten jeder Quittung, Rechnung, Drucksache, auch
privater Briefe, mit seinen Texten bekritzelnd, in einer gleichmäßig
fließenden, gut lesbaren Handschrift.
Die Wege, die er täglich ging, würde er wohl heute noch wiederer-
kennen. Zwar beherbergt Nummer 4 keine Spenglerei mehr, sondern
ein Papiergeschäft, aber die Giebel an der abschüssigen Kirchstraße
sind zumeist die alten geblieben, und auch an der Bahnhofstraße, die
er allmorgendlich entlanglief, um sein Postfach zu leeren, ist vieles
unverändert. Von Anfang an hat der Wahl-Geisenhausener aus seinem
abseitigen Domizil am literarischen Leben Nachkriegsdeutschlands
engagiert teilgenommen – die umfangreiche Korrespondenz von
und nach Niederbayern gilt als wichtiges Zeugnis jener ersten Jahre
der sogenannten »Kahlschlagliteratur«, zu der Günter Eich mit seinen
spöden, harschen, kargen Gefangenschaftsgedichten »Inventur« und
»Latrine« in jeder Anthologie vertretene Musterbeispiele beitrug.
In der NS-Zeit war der Dichter kein Held des Widerstands gewesen
und hat das auch nie behauptet. Er war gewiß kein Nazi, aber relativ
kommod beim Rundfunk in Berlin beschäftigt, überwiegend mit der

Herstellung staatlich geförderter harmloser Idylleproduktion, aber mindestens einmal auch mit einem später heftig inkriminierten antibritischen Propagandahörspiel, das von Goebbels in Auftrag gegeben worden war. Wie Alfred Andersch, wie Wolfgang Koeppen, Hans Werner Richter und etliche andere Mitarbeiter der Nachkriegszeitschrift »Ruf« (und spätere Gründungsmitglieder der »Gruppe 47«) schlug er nach 1945 einen literarischen Weg ein, der sich nicht explizit mit dem gigantischen Mord- und Schuldkomplex des Dritten Reichs auseinandersetzte, sondern für den harten, klaren Schnitt, den »Kahlschlag«, den nunmehr ideologiefreien, sozusagen geläuterten Neubeginn einer desillusionierten, wahrhaftigen Moderne plädierte – eine Sichtweise, die uns heute einiges Unbehagen verursacht. Günter Eichs hochpopuläre Hörspiele vor allem waren die typische Schullektüre der Nachkriegszeit: sehr gleichnishaft und abgehoben gegen »Machtmißbrauch«, Verführbarkeit, »die verwaltete Welt« anmahnend – eine für konservative Deutschlehrer gerade noch tragbare Form der Moderne. Symbolische Zeigefingerliteratur, »seid Sand, nicht Öl, im Getriebe der Welt«, die einem als Sechzigerjahre-Schüler auf die Nerven ging, wenn man eigentlich Peter Weiss' »Ermittlung« und damit die Wahrheit über Auschwitz kennenlernen wollte.

Mit Günter Eichs Gedichten allerdings, den frühen Sammlungen »Abgelegene Gehöfte« oder »Botschaften des Regens«, viel davon im kleinen Geisenhausen entstanden, auch den späten, anarchischen Prosaminiaturen der »Maulwürfe«, verhält es sich anders. Die Lyrik vor allem hat einen sogartigen »sound«, dem man etwas verfallen kann – zum Glück ist zu Eichs 100. Geburtstag gerade eine neue Gesamtausgabe erschienen.

Kahlschlaglyrik ist das keineswegs, sondern Naturpoesie im oft ganz traditionellen Ton und Formgerüst, manchmal an Heine oder die Romantiker anklingend. Zeitgenössisch an diesen Gedichten ist ihre assoziative Freiheit, zuweilen auch die Bilderwelt, und über alle Zei-

ten hinweg tragen ihre Schwermut, ihre vernebelte, herbstliche Vergänglichkeits-Melancholie, ihre leise Bedrohlichkeit – von Spinnenweben, Krähenzügen, Totentrompeten, Schuttplätzen und Stoppelfeldern hören wir hier mehr als von Maienglück und Blumenpracht. Bei einigen Gedichten sieht man das herbe niederbayerische Ackerland, bei anderen die Geisenhausener Dachkammer unmittelbar vor sich: »Rauch, quellend über die Dächer, / Vom Gegenlichte gesäumt. / ich hab in die Eisblumenfächer / deinen Namen geträumt. // Diesen Dezembermorgen / weiß ich schon einmal gelebt, / offenbar und verborgen, / wie ein Wort auf der Zunge schwebt…«
Unser Geisenhausener Lokalchronist hat sich die Mühe gemacht, Günter Eichs Reime ganz exakt zurückzuführen auf ihren Entstehungsort: Demnach wäre das schöne »Schuttablage«-Gedicht durch »den Hohlweg am Stockberg« angeregt worden, »Abendliche Fuhrwerke« durch »den bespannten Leiterwagen des Herrn Smolin auf einer Fahrt nach Altfraunhofen«, und in »Frühlingsbeginn« habe Eich das Leichenzugsgemurmel unter seinem Fenster sowie den Todesschrei einer Sau »im nahen Schlachthaus von Angstl Metzger« verarbeitet. Mag sein – fest steht, daß er fast ein Jahrzehnt das Schmid'sche Dachzimmer bewohnte, daß er regelmäßig weite Spaziergänge ins Land hinaus machte, nach Eiselsdorf, in die Wälder hinter Salksdorf, ins Frauenholz hinaus. Daß er außer seiner wöchentlichen Schachgruppe im Brauhaus wenig Bekanntschaften pflegte und große Geldsorgen hatte. Trotz aller Finanznöte: Er blieb, unabhängig und freischwebend, dem niederbayerischen Marktflecken treu, obwohl ihn lukrative Stellenangebote des Literaturbetriebs als Akademiesekretär, als Herausgeber, nach Frankfurt, Darmstadt, München hätten führen können. Im Sommer 1953 haben Günter Eich und Ilse Aichinger geheiratet, was Günter Eichs Abschied von Niederbayern bedeutete. Großstädter sind sie aber auch mitsammen nicht geworden – sie lebten einige Jahre in Breitbrunn am Chiemsee, dann in Lenggries und die längste Zeit in Großgmain bei Salzburg, wo Günter Eich 1972 an

einer Herzkrankheit gestorben ist. Seine späten Prosatexte wurden immer nonsens-artiger und anarchischer, die Gedichte immer knapper, kryptischer, zeichenhafter – ein Interpretationsobjekt des Deutschunterrichts wollte er nicht mehr sein. Eines, das selbstironisch »Zuversicht« heißt, versteht freilich jeder:

»In Saloniki
  weiß ich einen, der mich liest,
  und in Bad Nauheim.
  Das sind schon zwei.«

MARKTTAG IN VIELSPASSBURG –
UM VILSBIBURG HERUM

Fahren wir ein bißchen in die Landschaft hinein, in der Günter Eich gern zu Fuß unterwegs gewesen ist. Wenn wir Geisenhausen auf einem kleinen Sträßchen in südöstlicher Richtung verlassen, kommen wir an der spitztürmigen Wallfahrtskirche St. Theobald vorbei nach Irlach und jenseits der Bahnlinie in das kleine Waldgebiet des Frauenholzes, sein bevorzugtes Spaziergebiet. Rechterhand liegt an einer Sackgasse der wunderschöne, grün eingewachsene Weiler Aukam; ein Künstleratelier und andere sorgliche Bewohner haben hier für eine bemerkenswerte Intaktheit des Dorfbilds gesorgt. Wir schlängeln uns über mildes, leeres Hügelland, über Einzelhöfe und Weiler namens Kammerlehen, Seidhub, Eck hinüber ins Tal der Großen Vils. Die Gegend zwischen den beiden »Vilsen«, bis hinüber zur Schnellstrecke der B 15 im Westen, ist von einer brütenden Verschlafenheit, die auch in Niederbayern ihresgleichen sucht. Die Landschaft schwallt maßvoll vor sich hin, von keinen größeren Straßen durchsäbelt, die Dörfer und Kleinsiedlungen sind gänzlich ohne Besonderheit, ab und an spießt ein Dorfkirchturm über der Horizontlinie in den Himmel. Wer es derart still und verschnarcht gern hat, der kann in dieser »middle of

Marktfest in Vilsbiburg

nowhere« im abgelegenen, alten Dreiseithof Aiteröd eine geräumige Ferienwohnung mieten, ein Badeweiher wäre auch dabei, und sicher sein, daß ihn hier sobald niemand aufspürt – das versteckte Gehöft ist nur über einen rumpeligen Fahrweg zu erreichen, über – schon mal gehört? – Frauenhaarbach, Tattendorf, das Kurzbachtal.

Die Stadt Vilsbiburg ist im Vergleich zu diesem Hinterland geradezu lärmend urban. Der Hauptort an der Großen Vils hat sich in überschäumender Selbstvermarktungslust das herzige Logo »VielSpaßburg« verpasst, wobei sich jeder, der in diesem Städtchen öfter zugange ist, fragen muß, worin wohl Vilsbiburgs bemerkenswerter Fun Factor bestehen mag. Ich wohne ungefähr zwölf Kilometer entfernt, und bis heute habe ich ein eher laues und pragmatisches Verhältnis zu diesem Städtchen meiner Alltagsaktivitäten. Hauptsächlich ist es ein Platz, an dem ich gern sitze: die Terrasse eines modernen Cafés direkt über der trägen Vils, von tiefhängenden Weidenbäumen beschattet. Das ist vielleicht das Reizvollste an der kleinen Stadt: Wie sich der Flußlauf mit seinen Auen und Gehölzen mitten in den alten Ortskern hineinzieht, wie man von der Vilsbrücke aus den weitläufigen Stadtplatz, seine historischen Bürgerhäuser bis zu Spital-

117

kirche und Torturm als schönes Ganzes im Blickfeld hat. An manchen Tagen, novembrig, lichtlos, Nebeldunst über dem Wasser, der Stadtplatz unbelebt und trübe, hat mich auf eben dieser Brücke allerdings auch ein heftiger Provinzkoller erwischt. Dann erwies sich regelmäßig die architektonisch sehr gelungene, helle Stadtbibliothek als besänftigend, die dem Montgelas-Gymnasium angegliedert ist. Viele nett aussehende junge Menschen auf einmal, lebendiger Radau, eine generöse Bücher- und Zeitsschriftenauswahl – so eine umfängliche Klassikerbibliothek hatten wir an unserem Münchner Gymnasium niemals.

Und richtig ans Herz gewachsen ist mir das Städtchen an den Samstagvormittagen, an einem sonnigen Altweibersommertag zum Beispiel, wenn auf dem Stadtplatz der allwöchentliche Markt stattfindet, der mir weit und breit der liebste ist. Da wird es eng auf den Gehsteigen, weil die ganze Stadt samt einigem Umland auf den Beinen scheint, da stehen überall palavernde Grüppchen im Weg, Kleinkinder und Hunde wuseln herum, die Caféhausstühle sind besetzt, man rempelt sich und begrüßt sich, man schiebt sich mit immer sperrigeren Beuteln durch das flirrende Wechsellicht aus Morgensonne und Schatten unter den gestreiften Markisen. Dahinter leuchten die pastellfarbenen Häuserfassaden – und der Putz von Torturm und Heiliggeistspital (erbsensuppengrün und leberwurstfarben) scheint einem besonders gut zu der ganzen kulinarischen Marktbuntheit zu passen. Man kann richtig schön einkaufen an den Vilsbiburger Samstagen, meistens zuviel: an den Gärtnereiständen aus Wurmannsquick oder Berg bei Landshut mit ihrem prallen Angebot an Saisongemüsen frisch von den Beeten, am Demeterstand des Biohofs Untermaulberg, an den Frischfisch-, Käselaib- und Geflügelwägen, an den Honig- und Kräutertischen, den Ständen der Bäuerinnen mit ihren selbstgemachten Frischkäsespezialiäten, Marmeladen, Bärlauchpasten, Obstkuchen – oder einfach nur an offenen Autoklappen, aus denen große Brotlaibe und Eierkartons, Kartoffelsäcke, Spankörbe voller Äpfel, Zwetschgen, Pilze herausgereicht werden. Dazwischen trinkt man vielleicht am Döner-Stand ein sehr starkes Glas Tee zur Belebung und läßt

Der Biergarten »Zur Linde«

sich ganz zum Schluß noch einen Blumenstrauß aufpacken, bevor man
mit schweren Armen über den Fußgängersteg zum Parkplatz wankt.

Nördlich von Vilsbiburg biegen wir jetzt ins Hügelland ab, queren bei
dem kleinen Dorf Solling den Fluß und fahren auf einem Bauernsträßchen zunächst ins Dorf Leberskirchen. Warum findet man diese Ortschaft
freundlicher als andere? Die Straßen sind etwas eng, gewunden und gekrümmt, die Häuser stehen ein wenig unregelmäßig zueinander, nicht
pingelig aufgereiht, es gibt noch eine ganze Reihe kenntlich älterer Bauten und das Ganze ist von Bäumen und Gärten durchwachsen. Außerdem
steht in der Dorfmitte, mit einem angerartigen, schattigen Biergarten das
Wirtshaus »Zur Linde« – ein Dorfgasthaus, um das sich die ganze Bevölkerung in ungewöhnlicher Weise verdient gemacht hat. Die Leberskir-
chener legten alle zusammen, kauften ihre Wirtschaft, als sie von der

Brauerei mit Schließung und Abriß bedroht war und erhielten sich so ihren lebendigen Dorfmittelpunkt.

Wenn wir richtig gut speisen wollen, müssen wir noch eine Viertelstunde fahren, durch eine immer erfreulicher werdende Landschaft. Wir sind nun am östlichsten Rand des Landkreises Landshut, wo er allmählich in die Rottaler Hügel übergeht, und die Szenerie wird kuppiger, gemuldeter, abwechslungsreicher, die Ausblicke gehen mehr in die Tiefe und die Weite, es wird »malerischer« um uns herum. Hügelauf und -ab gondeln wir über Westerskirchen und Eggenpoint nach Johannesbrunn. Unser Einkehrort liegt an der Dorfstraße, ein weißgekalkter, kleinerer Vierseithof mit gepflastertem Innenhof, Sonnenschirmen und einer verglasten Scheune, der »Sebastianihof«, eine freundliche Oase junger, phantasievoller Regionalküche. Nirgendwo im Umland blinken so viele Sonnenkollektoren von den Dächern wie in Johannesbrunn-Schalkham; die Gemeinde ist deutscher Meister als «Solardorf«.

Wer sich nach lebensvoller niederbayerischer Deftigkeit sehnt, der kann (sinnvollerweise nur Freitag bis Sonntag ab 15 Uhr) nach Seemannshausen weiterfahren. Dazu nehmen wir das kleine Sträßchen von Johannesbrunn über Huttenkofen nach Hölsbrunn, das eine recht sehenswerte Rokoko-Dorfkirche besitzt, und weiter auf einem besseren Fahrweg nach Racksdorf, Edenkatzbach, Holzhäuseln (hier gibt es preiswerten Bauernhofurlaub) bis zur großen Straßenkreuzung an der B 388, wo wir uns nordwärts Richtung Frontenhausen halten. Nach ein paar Kilometern liegt rechts auf einem Hügel, recht schmucklos hinter Bäumen, das ehemalige Augustiner-Eremitenkloster Seemannshausen, das heute eine hochbeliebte Hausbrauerei beherbergt. Im Baumschatten des großen Biergartens an der Hangkante herrscht an schönen Wochenenden animiertestes Stimmengewirr, Bikerrunden stoßen auf Bauernsippen, der Gangkofener Kleinstädter sitzt beim Goldschmiedekünstler, und jeder schüttet mit Gusto und Sitzfleisch das kellertrübe Helle der Brauerfamilie Obermayer in sich hinein oder auch den Dunklen Bock, versorgt sich im kühlen Stüberl innerhalb der Klostermauern am Büffet mit Hausmacherwurstwaren und gutem Brot, bis Mitternacht kann man sich's hier an den langen, dem mitmenschlichen Umgang sehr förderlichen Holztischen wohl sein lassen. Seemannshausen mit seinem Traditionsgebräu ist ein kleiner Mythos des Umlands, und zum Glück für so manche eiernde Heimfahrt sind die Straßen der oberen Rottalregion nicht allzu belebt und die Polizeikontrollen nicht allzu frequent.

EINÖDHÖFE UND LÄNDLICHE GOTIK – DIE LANDSCHAFT DES WESTLICHEN ROTTALS

Kurz hinter Johannesbrunn haben wir die Grenze zu jenem Landkreis überschritten, der einer der farbigsten, vielgestaltigsten Niederbayerns ist. Wir sind jetzt im Reich der handfesten Landrätin Bruni Mayer, im Kreis »Rottal-Inn«, und hier vor allem, ich sage es gleich, habe ich all das gefunden, das mein zuvor oberbayerisch-voralpin verstricktes Herz dann doch ein ganzes Stück zu Niederbayern bekehrt hat. Das hätte ich mir ehedem nicht vorstellen können, damals noch in München oder an den Osterseen heimisch. Da mußte man manchmal, von Passau oder dem Bayerischen Wald kommend, die lange Bundesstraße 388 an Pfarrkirchen und Eggenfelden vorbei heimwärts schnurren, nichts wahrnehmend als eine gerade Rennstrecke durch ein flaues, flaches Flußtal, unansehnlich verbaut. Ach Gott, Niederbayern! Nix wie durch mit Gasfuß, bedauernswerte Menschen, die hier ihr Dasein fristen müssen. Das Vorurteil, es handle sich bei der Region mit dem Autokennzeichen PAN um eine dumpf verbaute Ödnisgegend, ist ja keineswegs überall ausgeräumt – und ich bin geradezu dankbar, daß es mein Lebensweg mit sich gebracht hat, diesen mit Entdeckenswertem verblüffenden, ungewöhnlichen Landstrich heute fast vor der Haustür zu haben.

Man muß die Schneisen der Bundesstraßen (eine Autobahn gibt es eh weit und breit nicht) allerdings unbedingt verlassen, und am besten zunächst auch das breite Tal der Rott, das, wie fast alle mitteleuropäischen Flußtäler, leider total übernutzt und verkehrsdurchfräst ist – die Städte

Einödhof im Rottal

Eggenfelden und Pfarrkirchen haben sich mit wahrhaft scheußlichen Gewerbegebieten eingehüllt. Wenn man sich aber die Talflanken nord- und südwärts hinaufbegibt, dann findet man sich im »wilden Gehügel« (so ein alter Reisebericht) eines traditionsreichen und noch weitreichend ansehnlichen und in sich ruhenden Bauernlandes.

Das Rottal ist in ganz Deutschland die Gegend mit den meisten Einzelgehöften oder Einöden (1360 an der Zahl) und winzigen Streusiedlungen (rund 2600 Einzelortschaften weist die Landkreisstatistik aus). Die liegen über Höhenrücken und Talsenken versprenkelt und hingetupft, daß die Landkarte aussieht, als hätte sie Sommersprossen. Dazwischen haben sich mengenweise Dorfkirchen und Flurkapellen aus der Spätgotik erhalten, in dieser Dichte eine ausgesprochene Rarität, von denen etliche immer noch dastehen wie im 15. Jahrhundert. Verstreut sind im Rottal auch mehr »Adelsnester«, Schlösser und Ansitze des eingewurzelten ländlichen Adels, als anderswo in Deutschland, manche noch immer von den gräflichen oder freiherrlichen Herrschaften bewohnt, die von Arco, von Aretin, von Deym, Riederer von Paar, von Moreau oder Basselet de la Rosée heißen. Die bäuerlichen Gehöfte und Weiler tragen auf andere Art klingende Namen: Spitzmäusing oder Amixlöd, Wolfskugel und Stinglwager, Hollkronöd oder Kottigstelzham. Auf den kleinen Sträßchen hügelauf und hügelab, die sie alle vernetzen, herrscht große Ruhe, und die Landschaft ist weich strukturiert und fürs Gemüt bekömmlich. Man würde ja fast von einer Gegend zum »Seele baumeln lassen« sprechen, wäre dieses Tucholsky-Zitat nicht von allen Tourismus-Offiziellen derart penetrant mit Beschlag belegt, daß die Seele eher Protest schreit, wenn sie es zum x-ten Mal lesen muß. Nach Norden und Westen, dem Vilsland und dem Gäuboden zu, ist das Landschaftsprofil flächiger und offener, im Süden und Osten buckliger und kleinräumiger, mit steilen, wuchernd bewachsenen Abbrüchen ins Inntal hinunter. Es gibt im Rottal Zonen, wo man sich aufrichtig wundert, daß sie nicht weit überlaufener sind: die offene Hügellandschaft um Schönau, das wunderschöne, waldige und aussichtsreiche Hinterland von Bad Birnbach, die Inn-Anhöhen mit ihren horizontumspannenden Panoramablicken übers halbe Österreich hinweg, übers Innviertel, das Salzkammergut, bis zum Schafberg und zum Hohen Dachstein. Aber auch etwas eintönigere Striche haben ihren einspinnenden ruralen Zauber häufig bewahren können – nicht ohne Grund haben sich in den hiesigen Verstecken eine ganze Menge urbaner Expatriierter niedergelassen. Vorreiter waren die oft schwerstkalibrig alternativen Landkommunen der Siebzigerjahre – heute sind es eher Kunstschaffende jeder Couleur, Architekten oder Fotografen, Amerikanistikprofessoren, Schauspieler, Autoren, Kabarettisten – bis zum bayerischen TV-Showbusiness, die sich in aufgelassenen Hofstellen, in den markanten dunkelhölzernen Bauernhäusern traditioneller Bauweise eingenistet und etliche von ihnen pfleglich vorm Abbruch bewahrt haben.

   Dennoch ist das Rottal fern von einer überfremdenden Inbesitznahme durch besserverdienende Idyllehungrige, wie es dem Münchner

Süden schon lange zugestoßen ist. Es ist immer noch eine bedeutend herbere Landschaft als das von Seen und Alpenblick begünstigte Voralpenland, trotz Golfplätzen, dem Wellness- und Bädertourismusbetrieb rund um die heißen Quellen von Bad Birnbach, Bad Griesbach, Bad Füssing, ein bäuerlich geprägtes Revier weitab von den Zentren. »Land ohne Wein und Nachtigallen« hat der Dichter Georg Britting seine niederbayerische Heimat genannt − eine dem Genießerischen und Verschwenderischen, jeder Süße und Leichthändigkeit abgeneigte Gegend des Ackerns und der existentiellen Härte − der Altbäuerin Anna Wimschneider höchst erfolgreiches autobigraphisches Buch »Herbstmilch« hat uns über die Schwere des Rottaler Landlebens vor ein paar Jahrzehnten gründlich Auskunft gegeben. Heute hat der Strukturwandel auch hier die Landwirtschaft dramatisch einknicken lassen, seit den Siebzigern hat sich die Zahl der bäuerlichen Betriebe halbiert, und das Höfesterben der kleineren, nicht mehr rentablen Bauernanwesen geht weiter. Maßvoller Tourismus, Bauernhofurlaub, Bäderbetrieb, Gewerbeansiedlung sorgen für einigen Ausgleich − und mit umweltfreundlichen Initiativen wie dem Ökoprodukte-Vertrieb unter dem Etikett »Plinganser«, der planvollen Unterstützung von Sonnenenergienutzung und des regionstypischen Bauens mit Holz bemüht sich der Landkreis um wirtschaftliche Balance, die der Landschaft gleichwohl ihr althergebrachtes Gesicht belassen soll.

Der Markt Gangkofen in der westlichen Rottal-Landschaft, den wir vom Seemannshauser Biergarten angesteuert haben, ist von moderater Attraktivität. Ein breiter niederbayerischer Hauptplatz, in der Mitte zwei moderne Stahlstelen des Bildhauers Willy Baumeister, deren Titulatur »Begegnung« Ausparker wörtlich nehmen, indem sie, Herrgottzack, scho wieder, gerne und häufig hinrumsen. Lohnend ist ein kleiner Gang hinter die Kirche, wo sich der überraschend großzügige und höfische »Kommendehof« in lichtem weißgelben Spätbarock öffnet − zu verdanken der südlichsten Niederlassung des Deutschen Ordens im deutschen Sprachraum. Wir müssen nun das Sträßchen nach Panzing gleich südlich der Binabrücke finden, das uns zu Gangkofens bedeutendstem Kunstdenkmal,

Das Bauernhofmuseum Massing von oben

der Wallfahrtskirche Heiligenstadt, bringt. Eine kleine Dorfkirche mit einem ganz großen Schnitzaltar von 1480 ist das, dem schönsten und reifsten Zeugnis spätgotischer Bildschnitzerkunst im ganzen Rottal, dem Landshuter Meister Heinrich Helmschrot zuzuschreiben. Man betritt die Kirche durch eine spitzbogige, laubenartige Vorhalle, in der früher Pilger-Devotionalien gehandelt wurden, und steht dem Schrein mit dem goldleuchtenden Abbild des Salvator Mundi gegenüber, Christus als Weltenkönig, gekrönt und mit Reichsapfel auf den Knien, die Rechte segnend erhoben. Umgeben ist die herrscherliche Gottesfigur von einer Schar überaus eleganter Engelsgestalten, die, mit ihren spitzigen Flügelpaaren flatternd, schwebend, dem Höchsten huldigen, indem sie eine Musik spielen, die man fast zu hören vermeint. Sie schlagen Schellen und streichen die Fiedel, zupfen Laute und Harfe, präludieren auf Psalter und Portativ. Einer dieser Himmelsboten ist anmutiger als der andere, zarte halbwüchsige Gestalten, mit jugendlicher Freude dem Musizieren hingegeben. Man sollte sie lange und von der Nähe besehen; wenn das Gitter geschlossen ist, kann man sich von Herrn Göbel im Haus gegenüber aufsperren lassen.

Für diejenigen, die Freiluftmuseen mögen, führt das Heiligenstädter Sträßchen nach ein paar Kilometern geradewegs zum Niederbayerischen Bauernhofmuseum Massing, sicherlich eines der sehenswertesten seines Genres. Ich habe stets ein wenig meine Probleme mit dem Inszenierten und künstlich Aufbereiteten dieser aufwendig geretteten historischen Ensembles, aber selbstredend wäre es noch trauriger, auch sie wären zu Kleinholz gemacht worden wie Unmengen andere alte Behausungen. Massing wird von dem Kunsthistoriker und Heimatforscher Martin Ortmeier geleitet, einem alles andere als »tümelnden«, kritischen Kopf, dem auch etliche anschauliche Bücher zur Bau- und Sozialgeschichte der Region zu verdanken sind. Er hat das Bauernhofmuseum, und das angegliederte von Finsterau im Bayerischen Wald, zu einem sehr lebendigen, menschen- (vor allem auch kinder)-freundlichen Ort gemacht, so daß es in der Region zu einem echten Treffpunkt geworden ist. Die schöne alte Täferstube mit den langen Holzbänken der Wirtschaft im Schusteröderhof ist eine beliebte Beize im Umland, und beim »Massinger Kirta« zur herbstlichen Kirchweihzeit ist der Parkplatz regelmäßig total überfüllt, wenn das Museum zu Entenbraten, Kesselfleisch, Surwammerl, zu Schmalzgebackenem und Kiacherl einlädt, wenn der Brotbackofen angeheizt ist und man die alten Apfelsorten der Baumschule Baumgartner aus Nöham heimschleppen kann, aber auch Honig, Schnaps, Körbe oder Haferln aus heimischem Handwerk. Ebenso munter wird zum Lenzmarkt, zum Sonnwend- und Arntbierfest geströmt – da verliert sich dann alles Museale und der Unterschied zu »echten« ländlichen Festivitäten besteht höchstens noch darin, daß diese meist rund um häßliche Großzelte stattfinden und nicht vor der Kulisse von Staketenzäunen, Bauerngärten, alten

Stockhäusern und hölzernen Doppelschrotfassaden. Das Massinger Museum steht lange genug, daß die Anlage mittlerweile dicht und sehr grün eingewachsen ist, und das zahlreiche ansässige Getier, Hühner und Schwäbisch-Haller Sauen, Graugänse und Stallhasen, Pfauen, Ziegen, Bienenvölker und Hauskatzen, Schafherde und Kälbchen, erfreut mit seinem Gewese nicht nur Kleinkinderherzen.

Der zugehörige Markt Massing ist bei aller Fassadenbuntheit um den Marktplatz leider ziemlich dröge; wir können ihn schnell durchqueren und auf einen Spitzturm der südlichen Anhöhe zuhalten, den Weiler Anzenberg samt dazugehöriger verblüffender Landkirche. Der Altbauer vom Hof gegenüber schlurft herbei und sperrt einem auf; es riecht nach Mist und Heuballen, und dann ist man geblendet von einem Rokoko-spektakel, das den theaterhaften Inszenierungen der Asam-Brüder kaum nachsteht. Der reich dekorierte Altar steht wie ein Säulenpavillon, eine Rotunde fast, frei vor den Chorfenstern, deren Lichtregie genau so konzipiert ist, daß die echten Sonnenstrahlen die vergoldeten Strahlen im Altarauszug aufleuchten lassen. Darüber sehen wir ein einziges Gestrampel von nackten Beinen und Armen in der freien Luft, rudernd, sich spreizend, tänzerisch oder turnerisch versucht da eine ganze Truppe nur mit flatternden Goldläppchen bekleideter Engel, eine riesige ringförmige Krone über dem Gnadenbild der Muttergottes in Balance zu halten. Das Ganze ist ein so wildbewegtes Ballett, so sehr Momentaufnahme von gleichzeitig angestrengtem und federleichtem Flug und Lufttanz, daß man jeden Moment meint, nun reicht ihre Kraft nicht mehr, nun muß ihnen der schwere Goldreif entgleiten und krachend auf die Fliesen fallen. Wenzel Jorhan aus Griesbach, der Vater des Landshuter Schnitzers Christian Jorhan, hat dieses Kirchenkunstwerk ohne jede Bodenhaftung geschaffen, die Füllhörner dazu, aus denen sich farbige Stuckrosen ergießen, die erregt gestikulierenden Seitenfiguren der Heiligen Bernhard und Scholastika – und es paßt zur Rokoko-Exaltiertheit des ganzen Ensembles, daß diese rosafleischigen Lendenschurz-Engel eher Lustknaben gleichen als frommen Gottesboten.

Von Anzenberg bringt uns ein Sträßchen über die Rottbrücke nach Oberdietfurt, dessen ganz andere, strenge Backsteinkirche mit dem schönen terrakottafarbenen Treppenturm nahe dem Fluß hinter Bäumen steht. Wir betreten einen gotischen Gewölberaum, in dem wir etwas Zeit brauchen, um 19.-Jahrhundert-Schreinergotik und die »echt alten« Objekte der Zeit um 1500 auseinanderzusortieren. So ist das Gehäuse des Hochaltars um 1880 entstanden, seine Flügel entstammen dem Spätmittelalter – besonders farbig ist die linke Szene von der Geburt Johannes des Täufers, die eine lebensnahe Wöchnerinnenstube zeigt – die Mutter liegt erschöpft zu Bett, der puppenwinzige Neugeborene wird von einer Magd gerade in ein hölzernes Waschfaß getaucht. Der Michaeli-Altar im nördlichen Seitenschiff wurde aus diversen alten Teilen zusammengefügt, am schönsten sind hier die zarttönigen Goldgrundgemälde, die man, völlig mit grauer Farbe zugestrichen, in einem Abstellraum aufgefunden hatte. Die Glasfenster und die weiteren Altäre sind neugotisch – die vielen Einzelheiligen auf ihren Konsolen, von Anna bis Valentin und Wendelin, stammen wiederum aus der Erbauungszeit der Kirche.

NACH EGGENFELDEN

In Richtung Rimbach führt nun unser Weg, wir kreuzen die Bahnlinie und die B 388 nordwärts und erreichen auf einem schmalen Sträßchen hügelan das kleine Dorf Staudach, in dem eine stilreine gotische Blankziegelkirche steht, die in ihrer kargen Monumentalität fast etwas düster wirkt. Die Ausstattung des breiten, dreischiffigen Raums mit massigen Rundpfeilern und Netzrippengewölbe ist überwiegend neugotisch, jedoch können wir einige schöne frühe Skulpturen entdecken – auffallend sind St. Sebastian und St. Florian im Hauptaltar, die in ihrer überdreht manierierten Bewegtheit der Schule des Hans Leinberger zugeschrieben werden. Betrachten sollte man auch die naiv-volkstümlichen Malereien an der Orgelempore: Hier sehen wir die Heilige Corona, der die Staudacher Kirche geweiht ist und der ein ganz besonders gruseliges Martyrium zuteil wurde. Man spannte die Gliedmaßen der frommen Frau zwischen zwei niedergebeugte Palmbäume, die man anschließend wieder in die Höhe schnellen ließ. Nicht so recht was für die Phantasie kleiner Kinder – wie so viele gutkatholische Märtyrerdarstellungen, auf die man unversehens in Dorfkirchen stoßen kann: jene Heilige, die ihre abgeschnittenen Brüste auf einem Tablett präsentiert wie gestürzten Pudding zum Beispiel, den Bischof, der seinen abgehauenen Kopf unterm Arm spazierenträgt, St. Vitus, der im Kessel gekocht wird wie bei den Kannibalen, St. Bartholomäus, dem lebendigen Leibs die Haut abgepellt wird. Und an den allgegenwärtigen pfeildurchbohrten St. Sebastian, die Hl. Katharina »mit dem Radl«, noch mehr natürlich an den angenagelten, wundenübersäten, gequälten Heiland hat man sich halt bloß seit frühestem Kindesalter gewöhnt – Schreckensvisionen, die über Jahrhunderte zum gleichmütig abstrahierten Glaubensinhalt wurden. Aber manchmal versteht man die Skepsis anderer Religionsangehöriger, die sich immer wieder wundern über die Anteile nackten Grauens an der traditionellen katholischen Bilderwelt.

Wir bleiben noch etwas im welligen Bauernhofland nördlich der Rott und freuen uns, in den Dörfern doch noch eine ganze Reihe denkmalgeschützter Höfe zu entdecken. Reicheneibach zum Beispiel präsentiert ein freundliches Ortsbild; im nahen Sallach kann man dem pensionierten Maurer Walter Kerscher »koa greaßere Freid« machen, als wenn man ihn im Mecklweg 2 aufsucht, um in seinem ehemaligen Rübenkeller das Erste Deutsche Meterstabmuseum zu betrachten. Eintritt wird keiner verlangt von denen, die Vergnügen daran haben, 10 500 ordentlich gestapelte Holzmeterstäbe in Augenschein zu nehmen, man sollte höchstens selbst einen reklamebedruckten Zollstock an die Sammlung stiften, auf daß Herr Kerscher sich dem von ihm bereits besuchten »Weltmeister« der Meterstäbesammler annähere, der es auf 30 300 dieser Objekte gebracht hat. Man staunt sehr über diese mit vollgestopften Plexiglasschränken tapezierten Räumlichkeiten und über Sammlerobsessionen an sich, wozu man in Mitterrohrbach weitere Gelegenheit hat.

In diesem als Ensemble denkmalgeschützten Dorf ist der weithin bekannte »Lanz Leo« daheim, dessen Leidenschaft landwirtschaftlichen Großgeräten gilt. Das Aufkaufen und akribische Restaurieren alter Traktoren, Schlepper oder Bulldogs, wie sie bei den Liebhabern eher heißen, scheint sich in den letzten Jahren zu einer Art Epidemie unter der männlichen Landbevölkerung Bayerns entwickelt zu haben – unzählig sind die dörflichen Bulldog-Treffen, zu denen die betagten Aichers, Schlüters, Fendts, Deutze oder Hanomags über Land rumpeln, um dann, auf irgendeinem Wirtshausparkplatz tuckernd aufgereiht, fachmännisch oder neidvoll begutachtet zu werden. Als weiblichem Menschen ist einem diese Passion weniger zugänglich, weswegen man auch der bedeutenden Sammlung des Vorreiters Leo Speer zu Mitterrohrbach, bei dem sich über 40 Dampfmaschinen, Zugmaschinen (namentlich der Firma Lanz, daher der Spitzname) oder »Dreschwagen von Esterer« besehen lassen, vom Inhaber ausführlichst kommentiert, nicht ganz mit der gebotenen Detailneugier und vor allem Geduld gegenüberzutreten vermag. Man fragt sich höchstens, wie so ein Mehr-Tonnen-Kaliber von 1953, das Herr Speer in Bestzustand erwerben konnte, wohl »noch originalverpackt« ausgesehen haben mag. Der Lanz Leo ist regelmäßig Ziel überwiegend männlich besetzter Betriebsausflüge, Herr S. aus Kassel (»Die Ausstellung ist suuuuuuper!«) kommt nun schon zum dritten Mal, und die Fankollegen von der Traktorenfraktion wie die »Bulldogfreunde Thanhausen« oder der »1. Rohölzünderklub Kaufungen e.V.« sind ohnehin Stammgäste.

Unsereiner sammelt halt lieber Kirchlein (und, so vorhanden, leidenschaftlich die Schnell & Steiner-Führerheftchen vom Schriftenstand) und begibt sich deshalb über Rattenbach, wo man das besonders angenehm und stilvoll eingerichtete Bauernhaus der Familie Grasberger komplett als Feriendomizil mieten kann, nach Diepoltskirchen. Fast am Weg liegt der Weiler Döding, der mit seinem Ensemble aus wohlbewahrten Drei- und Vierseithöfen komplett unter Denkmalschutz steht. Die Kirche St. Valentin von Diepoltskirchen ist ein barockisierter gotischer Bau mit imposantem Zwiebelturm; die Wallfahrt zum Heiligen Valentin war über

Jahrhunderte sehr populär. Das Leben dieses Patrons der Krüppel, Kopf-wehgeplagten und Epileptiker ist in den großen, barocken Deckengemäl-den dargestellt, die von sehr schönen brokatierten Ornamentflächen um-geben sind. Solche ausgemalten Schmuckdecken, mit denen man sich den teureren Stuck sparte, sind eine Spezialität des Rottals. Der heute für die Blumenvermarktung unverzichtbare Valentinstag übrigens bezieht sich auf die liebreizende Legende, daß der römische Heilige glücklichen jun-gen Paaren gern Blumen aus seinem Garten gereicht habe. Zwar sind die Diepoltskirchener Altäre neubarock, aber der Gesamteindruck des Rau-mes ist harmonisch und anmutig.

Gleiches gilt auf ganz andere Weise für die Kirche im winzigen Pi-schelsberg, fast schon am Stadtrand von Eggenfelden, zu der wir uns, die B 20 meidend, südwärts über Oberhöft (ein paar typische Rottaler Stock-häuser stehen hier noch), Dietring, Taufkirchen und Kirchberg geschlän-gelt haben. Pischelsberg ist ein wahres Juwel. Es handelt sich um eine kleine, völlig einheitliche Landkirche der Spätgotik; vom geschnitzten Al-tar zum unregelmäßigen Ziegelboden, von den spitzbogigen Fischblasen-fenstern bis zur Färbung der Gewölberippen und -bögen ist hier alles aus einem Guß, buchstäblich unverändert, bis auf ein wenig neugotisches Rankenwerk und Gesprenge am Altar, seit der Entstehungszeit ab 1472. In einer der schlichten Kirchenbänke läßt man den Blick wandern vom handbehauenen rotbraunen Boden hinauf zu den statuarischen Heiligen Andreas, Jakobus und Bartholomäus, in diesem Schrein ruhig nebenein-ander stehend seit über fünfhundert Jahren – von draußen dringt nur ein wenig Vogelgezirpe herein – und fühlt sich wahrlich auf Zeitreise.

Nun sind wir an den gewerblichen Rändern der 14000-Einwohner-Stadt Eggenfelden angelangt, die uns nach so viel ländlicher Stille bemer-kenswert umtriebig erscheint. Es ist nicht weit zum Stadtplatz, der viel strenger, kantiger ist als die Straßenräume von Landshut oder Vilsbiburg mit ihren Bogen- und Schnörkelgiebeln. Hier dominiert der rechte Win-kel – der Platz ist ein langgezogenes, ansteigendes Karree, die Häuserfron-ten sind rechteckig und ihre Dachkanten wie mit dem Lineal gezogen. Es herrscht aber lebendiger Betrieb rund um die Läden, Brunnen, Gastronomie, und wir haben uns nun auch eine Einkehrpause verdient. Einiges ist geboten an diesem Platz: Cafés und Eisdielen wie das »Rathauscafé« und das »Gelato«; im schönen, mittelalterlichen »Luidl-Haus« mit seiner breiten, abgetreppten Giebelfront ein moderneres Bar-Restaurant, der Wein- und Käsehandel »Forster & Miller«, bei dem man sich für spätere Picknicks z. B. aus einer guten Österreich- und Frankenweinauswahl versorgen kann, aber auch mit Rohmilchkäsen und handgeschöpfter Bitterschokolade. Oder ein paar Meter vom Platz das »Café Krapf«, das angeblich, Namen verpflichten, die allerbesten Krapfen überhaupt fertigt. Wir werden aber doch wieder »Unser Wirtshaus« in der Nordwestecke des Platzes ansteuern, in dem wir schon einige Mal sehr gern gesessen sind und deftig bayerisch getafelt haben – obwohl das weithin beachtete Experiment eines kommunalen Gasthauses leider mit einer Pleite gescheitert ist. Heute wird »Unser Wirtshaus« – der Name und die schönen Räume sind geblieben – von einer »Food and More«-GmbH geführt, was aber schlimmer klingt als es ist, denn dahinter steckt ein ganz normaler bayerischer Wirt. Die Speisekarte ist allerdings durchschnittlicher geworden – »Feurigen Hirtenspieß« und Jägerschnitzel hat es unter der konsequent traditionsverpflichteten Kost des Bürgerwirtshauses nicht gegeben – ein grelles Transparent an der Fassade auch nicht.

Eggenfeldens Kirche ist wohl die imposanteste des ganzen Reviers – »Dom des Rottals« nennt sich der ragende Ziegelbau, den man vom Stadtplatz über das steil getreppte Kirchengangerl erreicht. Vor allem die machtvollen Dimensionen des Gewölberaumes sind es, die an St. Nikolaus und Stephanus staunen lassen – ein monumentales, dreischiffiges Kircheninneres mit Kapellenkranz, das fast so breit wie lang wirkt; die überwiegend neugotische Ausstattung müssen wir halt wieder mal schlucken. Dafür sind die Gewölbe aufregend vielgestaltig, es handle sich um »geniale Amplifikationen an sich schon reicher Grundtypen« teilt uns der Dehio in musterhafter Kunstführerdiktion mit. »Wechselberger-Figuration« heißt die raffinierte Rippenverzweigung des Langhauses, der Chorraum

Die Altstadt von Eggenfelden

weist wieder ganz andere Rautengitter auf, in Seitenschiffen und Kapellen sind die Netzrippen längs statt quer gedehnt – man schaut ständig dachwärts in dieser »Staffelhallenkirche«, die als eine der bedeutendsten der Spätgotik im süddeutschen Raum gilt. Einige bemerkenswerte Bildwerke lassen sich aber dennoch nicht übersehen: das riesige gotische Chorbogen-Kruzifix mit dem flatternden Lendentuch, eine zierliche Lindenholzgruppe von Jesus und den Aposteln im Chor, die Darstellungen der Kirchenpatrone im neugotischen Rahmen des Hochaltars. Vor allem aber ist die spätmittelalterliche Marienkrönung im südlichen Seitenschiff berühmt, eine Schnitzgruppe vom raren »Dreipersonentypus« – will sagen, daß unter der Heiligen Dreifaltigkeit, die hier der knienden Maria eine güldene Krone aufgesetzt hat, auch mal der Heilige Geist als lockiger junger Mann dargestellt ist, nicht als die sonst übliche, stets etwas haustierhaft dürftige Taube. Es lohnt sich auch, in den Seitenkapellen einige Rotmarmor-Grabdenkmäler aufzuspüren – so jenes für Erhard Silvester Westacker in präzise wiedergegebener Gewandung des 16. Jahrhunderts oder für Hans Friedrich Rider, der in einem Schiffbruch starb. Etwas schockartig mutet uns heute die Leichendarstellung des Paul Niderwirt an der äußeren Chorwand an – in Verwesung übergegangen, eine dicke Kröte sitzt in der Bauchhöhle, Schlangen kriechen durchs Gebiß des Totenschädels. Solche Vanitas-Bildwerke waren aber im ausgehenden Mittelalter durchaus üblich, in Straubing zum Beispiel wird uns eine noch krassere erwarten.

Die Hofmark Gern am südöstlichen Stadtrand jenseits der Schnellstraßen B 20 und B 388, eine frühere Schloßökonomie, liegt hübsch an der träge fließenden Rott und wurde in den vergangenen Jahren, sehr sinnreich und geschmackvoll, wie man das heute macht, zum städtischen Kulturzentrum ausgebaut. Die städtische Musikschule ist in die alte Remise eingezogen, der böhmisch eingewölbte »Roßstall« zeigt Kunstausstellungen, vor allem aber der »Gotische Stadel« mit seinem gewaltigen, an einen Schiffsrumpf erinnernden Steildach, ist ein perfekt restaurierter Veranstaltungsort unter eindrucksvollem Balkengewirr. Feste und Dulten finden hier statt, aber noch fehlt dem reizvollen Ensemble die Gastronomie, sie soll in der noch nicht renovierten Hofmarkstaverne als hochwertiger Hotel- und Gasthausbetrieb enstehen. Derweil muß man in der Gern zum freundlichen Gasthaus »Unterwirt« ausweichen.

IM SCHÖNAUER LAND

Wenn wir die Stadt nordwärts auf der Schönauer Straße verlassen, kommen wir in eine Zone der Rottaler Landschaft, die, wie ich finde, zu ihren anmutigsten gehört. Wollte ich ein Rottaler Haus finden, so würde ich es wohl am ehesten rund um Schönau versuchen, irgendwo zwischen Zell und Kudlhub, Nöham und Neuhofen, Unterhöft und Heiligenberg. Hier breitet sich das Land irgendwie besonders gefällig aus, in regem Wechsel von Waldstücken und offenem Wiesenland, die Fernblicke reichen weit und sind von vergleichsweise wenig Schundbauten verstellt; und die Sträßchen sind so engkurvig, daß man manchmal ganz schön kurbeln muß. Zum Glück gibt es in dieser Ecke eine recht spezielle Unterkunft, die man sich gut und gern als Standquartier für längeren Aufenthalt vorstellen kann: Der Ponzaunerhof ist ein vorbildlich erhaltenes, sehr stimmungsvolles Gehöft bei Niedernkirchen. Das alte Bauernhaus von 1784, mit Kletterpflanzen bewachsen und mit Bankerln auf der »Gred«, dem gepflasterten Hausumlauf, ist ein klassisches Rottaler »Stockhaus« – eine recht extreme Bauform, die es nur hier gibt. Die Stockhäuser wirken ungefähr dreimal so breit wie hoch, weil man rechts und links vom Wohntrakt noch die angebauten Ställe unter dem weiten Satteldach unterbrachte. Bei Emmi und Florian Gruber ist im ersten Stock eine Ferienwohnung eingebaut, wie man sie sich, völlig unverkitscht, zum Hausstil stimmig, mit restaurierten Hofmöbeln ausgestattet, wahrhaft öfters wünschen würde. Ponzaun, mit vierzehn Rindern im Stall voll bewirtschaftet und seit dem Spätmittelalter im Familienbesitz, ist überhaupt ein Musterhof an Geschmack, selbstverständlichem Stilempfinden und Naturverträglichkeit. Mindestens so schön wie die

Stockhauswohnung sind die Ferienbehausungen im Zuhaus und im Stadel, geräumig, mit Kachelöfen, Holzbohlenterrassen in die Landschaft hinaus, alten bäuerlichen Holzbetten – hier hat man, bis zu den Kissen- und Vorhangstoffen, den Brennholzkörben neben den Öfen, den klassisch einfachen Ecktischen und Stühlen, den Badfliesen wirklich *überhaupt* nichts zu meckern. Wildhecken und Obstbäume wachsen auf dem Grund, geheizt wird mit Holz und Hackschnitzeln aus dem eigenen Wald, das warme Wasser kommt aus der Solaranlage. Man sollte nur rechtzeitig buchen – denn dieses Ferienquartier ist begreiflicherweise beliebt.

Im nahen Umkreis kann man sich für die Ferienhausküche original rottalerisch versorgen. Der bildschöne alte Gutshof Polting, der zum Landbesitz der Barone Riederer von Paar aus Schloß Schönau gehört, verkauft in seinem Hofladen Lammfleisch aus natürlicher Haltung auf den umliegenden Weiden, für das auch die Münchner Spitzengastronomie Abnehmer ist, dazu Fasane, Wildenten, Hasen aus eigener Jagd und andere regionale Produkte. Oft steht die Baronin Riederer selbst hinter der Frischfleischtheke und berät sehr nett und kompetent. Ein paar Kilometer östlich liegt der Biolandhof der Familie Wimmer in Rockern. Hier gibt es naturreine Säfte von den hofeigenen Streuobstwiesen, Angusrindfleisch und Schweinernes, Wurst und Schinken vom Hof, dazu Backwaren, Eier, Molkereiprodukte etc. im ergiebigen Bioladen. Beim »Öl-Franz«, dem Agrarwirt Franz Braun zu Falkenberg, kann man kaltgepreßte Walnuß-, Sesam- oder Kürbiskernöle erwerben, bei der Schloßbrauerei Arnstorf und bei der kleinen Hausbrauerei Büchner in Heilmfurt bei Malgersdorf das ebenfalls biologisch produzierte »Plinganser« Bier, und in der Eggenfeldener Bäckerei Sedlmeier kauft man vollwertiges Brot und Backwaren ein, ebenfalls mit dem »Plinganser« Gütezeichen. Zusätzlich findet auf dem Eggenfeldener Rathausplatz täglich ein Bauernmarkt statt, allsamstäglich ein ebensolcher in Bad Birnbach. Und mehrfach prämierte Edelbrände, nur aus handverlesenem, ungespritztem Obst der Rottaler Region fabriziert, lassen sich in reicher Auswahl in der Gewölbestube beim »Thaler Lugge« probieren, der Schnapsbrennerei Ludwig Pöltl im

Weiler Oberthal einen Katzensprung nordöstlich von Eggenfelden. Für gärtnerisch Interessierte gibt es im Schönauer Umland zwei ganz besondere Adressen: Die Baumschule Baumgarter in Nöham ist deutschlandweit namhaft für die Vielzahl alter und rarer Obstsorten, die man hier sammelt, züchtet, vertreibt – die Baumgartner'schen Äpfel, Birnen, Zwetschgen sind durch die windigen Höhenlagen der Rottaler Hügel besonders gut abgehärtet. Aus eigener Erfahrung mit Hochstämmen aus Nöham, mit Großer Grüner Reineclaude, Schönberger Zwetschge und Clapp's-Liebling-Birne im Garten, kann ich bestätigen, wie solide diese Bäume gedeihen. Manche würde man sich ja schon wegen der Namen gern zulegen: Mit einem Apfel namens »Rheinisches Seidenhemdchen« oder einer Birne namens »Wildling von Einsiedeln« ließe sich vielleicht etwas besser renommieren als mit Früchten namens »Gacksapfel« oder »Breitarsch«. Wer Rosen liebt, sollte sich unbedingt im privaten Garten der Austragsbäuerin Anna Hemmer in Vöglsberg bei Neuhofen anmelden – mehr als 1500 duftende Rosenstöcke alter und neuerer Sorten blühen um den alten Vierseithof herum. Anna Hemmer ist heute über siebzig, eine zierliche, drahtige Person mit Strohhut, und erst auf dem Altenteil, nach einem harten Arbeitsleben, fand sie Zeit für ihre Rosenpassion. Heute kommen Gartenbauvereine von weit her nach Vöglsberg angereist und bestaunen meterhohe Kaskaden von »Paul's Scarlett Climber«, üppige Strauchrosen wie die rosafarbene »Fritz Nobis«, die leuchtendrote »Grootendorst« oder die zartgelbe »Lichtkönigin Lucia«.

Von weit her sieht man auf den Kurvensträßchen des Schönauer Landes die langgezogene Zwiebel einer weißen Wallfahrtskirche ragen: St. Erasmus in Heiligenberg hat nicht nur eine höchst malerische Alleinlage, sondern auch eine noble spätbarocke Ausstattung vorzuweisen. Zu Erasmus pilgerte man wegen Unterleibsbeschwerden und Koliken aller Art; in unserer Zeit finden hier sommerliche Serenaden des Heiligenberger Barockorchesters statt, das der Geigenbauer Walter Waidosch, im Haus gleich neben der Kirche beneidenswert schön daheim, initiiert hat. Daß ausgerechnet an diesem heiteren Ort bis ins 20. Jahrhundert blutige Tieropfer für den Heiligen Erasmus stattgefunden haben sollen, wie der Dehio mitteilt, scheint einem besonders widersinnig.

Gerade zum Wohle ihrer Haustiere reisen heute viele Bewohner des Umlandes in das mäßig attraktive Großdorf Schönau, Katzerln und Hunderln mit etwas gravierenderen Malaisen in Korb oder Käfig. Denn hier betätigt sich segensreich die Tierklinik Dr. Post, die sich auch mit komplizierteren Krankheitsbildern auseinandersetzt, als die heimische Tierarztpraxis in der Regel bewältigen kann. Selbst Rösser werden hier verarztet; das Wartezimmer ist meist voll mit besorgt auf ihre kleineren Lieblinge einmurmelnden »Patientenbesitzern«. Zur Entspannung, während aufwendigerer Tier-OP vielleicht, empfiehlt sich die bukolische Anmut der überraschendsten Gartenanlage dieses agrarischen Landstrichs. Er versteckt sich gut, der feudale Schloßpark von Schönau – auf der Durchfahrtsstraße ist er kaum zu ahnen. Da schiebt sich nur das Stammschloß der Barone Riederer von Paar in den Blick, das eher eine liebenswürdige Kuriosität als ein historisches Denkmal darstellt. Kunstführer rümpfen ein wenig die Nase über dieses Märchenschloß-Imitat des Münchner Architekten Gabriel von Seidl von 1903, das den im Kern spätmittelalterlichen Herrensitz vollkommen überformt hat. Es ist mehr oder minder alles Jahrhundertwende an diesem ocker verputzten, ziemlich massigen Bauwerk: Arkaden und Bogenfenster, Freitreppen und Erker und vor allem der siebenstöckige Bergfried, der den Wittelsbacher Turm der Landshuter Trausnitz nachahmt. Trotzdem hat diese Wasserschloß-Folly, in einer Senke des Altbachtals gelegen, einen mittlerweile auch schon patinierten Zauber, einen etwas behäbigen altbayerischen Charme, der sich mit altenglischer Countryside-Atmosphäre mischt, sobald wir am Schloßcafé Asbeck vorbei durch den Wirtschaftshof den Park betreten haben.

Daß man sich beim Rundgang durch diesen wunderbaren, zwanzig Hektar großen Landschaftspark fühlt wie auf einem »heritage estate« des National Trust in Sussex oder Wiltshire, ist kein Wunder. Es war eine englische Vorfahrin der Baronsfamilie Riederer von Paar, die ihn, vermutlich etwas heimwehgeplagt als angeheiratete niederbayerische Freifrau, in den

Sechzigerjahren des 19. Jahrhunderts vom berühmten Münchner Garten-architekten und Königlich Bayerischen Hofgartendirektor Joseph Effner planen ließ. Jene sehr begüterte, aus einer britischen Bankiersfamilie stammende Baronin Rosalie hat Schloß Schönau überhaupt sehr geprägt. Man war dezidiert anglophil und sprach ein gepflegtes Gentry-Englisch in diesem niederbayerischen Umfeld, und die Nachfahren, die das private und öffentlich nicht zugängliche Landschloß noch heute bewohnen, hüten in einem ihrer fünfzig Zimmer allerlei Memorabilien an den legendären Lord Nelson, einen Degen, seine Schuhschnallen und seine Geld-börse zum Beispiel.

Daß jedermann sich im Schönauer Park ergehen darf, ist seit den Dreißigerjahren so geregelt. Von allzu viel Rummel kann keine Rede sein – an einem herbstlichen Wochentag zum Beispiel trifft man nur auf bemooste Statuen, ein paar weidende Schafe und einen älteren Gärtner. Seit ein paar Jahren hat man den recht verbuschten und mit angesäten Bäumen zugewucherten Park vom Wildwuchs befreit, die wohlbedachten Effner'schen Sichtachsen wiederhergestellt. Der vielleicht einstündige Schlendergang vom Schloßteich und dem formellen Parterre zu den baumbestandenen Hängen des Hopfenbergs, weiter zum Irleberg, wo sich der Park in die unverbaute Natur hinaus öffnet, zurück über die weite Wiesenmulde des »Unteren Schachten« mit Fernblick aufs Schloß, ist si-cherlich einer der schönsten Spazierwege Niederbayerns. Immer wieder verengt und weitet sich der Blick, treten imposante Baumgruppen kulis-senartig vor und zurück, trifft man auf wunderbare Einzelbäume wie eine riesige Blutbuche, auf Zuckerahorn und Mammut-Tulpenbaum, Säulen-eiche und Douglasie, auf Raritäten wie den Geweihbaum oder die Flü-gelnuß. Die Stimmung ist von einer elegischen Zeitentrücktheit; da ist es etwas ernüchternd, sich zu vergegenwärtigen, daß in diesem landschaft-lichen Artefakt zeitweilig fünfzig Hilfskräfte arbeiteten, und dies nicht nur an gärtnerisch nötiger Pflege, sondern im Auftrag der Herrschaft auch an manch erstaunlicher Extravaganz. Ein Trupp war regelmäßig damit be-schäftigt, den Kies von den Wegen in Eimer zu kratzen, diese zum

Schloßteich zu schleppen, die Kiesel dort gründlich zu waschen und rein-
lich weiß wieder auf Reit- und Spazierpfaden auszubringen – auf daß die
Baronin Rosalie bei ihren Ausritten im Damensitz stets blitzblanken
Untergrund habe.

Anspruchslos war man in niederbayerischen Landadelskreisen nicht
unbedingt, das erfahren wir zum Beispiel aus den Erinnerungsbüchern
der auf einem Schlößchen im Kollbachtal aufgewachsenen, 1920 geborenen Freifrau Annette von Aretin, die später als Ansagerin und Quiztante
eine langjährige bayerische Fernseh-Ikone wurde. Ihre Geschichten
(häufig war sie auch bei der großmütterlichen Verwandtschaft in Schönau
zu Gast) klingen nicht so, als seien all diese Hofmarksherren auf ihren
Rottaler und Vilstaler Landschlössern handfeste bessere Landwirte gewesen, die mit Mistgabel, Pferdestall und Gummistiefeln besser umzugehen
wußten als mit vornehmer Abkunft, mit den Standesregeln und Ritualen
ihrer Kaste. »Unablässig wurde im Gotha geblättert«, erinnerte sich Annette von Aretin; die Genealogie war Zentralthema und Hauptbeschäfti-
gung der ruralen Salons (»Ach, das ist ja die Tochter vom lieben Ferdi, sollen die nicht besonders fromm sein?«), in der Adelsklasse war jeder mit
jedem um vier Ecken verwandt, und man verkehrte auch nur untereinander. Dies allerdings nahezu pausenlos: Von Schloß zu Schloß im
niederbayerischen Hügelland herrschte umtriebigster Besuchsverkehr,
mehrspännig, im Sattel, später auch in Cabrio oder Limousine. Die
Bauernkaten waren freilich eine Welt auf Distanz. Als das Freifräulein
Annette, die mit Taufnamen Maria Adelheid hieß, einmal einen »un-
geschneuzten« Dorfbuben mit in die Schloßküche zu Münchsdorf
schleppte und forderte: »Maria, gib meinem Freund auch eine Biskuit-
rolle«, wurde dieser Mißgriff »Putzi« von der eigenen Familie geraume
Zeit vorgehalten.

FINGERHUTGROSSE SILBERBECHER –
UNTERWEGS ZU ROTTALER LANDSCHLÖSSERN

Von Schönau aus bietet sich eine kleine Rundfahrt an, die uns einige der angestammten Rottaler Adelssitze, zum Teil heute noch in Familienbesitz und gar nicht oder nur eingeschränkt zugänglich, zumindest von außen in Augenschein nehmen läßt. Rasch erreicht man auf einer ruhigen, gewundenen Landstraße, vorbei am verträumten barocken Pfarrhof-Kapellen-Ensemble von Bruck (das derzeit für ca. 1,3 Millionen Euro zum Verkauf steht), den größeren Markt Arnstorf im Kollbachtal, eine nicht übermäßig anheimelnde, verkehrsreiche Ortschaft, deren realer Magnat heute Hans Lindner heißt und als Unternehmer mit seinem weltweit operierenden Großbetrieb für Innenausbau einer der bedeutendsten Arbeitgeber, auch Mäzen, Stifter und wirtschaftlichen Anreger der ganzen Region ist. Auf dem Oberen Schloß, das sich auf baumbestandenem Hügel mitten im Ort vom Marktgetriebe vornehm abschottet, residieren seit 150 Jahren die Grafen Deym, auf welche der karge, vierkantige Bau von den Grafen Closen durch Einheirat gekommen ist. Das Tor jenseits der Ziegelbrücke über den heute trockengelegten Halsgraben bleibt uns verschlossen – wir müssen unserer Informantin Annette von Aretin glauben, daß sich im zweiten Stock ein hinreißendes privates Theater befindet, in welchem sie mit zehn anderen Adelskindern seinerzeit zwischen den biedermeierlichen Pappkulissen Komödie spielen durfte. Das äußerlich so schmucklose Schloß Arnstorf birgt im Inneren nämlich überaus prachtvolle Räumlichkeiten – für einen ländlichen Grafensitz von geradezu überdimensioniertem Prunk und Rang, jeder fürstlichen oder klerikalen Großresidenz würdig. Der Kaisersaal wurde von dem bedeutenden Tiroler Barockmaler Melchior Steidl mit gewaltigen illusionistischen Scheinarchitekturen und allegorischen Darstellungen freskiert, voller exotischer Details wie barockem Elefanten, Vogelstrauß und Mohr mit Sonnenschirm, Dromedaren und Zopfchinesen. Vorbild war der Palazzo Farnese in Rom. Steidl hatte auch die großen österreichischen Stifte Kremsmünster und St. Florian, die Neue Hofhaltung in Bamberg, den Dom zu Fulda und die Klosterkirche Banz mit phantasiereichen Deckengemälden ausgestattet – die Arnstorfer Ausstattung gilt als eines seiner künstlerischen Hauptwerke. Steidl-Fresken in »faszinierendem Furioso«, so mein Kunstführer, finden sich hier auch im Treppenhaus; darüber hinaus sind die repräsentativen Säle und Zimmer mit edel ornamentierten Stoff- und Ledertapeten des frühen 18. Jahrhunderts bespannt, erlesen möbliert und mit Statuen antiker Götter sowie mächtigen Marmorkaminen versehen; die Boiserien zeigen reizvolle Darstellungen aller Closen'schen Schlösser in ihren Parks und Gärten. Im stattlichen Renaissance-Arkadenhof (hier wenigstens finden ab und zu Konzerte statt) steht eine bedeutende barocke St. Georgs-Gruppe, die Hallen und Gänge sind schön stuckiert, es gibt noch gotische Gewölbesäle mit zarter Bemalung, eine kleine und eine große Bibliothek und ganze Fluchten nobler Wohnräume. Irgendwie findet man es schon eine Idee unfair, daß die privilegierten Bewohner dieses exquisiten Ansitzes – eines der wichtigsten Schlösser Niederbayerns – nicht wenigstens seine künstlerisch bedeutungvollsten Schauräume der Öffentlichkeit regelmäßiger zugänglich machen.

Schloß Mariakirchen, ein paar Minuten ostwärts gelegen und ebenfalls eine vormals gräflich Closen'sche und Deym'sche Domäne, wurde vor einigen Jahren von besagtem Bauunternehmer Hans Lindner in stark restaurationsbedürftiger Verfassung gekauft und seither aufwendig zu einem modernen Schulungs- und Symposien-Zentrum umgewidmet. Das hat natürlich mit sich gebracht, daß die Räume ihrer Patina und Aura nahezu komplett entkleidet wurden – es sind helle, übersichtliche Schulungs- und Veranstaltungssäle geworden, das Mobiliar wurde bis auf die Kapellenausstattung vollständig versteigert. Hans Lindner aber ist kein Bauunternehmer, der dem klassischen, rein profitorientierten Buhmann-Image entsprechen würde. Aus kleinen Gastwirtschafts-Verhältnissen in Arnstorf stammend, hat der heute 65-jährige in einigen Jahrzehnten ein Unternehmen mit über 3500 Mitarbeitern zum größten Teil im heimischen Kollbachtal angesiedelt, aufgebaut, das Großbauten bis zum Plenarsaal des Berliner Reichstags und zu internationalen Flughäfen im Inneren ausstattet, mit einem Jahresumsatz von über 500 Millionen Euro. Das ganz Besondere und vielfach Gewürdigte an der Arnstorfer Unternehmerfamilie, die 80 Prozent der Holding-Aktien hält, ist ihre dezidierte Sozialorientierung. So wurden mehrere, mit hohen zweistelligen Millionenbeträgen aus dem Privatvermögen ausgestattete Stiftungen ins Leben gerufen, die sozial Benachteiligte unterstützen, so wurden Schulgründungen, Lehrstühle und moderne Altenpflegestifte finanziert, so wurden Armenprojekte in Rumänien oder Uganda, aber auch kulturelle Veranstaltungen der Region aufwendig unterstützt. Auch im zinnenbekrönten Wasserschloß Mariakirchen finden immer wieder Konzerte und Serenaden statt, im stimmungsvollen Hof oder Park der alten Hofmark. Ab Nachmittag steht den Durchreisenden der »Schloßbräu« im Stalltrakt offen, dessen von Granitsäulen gestemmte Ziegelgewölbe sehr schön hergerichtet und mit breiten Dielenböden, passenden Holztischen, Bänken, Vertäfelungen adäquat ausgestattet wurden. Man bringt sich hier traditionsgemäß zum unfiltrierten Hellen oder Weizen oder auch mal zum traditionellen Dünnbier »Scheps« seine Wegzehrung selber mit. Noch schöner sitzt man unter den hohen Kastanien des Biergartens der weißen Schloßfront gegenüber, und die barocke Dorfkirche lohnt das Hereinschauen.

Durch das Kollbachtal führt hier die ziemlich rasant befahrene Ortsverbindung von Arnstorf nach Aldersbach, aber wir bleiben auf dieser Rennstrecke ohnehin nur noch ein paar Minuten bis Münchsdorf. Viel zu sehen ist an diesem unscheinbaren Straßendorf eigentlich nicht, doch gleich südlich der Hauptstraße liegt der schlichte, zweistöckige Biedermeierbau des Schlosses derer von Aretin – auch heute noch Sommersitz des Familienzweigs – in welches uns Annette von Aretin ein wenig Einblick verschafft hat. Hier lebte man in der ersten Hälfte des zwanzigsten Jahrhunderts wohl den durchaus typischen niederbayerischen Landadelsstil. Katholisch und kinderreich, stets mangelnd an Bargeld, aber nicht an Personal und Ressourcen, so spielte sich der gehobene Alltag so einer freiherrlichen Familie ab. Man war die Herrschaft und hatte umfangreichen Grundbesitz – der Vater, Freiherr Karl von Aretin, ging keiner Profession nach als der Oberhoheit über sein Gut; da er eher Bücherwurm und Gourmet als Landwirt war, oblag auch diese Verpflichtung vorwiegend dem Verwalter. Der Mutter Elisabeth von Aretin, geb. Gebsattel, unterstand der kultivierte Haushalt, der mit Hilfe von mindestens sechsköpfigem Personal wie am Schnürchen zu laufen hatte. Die Schar der Bediensteten konnte man sich leisten, weil sie miserabel bezahlt waren, aber auch die Herrschaft pflegte einen Spagat zwischen Opulenz und Knauserei. Zucker, und alle zugekauften »Kolonialwaren« waren in einem Schrank eingesperrt und von der Hausherrin streng rationiert. Einmal per annum gab man bei einer Bremer Traditionsfirma eine Bestellung an Kaffee, Tee, Schokolade und exakt drei Flaschen hochprozentiger Getränke auf: Cognac, Obstbrand, Apricot Brandy für die Damen. Die wurden den Gästen dann in fingerhutgroßen Silberbecherchen kredenzt, wie auch die knappen Weinvorräte ausschließlich Besuchern vorbehalten waren – die Familie trank zu ihren Mahlzeiten nur Münchsdorfer Brunnenwasser, selbst das von der Vetternschaft im nahen Aldersbach gebraute Bier kam höchst selten auf den Tisch.

Dafür bogen sich die Tafeln auch im Alltag unter Köstlichkeiten, die an frühbarocke Stilleben denken lassen. Fasane und Rehrücken, Kapaune und Rebhühner, Hechte, Forellen, Wachteln und Truthennen standen ständig auf dem Speiseplan, dazu Spargel und Artischocken, weiße Pfirsiche, edle Butterbirnen oder süße Marillen – all diese Delikatessen stammten ja vom eigenen Grund und Boden, aus der eigenen Viehhaltung und Jagd, aus den eigenen Fischteichen, und waren für die Grundherren im Überfluß vorhanden. Die jungen adeligen Damen mußten in jenen Tagen der stets verfügbaren dienstbaren Geister in Küche und Haushalt keinen Schlag tun. Annette von Aretin erinnert sich mit milder Ironie an ihre beiden Großmütter, die Aretin'sche und die »Omami Gebsattel«; letztere wollte hochbetagt im Zweiten Weltkrieg von der Enkelin wissen: »Du, wie kocht man eigentlich Kartoffeln?« Erstere hielt noch als junge Ehefrau die Kalbsschnitzel in ihrer Schloßküche für selbständige Lebewesen, Kleintiere »wie Flundern vielleicht«, so Aretin, nur irgendwo in der Wiese lebend.

Behütetheit und markante Weltfremdheit, »große Solidität und Geborgenheit« prägten auch noch im zwanzigsten Jahrhundert das Aufwachsen so eines niederbayerischen Freifräuleins, das sich strikt innerhalb der eigenen Schicht abspielte – die etwas inhomogenere Außenwelt hat Annette von Aretin erst im Studentenalter näher kennengelernt. Das Adelsleben war auch in der ländlichen Abgeschiedenheit Niederbayerns – gereist ist man niemals – voller traditioneller Rituale. Dazu gehörte die tägliche große Teezeremonie mit angewärmten Kannen und winzigen Gurken- und Senfbutter-Sandwiches, dazu gehörte aber auch, daß die Kinder von den Eltern niemals geherzt und umarmt wurden – der Mutter näherte man sich stets nur mit Handkuß. Dazu gehörte in manchen Adelsfamilien eine gewisse soziale Einsatzbereitschaft, vorwiegend im Rahmen christkatholischer Wohltätigkeitsorganisationen. Und fraglos war, daß die Kinder dieser Kreise privat erzogen wurden, zunächst auf Münchner Privatschulen, dann in Internaten wie Ettal und Zangberg, in welchem Höhere-Töchter-Pensionat die junge Putzi von Aretin noch weit im zwanzigsten Jahrhundert in schwarzer Zöglingsuniform, am Wochenende mit der »ceinture«, einer breiten, hellblauen Moiree-Schleife, spazierengeführt wurde. Die spätere Karrierefrau beim Fernsehen, 2006 ist sie gestorben, konnte sich lange Zeit keine andere Zukunft vorstellen, und wünschte sich auch nichts anderes, als daß dieses Leben des eingespielten Behagens und der festen Formen, vorwiegend »am Land«, auf ewig so weitergehe. Mit Treibjagden und Besuchen auf den umliegenden Schlössern, mit Kostümfesten in des Vaters alten blauen, silberbetreßten Pagenuniformen, mit Kutschenfahrten zum Heidelbeersammeln, mit Taufen, Geburtstagen, Beerdigungen und Hochzeiten in der vielhundertköpfigen näheren und weiteren Adelsverwandtschaft. Auf so einer Hochzeit fände sich dann mit einiger Wahrscheinlichkeit unter den standesgemäßen »Kranzlherren« irgendwann der zukünftige Ehegatte, mit dem sich die annehmliche, gelassene Existenzform, nur auf einer anderen Domäne, ganz ähnlich in die Folgegenerationen weitertragen ließe. Die NS-Zeit (bei den Aretins, wie überhaupt im streng katholischen bayerischen Landadel, gab es da kaum Anfälligkeiten, dafür sogar einige Widerständler), der Weltkrieg und seine Folgen, die Modernisierungen der zweiten Hälfte des 20. Jahrhunderts, haben auch den »langen, ruhigen Fluß« altbayerischen Adelslebens massiv verändert – heute ist man, ob männlich oder weiblich, auch in blaublütigen Kreisen zu Berufstätigkeit genötigt: Es ist lange her, daß die Latifundien allein eine gemessen-luxuriöse Existenz ermöglichten, an Dienstboten in Scharen ist nirgendwo zu denken, die denkmalgeschützte alte Bausubstanz großer Schlösser macht nichts als Kopfzerbrechen über die Finanzierung stets und ständig fälliger Sanierungen.

In Haidenburg, etwas südlich abseits der Straße nach Aldersbach gelegen, ist ein anderer Zweig des Aretin'schen Familienverbands einen in Adelskreisen nicht allzu üblichen Weg gegangen: Hier hat man das ehrwürdige, neugotisch romantisierte Stammschloß der Sippe schon in den Sechzigerjahren kurzerhand an einen bürgerlichen Privatmann verkauft und sich statt dessen einen Neubau als Familiensitz hingesetzt, der jetzt »Neues Schloß« heißt. »Schloß« – nun ja. Es handelt sich eher um eine ziemlich klotzartige Villa, der zur besseren Unterscheidung von bourgeoisen Wohnbauten ein paar Zinnen an den Giebel appliziert sind – schön ist das Objekt »im bayerischen Herrenhausstil«, was immer das ist, nicht unbedingt, aber zweifellos kommoder als ein maroder Burgenbau mit sechzig kaum heizbaren Räumen. Im »Schloßwirt«, einem freundlichen, weißgekalkten Gasthaus mit schattigem Biergarten gleich unterhalb des alten Burggemäuers, können wir angenehme Brotzeitrast halten und wenigstens einen Blick von außen auf die Haidenburg werfen.

Guteneck, ein paar Kilometer südwestlich, ist eine dieser stimmungsvollen kleinen Kirchenidyllen, wie sie für das Rottal so typisch sind. Etwas abseits gelegen, den Spitzturm hinter hohen Bäumen fast versteckt, unter denen man auf schattigen Holzbänken an der Chormauer verschnaufen kann, Mesneranwesen daneben – »unser lieber frauen kapellen so im freyen feld stehet«, eine von vielen. Die Heiligenschnitzereien und Reliefs in den Altären sind anonymer Herkunft, auch eher von bäuerlich einfacher als erlesener Qualität – aber sehr liebenswürdig ist doch die Apostelgruppe im Choraltar, die fassungslos in den leeren Steinsarkophag blickt, während eine puppenhaft winzige Mariengestalt himmelwärts entschwebt. Die Konsolsteine der Chorrippen bestehen aus eigenartig archaischen Steinschädeln, rundherum sind geschmückte Wallfahrerkerzen und kleine Apostelfiguren aufgereiht. Das größte und für die Region eigenwilligste Gutenecker Kunstwerk besteht aus einer buntbemalten Figurengruppe aus Terrakotta in der Predella des Hauptaltars, dem »Weichen Stil« und vermutlich Prager Einflüssen zuzuordnen. Ein einheitliches sanftes Lächeln, eine schwingende Wellenbewegung liegt über dieser schöngewandeten Frauengruppe mit ihren Goldkronen, die alle dem weißgekleideten Jesuskind huldigen, das allerdings in dieser Version zu einem ziemlich häßlichen, heuchlerisch blickenden Knaben geraten ist.

In südöstlicher Richtung, über ein einsames Wald- und Wiesensträßchen via Stockham und Plankenbach zu erreichen, liegt das etwas düstere und abweisende Hochschloß Baumgarten auf einem waldigen Buckel. Baumgarten wird schon seit geraumer Zeit von keiner adeligen Familie mehr bewohnt – lange Zeit war es im Besitz der Grafen Arco-Valley, dann über Jahrzehnte ein Altersheim, in das man nicht unbedingt hätte abgeschoben werden mögen, und heute dämmert es in einem teilrenovierten, etwas unklaren Zustand im öffentlichen Besitz als Veranstaltungsort vor sich hin. Aber nur tagsüber döst Baumgarten, nächtens wird das bollwerkartige, polygonale Gemäuer mit dem engen Innenhof, im 16. Jahrhundert von Conrad von Pienzenau als eine Art anachronistisch verspäteter Ritterburg errichtet, heutzutage von der jugendlichen »party community« beansprucht. Da wummern dann die beats, Fackeln und Kerzen schimmern in der »Valley Gold Lounge« und der »Castle Rock Bar« in den Gewölben des Partytempels, wenn DJ Yogi und der »Rottaler Black

Schloß Baumgarten

Beat Import DJ Zicke« auflegen oder zu den regelmäßigen Karaoke-Nächten die Youngsters bis aus dem Chiemgau anreisen.

Die spitzhelmige Kirche von Dietersburg, auch eine Mariä Himmelfahrt geweihte, bildet das markante Zentrum des größeren, hochgelegenen Dorfes und wurde unlängst renoviert, was den schönen vegetabilen Deckenmalereien mit allerlei Rankenwerk, Ahornblättern, Blüten gutgetan hat. Sie ist mit spätgotischen Einzelfiguren von hohem Rang ausgestattet – vor allem vier lebensgroße Skulpturen an den Langhauswänden zählen zu den bayerischen Meisterwerken jener Zeit. Auf der einen Seite stehen die Heiligen Katharina und Barbara und treten jene Männer rachedurstig mit Füßen, denen sie Folter und Tod zu verdanken hatten – bei Katharina ist es der römische Kaiser Maxentius, unter welchem sie den Märtyrertod erlitt, bei Barbara der eigene Vater Dioskur, der sie ermordete, als sie zum Christentum übertrat. Gegenüber sehen wir gleich zwei gekrönte Madonnenfiguren im Goldmantel und mit Jesuskind auf dem Arm. Sie gleichen sich allerdings nur in ihrer güldenen Aufmachung, die beiden Dietersburger Marien. Die Ältere hat ein pausbackiges Bauerngesicht, die Haare brav gescheitelt und zurückgekämmt, und ihr Kind ist ein ausgesprochen komischer Heiliger, bei dessen Anblick man wirklich lachen muß – das ist schlicht kein Baby, sondern ein kleingeratener, gleichzeitig beleidigt und wichtigtuerisch dreinblickender Erwachsener, der da stocksteif auf der Mutter Hand thront. Die zweite Madonnenfigur aus der Zeit um 1490 ist eine reizende, zarte, stupsnasige Schönheit, selbst ihre Finger sind eleganter als jene der bäuerlichen Nachbarin. Ein merkwürdiger Dauerzustand, derart konkurrierend wie beim Schönheitswettbewerb nebeneinander stehen zu müssen, und wahrscheinlich nur mit der dulderischen Heiligkeit Mariens, in diesem Fall sogar verdoppelt, über fünfhundert Jahre bewältigbar.

Über das hübsche Wald (ebenfalls mit sehenswerter Dorfkirche) und eventuell mit einem kurzen Abstecher zum idealtypischen alten Rottaler Vierseithof von Wimm, sind wir bald wieder in Schönau, unserem Ausgangspunkt. Doch wäre es schade, wenn wir eines der anmutigsten Rot-

taler Schlösser, das jenseits der Rott bei Postmünster gelegene Thurnstein, versäumen würden. Im Sommer verbergen sich seine hochgelegenen Barockfassaden in Weiß und Ocker hinter hohen Bäumen, in der
entlaubten Jahreszeit sieht man den eleganten dreiflügeligen Bau weithin
leuchten. Schloß Thurnstein war in wechselndem Besitz verschiedener
Adelsfamilien; seit mehreren Generationen lebt dort die Grafenfamilie
Basselet de la Rosée, so daß wir auch hier das Innere nicht betreten können. Immerhin steht bei den de la Rosées das Schloßtor immer offen,
denn wir sollen uns ausdrücklich eingeladen fühlen, die außergewöhnlich schöne Schloßkapelle anzusehen. Zu verdanken ist sie Thurnsteiner
Vorbesitzern zur späten Rokokozeit, den Grafen Goder, und sie läßt uns
noch einmal staunen über Opulenz und Grandezza, mit der all diese
ländlichen Adelshäuser ihre abseitigen Wohnsitze von großen Künstlern
der Zeit aufpolieren ließen. Die Kapelle ist ein hoher, höfischer Recht-
eckraum mit Spiegelgewölbe und umlaufenden Galerien, die mit Lam-
brequins und Vasen aus Stuck verziert sind, schon klassizistisch beeinflußt,
Licht strömt durch die bauchig geschwungenen »Geigenkastenfenster«.
Die Deckenmalerei von Johann Nepomuk della Croce ist von hoher
Qualität und zeigt, figuren- und detailreich, alttestamentarische Szenen
aus dem Leben Esthers. Wunderbar ist der weitoffene, leere Himmel im
Zentrum der Flachkuppel. »Kolorit hell, virtuos nuanciert«, manches »fast
genrehaft gegeben«, kommentiert in seinem üblichen autoritativen Ken-
nerjargon der Dehio den »Feinmaler« della Croce und applaudiert auch
dem »vortrefflich komponierten Aufbau« des Hochaltars von Joseph
Deutschmann. Die »lebendig beseelten« Heiligen- und Engelsfiguren der
Altäre schreibt er dem späten Christian Jorhan zu, der es damals in seiner
Landshuter Werkstatt schon nicht mehr leicht hatte und gewiß froh über
den schloßherrlichen Auftrag war.

Schloß Thurnstein besitzt einen schönen, wenn auch nicht riesigen
englischen Schloßpark in südlicher Hanglage, der wie jener in Schönau
von Carl Joseph Effner gestaltet wurde, und von dem man über das Frei-
zeitrevier des Rott-Stausees auf die gegenüberliegenden Hügel blickt.

Die ganze Schloßanlage verströmt Charme und Weltoffenheit, was wohl auch die Haltung der heutigen Besitzerfamilie spiegelt. Eine ganze Menge denkmalgeschützter Nebengebäude auf dem Gelände, ehemalige Landarbeiterbehausungen, die alte Pfarrerswohnung, das schindelverkleidete Geburtshaus des Bauernkämpfers Georg Plinganser hat der jetzige Graf Otto de la Rosée renovieren lassen und an bürgerliche Zeitgenossen dauervermietet, Pensionisten, Künstler, junge Familien. »Ich will doch hier keinen Kulturfriedhof – Tradition muß mit Leben erfüllt sein«, hat er einmal gesagt. Und zudem liefern die Mieten einen wichtigen Beitrag zum Unterhalt von Schloß und Park, denn der Thurnsteiner Grundbesitz ist dafür nicht groß und ertragreich genug.

Schade, daß es auf Schloß Thurnstein kein barockes Ferienhäuschen gibt, bedauert der eigennützige Ausflügler bei der Abfahrt zum künstlichen Rottauensee, wo sich für seinesgleichen nur ein fad-modernes Standardhotel findet, und kehrt auf dem einsamen Wiesensträßchen über Gambach – zum Schlüsselholen für die wunderbar gotisch beschlagene Tür der Wallfahrtskirche ist er nun allerdings zu müde – nach Schönau, dem Startpunkt unser kleinen Rottaler Schlösserreise, zurück.

»ES GAB GUTE BAUERN, ABER MEHR SAUBAUERN!« ANNA WIMSCHNEIDER UND DAS PFARRKIRCHENER LAND

In ihren späten Jahren ist Anna Wimschneider dann doch noch eine richtig reiche Frau geworden. Bei 2,5 Millionen verkauften Büchern, Übersetzungen, Filmrechte etc. nicht gerechnet, bleibt schon was hängen – als sie 65jährig begann, zwei Schulhefte in steiler Sütterlinschrift mit ihren Lebenserinnerungen zu füllen, hat sie nicht einmal mit einer bescheidenen Rentenaufbesserung gerechnet. Nur die Enkel in der Stadt München sollten erfahren, wie es der Oma ergangen war, als sie acht oder neun Jahre alt war, und in der Zeit danach, die ihnen vorkommen mußte wie tiefstes Mittelalter.

Anna Wimschneiders Erinnerungen habe ich erst viele Jahre später, nach dem Bestsellerruhm von 1985, gelesen, als mir das Rottal räumlich nahe gerückt war. Zum Glück – denn diese vollkommen einfach und unprätentiös referierte Lebensgeschichte aus dem Kleinbauernmilieu ist derart ungeschönt und packend, daß sie mit Recht so viele Leser fand. Das Gute an diesem Buch ist – im Gegensatz zur eher rührseligen Verfilmung – seine Nüchternheit. Unsentimental und lapidar werden da ein ganz ungeheuerliches Kinderelend und ein kaum minder bitteres ausgewachsenes Frauenleben erzählt: So war's halt, wenn die Mutter am neunten Kind im Kindbett starb, weil sie aus Angst vor der kirchlich angedrohten Höllenstrafe nicht zu verhüten gewagt hatte. So war's, wenn dann ein achtjähriges kleines Mädchen als älteste Tochter den Haushalt komplett übernehmen mußte, natürlich einen ohne Strom, ohne Fließwasser, ohne Heizung: »Das ist Dirndlarbeit« – kochen für neun Mäuler, auf einem Schemel stehend, weil das Kind zu klein war, in die Töpfe schauen zu können. Täglich drei Laib Brot backen, die nie reichten – dann aßen die Kinder die Schweinekartoffeln, wofür sie Schläge erhielten. Tägliches Wäschewaschen für die ganze Familie, Schrubben und Bürsten mit Birkenholzasche und Kernseife, winters im eiskalten Brunnenwasser, auf dem stets mitgeschleppten Schemel an der Waschbank, die Berge schmutzstarrender Arbeitskleidung ständig anfrierend. Auch mit ganz verschwollenem Kopf, den Mund voller äußerst schmerzhafter Zahngeschwüre. Allabendlich Hosen und Jacken flicken bei einem kleinen Öllämpchen bis spät in die Nacht, während die anderen schon schnarchten. Schläge von den älteren Brüdern und vom Vater, wenn die Dampfnudeln eingefallen waren, die kleineren Kinder zu ungebärdig, die Joppen noch klamm von der Wäscheleine. Beschimpfungen aber auch vom Pfarrer, wenn das kleine Mädchen die Frühmesse vor der Schule, das obligate »Engelamt«, versäumt hatte. Jeden Morgen mit Seitenstechen vier Kilometer in die Schule hetzen, nach dem Aufstehen um fünf, dem Einschüren, dem Zubereiten der Morgensuppe, dem Versorgen der vier kleinen Geschwister. Oft kam sie zu spät in die Dorfschule, wurde getadelt und ausgelacht (»Ich hatte auch keine Freundin, weil ich ja arm war«). Anna Traunspurger, so hieß sie mit Mädchennamen, besaß als Kind keine Handschuhe (»Dirndl können ihre Hände in die Schürze wickeln«), und ihre erste Unterhose bekam sie von einer Oberlehrerin vererbt, als sie schon in der Pubertät war. Nach der vierten Volksschulklasse stellte der Vater den Antrag, seine Tochter Anna von der Schule nehmen zu können, damit sie daheim mehr schaffen könne, welchem auch stattgegeben wurde – mehr Schulbildung hat Anna Wimschneider nie erhalten.

Das alles spielte sich in den späten Zwanziger- und Dreißigerjahren des 20. Jahrhunderts ab – zur nämlichen Zeit und in der nämlichen Region, in der die nahezu gleichaltrige Baronesse Aretin beim »Finishing« in ihrem exklusiven Pensionat hellblaue Moireeschleifen spazierenführte und Teezeremonien samt Schreibspielen im Münchsdorfer Schloß genoß. Kaum je fällt in Anna Wimschneiders Aufzeichnungen ein hartes Wort gegen den Vater, die Brüder, »die hatten's alle schwer«. Und »Weiberarbeit« war ohnehin mißachtet im Bauernstand, »Putzen und Kehren kann keinen ernähren« ging die Rede. Schuld war die Armut, der permanente Überlebenskampf. Die Brüder, alle mickrig und schwächlich wegen der Mangelernährung, mußten 13jährig auf fremden Gehöften als Stallbuben »einstehen«, Söhne wie Vater weinten auf den langen Fußwegen überland zu solchem gefürchteten Lohn und Brot, mit einer Mark pro Woche bezahlt. Da gab es »gute Bauern, aber mehr wirkliche Saubauern« – die den minderjährigen »Ehhalten«, den Dienstboten, auch noch jeden Bissen mißgönnten, und »in den Knechtkammern hat die Wand geglitzert vom Rauhreif, die unbezogenen Oberbetten waren in der Nacht wie gefroren«. Hofherren, die ihre Knechte statt zur Brotzeit zum Maulwurffangen hinausschickten, »und wenn beim Essen noch einer eine Nudel nehmen wollte, rückte der Bauer mit dem Hintern hin und her«. Wenn zu Weihnachten eine Gans geschlachtet wurde, was bekam davon der Stallbub? »Einen Gänsfuß mit Darm umwickelt. Das war sein Anteil.« Zu den guten Bauern zählte die »Maierederin«, Nachbarin auf einem wohlhabenden Anwesen, die der kleinen Anna das Haushalten beibrachte, ohne sie je zu schlagen, bei der es ab und zu Küchl gab oder für die Schule einen Apfel und ein Butterbrot und zu Weihnachten »einen großen Korb voll Sachen, auch Weihnachtsgebäck. Das war immer was ganz Unerhörtes.«

Man kann die Schauplätze von Anna Wimschneiders trauriger Kindheit und Jugend – zwölf Jahre, von 1927 bis 1939, arbeitete sie sich im Elternhaus auf – heute noch finden, im so sanft und friedlich anmutenden Hügelland zwischen Schönau und Pfarrkirchen. Neuhofen war ihr Schul- und Pfarrdorf, zu dem der tägliche Vier-Kilometer-Marsch in Holzschuhen mit nassen Strümpfen führte, im Winter zwischen Schneewächten, die bis an die Stromdrähte reichten. Da ist die Kirche der Erstkommunion, zu der es nicht einmal eine Breze als Geschenk gab, Ort jenes Gottesdienstes, in dem ihr der Herr Pfarrer das Gebetbuch um die Ohren schlug, daß ihr der Hut vom Kopf flog, weil es das falsche war – die Familie Traunspurger besaß »Gotteslob« nur viermal für neun Kinder. Wir können Annas langen Schulweg nachvollziehen auf den stillen Sträßchen über Enghub, Schned und Plaß; hier liegt, jetzt im Frühherbst hinter übermannshohen Maisfeldern fast versunken, das kleine Gütl Weng, ihre Kinderheimat. 1949, nach dem Tod des Vaters, erhielt es ihre einzige Schwester Resl als Erbe – damals wurde es etwas hergerichtet und modernisiert, aber es ist immer noch ein sehr bescheidenes Dreiseitanwesen, die Bedrängnis und Not der Großfamilie auf dieser minderen »Hoamat« gut vorstellbar. Auf dem nächsten Hügel, ein paar hundert Meter nordwärts, liegt der auch heute wesentlich behäbigere Hof Maieröd, Wohnstatt der wohlmeinenden »Maiererin«, deren Familie seit 1640 und deren Nachkommen bis heute dort siedeln. Das Gehöft Maieröd ist als »stattliches firstgedrehtes Stockhaus mit Blockbau-Obergeschoß vom Ende des 18. Jahrhunderts« denkmalgeschützt, ebenso der »Stadel mit Ständerbohlen-Bundwerk« – die Bewahrtheit des Anwesens war wohl der Grund, daß Joseph Vilsmaier hier 1989 seine »Herbstmilch«-Verfilmung drehte. Die Filmarbeiten mit Hunderten von lokalen Rottaler Komparsen brachten seinerzeit einigen Wirbel über die Familie – heute liegt der Hof wieder in idyllischer Abgeschiedenheit. Und man kann bei Siegfried

Nöhmeier, Bauer und Nachkomme der Maierederin, heute eine Ferienwohnung mieten, in reizvoller Höhenlage über zwei Bachtälern und voller »Herbstmilch«-Bezüge.

Anna Wimschneiders zweite Heimat ist auch nur fünf bis sechs Kilometer Luftlinie entfernt. In der Brautzeit der jungen Anna kam Albert Wimschneider, der Ehemann in spe, meist mit dem Fahrrad nach Weng herüber, zunächst heimlich ins Schlafkammerl, dann als Erntehelfer, um beim Vater Traunspurger vorsichtig als Hochzeiter vorstellig zu werden. Ein Habenichts und underdog war er ebenfalls, dazu noch verlacht als »ausgesprungener« Priester, der dem Seminar nach kurzer Frist wieder entflohen war. Er lebte auf dem vierhundert Jahre alten Steinerhof in Schwarzenstein, einem Weiler nahe der Straße von Pfarrkirchen nach Dietersburg, mit drei gehbehinderten alten Verwandten und seiner besitzergreifenden, übellaunigen Mutter – zugezogene und von den Alteingesessenen mißachtete Kleinbauersleute auch sie alle. Annas und Alberts Verehelichung war glaubhaft eine echte, schwer erkämpfte Liebesheirat. Zwischen zwei armen Schluckern war das vielleicht sogar eher möglich als zwischen begüterten Bauernkindern, wo auf die Liebe allemal weniger geschaut wurde als »auf's Sach«. Aber auch Albert Wimschneider mußte seinen Onkel auf Knien um die Hofübergabe des bescheidenen Anwesens anflehen, damit er Anna vor den Altar führen konnte – ohne, wenigstens geringfügigen Besitz gab es in der ländlichen Gesellschaft keine Hochzeit – daher die zahllosen ledigen Kinder von Gesinde, Tagelöhnern, Hungerleidervolk im Rottal und anderswo. Das Leben von Anna Wimschneider war nun keinesfalls leichter – denn der Gatte wurde elf Tage nach der Trauung im August 1939 für den Hitlerkrieg eingezogen. Die blutjunge Ehefrau blieb, bis auf kurze Feldurlaube des Mannes, die ganze Kriegszeit allein auf dem Steinerhof, als einzige Arbeitskraft, die nun drei schwer hüftleidende, immobile Onkel und Tanten und eine feindselige Schwiegermutter zu versorgen und die gesamte Feld- und Stallarbeit zusätzlich zum Haushalt zu bewältigen hatte. »Das gewohnt man«, hat sie mal gleichmütig gesagt – sie »gewohnte« den Pflegedienst an

den alten Leuten samt Frisieren, Fußnägelschneiden, dem ständigen Aus-
waschen voller Hosen, dem Verbinden offener Beine; Krankenschwester
wäre sie ohnehin am liebsten geworden. Sie »gewohnte« das mühselige
Aufbrechen der Ackererde, allein mit zwei Ochsen hinterm schwergän-
gigen Holzpflug (auch noch hochschwanger mit der ersten Tochter), die
klassischen Männerarbeiten des Heuaufladens zu meterhohen Fudern,
Stallarbeit, Rüben- und Kartoffelhacken in mondhellen Nächten, das
Konservieren der zentnerschweren Obsternte – auch dies meistens
nachts, weil die Zeit tagsüber nicht mehr reichte.

»Herbstmilch« ist vor allem ein selten eindringliches Buch über
Schwerarbeit. Ein Buch übers lebenslange Ackern, Wühlen, Malochen,
über stete Übermüdung und Überanstrengung – nach dem Krieg schuf-
teten die Wimschneiders weiter bis zum Umfallen, um zu einem Minimum an Wohlstand und Achtbarkeit zu kommen, zu einem 12-PS-

Schlepper, einem etwas zeitgemäßeren Haus- und Stallumbau, zu einer anständigen Ausbildung für die drei Töchter – das erste Auto konnten sie sich erst in den Achtzigerjahren leisten. Da allerdings war es um Anna Wimschneiders Gesundheit dann geschehen. Abgewirtschaftet, ausgelaugt, fertig – sie mußte nun, in ihren Sechzigern, mehr Zeit im Krankenhaus als zu Hause verbringen, mit Asthma, schweren Herzleiden, Gelenk- und Gallenerkrankungen. Richtig gesund ist sie nie mehr geworden – und der gigantische Erfolg ihres Erinnerungsbuches nach 1984 brachte ihr auch nicht nur Freude ein. »Akkurat *die!*« hieß es im mißgünstigen ländlichen Umfeld, diese windige Kleinbäuerin überall in den Zeitungen, den TV-Talkshows, sogar bei »Wetten dass?« Und auch noch das Bundesverdienstkreuz für diese Nestbeschmutzerin, die sittenlose Person, die auch über Sexualität, Menstruation, Kindesmißbrauch nicht geschwiegen hatte, nicht einmal die Volksschule hat sie fertig gemacht … Das alles »gewohnte« sie auch, mit einer etwas verschmitzten Würde und bis zu ihrem Tod unverändertem Erscheinungsbild einer klassischen niederbayerischen Bauersfrau, samt Spitzenkragen, geblümter Kittelschürze, Ohrringerl und strengem Nackenknoten. Zu Anfang des Jahres 1993 starb sie 73jährig im Pfarrkirchener Krankenhaus an den Folgen eines Schlaganfalls. Etliche Jahre konnte man Anna Wimschneiders Grab auf dem Friedhof der Wallfahrtskirche Gartlberg hoch über der Kreisstadt Pfarrkirchen besuchen – nun haben sie die Töchter auf einen Münchner Großfriedhof verlegen lassen. Wahrscheinlich wäre das sogar in ihrem Sinne, denn gehangen hat ihr Herz an der Rottaler Herkunftslandschaft nicht übermäßig, gerührte »Heimatverbundenheit« ist wahrscheinlich nur etwas für Leute, zu denen diese Heimat etwas freundlicher ist.

Die blaßgelbe Wallfahrtskirche auf dem Gartlberg erspäht man schon von weitem, ihre Doppelkuppeln ähneln deutlich denen der Münchner Frauenkirche. Ein Kalvarienbergweg führt durch eine schattige Parkanlage steil bergan – seit den Pest- und Hungerzeiten in Folge des Dreißigjährigen Krieges pilgerte man zum Vesperbild, das ein Hutmacher namens Wolfgang Schmierdorfer damals heimlich an eine Kiefer geheftet hatte und dem man umgehend Wundertätigkeit zusprach. Die Kirche um diese auf Kupfer gemalte Pietà wurde über Jahrzehnte immer größer und prächtiger – zunächst nur ein Holzkirchlein, dann eine gemauerte Kapelle; schließlich beauftragten die Pfarrkirchener Bürger bedeutende und teure Künstler des Frühbarocks mit einem repräsentativen Großbau, der »von reichlichen opfer und schangungen ist hergestellt worden«. Baumeister war Domenico Zuccalli aus Graubünden, Stukkaturen und Hochaltar schufen die berühmten »welschen« Künstler Giovanni Battista Carlone und Paolo d'Aglio, die seinerzeit auch den riesigen Passauer Dom ausstatteten. Die Ähnlichkeit des etwas massigen, italienischen Barockstucks mit Passau ist unverkennbar, »formsicher und voluminös durchgebildet« findet der Dehio die Gartlberger Raumzier, man könnte auch an eine besonders üppige Tortengarnierung aus steifgeschlagenem Eiweiß denken. Das Langhaus ist mit zarterem Frührokokostuck überzogen, die Kanzel ein prächtiges marmoriertes Polygon voll ausdrucksvollen Figurenschmucks, der ganze Raum in seinen prägenden Terrakotta-/Weiß-/Grautönen ein elegantes und intimes Gesamtkunstwerk – nur bedauerlicherweise erheblich angestaubt, nachgedunkelt und dringend auffrischungsbedürftig. Die Finanzierung mit etwa 350 000 Euro seitens des zuständigen Bistums Passau war auch eingeplant, aber dann kam leider der bayerische Heimattrip des Heiligen Vaters Benedikt dazwischen, an dessen Kostenrahmen von etwa 50 Millionen für ein paar Tage weißblaues Kirchen-Showbusiness sich auch die Diözese Passau in solchen Ausmaßen beteiligen mußte, daß an eine Gartlberger Renovierung auf längere Zeit nicht zu denken ist.

Das erzählt mir der Antiquar Claus Altschäfl in seinem sehr gemütlichen, weitläufigen Antiquariat im zweiten Stock eines alten Pfarrkirchener Bürgerhauses am Stadtplatz, und in der Mißbilligung solchen katholischen Finanzgebarens sind wir uns einig. Vielleicht war es die Atmosphäre dieses Antiquariats mit seinem freundlichen, kennerischen Inhaber – wie selten findet man in Kleinstädten noch diese Art von altmodisch-ergiebigen Bücheroasen –, die mir Pfarrkirchen, an dem ich oft uninteressiert vorbeigerauscht bin, dieses Mal so sympathisch gemacht hat.

An diesem sonnendunstigen Herbsttag hat mich der großzügige Stadtplatz mit seinen pastellfarbenen Grabendachhäusern, seiner maßvollen Belebtheit ausgesprochen angeheimelt; ich habe mich hinter der weißrosa Stuckfassade des »Café Bonauer« zum Milchkaffee in meinem eben erworbenen Wilhelm-Hausenstein-Band festgeblättert und durch Zufall eine Stelle bei diesem Reiseessayisten gefunden, die sich auf all diese südostbayerischen Städte bezieht, wie ich sie gerade vorm Fenster liegen habe. »Und nicht etwa, daß die Gleichheit des Charakters ermüden könnte; im Gegenteil: je mehr diese Städte einander gleichen, desto merkwürdiger muten sie an. Die weiten Frontmauern, die waagerechten Dachlinien, die hohen und breiten Häuserstirnen, das Einfach-Dichte der Wände. Das Klare, das fast Klassisch-Unbedingte dieser landstädtischen Architektur großer Jahrhunderte, das Weiträumige überall, das Bürgerlich-Souveräne, das Unversehrte: von Stadt zu Stadt wird es nur erstaunlicher.«

Unversehrt – nun ja. Hausensteins Wanderfahrten spielten sich in den frühen Dreißigerjahren ab; damals befand sich zweifellos hinter den gediegenen Fassaden noch nicht »NKD Citykauf« und daneben gleich noch ein Ramschdiscounter. Dafür gab es aber auch kein Wimmer-Roß – direkt vor all diesen Schnäppchen-Displays hebt es ungeduldig den Vorderhuf, und diese moderne monumentale Pferdeskulptur, einmal ohne siegreichen Feldherrn draufgesattelt, ohne schwertschwingenden Kaiser, König, Rittersmann – nur nacktes Roß, Pferd an sich, aus der kräftigen alten Rasse der Rottaler Warmblutpferde –, ist ein wunderbares Bronzebildwerk, das immer lebendiger, »warmblütiger« zu werden scheint, je länger man es von allen Seiten betrachtet. Der europaweit namhafte Bildhauer Hans Wimmer, ein bedeutender Realist in der Verwandtschaft von Gerhard Marcks und Wilhelm Lehmbruck, hat sein Roß 1966 der Vaterstadt Pfarrkirchen gestiftet, zur Erinnerung an die große Zeit der Rottaler Pferdezucht, die damals unwiederbringlich zu Ende gegangen schien. Manchmal ist das wirklich schwer zu begreifen: Alles, was in diesen niederbayerischen Landschaften so schön wie zweckdienlich, so eigenständig wie unverwechselbar war, mußte offenbar in den Orkus gehen:

die Kröninger Keramik, das Rottaler Pferd, die wunderbaren Holzhäuser scharenweise. Dann waren es immer wieder einzelne, denen das Herz blutete ob solcher Verluste, die eine Revitalisierung versuchten – im Falle der Rottaler Rösser scheint sie zu gelingen, im letzten Moment, bevor die Rasse endgültig ausgestorben war. Diese »tadellos ausgeglichenen, ausdauernden und langlebigen« Pferde mit »hervorragenden Gängen und gutmütiger Art«, als landwirtschaftliche Arbeits-, Kutsch- oder Reittiere gleichermaßen brauchbar, gibt es seit einigen Jahren wieder, wenn auch in geringer Anzahl, als seltenste Pferderasse Europas – dem Tierarzt Arno Scherling aus Beutelsbach ist die Nachzucht zu verdanken. Der hätte es »pervers gefunden«, hier im traditionell »roßnarrischen« Rottal »Andalusier zu halten und das Stammroß aussterben zu lassen«. In ganz Bayern begann er, die wenigen verbliebenen Rottaler Pferde aufzukaufen – einige reinrassige »Stutenlinien« gab es noch, aber nur noch zwei Hengste mit Rottaler Abstammung. Nun existiert seit 1994 wieder ein Zuchtbuch und das althergebrachte geschwungene »R« als Brandzeichen; auf Arno Scherlings Gestüt im nördlichen Rottal tummeln sich etliche Deckhengste namens »Elgin«, »Moritz« oder »Palazzo«, und eine ganze Menge Pferdehalter haben geholfen, eine tragfähige Population aufzubauen, weil sie ihr Herz an dieses meist dunkelbraun bis schwarze, »harmonisch gebaute, tiefe, breite, edle Warmblutpferd« gehängt haben.

Auf der Pfarrkirchener Trabrennbahn, der ältesten Bayerns, laufen meist andere Rösser; Rennpferde sind die Rottaler nur bedingt. Aber das alljährliche Pfingstrennen auf der Sandbahn, vor den alten Holztribünen, mit Gußeisensäulen und ausgesägtem Ranken- und Schnörkelwerk geziert, dem hölzernen »Richterturm«, ist ein traditionsreiches niederbayerisches Großereignis und Volksfest, zu dem sich alljährlich drei- bis viertausend Zuschauer an den Biertischen rund um die Rennbahn einfinden, zu feiern, zu »schmatzen« (das schöne bayerische Wort für ein gepflegtes Palaver), heimisches Bier und reichhaltige Schmankerln zu konsumieren und auf das eine oder andere Traberpferd zu setzen. Pfingstdienstag in Pfarrkirchen ist neben dem spätsommerlichen Karpfhamer Volksfest (mit berühmten Pferdegespann-Wettbewerben) knapp 25 Kilometer östlich eine der besten Gelegenheiten, das Volk der Niederbayern in sehr originaler Verfassung beim Feiern zu erleben − wer das bodenständige Klima der niederbayerischen Lustbarkeiten kennengelernt hat, ist für die aufgebrezelte Münchner Wiesn mit ihren auf den Tischen tanzenden Australiern meist nicht mehr so empfänglich.

Eine gute, deftige Alltagswirtschaft mit einheimischem Stammtischbesatz ist in Pfarrkirchen der »Schachtl«, ein paar Schritte vom Stadtplatz in der Passauer Straße gelegen. Tonnengewölbter Hausgang, dunkel getäfelte bayerische Stuben und Kastaniengarten mit Kegelbahn laden zum Ausprobieren bayerischer Kost wie Brotsuppe, Milzwurst gebacken, Kalbskopf mit Kartoffelsalat, Knöcherlsulz − es gibt aber auch gängiges Tellerfleisch und Spanferkelbraten in Natursoß'. Und ein vielbesuchtes Ausflugslokal mit weiter Aussicht über Stadt und Tal ist der »Schloßwirt« auf dem Reichenberg − von hier oben läßt sich das Doppelgesicht der Flußlandschaft an der Rott studieren. Um Mooshof wuchert das abscheuliche Gewerbe- und Industrierevier, dessen bläulich verglaster Möbelgigant eines dieser völlig entgrenzten baulichen Gebilde ist, wie sie Möbelhäuser heute überhaupt darzustellen scheinen. Sollte unsere Zivilisation in Äonen einmal ausgegraben werden, wird man jene Handelsorte für Polstersitzgruppen und Schrankwände für kolossale Tempelanlagen halten, unbekannten, aber kultisch verehrten Götzen gewidmet. Nach Osten zu wird mit einem Mal aber auch das flache Tal der Rott sehr schön, unverbaut und leer, mit malerischen Baumgruppen im Dunst verschwimmend, der Fluß ein still spiegelndes Schlängelwasser, von Gehölzen und den Feuchtwiesen der Rottauen begleitet − und ab Degernbach bis Hofroth zieht sich sogar eine fast zwei Kilometer lange, völlig intakte Lindenallee durchs Auenland, die längste in weitem Umkreis. Auch wir fahren nun von der Passauer Straße in Pfarrkirchen ins Flußtal hinunter, ein kleines Sträßchen nach Untergrasensee. Von Untergaiching führt ein schmaler Stichweg südwärts zur Einöde Obergaiching, wo wir uns beim Tierarzt Wolfgang Reiffenstuel angemeldet haben sollten, wenn wir seine

25 Hektar »botanischen Wunderlands«, einen in Süddeutschland einmaligen Dschungel, ansehen wollen. Das Arboretum von Obergaiching ist die artenreichste Baum- und Strauchsammlung Bayerns: 3000 Gehölz- und 1000 Staudenarten wachsen und wuchern hier, wie es ihnen paßt. Wir betreten keinen ordentlichen, akademischen botanischen Garten mit geharkten Wegen und lateinisch beschrifteten Täfelchen an jeder Rinde, wir brauchen hier schon den freundlichen, graubärtigen Hausherrn als Guide, der in Jahrzehnten leidenschaftlicher Sammelwut dieses kaum faßliche Gewucher angelegt hat. Baumkundler der Internationalen Dendrologischen Gesellschaft, die das Arboretum einmal schwer beeindruckt besichtigten, sprachen seufzend von mindestens zwei Tagen, die sie brauchen würden, um die Schätze nur einigermaßen zu sichten. Mittendrin im Baumparadies liegt das betagte Blockbauernhaus des Ehepaars Reiffenstuel (verwandt mit dem bekannten Maler gleichen Namens, der hier lebte und starb), umgeben von einem buntblühenden Bauerngarten. Und gleich hinterm Zaun verliert man sich im grünverschatteten Gewirr mannigfachster Hochgewächse einheimischer und vor allem exotischer Provenienz, zwischen europäischer Weißtanne und chinesischem Urwaldbaum, dem riesigblättrigen *Opopanax horridus* aus den Rocky Mountains, stacheligen Araukarien und *Mahonia japonica*, Schuppentannen und zahllosen Magnolienarten. Als Tierarzt hat Wolfgang Reiffenstuel sein Geld verdient, um es umgehend in Sämlinge und Setzlinge aus aller Welt umzusetzen. Besucher kommen ab und zu, aber eher selten, was den Baumliebhaber überhaupt nicht stört, denn sein privater Dschungel soll kein überlaufenes Schauobjekt sein, sondern Selbstzweck – das Gedeihen der Bäume interessiert ihn, nicht ihr Publikumswert.

Man taucht einigermaßen benommen aus dieser exotischen Traumwelt wieder in die niederbayerischen Ackerfluren ein und muß nun rechtsseitig der Rott ostwärts fahren, um sie bei Anzenkirchen wieder überqueren zu können. Der breitgelagerte »Kirschnerwirt« an der Dorfstraße von Hirschbach samt angeschlossener Metzgerei ist eine der bodenständigsten Rottaler Adressen für gestandene altbayerische Wirtshaus-

In den Auen der Rott

küche, mehrfach ausgezeichnet bei gesamtbayerischen Wettbewerben. Wer die Portionen beim Kirschner schafft, sei beglückwünscht, ich habe dort, unterm Bild »unserer Zenzi-Mama«, die wohlschmeckende Hirnbavesensuppe noch gut bewältigt, beim Riesenteller Kalbsleber mit Bratkartoffeln aber halbwegs streiken müssen, so butterzart das Fleisch auch war, an Apfelradl oder Zwetschgenbavesen war nicht mehr zu denken. Zum Glück hat das Dorf ein ausgesprochen reizvolles Hinterland für ausgedehnte Verdauungsspaziergänge, einsam, waldreich, in kuppigem Auf und Ab. Wir könnten unser Fahrzeug irgendwo an der nordwärtigen Straße Richtung Egglham stehen lassen und dann auf Waldwegen loslaufen: zu den Einöden Ed und Oberbrennberg, Wolfskugel, Diepolting und über Faberöd zurück zur Straße zum Beispiel. Auf dem Rückweg nach Pfarrkirchen lassen sich ähnlich angenehme Kleinstrecken fahren: wieder die Straße nach Egglham, dann links Richtung Peterskirchen und alsbald links das winzige Sträßchen nach Waldhof. Die spätgotische Dorfkirche von Waldhof ist im Inneren etwas karg – schön ist aber die Madonnenfigur im modernen Stahloval, das den heutigen Hauptaltar charakterisiert. Und vielleicht die prachtvollste Tür des ganzen Rottals dürfte die des Waldhofer Südportals sein – eine schwere, bogige Eichentür, an der die spätgotische Schmiedeeisenkunst mit ihren Beschlägen förmlich Kapriolen geschlagen hat. Man fühlt sich ans vielverzweigte Gewirr des Obergaichinger Arboretums erinnert vor diesen schwarz geschmiedeten, einander kreuzenden und sich verschlingenden Ranken, diesen spitzigen, ovalen und kelchartigen Blattformen, alles auf uraltem Holz. Gegenüber dieser Tür würde man sich gern auf einem Klappstühlchen niederlassen und die ganze raffinierte Ornamentik recht oder schlecht auf seinen Notizblock abzeichnen. Von hier ist es nicht mehr weit zur »Badewanne Bayerns«, wie die boomende Kur- und Wellnessregion um Bad Birnbach und Bad Griesbach auch genannt wird. Komisch eigentlich, denn dort gibt es, so wenig wie im ganzen Rottal, irgendein *natürliches* Gewässer, keinen See und keine Teichlandschaft. Baden kann man ausschließlich in, allerdings unendlich opulenten, künstlich angelegten Becken und Bassins, sprudelnden, blubbernden und rauschenden, thermalwarmen und quellwasserkalten Wasserlandschaften, überdacht oder unter freiem Himmel, die das Gesicht des östlichen Rottals, in den letzten Jahrzehnten auf eine Weise verändert haben, wie man sich das zu Anna Wimschneiders Jugendtagen nicht im Traum hätte ausmalen können.

»BAYERNS BADEWANNE« – IM BÄDERDREIECK UM BAD BIRNBACH UND BAD GRIESBACH

Gelegentlich schauen erquickte und aufgefrischte Münchner Bekannte bei uns herein – wir liegen halbwegs auf dem Rückweg –, wenn sie gerade irgend so ein Wohlfühl- oder Aktiv-Relax- oder »Full Energy für sie und ihn«-Weekend im Bayerischen Bäderdreieck absolviert haben. Wäre einem ja auch mal ganz bekömmlich, denkt man dann öfters und blättert sich durch die buchdicken Ortskataloge der Thermalbäder von Bad Füssing/Griesbach/Birnbach – wenn man die größte und populärste deutsche Bäderzone schon quasi vor der Haustür hat … Bad Füssing am Inn, so wird einem dann alsbald klar, fällt flach, auch wenn es der meistbesuchte deutsche Kurort ist und Wasserareale von schier unglaublichen Ausmaßen aufweist: In solcher kastenartiger Wohnblockarchitektur, Stil Neubaugebiet-mit-Grünzügen der Sechzigerjahre, wäre es um unsere Wellness schon von der Optik her nicht allzu gut bestellt – das Auge badet ja schließlich mit. Ach, unsereiner hat halt die Bäderarchitektur der großen Zeit im Kopf, als im 19. Jahrhundert und zu Fin-de-siècle-Tagen die feine Welt ins Bad zog, er denkt an schnörkelige Grand Hotels und klassizistische Wandelhallen, an zierliche gußeiserne Pavillons in den Parks und Grünspankuppeln über k.u.k.-gelben Stuckfassaden, an Kurtheater mit ionischem Säulenaufputz, an byzantinisch ausgeschmückte Badetempel und elegant angelegte Alleen – solche atmosphärischen Schwelgereien kann man in den niederbayerischen Bädern komplett vergessen. Ihre Thermalwässer in den Tiefen des tertiären Hügellands wurden ja allesamt erst bei sehr späten Bohrungen entdeckt: Füssings warme Quellen in der

Nachkriegszeit, jene von Griesbach und Birnbach in den frühen Siebzigerjahren, und entsprechend prägte das den Baustil. Ob einem nun gefällt, was da aus Auenwiesen oder auf grünen Weidehügeln erwuchs, ist Geschmackssache – in Bad Griesbach und Bad Birnbach hat man sich jedenfalls bemüht, aus der funktionellen Klotzbebauung Bad Füssings zu lernen, mit unterschiedlichen Konzepten. Der »Badhügel« abseits des Hügelstädtchens Griesbach wurde von dem renommierten Münchner Architekten Alexander von Branca geplant und ist ein etwas fragwürdiges Konglomerat geworden – gedacht war wohl an eine Art südlich-kleinstädtischer Piazza mit farbenfrohen Fassaden, Türmchen und Marktplatzleben. Jedoch sprengen die Dimensionen der umliegenden Großhotels, einige von super-luxuriösem Zuschnitt, einfach den Rahmen der postmodernen Idylle – daß diese hufeisen- oder karreeförmig angelegten Balkonfestungen mit ihren türkis leuchtenden Badebecken angeblich das »Thema« althergebrachter niederbayerischer Drei- und Vierseithöfe aufnehmen, erscheint einem jedenfalls einigermaßen lachhaft.

Bad Griesbach hat sich zu einer Art niederbayerischen Eldorados der Geldigen und Boulevard-Promis herausgemacht, »hochpreisiges Ghetto« hat es ein SZ-Journalist genannt. »Düsseldorfer Best Ager« prägten hier den Stil, so, leicht naserümpfend, ein unweit wohnender Niederbayer, und natürlich sei »alles Hartl und Beckenbauer«. In Bad Griesbach ist die Thermallandschaft mittlerweile fast zur Nebensache geworden, denn hier dreht sich alles um Golf, Golf, Golf. Alois Hartl heißt der Große Innovator dieses vormals verschlafenen ostbayerischen Gemeinwesens, das sich jetzt Europas größtes Golfresort nennen darf. Zwei Fünf-Sterne- und ein Vier-Sterne-Superior-Hotel gehören zum Imperium dieses 62jährigen gelernten Rechtsanwalts, der Anfang der Siebziger unermüdlich und auf eigene Kosten wie ein texanischer Ölsucher nach Heilwasser bohren ließ – dazu sechs 18-Loch-Golfplätze, drei 9-Loch-Plätze, mit insgesamt fünf Millionen Quadratmetern, ein »Golfodrom« für die größte Golfschule der Welt, diverse Country-Hotels und ein »Hartl-Schlößchen«. Zu seinen Intimfreunden zählen Showbusinessgrößen, Wirtschaftsbosse und vor allem Franz Beckenbauer. Bäderkönig und Fußballkaiser, als große Macher und Anstoßgeber, fanden sich anläßlich eines Zufallstreffens »auf einer Wellenlänge«, und Kaiser Franz zieht seither anläßlich regelmäßiger Charity-Golfturniere seine ganze Promi-Ambience hinterher ins Rottal, einen Auftrieb an Gestalten, die man normalerweise eher mit Kitzbühel und Grünwald assoziiert: Hansi Hinterseer und Boris Becker, Sascha Hehn, Fritz Wepper, Ralph Siegel, Heiner Lauterbach, Oliver Kahn, Wurstfabrikanten und FC-Bayern-Granden e tutti quanti.

Bad Griesbach, so empfindet der an Driving Ranges und Putting Greens uninteressierte Reisende, wächst offensichtlich mit Golfplätzen immer mehr zu. Da war doch noch vor ein paar Jahren eine normale Rottaler Einöde, eine Feuchtwiese, ein Maisacker? Mittlerweile haben »Franz-Beckenbauer«- und »Jaguar«-Golf-Course, mit »stark ondulierten Fairways«, die Rott überschritten, »Brunnwies« stößt schon hart an das ganz unbeteiligte Dorf Haarbach an. Womöglich wird ein Golfplatz bald die alten Wallfahrten Sammarei oder St. Salvator umzingelt haben – die könnte man dann ja auch einbauen als Abschlagsort mit Originalkolorit? Fünfhundert Hektar, das ist eine Menge Fläche, die nun diese golfplatz-typische geschorene, gemodelte Künstlichkeit verströmt, welche einen immer an Country-Club-Szenen in amerikanischen Filmen erinnert. Diese zu große Dichte des Teppichrasens, in ihrem falschen sterilen Grün von abgezirkelten Mähmaschinenspuren durchzogen, diese Wimpelchen überall und wie ausgesägt wirkenden Wasserstellen – darauf in Elektro-wägelchen unterwegs die homogene Klientel im teuer-dezenten Sport-gewand und Schirmmützen … Welche dann in ihren ebenfalls klientel-orientierten Clubhäusern mitten in den »Greens« einkehrt, die bloß noch von großer Ferne irgendwie niederbayerisch anmuten und heimelig »Gutshof Uttlau« oder »Sagmühle« heißen, in Wirklichkeit aber voller Ju-niorsuiten und Lounges und Wintergärten und Edelgastronomie stecken. »Lassen Sie sich in eine der schönsten *Natur*landschaften Niederbayerns entführen« wird dieser ganze artifizielle Kosmos dann beworben – also, man gönnt den Golfern ja im Prinzip ihre Spielwiesen, aber wenn fünf

Millionen Quadratmeter in der sogenannten »bayerischen Toscana« mittlerweile so aussehen, könnte man auch finden: Es reicht.

Vielleicht kann man's ja auch allmählich ein bißchen gut sein lassen mit dem ganzen Wellness-Delirium. »Der Ort darf sich nicht erschöpfen«, lautet Bäderkönig Hartls Devise für Bad Griesbach – will sagen, um die unzähligen Hotelzimmer der vorhandenen Verwöhnburgen zu füllen, reichen die klassischen, heute ohnehin meist selbst zahlenden Kurgäste längst nicht mehr, die von jeher die anerkannten Heilkräfte des Tiefenwassers bei allen möglichen rheumatischen und orthopädischen Problemen in Anspruch nehmen. Die üppigen Hallen und komfortablen Suiten, die ausladenden Becken- und Saunalandschaften namentlich der Vier- und Fünf-Sterne-Quartiere haben mit Kassen-Atmosphäre ohnehin rein gar nichts mehr zu tun. Wenn man aus den Tiefen der bescheiden-bäuerlichen Rottal-Landschaft kommt und den balustergalerien- und kronleuchtergeschmückten Prunk der mehrstöckigen Halle des »Maximilian«, Griesbachs erstem Haus, betritt, glaubt man sich auf einem anderen Planeten oder zumindest am neureichen Tegernsee. Und dazu ergießt sich eben die ganze zeremoniöse Wellness über den besser zahlungskräftigen Klienten, diese immer eigentümlicheren, gläubig zelebrierten Rituale der Körper- und Gesundheitspflege. Anti-Aging, Hammam und Fernöstliches sowieso, aber auch »Unctorien« und »Sanarien« mit Aroma- und Farblichttherapie, »Singulett-Sauerstofftherapie«, TaeDo und »Bauchattacke«, Klangschalentherapie und Kleopatrabad, Hot-Chocolate-Massage und »Hawaiianische Tempelmassagen«, »Orthomolekulartherapie« und »Lomi-Lomi-Therapie«, »Hot Stones«- und Kaviarbehandlung, äußerlich notabene. In der »Brotsauna« regt »frischgebackenes Brot Ihre Glückshormone an«, und »mit Hyaluronsäure zaubern wir ein Lächeln in Ihr Gesicht«. Eine reine Sache des Gottvertrauens, ob all diese kryptischen und kostspieligen Verfahren jungbrunnenmäßige Effizienz entfalten – ich kenne auch bayerische Menschen, die all solche Bemühungen nur »einen satten Schmarrn« nennen würden.

Kurzum: Das aspirierende Weltbad Griesbach, samt Bridge-Akademie, die hier auch noch sein muß, sowie Promi-Podiumsgesprächen mit Dieter Thomas Heck, Johann Lafer und Rolf Bossi zum Beispiel (»Mehr Stil. Mehr Spa. Mehr Golf.«) – *too much* für meinen Geschmack.

Wenn ich mich selber einmal so einer Wohlfühlprozedur mit allen Schikanen unterziehen will, dann werde ich nach Bad Birnbach gehen. Birnbach, wo die heißen Quellen sogar noch vor jenen Bad Griesbachs entdeckt wurden, hat sich mit der Entwicklung Zeit gelassen, hat die Münchner TU mit einer Landschaftsverträglichkeitsprüfung beauftragt und sich schließlich für ein Konzept namens »Das ländliche Bad« entschieden. Das heißt nun nicht, daß hier der Gockel auf dem Mist kräht und der Bauernstammtisch im Kurhaus schafkopft. Idyllisch-verträumt und besonders reizend anzusehen ist auch der Birnbacher Spa-Bereich nicht – er stammt halt vom Reißbrett der Siebzigerjahre, und was sich später an Baulichkeiten dazugesellt hat, ist, mit Ausnahme des architektonisch einfallsreichen Kulturhauses »Artrium«, auch keine besondere Augenlust. Trotzdem haben die Bauvorschriften – kein Gebäude darf höher sein als zwei Stockwerke – für etwas Unauffälligkeit und Understatement gesorgt; die »Rottal-Terme« (aparterweise ohne »h«) und ihre Nachbarhotels im Kurbereich fügen sich einigermaßen dezent und grün eingewachsen in die behäbige Auenlandschaft des Rottals – und der alte Kirchturm der historischen Hofmark ist immer noch weithin markanter als irgendwelche auftrumpfende moderne Bäderarchitektur. Klatschspalten-Prominente machen sich in Birnbach nicht bemerkbar – als einzige Berühmtheit hat das nahe Obertattenbach Hans-Jochen Vogel mit seinem Landhäuschen aufzuweisen, und der ist bekanntermaßen kein Mensch des Wirbels. Der historische Straßenzug der Hofmark, mit der Kirche an höchster Stelle, mit dem traditionellen »Wirt am Berg«, mit Metzger, Bäcker und Buchhandlung, konnte sich die behagliche Atmosphäre der alten Marktstraße bewahren – mir gefällt es hier besser als auf dem modernen Arkaden-Rechteck des neuen Marktplatzes, der allerdings jeden Samstag von einem der reichhaltigsten Bauernmärkte des Rottals belebt wird.

Seinem unglamouröseren Erscheinungsbild zum Trotz schwärmen viele Gäste gerade von den Birnbacher Kurqualitäten – im Bäderdreieck hat es die höchste Zahl von Stammgästen. Die Vier-Sterne-Hotellerie rund ums Thermalbad läßt keine Komfortwünsche offen und die Preise sind noch zivil. Natürlich ist auch hier das komplette Wellness-Sammelsurium zu haben, angereichert um ein paar ausgefallene Varianten wie »Ohrkerzentherapie«, »Gutsherrenbad mit wärmendem Kraxenofen« oder das »APM-Spezial mit Moxibustion«, bei dem, wie bitte?, »mit entzündeten Beifußröllchen ein Wärmereiz auf die Haut ausgeübt wird«. Hauptanziehungspunkt sind aber gewiß die zahlreichen, großzügig dimensionierten Bassins der Rottal-Terme, für manche offenbar so unwiderstehlich, daß sie zu den sogenannten »Pool-Nudeln« degenerieren, dümpelnden Dauerverweilern im warmen Naß, die sich beseligt in irgendwelche uterin-regressiven Gefühlslagen fallen lassen und die milde Brühe gar nicht mehr verlassen wollen. Das aber kann für den Kreislauf unangenehm werden: »Höchstens zwanzig Minuten!« ermahnt deshalb eine Anzeigentafel überm dampfenden Wasserspiegel. Schließlich läßt sich ja zu anderen Attraktionen ausweichen: in Bayerns größte Saunalandschaft namens »Vitarium« zum Beipiel, mit Kristallsauna und Prießnitzbad, mit beheizten Wasserbetten und neu kreierten »Thermenschaukelstühlen«, zum nackten Sonnenbaden im »Paradiesgarten« oder später zum nächtlichen FKK-Schwimmen im feengrottenmäßig illuminierten Thermensee. Zur Zeit wird in Bad Birnbach noch ein Strömungskanal angelegt, der einen auf dem warmen Thermalwasser durch die Wiesenlandschaft, durch Klanggrotten und Lichthöhlen treiben lassen wird. »Man darf keinen Trend verschlafen«, hat der Kurdirektor gesagt, denn sonst wird es wirtschaftlich eng auf den heiß umkämpften Rängen des Wellnessgewerbes, wo sich Birnbach bis dato sehr gut behauptet.

Vom einzigen Kuraufenthalt meines Lebens weiß ich, wie sehr einem diese ganzen Wohlfühlinszenierungen, das Durchrhytmisierte der Körperertüchtigungen, das permanent überpäppelte und übergesunde, nur auf die eigene Physis fixierte Badeortsdasein irgendwann auf den Keks geht.

Das ländliche Bad Birnbach

Irgendwann kann man keine weißen Bademäntel mehr sehen, keine Massageliegen und Fitnessgeräte, erträgt die diversen Kräuterölaromen nicht mehr in der Nase und keinen Takt Entspannungsklänge mehr im Ohr. Dann wird's auch mal Zeit zum Ausbüchsen, zum Schwänzen der Aquagymnastik, für Dröhnmusik und ein paar Zigaretten hintereinander im Auto. Und für Lokalitäten des wirklichen Lebens wie den »Weißbräu« in Kößlarn, wo die Feuerwehr- und Laienspielstammtische unter der fünfhundertjährigen verräucherten Balkendecke beieinander hocken, um dem hausgebrauten Weizenbock und Brotzeiten zuzusprechen, die der »lightness« unverdächtig sind. Dann atmet man wie befreit durch in der dicken Beizenluft, leert sein Hefeweizenglas mit schnellem Zug und ist froh, wieder an einem Ort zu sein, den es schon Jahrhunderte gegeben hat, bevor an das topographische Kunstwort »Bäderdreieck« auch nur zu denken war.

VOM KÖSSLARNER »WALLFAHRTSGELÄUF« –
IN DEN SÜDLICHEN ROTTAL-HÜGELN

Die propere und polierte Welt der Balneologie bleibt rasch zurück, sobald man die Rott nach Süden gequert hat. Im Dorf Schwaibach steht ein ganz schlichtes weißes Kirchlein, das man fast übersieht, dessen Inneres aber mit einem sehr kuriosen Altar des großen Stukkateurs Johann Baptist Modler überrascht, eines hochoriginellen Rokokokünstlers, der uns ab jetzt noch öfters begegnen wird. Der Schwaibacher Altar ist ein winziges »theatrum sacrum« mit zwei schwungvollen Bogentüren; der ganze Aufbau wirkt wie freihändig aus Stuck geknetet, voller schlagsahneartiger Wolkenbollen. Auf diesen balancieren überall zappelige Putten, welche die Insignien des Heiligen Petrus herzeigen: Kardinalsmütze und Bischofshut, Krummstab und zuoberst die päpstliche Tiara. Der ganze Altar hat eine vergnügte, etwas unernste Aura, auch das Altarrelief ist bonbonbunt und verspielt – selbst die rotverhängten Portale sind nur ein Witz, denn dahinter ist rein gar nichts. Eine fröhliche Einstimmung auf die liebenswürdige Landschaft, durch die wir uns jetzt bewegen – die Hügelgegend des östlichen Rottals ist gewiß eine der anmutigsten, variantenreichsten Regionen Niederbayerns. »Bayerische Toscana« scheint mir höchstens als Anreizwort zu passen – die Landschaftsfarben sind schließlich von satten mitteleuropäischen Grüntönen geprägt, nicht von den silbrigen und erdbraunen Schattierungen des Südens. Das kuppige, fast mittelgebirgige Auf und Ab, die regen Vedutenwechsel zwischen schattigen Waldflecken und Feldersenken, die weiten Panoramen brauchen keine italienische Assoziation; die heimischen Geländenamen, Grafenwald und Lugenz, Steinkart und Ortenburger Land stimmen viel besser zu diesem bayerischen Gemugel. Wunderschön ist beispielsweise die Auffahrt vom Dorf Asenham zum versteckten Anwesen Hölzlberg – hier oben hat man, mit Holzbauernhof und Zwiebelturmkapelle im Vordergrund, einen wahrhaften Postkartenblick vor der Nase. »Beim Wimm« heißt das Gehöft mit Hausnamen, und die Wimmerbauern, auch heute noch in dieser

Prachtlage ansässig, haben das Kirchlein 1812 vorm Abriß bewahrt, indem sie es kauften – seither war es immer in ihrem Privatbesitz. Die gotischen Fresken im Inneren darf man sich aber trotzdem gern besehen. In den Streusiedlungen auf den Anhöhen findet man noch eine Reihe schöner Holzhäuser. In einem kleinen Hof von Steinberg bäckt die achtzigjährige Emma Loibl noch immer jeden Samstag ihr weithin gerühmtes Bauernbrot im traditionellen Steinbackofen, dazu ihre Kiacherl, Apfelradln, Hasenöhrl, nach denen die Nachbarschaft regelmäßig Schlange steht. Das ist kein touristisches Schaubacken – die sehr sympathische und tüchtige Loibl Emma bedarf des kleinen Handels als Zubrot zu ihrer kärglichen Rente. Kleine Häuslersleut' waren die Eltern, die Mutter »im Deanst« bei Bauern, der Vater »Stoakliaber«, ein Steinklopfer und Besenbinder, dazu; Birkenreisigbesen verfertigt auch die Emma vom Steinberg noch, drei Euro kostet das Stück. Zum Streudorf Steinberg gehört auch der mitten in den Wiesen gelegene »Rottaler Bienenhof« mit denkmalgeschütztem Bauernhaus, kleiner Brotzeitstube zum Einkehren in der alten Scheune und an der sonnigen Hauswand – hier kann man sich hauseigenen Imkerhonig zum Bauernbrot von einem kleinen Verkaufsstand mitnehmen. Und von Steinberg ist man in ein paar Minuten im sehr ansehnlichen Markt Kößlarn, dessen Hauptplatz als ganzes Ensemble unter Denkmalschutz steht.

Hier hat man alles gediegen beieinander: die breiten, getreppten oder geschwungenen Giebelhäuser, manche auch mit vorspringenden Satteldächern, in hellem Pastell aufgereiht an leicht abschüssigen, offenen Straßenräumen. Drei Wirtshäuser noch am Platz: besagter uriger »Weißbräu« mit Salettl, dazu die »Alte Post« und der »Bimesmeier«. Ein siebenfach abgestufter, prächtiger Kirchturm mit großer, kugeliger Zwiebel, dazu die alten Mauern der leicht erhöhten Wehrkirche, der einzigen intakten Kirchenburg Niederbayerns. Versteht sich, daß Kößlarn auch ein Ort lebendiger Festtraditionen ist – das Brauchtum blüht hier seit mehreren hundert Jahren und nicht etwa als revitalisierte folkloristische Dreingabe für den Bädertourismus. Am Palmsonntag findet eine farbenfrohe Marktprozession statt, bei der Kinder meterhohe, mit Buchs und bunten Bändern geschmückte Palmbuschen zur Weihe tragen. Aufwendiger und prächtiger noch ist die Kößlarner Erntedankprozession jeden September, eine der lebendigsten Niederbayerns, mit großem Trachten- und Goldhaubengepränge, mit allen Früchten des Feldes und historischem Gerät, Erntekronen und Prozessionsstangen und jeder Menge bähendem und gackerndem Kleinvieh. Man zieht dann auch am Marktplatz 85 vorbei, jener Adresse, wo die 13köpfige Familie Modler im 18. Jahrhundert ihre Stukkateurswerkstatt und zur Aufbesserung der Einkünfte einen Kramerladen betrieb. Leider wurde das hölzerne Anwesen bei einem Großbrand im 19. Jahrhundert zerstört; das Modlersche Fassadenrelief mit einer exakten Landschaftsdarstellung des Paradiesgartens, samt Flüssen, Bäumen und allen Tieren Edens hätte man gerne einmal gesehen, denn gerade die Detailverliebtheit in Marginales, Alltägliches macht oft den Charme dieses Rokokokünstlers aus. Im Gotteshaus seines Heimatortes hat er nur wenig hinterlassen – die lukrativen Aufträge kamen von den großen Klöstern, den Adelssitzen des Umlands. Nur der muschelgezierte Rahmen einer Gedenktafel und der Unterbau des barocken Hochaltars stammen in Kößlarn von seiner Hand. Die Wallfahrt zu Unserer Lieben Frau von der »Kronwethstaude« (so heißt der Wacholder auf altbayerisch, und unter einem Kronweth- oder Kranabitten- oder Kronawittenstrauch fand sich das Gnadenbild im Mittelalter) war in vergangenen Jahrhunderten die größte des Unterlands, noch vor Altötting. In einem kleinen Nachdruck aus dem »Mirakelbuch« des 18. Jahrhunderts am Schriftenstand kann man nachlesen, was für ein Grauen und Elend es oft war, das unsere Vorfahren zum »Wallfahrtsgeläuf«, den Bittgängen, »Verlobungen« mit der Gottesmutter trieb – all dieses scheußliche Siechtum von Mensch und Tier; das Krankheits- und Katastrophenregister schaudert und erbarmt einen gleichermaßen. Da erfährt man vom riesigen Kropf der »wöberin Salome N.« aus Triftern, der diese »nit allein vor sich selbst beschwert, sondern auch vor anderen leüthen hesslich vnd verächtlich« gemacht habe, von der »yblen, hinfallendten Kranckheit« der Taglöhnerin Helena Glaserin, vom »großmächtigen Dippl gleich einem Kindskopf zwischen hauth und Fleisch negst dem Herzen« bei Sophia Schusterin aus Rotthalmünster, vom aufgeschwollenen und aufgebrochenen Fuß des »Joannes Schürz, Schreiberssohn allhie, das ihm die gebein herausgestandten«. Kleine Söhnlein litten an solchen Hustenanfällen, »das selbe ihme öffters das halbe Blut herusgerissen« hätten, vierjährige Töchterlein gerieten unter die Räder eines Mistwagens und wurden »auf dem herzen also zerquetschet, daß das blut bey dem Mund und Lungen, und abwärts das menschenkoth durchbrach«. Der Verlust der Nutztiere, von denen man schließlich lebte, war fast so schrecklich wie menschliches Leid – eine kranke »Kuhe«, welche »die Zung erschröckhlich lang hinausstreckhte«, ein Pferd, »schon zwei jahr hinckhent und unbrauchbar«, auch Gänse und Kälber wurden dem Kößlarner Gnadenbild angelobt. Daß die Muttergottes in all diesen Fällen »geholfen« habe, war allerdings hauptsächlich Propaganda der zuständigen Pfarren – die »Mirakelbücher« mit ihren aufgelisteten Wunderheilungen dienten in der Konkurrenz der Wallfahrtsorte untereinander als »Belege« besonderer Effizienz. Daß die Sanctissima im Falle der »Magdalena Wergerin Ledigen Standes« zum Beispiel den linken Fuß wieder heilgemacht habe, der »eine gute Viertlstund in siedheißem Wasser gänzlich verbrühet und versotten« eingeklemmt war, bedarf schon gewaltiger Wundergläubigkeit.

Der Raum unter der Empore der Kößlarner Kirche, in dem die Wände voller Votivtafeln hängen, und der nette Palmesel-Jesus und ein Fatschenkindl in seinem Glaskasten aufbewahrt werden, wirkt da vergleichsweise harmlos und freundlich. Das Glanzstück der Kirche bildet die spätgotische »Silbermadonna« des Balthasar Waltenberger von 1488, eine wundervoll zarte Kleinplastik aus schimmerndem Edelmetall und ein absolutes Unikat. Schön ist auch das weite Mittelschiff mit seinen filigranen Ranken- und Blütenmalereien in den Gewölbezwickeln; die Seitenschiffe wurden im 19. Jahrhundert angebaut. An den Wehrgängen und hochgezogenen Mauern des Friedhofs vorbei, durch den doppelten Torbau, geht es zurück zum Marktplatz, wo wir uns die Weiterfahrt über-

Der Palmesel von Kößlarn

legen können, vielleicht nach einem lohnenden Spaziergang über die hügeligen Pfade des Grafenwaldes, eines Mischwaldgebiets im Süden von Kößlarn. Leider können wir uns nicht zerreißen und wollen einer bestimmten Route einigermaßen folgen – aber Kößlarn *wäre* ein idealer Ausgangspunkt für die abwechslungsreiche kuppige Landschaft des südlichen Rottals, dem Inn und dem oberösterreichischen Innviertel entgegen. Wunderbar sind dort die Fernblicke von den steilen Innleiten bis ins Salzkammergut. Von der Bertenöder Kapelle oberhalb Ering etwa, von den Anhöhen über Stubenberg, vom Schellenberg bei Simbach – man sollte sie an klaren Tagen keinesfalls versäumen.

Auf unserer Tour wird man sich, wenn's einem hauptsächlich um die Kunststätten der Region geht, ab Kößlarn wieder nordwärts wenden und die alleingelegene barocke Wallfahrtskirche Langwinkl sowie das große Benediktinerkloster Asbach ansteuern. Ich allerdings werde mir noch einen Schlenker nach Osten erlauben, der mit meiner etwas marottenhaften Zuneigung zu einem bestimmten Buch zu tun hat, das ich bestimmt schon dreieinhalbmal gelesen habe und das heute nur noch antiquarisch zu haben ist. Es ist der autobiographische Roman »Kindheit« der 1879 geborenen Schriftstellerin und Fürstin Mechtilde Lichnowsky, und sein Topos in der Wirklichkeit liegt etwa 15 Kilometer entfernt in Richtung Österreich.

Hier finden wir hinter Rotthalmünster, Mammetsöd und Unterrohr das Schloß von Schönburg auf der östlichsten Hangkante des tertiären Hügellands, bevor es in die Innsenke abflacht. Da stehen wir nun vor dem einfachen Gittertor, rechts und links von zwei steinernen Vasen garniert, im Hintergrund das doppelflügelige, gelbweiße Torgebäude jenes Schlosses, das für uns das faszinierendste des ganzen Rottals ist, weil es in Mechtilde Lichnowskys »Kindheit« zu einem Stück hochgeschätzter Literatur geworden ist. Zu einem wundersam verträumten, aber auch originelllebendigen Zuruf aus einer fernen, versunkenen Welt, die dieses Buch vor einen hinstellt, als sei alles noch genau so da wie in den Jahren um 1880, man müßte nur durch dieses Portal gehen…

SOMMERTAGE IN BEAUCASTEL –
MECHTILDE LICHNOWSKY UND SCHÖNBURG

Da ist zunächst wohl das Gesicht gewesen, das einen in Bann geschlagen hat. Wer ist das? Kaum je hat man eine Schriftstellerin *schöner* gefunden als die Fürstin Mechtilde Lichnowsky, geborene Komtesse von Arco-Zinneberg, auf ihren fotografischen Porträts durch alle
Lebensalter. Eine erstaunliche, spröde *bellezza*: die großen Augen,
dunkel wie Moorteiche unter dem kräftigen Brauenbogen, ein
schmaler, aristokratischer Nasenrücken, großzügiger Mund, energi-
sches Kinn. Dazu immer dieser bockige, fast mürrische Gesichtsausdruck ohne jede kameragemäße Verbindlichkeit: sind mir doch zu
blöd, diese weiblichen Lächelzwänge…

»Sauvageon«, Wildling, wurde die junge Gräfin von einer ihrer Erzie-
herinnen gerufen. Als kleines Mädchen auf Schloß Schönburg wäre
sie viel lieber Pferd gewesen, einer der Vollblüter aus der väterlichen
Zucht; statt des Trippelns in Knopfstiefelchen war ihr nach »traben,
springen, schnauben, wiehern«. In »Kindheit« verwandelt sich ihr Alter ego Christiane einfach öfters in ein Phantasie-Roß – »im Gefühl
großer starker Kinnbacken, die sie manchmal lockerte, sie fühlte einen mächtigen Hals, den sie bisweilen – wegen der Mähne – schüt-
telte; wegen der Hufeisen ging sie vorsichtig die Treppe hinunter. Im
Garten fühlte sie sofort die Lust, zu traben, Hindernisse wurden flie-
gend genommen, und im Laufen wußten Zunge und Zähne mit der
Trense zu spielen, die gar nicht in ihrem Munde war.« So sprengte sie
durch den Park, bis zum nächsten Ordnungsruf »Comtesse, venez-y!
So wild und schlimm!« Dann gab es wieder Strickunterricht, den
»entsetzlichen Wollsumpf« und »Diabelli vierhändig mit Fräulein
Grain«, der Gouvernante, oder gar sture Tastenübungen nach dem
»verfluchten Czerny«.

Mechtilde/Christiane, geboren 1879, war die dritte Tochter von
neun Kindern des Grafen Maximilian von Arco-Zinneberg und sei-

ner Frau Olga auf Schloß Schönburg bei Pocking und in einer ohnehin nicht alltäglichen Familie zweifellos der rahmensprengendste Abkömmling. Das Buch mit dem planen Titel »Kindheit«, das als ihr bestes gilt (Karl Kraus zum Beispiel hat es sehr gemocht), malt uns nach Art eines impressionistischen Tableaus das Landleben so einer alten Adelsfamilie, dies aber nicht gerührt idyllisierend, sondern unsentimental, mit scharfer Beobachtungsgabe und einer Menge komischer Valeurs. Vergleichbar an Charme und sprachlicher Magie ist »Kindheit« vielleicht am ehesten dem allerdings noch eine Idee unwiderstehlicheren Fin-de-siècle-Erinnerungsbuch »Die Schaukel« von Mechtilde Lichnowskys Freundin und Zeitgenossin Annette Kolb.

Wir steigen der entdeckungsfreudigen Christiane also hinterher in die Innereien von Schloß »Beaucastel«, die abseitigen Nischen fern den Beletagen, zur sogenannten »Registratur« zum Beispiel, einem weitläufigen Speicherraum. Dort finden sich neben Bündeln ausgelesener »Volksboten«, mit dem Bild des just ertrunkenen Ludwig II., unverschlossene alte Koffer, gefüllt mit Ballkleidern der Großmutter aus Tüll, Samt, Spitzen, die nach Kampfer und Sandelholz riechen. Ach, Tagträume jedes Neusiedlungs- und Bausparkassenkinds. Wer möchte nicht in einen staubigen Saal eintauchen, »eine Art Vorratskammer für Möbel, Porzellan, Tintenfässer, Schreibzeug, in welchem Photographien aus vergangenen Zeiten zu entdecken waren, Hunderte von Tauchnitzbänden, ein Schaukelstuhl und Vannis altes fuchsfarbiges Schaukelpferd…«?

Wir folgen dem Grafenkind in die feucht vermauerten Moderräume seines Schlosses, in denen es »schön, brigantenhaft, geheimnisvoll« riecht, »nach Wein, nach Obst, Teer, Spiritus«, wo einem »schwarze Geräusche entgegenkommen«. In die ebenerdigen Bereiche der Bediensteten, wo es aus der Waschküche »hellblau dampft«, in der »buanderie«, der Büglerei, »lange Bretter, in Flanell gewickelt, Brücken zwischen Tisch und Stuhl« bilden und der kleine Bügelofen beinahe platzt vor Hitze. Auf die schneckenhausförmig gedrehte, enge

Schloß Schönburg

Hintertreppe, über welche üblicherweise nur »genagelte Schuhe, dumme Küchenpantoffel, hölzerne Waschweiberschuhe« hallen – die scharfe Trennung upstairs-downstairs galt auf einem niederbayerischen Landsitz ebenso wie in Gosford Park, Great Britain. Das dreiflügelige Schloß Schönburg mit seinen über Eck gestellten Erkertürmen, erbaut um 1680, war und ist alles andere als ein bescheidener bukolischer Sommersitz (die Familie besaß zusätzlich das von Klenze erbaute Palais Arco am Münchner Wittelsbacher Platz), sondern ein höchst repräsentativer, generöser Feudalbau. Es gab für die Kinderschar mindestens drei Hauslehrer: eine frankophone Schweizerin für die Kleinen, denen Französisch früher geläufig war als die Muttersprache, einen Latein- und Griechischlehrer für die Knaben, eine Allround-Gouvernante für die großen Mädchen, mit der sie eine eigene Etage getrennt von den Eltern bewohnten. Alle Kinder, so gehörte sich das, wurden von ihren Erziehern gesiezt. Dazu kamen, je

nach Lebensalter, die Kinderfrauen (»Mali trug lichtblaue Brillen im verwelkten Gesicht. Oben hatte sie keine Zähne mehr, unten etwas, das dem Vierjährigen erschien wie ganz kleine Papierschnitzel«).
Die Eltern? Hatten ihre Salons und Säle, Toiletten- und Ankleidezimmer, Schreibzimmer, Bibliothek und Boudoirs entlang der Flure des ersten Stocks, auf Distanz, gemäß blaublütigem Erziehungsstil. In Schönburg/Beaucastel hat dieser Abstand offenbar nicht zu Steifheit und Entfremdung geführt. Am Abend wurde am großen Tisch im Gang, beim Salon, aus »Lederstrumpf« vorgetragen, »der Vater las zuerst die Zeitung, der Dachshund saß auf dem Tisch neben ihm, um sich – kaum war die Lektüre beendet – auf die Neue Freie Presse zu legen, deren Annoncenteile über ihm zugeklappt wurden.« Der Mutter, »ihre Bewegungen knisterten von Seide und klangen vom leisen Zusammenprall ihres Geschmeides; die anderen Frauen konnten weder knistern noch klingen«, wird von den Kindern immer wieder das Lieblingslied »Beim abschied u« abverlangt: »Die Blume, die am Bachesrand, beim Abschied du gepflückt…«. Der Heilkräftige und Wohltäter für Mensch und Tier aber war der Graf. »In Papas Toilettezimmer standen immer viele Flaschen für ›erste Hilfe‹, Arnika, Karbol, Hoffmannstropfen, Zinksalbe, Perubalsam, Akonit und vor allem das wundervolle Kollodium … Er war Orthopäd, Chirurg, Pedikür, Wasserheilkünstler, und einerlei, ob es sich um ein Kind, einen Hund, ein Pferd handelte, er tat die richtigen Griffe …, überfahrene Dackel wurden gesund, Hühner, die den Zipf hatten, operierte er erfolgreich, verrenkte Glieder wurden kuriert, und er war es, der in der Familie jeden Wickel anlegte, Haare schnitt und Milchzähne zog.« Er schleppte seine Töchter auch mit zum Heumachen in die Wiesen, »nahm mit der ihm geläufigen Geste einige Kinder beim Hals, schob sie vor sich her, bestellte einen Leiterwagen und zwei Ochsen, gab jedem Kind eine Heugabel und einen Rechen…« Ein besonderer sommerlicher Glückstag: »Wie auf Verabredung zogen Henriette und Christiane im gleichen Augenblick ihre Perkalkleider aus, warfen die

Hüte weg und standen im kurzen Unterrock, die Arme frei, in der Junisonne…«, sogar auf den Ochsenrücken durften sie reiten, rotglühenden Sonnenbrand inbegriffen. Der Vater war es auch, der die Badeausflüge an »einen braunfließenden Nebenfluß des Inn«, unsere Rott nämlich, veranstaltete, in einem ungarischen Korbwagen, aus Weiden geflochten, zur hölzernen Badehütte am Ufer.

Mechtilde Lichnowskys Schilderungen des ganzen sommerlichen Draußen, der Fluß- und Wiesenlandschaft um Beaucastel haben so viel Atmosphäre und Anschaulichkeit, daß sie sich manchmal wie ein Schleier vor die heutige Szenerie legen. Man sieht dann nicht mehr die vor LKWs dröhnende B 12 unten im Tal vor sich, sondern eine sandige Chaussee, »an der Kopf an Kopf wie Musiknoten die Apfelbäume standen und Wagen und Pferde langsam vorbeirutschten«. Am schönsten vergegenwärtigt Lichnowsky die flimmernde Licht- und Schattenwelt von Wald und Schloßpark, der in seiner raschelnden und rumorenden Belebtheit zu einer Art animistischem Zauberland wird. Da gibt es die unheimlichen Ecken, wie jene, wo der halbverrückte »Spinnemann« haust, »dort wuchsen keine Pilze und Beeren, die Erde, eine Art gelblicher Brösel … war nicht einmal mit Moos bedeckt.« Im Schattenreich am unteren Ende, »finster, blätterreich und feuchterdig«, herrschte »die Natter« und ihr »bitter fauliger Geruch«. Doch nie hätte das Kind Christiane/Mechtilde irgendeinem Tier etwas zu Leide getan – ihre Liebe zur Kreatur war ein Leben lang grenzenlos, demütig und von unendlicher, behutsamer Neugier – eine der wenigen Adeligen, der die Jagd tief verhaßt war. Im Park von Beaucastel legte sie mit ihrer milde versklavten kleinen Schwester ganze Tierstädte an, die Schattenheim, Nesselfelden und Distelhofen hießen, »die Bewohner waren Igel, Mäuse, Hummeln, Schnecken, Eidechsen, je nach Lage. Auf einem Schild konnte man die Worte lesen: ›Hier werden Tiere nicht getötet!‹ Aus einem Näpfchen trank der Igel Milch, aß auch ein Stückchen Roastbeef.« Die Schnecken wurden mit wassergeweichtem Brot gefüttert und die

Schwestern murmelten rituelle Beschwörungsformeln zum Schutz der Tiere: »...Igulus et escargoti. Humulus et wespice. Oremus. Amen.« Vielköpfige Igelfamilien, gerettete Mäuse und ein verlassenes Rehkitz lebten im Schloß. Noch in fortgeschrittenen Jahren fraßen der Fürstin Lichnowsky Eidechsen aus der Hand, Rotkehlchen setzten sich auf ihre Schulter, wurden Katzen und Hunde bei ihr über ihre natürliche Lebensdauer hinaus uralt. Sie mußte im Garten nur »Kröti, Kröti« rufen, dann erschien »wie eine lebendig gewordene Bronze, Schritt für Schritt, bedächtig und zuversichtlich aus seinem Zinniabeet der erwartete Gast«.

Irgendwann war natürlich Schluß mit den schönen, frühen Sommern von Beaucastel/Schönburg, dem »heimatlichen Gsi-gsi« der Grillen, »dieser Erdbeer- und Aprikosensonne«. Zunächst gab es das Schweizer Sacre-Coeur-Pensionat für die jungen Mädchen, dann kamen Verwandte von städtisch weltläufigerer Lebensart zu Besuch und waren pikiert: »Die Kinder müssen Korsette tragen! Ihr habt ja nur Drell-Leibchen wie die Babies ... hier muß ein Planschett sein, man muß rückwärts schnüren können!« Vorboten des Abschieds vom niederbayerischen Kinderzauber, bald würde es Debüts in der Residenzstadt geben und jede Menge Hausbälle, um für sieben Töchter die passenden Hochzeiter zu finden – »diese neue Welt roch nach Peau d'espagne, nach langen schwedischen Handschuhen, nach Glashauspflanzen und Bohnerwachs, und diesen Duft begleitete ein betörender Rhythmus der Violinen und Baßgeigen...«, heißt es am Ende von »Kindheit«.

Die schöne und unkonventionelle Mechtilde von Arco-Zinneberg machte nach einigen Jahren in der rauschenden Münchner Gesellschaft der Prinzregentenzeit eine fulminante Partie: Sie heiratete den zwanzig Jahre älteren Fürsten und Diplomaten Carl Max von Lichnowsky, einen atemberaubend vornehmen Mann aus alter Familie mit riesigen Gütern im schlesisch-mährischen Grenzgebiet. Max Liebermann hat ihn als das Idealbild eines verfeinerten, etwas müden

Aristokraten porträtiert, Kaiser Wilhelm II. war Jagdgast auf den Lichnowskyschen Schlössern Grätz und Kuchelna und Taufpate von Mechtilde Lichnowskys erstem Sohn Wilhelm, was diese gar nicht schätzte und deshalb ihren Sohn stets nur »Wulli« nannte. Golo Mann, Salemer Mitschüler des zweiten Lichnowsky-Sohnes Michael, war einmal auf den Familienschlössern eingeladen und hat ein etwas bissiges Porträt des Fürsten hinterlassen. »In Erscheinung und Ausdrucksweise hätte er nicht aristokratischer sein können, aristokratisch beinah bis zur Selbstparodie … Um die Art, in der er sein Monokel adjustierte, in der er nach beendeter Mahlzeit seine Serviette auf den Boden warf, um seine Äää's und Hähä's, um das zart näselnde Organ, in dem er Anekdoten von Hof und Diplomatie erzählte, hätte ihn der ausgepichteste Salonschauspieler beneiden können.« Doch zollt der Historiker Golo Mann der politischen Rolle des Diplomaten auch hohen Respekt. Lichnowsky bemühte sich in seiner Rolle als reichsdeutscher Botschafter in England intensiv um Verständigung und setzte alle Hebel in Bewegung, den Ausbruch des Ersten Weltkriegs zu verhindern, dessen Verlauf und Folgen er visionär voraussah – das machte ihn zu einem Geächteten, der den »Novemberverbrechern« gleichgesetzt wurde, zu einem Verbitterten und Verstoßenen auf seinen weitab im Osten liegenden Besitzungen.

Die Ehe war nicht glücklich. Das dürfen wir aus Mechtilde Lichnowskys verschlüsselt autobiographischem Roman »Delaide« schließen, in dem eine phantasiebegabte und weichherzige junge Frau an einem maskenhaft kalten, bevormundenden Gatten (»dieses Kleid ist eine Mißgeburt!«) traurig scheitert. Und auch den 14-jährigen Besucher Golo Mann auf Schloß Kuchelna weihte sie in die »Freudlosigkeit« ihrer Ehe freimütig ein, wie er sich in seinen Memoiren erinnerte. Es gab Jahre großen Glanzes und phantastischer gesellschaftlicher Prachtentfaltung in dieser Verbindung; die deutsche Botschaft der Lichnowskys, Carlton House Terrace, galt als die eleganteste Adresse der britischen Hauptstadt. Königshaus und Literaten von

Shaw bis Kipling waren bei den erlesenen Diners und Galas zu Gast, die Fürstin sammelte moderne Kunst von Picasso, Kokoschka und Franz Marc, ließ sich van Goghs zur Ansicht kommen. Es haben sich Fotos von den Interieurs ihrer jeweiligen Domizile erhalten, in London, in Berlin, auf den schlesischen Schlössern, deren Grandezza und Luxus überwältigend sind. Lichnowsky war mit Hofmannsthal und Carl Sternheim befreundet, und ihre langjährige Seelenfreundschaft mit Karl Kraus, der von ihrem Sprachwitz und ihrer Wärme gleichermaßen beeindruckt war (»ein Herz und ein Kopf in seltener Verbindung«), ist in einem Briefwechsel dokumentiert. Golo Mann war es wiederum, der hinter der ganzen ritualisierten Vornehmheit auf den Schlössern Kuchelna und Grätz eine tiefe Melancholie witterte. Die Lakaien, die nur das Fürstenpaar bedienten, die große Dienerschaft, das Zeremonielle der Mahlzeiten, der Prunk des Silberzeugs – »der ganze Glanz war eigentlich nur für sich selbst«. 1928 starb der Fürst, es kam zu heftigen Spannungen mit dem ersten Sohn, der seine Mutter nur mit dem knappen Pflichtlegat versorgte, was Mechtilde Lichnowsky, über 50jährig, in erhebliche finanzielle Probleme stürzte. Sie zog sich in eine kleine, ziemlich chaotische Villa in Cap d'Ail an der Côte d'Azur zurück, lebte allein mit ihren Tieren und hatte auch mit ihren besten Büchern, »Kindheit« von 1934 darunter, keine nennenswerten pekuniären Erfolge. Als Kosmopolitin und Demokratin waren ihr die Nazis von Beginn an abgrundtief verhaßt; sie weigerte sich, der »Reichsschrifttumskammer« beizutreten (schon das Wort »Schrifttum« widerte sie an) und publizierte keine Zeile mehr in NS-Deutschland. 1938 ging sie eine späte Ehe mit einem britischen Jugendfreund ein, mit dem sie nie zusammenlebte, nahm die englische Staatsbürgerschaft an und verbrachte die Kriegsjahre mit ihren Kindern auf Schloß Grätz, wo ihr eine wöchentliche Meldepflicht auferlegt und die Ausreise nach England verboten wurde. Kurz vor Kriegsende mußte sie mit der ganzen Familie die mährischen Güter verlassen. 1945/46 hat sie noch einmal auf Schloß Schönburg, ihrem Beaucastel, gelebt, bei ihrem jüngsten Bruder Aloys und seiner Familie – über diese Zeit und ihre Empfindungen wissen wir nichts. Ihre letzten zwölf Lebensjahre verbrachte sie allein und zunehmend gebrechlich in einem »uneleganten, unschönen Viertel« Londons (ihre Kinder lebten in Rom und Südamerika), die Publikationsmöglichkeiten für ihre nun zumeist kürzeren, sprachkritischen und feuilletonistischen Texte waren auch in der Nachkriegszeit nicht rosig. 1958 ist sie in London, knapp achtzigjährig, gestorben. Golo Mann hat Mechtilde Lichnowsky ein paar Jahre vor ihrem Tod noch einmal besucht: »Keine Menschenseele mehr zu ihrer Bedienung. Aber der Stolz ihrer großschauenden Augen ungebrochen.«

Und Beaucastel, Schloß Schönburg? Die Familie Arco-Zinneberg hat es nach dem Tod des Grafen Aloys, Mechtilde Lichnowskys Bruder, 1965 aufgegeben. Viele Jahre war das große, von Domenico Zuccalli erbaute Frühbarockschloß wohl in keinen besonders guten Händen, denn die Substanz verkam immer mehr. 1990 hat es der Kunsthändler Peter Mühlbauer gekauft und aufwendig mit solcher Perfektion restauriert, daß er dafür gleich zweimal mit Denkmalschutzpreisen ausgezeichnet wurde. Heute fungiert es als ein Ort des exquisiten, hochklassigen Kunst- und Antiquitätenhandels – wenn man glaubhaft Interesse vorweisen könnte und die Mittel hätte, eine »bedeutende Rokokokommode von Abraham Roentgen«, 1758, eine »Harrach'sche Standuhr« von 1698 oder Gemälde von Jan Massys oder Galli Bibiena zu erwerben, dann wäre man in den »reich mit Stuck verzierten Prunkräumen« wohl willkommen. Aber das will man gar nicht. Man bleibt vorm Tor stehen und hört im Kopf vielleicht ein paar zu den Ställen rennende Kinder »Allons chez les cochons!« rufen oder eine Mutter hinter den Fenstern des Großen Salon, die nachsichtig lächelnd das Klavier anschlägt und »Beimabschiedu« singt.

BEI DEN SIEBENSCHLÄFERN AN DER UNTEREN ROTT

Wir bleiben vorerst in der Region der unteren Rott und kreuzen sie von Schönburg aus wieder nordwärts auf den Zwergensträßchen über Kühnham oder Eggersham hinüber zur B 388.

Kurz vor Ruhstorf müssen wir Acht geben – ein Wegweiser leitet uns hinauf nach Rotthof und zur »Siebenschläferkirche«. Das spitztürmige Kirchlein steht auf einem Gupf, unterhalb liegen zwei Bauernhöfe und ein Einkehrstüberl und ein Treppenpfad führt hinauf. In ganz Europa gibt es nur zwei den Siebenschläfern gewidmete Kirchen – eine in der Bretagne und diese hier. Die waren natürlich keine scheuen Nagetierchen, sondern dem Mythos nach sieben christliche Jünglinge aus Ephesus, die im zweiten Jahrhundert unter dem Kaiser Decius den Götzendienst verweigerten. Aus Furcht vor Verfolgung verkrochen sie sich mitsammen in einer kleinasiatischen Höhle, die ihre Feinde von außen mit Felsen verbarrikadierten. Auf ihr Flehen und Beten hin senkte der Herr einen tiefen Schlaf über die lebendig Begrabenen, aus dem sie passenderweise zweihundert Jahre später erwachten, als das Land rundum zum Christenglauben bekehrt war. Die jungen Siebenschläfer gaben beredtes Zeugnis von ihrer Auferstehung, dann entschlummerten sie wieder, diesmal für alle Ewigkeit. In Rotthof war es der Kößlarner Johann Baptist Modler mit seinen Söhnen, der die frommen Schlafmützen in einem Altarwerk dargestellt hat, das auf der ganzen Welt nicht seinesgleichen hat. Der ganze Altar ist eine grottenartige Felsenauftürmung aus Stuckmarmor, so lebensecht aufgerauht, als sei ein riesiger Tuffsteinbrocken im Chorraum deponiert worden. Rote und gelbe Glasscherben, durch die das Licht scheint, setzen numinose Effekte, Muscheln und Austernschalen sind in das Kunstgestein eingebacken. In den Nischen und Winkeln ruhen sie, beinahe lebensgroß und die Lider auf immer geschlossen, Eugenius und Constantin, Malchus und Dionys, Serapion, Johannes und Martinian. Junge Burschen in Lockenhaar und leichter Rüstung, die müden Köpfe auf die Hände gestützt oder auf die Schulter gesunken, manche etwas

bequemer ausgestreckt, andere in recht eingezwängter Haltung für zweihundertjährigen Schlaf, die Beine in den weichen Stiefelchen überein-
andergeschlagen oder locker über eine Felsbarriere hängend. Wahrscheinlich geht es nicht nur mir so: Ich habe Darstellungen von Schlafenden in
der Kunst immer besonders gern, die alles verpennenden Wächter an Jesu
Grab in der Osternacht, die in verschiedenen Haltungen zusammenge-
rollten und -gekauerten Apostel am Ölberg – es scheint oft, als sei den jeweiligen Künstlern das immer leicht Unerlaubte, dabei aber Unschuldige
und Natürliche des Schlafs besonders gelungen. Die rührenden, gelöst
schlummernden Jünglinge von Rotthof in ihrer geheimnisvollen Grotte
gelten jedenfalls als Modlers Hauptwerk und als eine der originellsten
Schöpfungen des Rokoko überhaupt. Nur das Hündchen Viri, das gemäß
Überlieferung mit ihnen die Jahrhunderte in der Höhle überdauerte – das
haben die Modlers leider weggelassen. Goethe, der die Heiligenlegende
im »Westöstlichen Diwan« nachgedichtet hat, hat des Tierchens sehr wohl
gedacht. »Und so liegen sie beseligt. / Auch, auf heilen Vorderpfoten, /
Schläft das Hündlein süßen Schlummer.« Er hat außerdem einen Engel
erfunden, der gewissermaßen die Druckstellen der Dauerschläfer sorgsam
verhindert: »Und der Engel, ihr Beschützer, / Sagt vor Gottes Thron be-
richtend: / So zur Rechten, so zur Linken / Hab ich immer sie gewendet, /
Daß die schönen jungen Glieder / Nicht des Moders Qualm verletze.«

Man kann um den ganzen Rotthofer Altaraufbau herum spazieren
und ist versucht, den Siebenschläfern, die man übrigens bei Schlaflosigkeit
um Fürbitte anruft, mal kurz über die marmornen Füße zu streichen – ob
sie nicht vielleicht doch blinzeln? Aber das sollte man wohl besser lassen,
wahrscheinlich geht dann eine Alarmanlage los. So sehr einen der Grot-
tenaltar in Bann schlägt, man darf in der Siebenschläferkirche auch die
beiden Seitenaltäre und die Kanzel, ebenfalls äußerst temperamentvolle
Werke der Modlers, nicht übersehen. Im Staatsarchiv Landshut hat sich
ein »Verzaichnus oder Yberschlag« von seiner Hand, datiert 1757, erhalten, was man heute als Kostenvoranschlag bestens kennt. Da kalkuliert er
minutiös den finanziellen Bedarf für seinen Altar »nach Krotha Art«;

Der Siebenschläfer-Altar

nichts könnte einem die handwerkliche Fron hinter der illusionistischen Rotthofer Grotte deutlicher machen: grober Gips zum Grundieren, feiner Gips zum »Marmelieren«, Latten, Bretternägel, Pfennignägel, Schäftnägel, großer und kleiner »Eisentrad«, 30 Pfund »Leimb«, feiner »Badschwamb zum Marmelschleifen«, schließlich »vor mich und meine Underhabente, solches Werckh völlig in Stand herzustellen und verfertigen, ist mein wohlverdienter Lohn 300 Gulden«.

Das ganze Siebenschläferkircherl versetzt einen in heitere Laune und war den Umweg, den wir seinetwegen gemacht haben, wahrlich wert – zu lohnenderer Einkehr ziehen wir an den nächsten frommen Ort. Das Kloster Asbach, wiederum südseitig der Rott gelegen, ist auf seiner Anhöhe weithin nicht zu übersehen; sein merkwürdig strenger Turm mit flachgedrücktem Pyramidendach weist uns den Weg. Im schattigen, ummauerten Innenhof des »Klosterhofs St. Benedikt« können wir gepflegt unter Kastanien ausrasten bei einem Weizen oder einem Schoppen des ehemaligen Klosterweinguts; die Küche ist niederbayerisch gediegen und die Atmosphäre von der wohltuenden Ruhe, die weitläufig hallende Konventsgebäude immer gern ausstrahlen. Dabei war das ganze Benediktinerkloster Asbach, seit die Säkularisation den Orden vertrieben hatte, schleichendem Verfall ausgesetzt. Die Kirche wurde einigermaßen in Stand gehalten, die Klostergebäude aber rotteten als Heuschober, Ställe, Braustätten beklagenswert vor sich hin, bis sich Mitte der Siebzigerjahre ein »Kulturkreis Kloster Asbach« zusammenfand und es mit viel Einsatz und Initiative zuwege brachte, die verwahrlosten Baulichkeiten zu restaurieren und mit Leben zu füllen. Heute beherbergen die barocken Flügel der Klostergebäude ein angenehm bürgerlich-komfortables Hotel – eine gute Logiermöglichkeit für die Region des Bäderdreiecks, wenn man von Wellnessofferten unbehelligt sein, dafür aber in Kreuzgängen wandeln und unter Carlone-Stuck frühstücken will. In anderen Räumen hat das Bayerische Nationalmuseum eines seiner Zweigmuseen eingerichtet; in Asbach wird Kunst und Kunsthandwerk aus Metall und Schmiedeeisen ausgestellt, dazu eine Sammlung von Abgüssen und Repliken bedeutender Bildhauerkunst des Mittelalters. Unbedingt freuen darf man sich auf das »Wallfahrtsmuseum«, das demnächst in Asbach eröffnet werden soll. Dahinter verbirgt sich eine der spannendsten und merkwürdigsten Sammlungen des ganzen Bayerischen Nationalmuseums, die Privatkollektion des Volkskundlers Rudolf Kriss: 14000 Votivgaben und Zeugnisse religiöser Volkskunst, ein unerschöpfliches Sammelsurium des Phantastischen und Absonderlichen, des Naiven und Makabren.

Die Asbacher Kirche lohnt ebenfalls den zweiten Blick, wenngleich sie einem zunächst als eine etwas kühle, karge Halle erscheinen mag. Sie ist der allerletzte große Kirchenneubau des ganz späten 18. Jahrhunderts in Bayern gewesen – zwei Jahre nach ihrer Weihe veränderte die Französische Revolution die europäische Welt, und noch ein paar Jahre später setzte die Klösterdemolierung durch die Säkularisation ein. Ihr Baumeister war der berühmte Münchner Hofarchitekt Francois Cuvilliés d.J., und ihr weitläufiger Innenraum ist bereits markant von der »edlen Simplizität« des Klassizismus geprägt. Man steht in einem feierlichen, höfischen Saal, der etwas steif möbliert erscheint; erst der Detailblick enthüllt die Meisterschaft der beteiligten Künstler. Das monumentale, leuchtend farbige Deckenfresko des Tirolers Joseph Schöpf zeigt eine rasant aufwärtsstiebende Himmelfahrt Mariens, die Bildhauerarbeiten stammen von dem seinerzeit berühmten Joseph Deutschmann (besonders elegant ist sein Tabernakel im Hochaltar) – und in den Altarauszügen, auf dem Schalldeckel der Kanzel haben sich ein letztes Mal scharenweise die »Kindln« niedergelassen, die wohlgenährten Engelein, bevor ihre Verspieltheit endgültig in Verruf geriet. Der größte Schatz der Asbacher Kirche sind aber die zahlreichen Altargemälde des »Kremser Schmidt«, des österreichischen Meisters Martin Johann Schmidt, der als einer der bedeutendsten Barockmaler überhaupt gilt. Asbach ist geradezu ein »Kremser-Schmidt«-Museum, und wer die malerisch perfekte Dramatik seiner dunkeltönigen, in Rembrandt'schem Clair-Obscur komponierten Szenen schätzt, der kann sich in Asbach über siebzehn Bilder von seiner Hand freuen.

In schöner freier Aussichtslage unweit von Asbach steht die kleine frühbarocke Kirche von Langwinkl; ihr helles Inneres mit dem Akanthus-, Blüten- und Fruchtranken-Stuck des Passauer Hofkünstlers Giovanni Camuzzi erinnert eher an einen Festsaal als an einen Wallfahrtsort. Wir bewegen uns nun schon länger durch den Landkreis Passau, und dem künstlerischen Einfluß der Dreiflüssestadt werden wir immer häufiger begegnen. Zunächst führt uns unser Zickzackkurs rund um den Unterlauf der Rott bei Bayerbach wieder an ihre nördlichen Gestade, und über Kindlbach und Weng steuern wir einen Idylle-Höhepunkt des gesamten Rottals an: Dorf und Kirche von St. Wolfgang, ins kuppige Wiesenland zwischen den Waldgebieten von Lugenz und Steinkart unschlagbar malerisch plaziert. Wenn im Mai die Obstbaumwiesen dieses kleinen Seitentals mit Blütenwolken betupft sind, wenn der Blick vom Höhensträßchen nach Buchet über die Kirchturmhaube und die schönen Holzhäuser von St. Wolfgang endlos gen Süden driftet, bei Föhnhimmel bis zur Alpenkette – dann haben wir hier einen niederbayerischen »spot«, der in jeden Schönheitswettbewerb mit den Lieblichkeiten des Alpenvorlands treten könnte.

Ganz langsam, immer wieder anhaltend, rutschen wir über den Höhenrücken oberhalb von St. Wolfgang mit seinem Panoramablick hinüber zu den verstreuten Höfen von Buchet, von Churfirst und Einöden – hier im Holzland, in dieser anmutigen Landschaft, würde man gern etwas länger bleiben. Vielleicht in der »Pension Steiger«, Einöden 16, einem modernisierten Haus zwar, jedoch mit schönem Garten und freier Lage; teuer wäre es hier auch nicht und rundum wald- und aussichtsreiches Fußgängerrevier. Nur ostwärts wandernd darf man nicht allzu weit ausholen, da landet man unversehens wieder auf Hartlschen Golf-Domänen … Aber zwischen die Felsgebilde der Wälder von Lugenz und Steinkart sind noch keine Golfbälle geschlagen worden – und der 17 Kilometer lange Steinkartrundweg gilt als einer der reizvollsten Wanderpfade Ostbayerns.

»OB WIENER ODER KNACKER,
DIE BESTEN GIBT'S BEIM WACKER« –
IM NIEDERBAYERISCHEN KLOSTERWINKEL

Diese Wurstreklame hat sich ein Metzger im Dorf Haarbach ausgedacht, das schon zum »Klosterwinkel« des Landkreises Passau gehört. Auf dem Weg dorthin kommen wir an den merkwürdig geformten Lugenz-Felsen bei Schmelzenholzham vorbei – der rätselhafte Ortsname stammt vom Erzabbau in diesen Wäldern seit der Keltenzeit, viele bäuerliche Eisenschmelzereien waren hier im Mittelalter tätig. Im Weiler Riedertsham würden wir uns am liebsten im »Mittermoarhof« einmieten, der als der prachtvollste historische Vierseithof im ganzen östlichen Niederbayern gilt. Der aber ist im Privatbesitz von Franz und Konradine Weinholzner, die für ihre mustergültige Instandsetzung und Restaurierung des fast zweihundertjährigen Gehöfts vor einigen Jahren zu Recht den Hypo-Denkmalschutzpreis erhielten. Der Mittermoar-Hof ist bunt, kinderbunt vor dem nachgedunkelten Braun der vierkant behauenen Nadelhölzer, die das Karree der Wohn- und Wirtschaftsbauten prägen. Das liegt an siebenhundert kleinen gedrechselten Säulchen in allen Farben des Malkastens, welche die »Baluster-Schrote«, die umlaufenden Balkone, zieren – die tragenden, dickeren Säulen sehen aus wie die spiralig gedrehten Zuckerstangen, die es früher auf Jahrmärkten gab. Farbenfroh sind auch die Türfüllungen, die Sinnsprüche über den Eingängen, die Rankenzier an der Fassade und ein wunderbarer bäuerlicher Heiliger Florian, der von seinem schilderhäuschen-artigen Kastl an der Hausfront aus das Anwesen vor Feuersnot bewacht. Die Weinholzers sind nicht darum zu beneiden, daß der ganze bunte Zierat längstens alle fünfzehn Jahre nachgestrichen werden muß – zu diesem Zweck halten sie einen eigens hergestellten Kasten mit 24 Farben vorrätig, die sie selbst nach historischem Muster angemischt haben. Im historischen Innenhof von Riedertsham tauchen manchmal auch zu Pfingsten unheimliche schwarze Gestalten auf; drei Meter hoch, in dunkle Kutten gewickelt, mit grotesken Vogelköpfen

zuoberst, die ihre gelben und roten Schnäbel aufsperren. Das sind die
»Wasservogelsänger«, die, einem vorchristlichen Fruchtbarkeitsritus gemäß, mit Gesängen und kuriosen Schreit- und Hüpftänzen für reiche Er-
träge auf den Fluren sorgen sollen. Das Wasservogelsingen gehört zu den
eigenartigsten niederbayerischen Volksbräuchen – daß die Sänger als die
klassisch kostümierten gespenstischen Bohnenstangen auftreten, ist allerdings eher selten geworden. Heute trägt man beim pfingstlichen Umgang
lieber wasserdichte Friesennerze, denn zum Brauch gehört es, daß die
Sänger auf jedem Hof kübelweise mit Wasser überschüttet werden. Grad
lustig is' – zumal zur inneren Befeuchtung zahllose Stamperl Schnaps kredenzt werden.

Ein schmaler Fahrweg führt von Riedertsham auf die kleine Ortschaft
Grongörgen zu, deren imposanter weißgekalkter Kirchenbau sofort ins
Auge sticht. Die Wallfahrtskirche war Papst Gregor dem Großen geweiht,
ein äußerst rares Patrozinium und namensgebend für das Dorf in den
Wiesen. Sie steht frei auf den Fluren, ein wunderbarer kompakter und
harmonischer gotischer Bau mit Fischblasen-Maßwerkfenstern im Chor,
regelmäßigen Strebepfeilern und einem mehrfach gefalteten und ge-
knickten Steildach; der dicke Staffelturm erinnert an jenen von Kößlarn,
nur das barocke Mützchen sitzt arg knapp. »Kuppel stark geschnürt«
kommentiert das Dehio-Stakkato. Grongörgen ist eine der besterhaltenen
spätgotischen Landkirchen Niederbayerns – sie riecht förmlich nach
Mittelalter, wenn man ihr Inneres durch die mit schwarzgeschmiedeten
Bourbonenlilien beschlagene Eichentür betritt. Schon die Vorhalle mit
dem spitzigen Kielbogenportal zeigt die blassen Wandgemälde, die Orna-
mente und originale Farbigkeit der Erbauungszeit um 1460 – im rippen-
überwölbten Innenraum stammt das gesamte Kolorit, niemals verfälscht
oder aufgefrischt, aus jenen Tagen. Es herrschen kreidige – schwefelige,
blaßgrüne und ochsenblutfarbene – Töne in diesem dämmerigen,
steinkühlen Raum, Farben wie auf einem verblaßten Kelim; einfache
Ziermuster wie jenes »nach Art des laufenden Hundes« umrahmen die
Spitzbögen, Strichellinien und Marmorierungen, Krabben- und Blatt-

Das Wasservogelsingen

ornamentik wirken fast kindlich in ihrer Schlichtheit – und sehr, sehr alt. An dieser Kirche ist alles von schöner Unregelmäßigkeit, etwas krumm und schräg und wie hergewachsen über die Jahrhunderte: die schiefgetretene Blankziegeltreppe auf die Empore etwa, der winkelige kleine Quergang in die Sakristei, die unregelmäßigen Fünfecke des Gewölbes. Sehr schön sind die filigranen Rankenmalereien an der Decke – und vor allem die gotischen Glasmalereien im Chor- und im Nordfenster. Ihr transparentes Königsblau und Kardinalsrot, das Silberweiß einer Ritterrüstung und eines Einhorns leuchten fast unwirklich aus dem Halbdunkel.

Man tritt etwas benommen ins Sonnenlicht hinaus – vorm alten Bauernhaus gegenüber stehen ein paar betagte Bänke und ein Gasthaustisch – die halb verblaßte Aufschrift »Wirtshaus« ist aber trügerisch. »Scho lang nimmer«, erklärt einem freundlich die Bäuerin, wenn man ans Holztor pocht und zweifelnd nach einem Kaffee anfragt. Trotzdem sitzt es sich an dieser gekalkten Hauswand besonders stimmungsvoll – und bevor wir den Klosterwinkel weiter erkunden, können wir noch einen kleinen Spaziergang zum Flüßchen Wolfach machen, das in diesem Wiesental bei Grongörgen noch ein ursprüngliches Feuchtgebiet mit kleinen Tümpeln, mit »seggenreichen Naßwiesen, Hochstauden und einem Bestand mit Niedermoorcharakter« darstellt. Wenn wir Glück haben, sehen wir vielleicht einen Wasser- oder Grasfrosch hupfen.

Der »Klosterwinkel« macht seinem Namen wahrlich Ehre; so viele schöne und besuchenswerte Kirchen zuhauf gibt es in Bayern fast nur noch im alpennahen Pfaffenwinkel, an den er natürlich touristisch anklingen will. Ich bin als Kirchenbesichtiger von unermüdlicher Ausdauer – sollten sich aber irgendwann Erschöpfungszustände einstellen, dann könnte man *vielleicht* St. Salvator, ein paar Kilometer östlich von Haarbach, weglassen, obwohl auch das schade wäre. Sankt Salvator ist ein kleines, seit der Säkularisation stillgelegtes Prämonstratenserkloster, in einer Senke am Nordrand des Steinkart-Waldgebietes gelegen, vor dessen dunklen Nadelbäumen sich die Zwiebelkuppeln seiner Kirche und der Konventsgebäude sehr malerisch präsentieren. Die »Rodungsinsel« mitten im wilden Forst ist nicht mehr so recht spürbar, die relativ verkehrsreiche Straße von Griesbach nach Vilshofen zieht nahe vorbei. Trotzdem ist die ganze Holzland-Szenerie rundherum sehr reizvoll – so das Sträßchen von Haarbach nach St. Salvator, mit dem Tiefblick auf das kompakte romanische Ziegelkirchlein und die alten Höfe von Bergham zum Beispiel. In St. Salvator stehen wir wieder im goldgrünen Flimmerglanz einer reich ausgestatteten Barockkirche – besonders viel Gold blitzt hier auf, weil die Deckengewölbe statt mit Stuck mit einer dichten, üppig ornamentierten Brokatmalerei überzogen sind. Man kann in St. Salvator Qualitätsstudien betreiben – wie auffällig sich in Rang und Reichhaltigkeit doch die beiden Rokoko-Seitenaltäre des Passauers Joseph Deutschmann (er ist uns nun schon öfters begegnet) von den steiferen und schematischeren seiner namenlos gebliebenen Kollegen unterscheiden. Und daß der Schöpfer des großen Deckengemäldes, Franz Anton Rauscher, nur ein wackerer *Schüler* der großen Asam war, ist im Vergleich mit deren Meisterwerken, auch nicht zu übersehen. Eindrucksvoll hat er allerdings den Höllensturz Luzifers in Szene gesetzt. Da verfärbt sich das himmlische Lichtblau des Gewölbes zu tintigem Schwarz, durch das die gefallenen Engel in wildem Tanz unaufhaltsam dem Orkus entgegentaumeln. Und mit Witz hat er die Inspiration des Hl. Gregor durch den Heiligen Geist dargestellt: Die Taube klammert sich an einen Kreuzstab wie ein Papagei an seine Stange und gurrt dem Bischof Erleuchtetes ins Ohr; von der Ferne könnte man meinen, ihr Schnabel zwickt ihn ins Ohrläppchen. Als kleines Kloster hat sich St. Salvator einige Eleganz und Liebenswürdigkeit bewahrt – und sehr gut kann man sich vorstellen, im barocken vierflügeligen Chorherrenbau des Bartolomeo Viscardi Logis zu nehmen. Vor ein paar Jahren hat man das patinierte Konvents-Karree mit seinen markanten Erkertürmen gründlich entstaubt und revitalisiert. Heute läßt sich hier in Appartements von barocken Dimensionen wohnen, klassisch gediegen möbliert, moderner Komfort unter Stuck oder Balkendecken, mit großen Fenstertüren und Freitreppen in den ummauerten Klostergarten und zu sehr zivilen Preisen.

Noch lieber würde ich bei längerem Holzland-Aufenthalt aber in Grillenöd wohnen. Dieses Anwesen liegt ganz im Abseits, unweit des kleinen Verbindungssträßchens von Bergham über Kronholz nach Rainding; nur ein ungeteerter Fahrweg führt auf seine Anhöhe. Die Holzhäuser, die von hier ins Land schauen, in skandinavischem Weiß und Rotbraun gestrichen, erinnern eher an Carl Larssons schwedische Idyllenmalerei der Jahrhundertwende oder Astrid Lindgren'sche Lönneberga-Kindheiten als an Rottaler Bauerngehöfte. Die 41jährige Mona Zimen ist hier daheim, früh verwitwete Ehefrau des schwedischen Verhaltensforschers, Dokumentarfilmers und Wolf-Spezialisten Erik Zimen, der 2003 an einem Gehirntumor starb, als Grillenöd nach jahrelanger Schufterei zum idealen niederbayerischen Landsitz aufgeblüht war. Das Ehepaar Zimen, das vier kolumbianische Waisenkinder adoptiert hat, hat Grillenöd immer als offenes Haus geführt. Erik Zimen, sein Leben lang mit den »Caniden«, den Hundeartigen, beschäftigt, hatte sich nach jahrzehntelangem Wanderleben in der Arktis, in der Tundra, nach Forschungen bei Konrad Lorenz, dem Zusammenleben mit einem Wolfsrudel gar, hier im Holzland niedergelassen. Mindestens so wie die Tiere haben dem Paar aber stets Kinder am Herzen gelegen – bis heute gibt es den gemeinnützigen Verein »Kinder von Grillenöd«, der den Hof als eine integrationsfördernde Begegnungsstätte in- und ausländischer Kinder fördert und betreibt. Mehrere Feriencamps finden jeden Sommer statt, in denen die Sechs- bis Dreizehnjährigen gar nicht merken, was sie alles lernen vor lauter Vergnüglichkeiten: Schlammbäder und Heuübernachtungen, Hühnerställe bauen und Eselreiten, Schwimmen bei Mondlicht und Lagerfeuer, versteht sich. Die zierliche Mona Zimen, Ballettänzerin und Kunstpädagogin, sorgt samt künstlerischem Freundeskreis für die kreativen Anteile so einer »Woche Freiheit« in Grillenöd, und die Ponies, Enten, Pfauen, Zwergesel für kreatürliche Nähe. Nicht immer toben vielköpfige Kinderhorden durch die hügelige Wald- und Wiesenlandschaft von Grillenöd, so daß man die wunderschöne zweistöckige Ferienwohnung im schwedisch-roten Zuhaus auch mal in Ruhe genießen kann: den freien Blick vom Holzbalkon übers Tal, das Baden im Naturteich, die 120 Quadratmeter lichte Geräumigkeit mit breiten Dielenbrettern, skandinavischen Antiquitäten, weißen Schleiflackmöbeln und Himmelbetten. Fernsehen gibt es *nicht*. Es werden in diesem Idyll, gemäß den herrschenden kinderfreundlichen Prinzipien, Familien mit Nachwuchs vor Singles oder Paaren bevorzugt – die aber möchte man beneiden um eine Sommerfrische, wie sie bilderbuchmäßiger nicht sein könnte.

In ein paar Minuten sind wir in Sammarei – und damit bei jener wohl originellsten und verblüffendsten Kirche Niederbayerns, die auch solche Reisende nicht versäumen sollten, die in Klerikalräumen sonst gern ins Gähnen kommen. Man könnte sich in dieser Wallfahrtskirche, »Sankt Marei« geweiht, an eine der figurenreichen, bunten Fronten altmodischer Jahrmarktsorgeln erinnert fühlen, bei denen geschnitzte und bemalte Panoptikumsgestalten an allen Ecken und Enden mechanische Trommeln, Tröten, Tamburins betätigen. Natürlich machen die 101 vollplastischen Figuren, die an der Altar-Breitwand von Sammarei zu höchst lebendigen Szenen arrangiert sind, keinerlei Radau. Dennoch ist diese »Ikonostase«, die sich wie in byzantinischen Kirchen als Querriegel über die ganze Raumbreite zieht, ein großes, theaterhaftes Spektakel und als Arrangement einmalig in der bayerischen sakralen Kunst. Die Vitalität und der volkstümliche Charme der figürlichen Details verdanken sich dem Südtiroler Künstler Jakob Bendl, einem »der liebenswertesten Schnitzer an der Schwelle vom Manierismus zum Barock, voller Einfälle, Temperament und Humor«, so mein Kunstführer. Das vielgeliebte Wahrzeichen Sammareis ist der sogenannte »g'schlamperte Engel«, ein kleiner Putto mit zwei verschiedenen Schühchen und einem faltig verrutschten Goldsocken, der keine Engels-, sondern Maikäferflügel auf dem Rücken trägt, seine eindeutige Männlichkeit präsentiert (Putten sind sonst immer keusche Neutren) und sich mit einigermaßen debiler Mimik an die Stirn tippt. Man schaut sich das große Bilderbuch der Sammareier Altarwand gern ausführlich an – aber dahinter geht es ja noch mal weiter. Zwei kleine Durchgänge führen auf die Rückseite, und da steht, komplett un-

Der g'schlamperte Engel

ter dem Dach der frühbarocken Kirche, die uralte geschindelte Holzkapelle des früheren Heiligtums, samt Türmchen auf dem Dach und dem Gnadenbild im dämmerigen Inneren, vor das man nur gebückt treten kann. Der Umgang um dieses »Haus im Haus«, die hölzernen Außenwände der Hutzelkapelle; sind über und über mit Votivtafeln vom 17. bis zum 20. Jahrhundert tapeziert, 1264 dieser bunten Täfelchen hat man gezählt, die größte derartige Sammlung nach den katholischen Zentren Altötting und Eichstätt. Besonders berührt ist man von den Zeugnissen bäuerlicher Schwermut und Depression, die auch damals schon ebensolchen Leidensdruck erzeugte wie Säuglingssterblichkeit, Viehseuchen oder Feuersnot. Flehentlich sind die Bitten an die Gottesmutter, sie möge die »Melancholey« von der Seele nehmen, die qualvolle »Klainmietigkaith« und das schon fünf Jahre während »Bedriebt«-Sein, das Maria Leinkhardterin 1684 nicht mehr zu ertragen vermochte. Manche Votivbildchen wurden auch modern recycled: Über einem dunkelfarbigen Ex Voto von 1771 steht mit ungelenker Kugelschreiberschrift von 1961 gekritzelt: »O Maria hilf, daß ich den richtigen Freund finde.« Der kammerartig winzige Gnadenraum mit dem Goldschimmer des Rokokoaltärchens, dem roten Schein der Ewigen Lichter, der zarten Mutter-Kind-Darstellung aus der Holbein-Schule ist so ein intimes Sanctissimum der marianischen Katholizität, das man hochsuggestiv, aber auch klaustrophob beklemmend finden kann.

Ach, »Maria allerorten«, Bavaria Sancta, getränkt und gesättigt von römisch-katholischer Omnipräsenz – manchmal wird einem da schon die Luft etwas knapp. Auch an den höhergelegenen Kuppen, wo der Wind freier weht und der Blick ausschweifen kann, steht hierzulande selbstredend eine Kapelle – wiederum ein Gebetsort, wieder ein Heiliger zum Verehren, und dem Himmel mochte man sich näher fühlen auf den Anhöhen, nicht aber unbedingt einem freieren Geist. St. Kolomann, ein paar Kilometer östlich von Sammarei, ist ein sehr schöner Aussichtspunkt, nordwärts sind jetzt die bläulichen Kämme des großen Waldgebirges von Bayerischem Wald und Böhmerwald schon ganz nahe gerückt, nach Süden die Alpen zu erahnen. Der Nahblick aber geht hinunter ins Ortenburger Land, und das ist seit Jahrhunderten und bis heute eine lutheranische Insel im katholischen Meer gewesen, eine mit Zähigkeit und Kampfgeist verteidigte evangelische Enklave, Zufluchtsort vieler Verfolgter während der Gegenreformation, *ohne* »Wallfahrtsgeläuf«, *ohne* Märtyrer und Schutzheilige – die kahle protestantische Nüchternheit der Ortenburger Kirche kann man nach so vielen von katholischem Brauch und Brimborium erfüllten Reisetagen aufrichtig erholsam finden. Die Marktkirche ist weitgehend schmucklos, nur zwei schöne, weltlich-renaissancehafte Grabmäler jener Ortenburger Grafen lassen sich betrachten, welche in ihrem Land 1563 die Reformation einführten und gegen die rundum wütend anbrandende katholisch-wittelsbachische Übermacht tapfer und einfallsreich verteidigten – das Ländchen Ortenburg blieb evangelisch und reichsunmittelbar bis zur Eingliederung ins bayerische Staatsgebilde anno 1803. Die allgemeine Schulpflicht führte eine Ortenburger Gräfin hundert Jahre früher ein als man in katholischen Regionen auf die Idee kam. Noch heute fällt der große Ziegelbau ins Auge, an dem »Konfirmandenhaus« angeschrieben steht: Hier, in der heutigen evangelischen Realschule, befand sich im 19. Jahrhundert ein Internat für evangelische Kinder aus ganz Ostbayern, die in ihren alleinseligmachenden katholischen Heimatgemeinden massivstem Bekehrungsdruck von Lehrern, Priestern, Nonnen ausgesetzt waren. Ortenburg war für sie ebenso lutheranisches Refugium, wie es zuvor Hunderten von österreichischen Protestanten Asyl bot, die von katholischen Glaubenshütern aus ihrer Heimat vertrieben worden waren. Diese Zuzügler aus den obstreichen Landen des Mostviertels oder Kremstals haben die Ortenburger Landschaft geprägt. Sie bepflanzten die Hänge weiträumig mit ihren angestammten Apfel-, Zwetschgen- und Birnensorten – der Ortenburger Obstbau war lange Zeit einer der bedeutendsten Süddeutschlands, der niederbayerische Most ein Exportschlager. Erst im letzten Drittel des vergangenen Jahrhunderts waren die Streuobstwiesen dann nicht mehr konkurrenzfähig, als andernorts der Intensivanbau auf monotonen Niedrigstammplantagen einsetzte. Viele der alten Ortenburger Hochstämme wurden abgeholzt, die heimischen Sorten gerieten in Vergessenheit – seit einigen Jahre werden Streuobstprogramme im Rahmen regionaler Rückbesinnung aber besonders gefördert. Man kann nun auf dem Bauernmarkt wieder original Ortenburger Most der Königbacher Obstgemeinschaft erstehen, klassische Apfelsorten wie der »Beutelsbacher Rambur« reifen auf den Bäumen, und die Edelbrennerei Braun im nahen Holzkirchen-Brunndobl destilliert aus ungespritztem heimischem Obst, sortenreinen alten Mostbirnen zum Beispiel, aromatische Brände, die schon viele Preise einheimsen konnten.

Eine schöne Lindenallee führt bergauf zur Ortenburger Hauptattraktion, dem sehr wehrhaft und burgartig in die Landschaft schauenden Renaissance-Schloß über der Stadt. Die lutheranischen Ortenburger Grafen residieren hier schon lange nicht mehr, das Kastell, mit sehenswertem Arkaden-Innenhof und einer spektakulären Intarsien-Festsaaldecke des 16. Jahrhunderts aus fünf verschiedenen Hölzern, ist teils in bürgerlichem Privatbesitz, teils als Heimatmuseum genutzt. Ein erquicklicher Pausenplatz ist die gemauerte Terrasse des »Schloßkellers« mit ihren alten Bäumen und dem Blick überland.

Von Ortenburg nach Fürstenzell nehmen wir nicht die schnelle Verbindungsstraße, sondern nähern uns in einem nördlichen Bogen an, der über einige schöne Aussichtspunkte führt. Wir sind hier der Stadt Passau schon sehr nah, und vor allem den Rändern und Lichtungen des dichten Neuburger Waldes, des größten niederbayerischen Waldgebietes südlich der Donau. Die Landschaft, durch die wir in regem Auf und Ab gondeln, gehört schon zur »Böhmischen Masse«, ist Teil der riesigen Granitlandschaft des Bayerischen Walds und Böhmerwalds, also nicht mehr des tertiären Hügellands Niederbayerns. Die Nähe der nördlichen Waldberge wird trotz des tiefen Donautal-Einschnitts jedenfalls immer spürbarer, von den Aussichtslagen bei Kalkberg und Jägerwirth; auf der »Platte« (mit Ausflugsgasthof) bei Altenmarkt und Kleingern zieht einen der Blick weit hinein ins ganz andere Land der großen Wälder, das uns auf dieser Reise

Die Bibliothek von Fürstenzell

fern bleiben wird. Fürstenzell, in einer Senke gelegen, ist ein betriebsames, stark modernisiertes Städtchen, im Stadtbild belanglos, bis man auf die Doppeltürme des Klosters im Zentrum trifft. Hier rauscht dann noch einmal, wie ein gewaltiger Orgelakkord, die ganz große Barockkunst auf — nichts ist provinziell an Fürstenzell, sondern alles ist Glanz und Gloria und Bravour. Die Kirche ist ein wesentliches Werk des wohl großartigsten Barockarchitekten überhaupt, der in Bayern gearbeitet hat, von Johann Michael Fischer nämlich, der die Meisterbauten von Dießen und Rott am Inn errichtet hat, Zwiefalten und Ottobeuren, St. Michael in Berg am Laim und die Kirche von Osterhofen, die dann von den Asams ausgestattet wurde.

Fürstenzell ist vor einiger Zeit endlich restauriert worden, denn jahrelang war seine Pracht unter einem dunklen Schmutzschleier nur zu ahnen, sah der reiche Kirchenraum graustichig und duster aus. Nun ist hier wieder alles Brillanz und festliches Leuchten, ein Gesamtkunstwerk aus Raumschale, malerischer und skulpturaler Kunst und ornamentalem Dekor, das allerdings unter mißlichsten Baustellenbedingungen zustande kam. Der erste Architekt, den der Zisterzienserabt Stephan Mayr mit dem Neubau beauftragt hatte, war ein Stümper und mußte mit Abfindung entlassen werden. Der Abt wandte sich nun an den »durch viel experience berühmten« Fischer in München, der den Auftrag mitsamt den Grundmauern 1740 übernahm, das Vorhandene aber seiner »geschmeidigen Ausformung« (Dehio) unterwarf. Johann Michael Fischer war ein Superstar aus der Residenzstadt und machte mit Dilettanten kurzen Prozess. Das hat schmerzlich der uns mittlerweile wohlbekannte Johann Baptist Modler aus Kößlarn erfahren, der als lokaler Stukkateur (Fürstenzell war einer seiner ersten großen Aufträge) Fischers Plazet durchaus nicht fand. Fischer ließ Modlers große Mittelkartusche am Orgelbogen, die er total mißlungen fand, kurzerhand abschlagen und beauftragte, welche Blamage, seinen Gesellen Johann Georg Funk mit weiteren Stuckarbeiten. Nun muß aber der Kößlarner, zumal wenn er sich zurückgesetzt fühlte (»erhartet wie sein Material« sei er nach dem Fürstenzeller Debakel), ein äußerst ungutes Temperament gehabt haben; er war bekannt für seine Übellaunigkeit und seine neiderfüllten Wutausbrüche. Seine Schikanen gingen so weit, daß der Geselle Funk sich krank ins Bett legen mußte – und auch mit dem Münchner Hofbildhauer Johann Baptist Straub, der den Hochaltar schuf, legte er sich eifersüchtig an. Seine Kanzel immerhin, die Modler dann in der Kößlarner Werkstatt stukkierte, stieß auf Zufriedenheit – das Relief des Sämanns in einer Felder- und Wolkenlandschaft kann man auch nur reizend und originell finden, der Unkraut säende Teufel im Hintergrund ist eine boshafte Modler'sche Dreingabe, deren Motive man sich vorzustellen vermag. Der ganze Baustellenzoff, der wahrscheinlich nicht untypisch war für die strapaziöse Erstellung eines Gesamtkunstwerks, ist auf die Nachwelt gekommen, weil ein mönchischer Schreiber in Fürstenzell ein »Baumanuale« führte, ein tägliches Protokoll, das heute eine Rarität darstellt. Wenn wir Glück haben oder unsere Fahrt sorgfältig geplant, schlägt die Kirchenuhr jetzt hoffentlich gerade 15 Uhr, denn nur dann haben wir die Chance, auch die Klosterbibliothek von Fürstenzell anzusehen, einen der apartesten Bibliotheksräume Süddeutschlands. Ein Jammer ist es, daß das Deckengemälde, das vom einzigartigen Freskanten Matthäus Günther stammte, im 19. Jahrhundert zerstört wurde, aber auch mit kalkig nacktem Plafond macht das hölzerne »Schrankwerk« dieses Büchersaals staunenswerten Effekt. Am verblüffendsten sind jedoch die figürlichen Details. Die Engelchen auf den Balustraden verkörpern nämlich spielerisch die jeweiligen Wissensgebiete der Folianten hinter ihrem Rücken. Ein Putto mit gehörnter Mosesmaske weist auf Schriften zum Alten Testament hin, ein anderer zum Ebenbild des Hl. Augustinus vergreist, auf die Werke der Kirchenväter. Manche zeigen Symbole der Jurisprudenz, andere der Rechtgläubigkeit her. Ein fleißig lesender Kinderengel mit Bienenkorb sitzt einem Faulpelz mit Schlafmütze gegenüber, und zwei fechtende Puttenpaare symbolisieren richtiges oder falsches Argumentieren: die einen mittels korrekter Degenhaltung, die anderen gehen mit langen Würsten aufeinander los, fast sehen diese aus wie die »Knacker vom Wacker« in Haarbach. Die Fürstenzeller Bibliothek ist eines der Hauptwerke des Rokokoschnitzers Joseph Deutschmann. Auch ihm sind wir schon in Thurnstein, Asbach, St. Salvator begegnet, aber mit den grotesken, überexpressiven Hermen dieses Raums – sie stützen als Halbfiguren die Galerien ab – hat er eine rätselhafte Bizarrerie geschaffen. Selbst der bescheidwisserische Dehio kann diese merkwürdig verzerrten, teils humorigen, teils verzweifelten Gestalten, ihre extreme Mimik, ihre heraushängenden Zungen, nicht recht deuten, »ein Capriccio« sagt er, das »Niedrige und das Hohe relativierend verschränkt«.

Uns ist es nach den Fürstenzeller Kunsthöhen eher nach Niedrigem in Form von Dampfnudeln mit Eiweißsoße, wofür wir beim Stopfingerwirt im nahen Bad Höhenstadt einkehren, der eine altbayerisch-deftige Wirtshausküche serviert. Im Biergarten schauen wir in unseren Papieren nach, was das Fürstenzeller Maristengymnasium neuerdings alles erfunden hat, denn diese Schule ist als »Erfindergymnasium« berühmt und sahnt auf der Erfindermesse oder bei »Jugend forscht« regelmäßig Preise und auch Patente ab. Letzthin gab es eine Goldmedaille für Iris Kosers »Einhand-Wundpflaster«, ein »Automatik-Schuhtrockner« und ein »Bewegungstrainer für Bettlägerige« wurden mit Silber ausgezeichnet, der »ventilierende Handgriff für Tennisschläger« und die Katzenbürste mit eingebauter Flohpuderberieselungsvorrichtung blieben unprämiert.

»Bad Höhenstadt« – das klingt bei weitem großartiger, als es der heutigen Wirklichkeit entspricht: ein Rottaler Dorf wie viele auf einem Hügelrücken, die Kirche allerdings voller schöner spätgotischer Bildwerke. Die Erinnerung ans »Bad« sieht man unterhalb in der Senke liegen: einen weißen Kasten älteren Datums, heute Altenpflegeheim, im 19. Jahrhundert das Kurhaus des damals weithin bekannten Moor- und Schwefelbads, immerhin von Leo Klenze erbaut. Die Heilkräfte des »stünkhaden« Wassers waren dem Bauernvolk seit dem Mittelalter bekannt – bedeutsam wurde der »Hechenstädtische Gesundbrunnen« ab 1713, als ihn die Fürstenzeller Zisterzienserabtei übernahm und zu einem recht feudalen barocken Badebetrieb ausbaute. Vor allem der hohe Klerus, der sich in seinen frostigen Refektorien und Prälaturen gern alle möglichen Zipperlein zuzog, versprach sich durch den »Badschlamm« Linderung für Rheuma, Podagra und Ischias, aber auch Adel und Bürgertum reisten gern in Niederbayerns fernen Osten: Für Gebrechen der »unteren Leibeshöhlen« und venerische Krankheiten versprach der »marianische Heylbrunnen« gleichermaßen Kur wie für »Anliegen auf der Lunge«, Krätze und Räude und »verschiedene Weiber-Zustände«. König Ludwig I. machte Höhenstadt 1830 schließlich zum Staatsbad und beauftragte seinen Hofbaumeister Klenze mit dem Kurhaus-Neubau. Für viele Jahrzehnte florierte der ländliche Badebetrieb, neugierig beäugt von der Dorfjugend, wie sich der aus Bad Höhenstadt gebürtige Schriftsteller Wilhelm Diess erinnert hat: Die Bauernbuben pflegten mit baumelnden Beinen auf den Brunnenmauern zu hocken und die Kurgäste auf ihrer Kaffeehausterrasse anzustarren – deren gewohnheitsmäßige Nachmittagsjause aus »funkelnden Limonaden«, aus »Schnecken, Hörndln, Strauben und Torten mit schneeweißem, dickem Schlagrahm« schien ihnen täglich wieder unfaßlich. Vor dem alten Schulhaus, seiner Geburtsstätte, hat man für Wilhelm Diess ein kleines Denkmal errichtet, aber der Rottaler Autor, der von 1884 bis 1957 lebte, ist heute doch ziemlich vergessen. Das ist ein wenig schade, denn die unaufwendigen ländlichen Alltagserzählungen dieses sympathischen bayerischen Schriftstellers, eines Nazigegners, der sich mit seiner halbjüdischen Frau auf dem Land verstecken mußte, sind fern von Volkstumskitsch, anschaulich und lebendig.

Einen reichen Bauern, der bei Wilhelm Diess »der Stadelberger« heißt, hat es im Höhenstädter Land wirklich gegeben. »Er hatte fünfzehn Rosse im Stall, eines herrlicher wie das andere, hundert Tagwerk besten Getreidebodens ..., von allem anderen abgesehen war er Reichstagsabgeordneter und hatte eine richtige Bibliothek im Hause ...« Diese Rarität einer großen Bauernhof-Bibliothek existiert bis zum heutigen Tag, im Weiler Munzing auf dem Brummerhof der Familie Winkelhofer nämlich. Der stattliche Vierseithof ist seit Jahrhunderten im Besitz des alten Rottaler Bauerngeschlechts, und aus der Familie sind eine Reihe Priester hervorgegangen, von denen der berühmteste der spätere jesuitische Hofprediger an der Michaelskirche in München, Sebastian Winkelhofer (1743 bis 1806) war. Auf seinen Bücherbeständen, griechischen und lateinischen Klassikerausgaben zumeist, fußt die Bibliothek im Elternhaus; später kamen durch weitere hochgelehrte Kleriker in der Familie viele wertvolle Bände und Handschriften, oft theologischen und historischen Inhalts, dazu. Der heutige Altbauer Sepp Winkelhofer betreut und pflegt die ungewöhnliche mehrtausendbändige Sammlung, die neben der Hofkapelle in einem Seitentrakt des Anwesens untergebracht ist – sie ist provisorisch geordnet, aber bis dato weder archiviert und ausgewertet. Interessierte und angemeldete Besucher sind ihm willkommen, wenn es sich nicht gleich um Pilgermassen handelt, die den neuen »Europäischen Pilgerweg Via Nova« durch Ostbayern und Österreich entlangziehen, der am Brummerhof fast vorbeiführt.

In der »ungemein faltigen Landschaft« (Wilhelm Diess) um Fürstenzell und Höhenstadt kann man den Inn schon fast riechen. Wir sind beinahe am bayerisch-österreichischen Grenzfluß angekommen, der hier sehr breit, tief eingeschnitten und wasserreich der nahen Mündung in die Donau entgegenströmt. »Aenus« – einer meiner Lieblingsflüsse, immer seh' ich ihn gern. So viel grundverschiedene Gegend, so viel Abwechslung entlang seiner über fünfhundert Kilometer vom Engadin bis hier kurz vor Passau – wobei ich Ursprung und Finale am schönsten finde: den Bergbach, der vom Lunghin-Paß hinunter in den Silser See sprudelt, und den verschatteten, durch Staustufen etwas träge gewordenen Strom, der sich zwischen kaum verbauten steilen Laubwaldhängen durch die »Böhmische Masse« zwischen Neuburger Wald und Sauwald frißt. Zum Abschluß dieser Niederbayern-Tour freuen wir uns auf eine Schifferlfahrt auf seinen Fluten – doch zuvor müssen wir uns noch überland nach Vornbach am Inn hinunterbegeben; dort gibt es nämlich keinen Schiffsanleger.

SCHIFFERLFAHR'N ZUM KUBINHAUS –
AM GRENZFLUSS INN »HERENT UND DRENT«

Noch einmal ein paar kurvenreiche und straßenbaulich entschieden nachgeordnete Schleichweglein also, über Engertsham und die Einzelhofsiedlungen von Eglsee und Rothof, um in Vornbach auf den Inn zu stoßen. Der alte Kern des Ortes ist sehr reizvoll und so hart an den Fluß gebaut, daß er vor den wasserbaulichen Regulierungen der Neuzeit immer wieder unter Hochwasser stand – aber gerade diese Uferlage, man muß an Weltenburg denken, macht den besonderen Zauber des historischen Ensembles aus. Vornbach ist über Jahrhunderte ein Klosterdorf, dann eines mit herrschaftlichem Schloß gewesen und als solches entschieden etwas Besonderes. Zum Ufer führt eine schmale Straße, die von klösterlichen Wirtschaftsgebäuden gesäumt ist und sich zu einem schönen Platz öffnet. Die doppeltürmige Barockfassade der Kirche Maria Himmelfahrt steht uns da gegenüber, davor eine geschmückte Mariensäule, unweit der alte Maierhof und das Hofrichterhaus, etwas im Hintergrund die gotische Friedhofkapelle und hinter Rasen und Rabatten die blaßgelbe Schaufassade des Schlosses, das von einem großen, baumbestandenen Park umgeben ist. Man schlendert hier gern herum, zunächst ans Wasser, aus dem die Mauern des Schlosses – des früheren Klostergevierts – auf felsigem Grund direkt herauszuwachsen scheinen. Breit und sehr langsam fließt der Inn um ein kleines Granitinselchen herum. Um dieses Eiland, die sogenannte Bernaschek-Insel, gab es in den Dreißigerjahren kleinere nationale Zwistigkeiten – gehört sie Bayern oder Österreich, »herent oder drent«, zu hüben oder drüben? Offenbar hat Bayern sich mit den Nachbarn problemlos geeinigt, die Klippe ist austriakischer Besitz. Einer der größten Künstler von drent, der berühmte Wiener Maler Arnulf Rainer, fühlt sich herent im Bayerischen offenbar sehr wohl – er bewohnt seit Jahrzehnten einen Flügel von Schloß Vornbach und arbeitet auch in den Ateliers des alten Gemäuers. Das große Schloßkarree am Wasser gehört seit Anfang der Fünfzigerjahre der bürgerlichen Hamburger Anwaltsfamilie Hahn, die etliche Wohnungen, auch an andere Künstler, vermietet hat. Eine beneidenswerte ostbayerische Wohnlage, zumal den hier Siedelnden auch der weitläufige private Effner'sche Schloßpark offensteht, in den sich Besucher nur einige Schritte heimlich stehlen können. Ein klassischer englischer Park, mit gemuldeten Wiesenhängen zum Wasser, großem Teich und alten Bäumen – gerade wird er von Landschaftsarchitekten in seinen historischen Zustand zurückversetzt. Die Schloßbesitzer schotten sich jedoch keineswegs vom Dorf ab – immer wieder öffnen sie die herrschaftlichen Räume für Lesungen und Konzerte, den Park zum Besichtigen, den Arkadenhof für das große Vornbacher Sommerfest.

Vornbach hat als Lebensort einigen Charme; es gibt hier eine ganze Menge Leute, die sich engagiert um Tradition und kulturelle Vitalität kümmern. Der Heinrich-Schütz-Chor des Dorfes genießt einen guten Ruf, ein Architekt schaut auf die alte Bausubstanz der vielen kleinen »Gütln« und »Sölden«, die sich im Ort erhalten haben – und auf vernünftige Dorferneuerung, die den Autoverkehr möglichst einbremst. Die »Orgelgruppe« hat einen Haufen Geld zusammengekratzt, um die historische Egedacher-Orgel in der Kirche, eine Rarität ersten Ranges, restaurieren lassen zu können, und die Klostertaverne »beim Resch« ist noch ein echter Dorfmittelpunkt, mit Biergarten und alten Stuben; sonntags zum Frühschoppen erklingt statt Blasmusik avancierter Jazz. Für die beiden Kirchen muß man sich aber auf alle Fälle Zeit nehmen: Die kleine Friedhofskirche ist nur der etwas abgehackt wirkende Rest einer im 19. Jahrhundert abgebrochenen gotischen Pfarre; dieser Chorbau aber ist über und über mit schönen gotischen Fresken um 1420 ausgemalt. Und in der großen ehemaligen Klosterkirche ist wahrlich nicht nur die seltene Barockorgel sehenswert. Der Vornbacher Kirchenraum besitzt eine der liebenswürdigsten Stuckausstattungen in weitem Umkreis, ein ganz großer Könner, dessen Name uns bisher noch nicht begegnet ist, hat hier gearbeitet. Von »drent«, vom österreichischen Attersee, kam der Stukkateur und Bildhauer Franz Joseph Ignaz Holzinger, einer der schwungvollsten Rokokokünstler Österreichs, »von sprudelnder Phantasie und edlem

213

Feinsinn«. Ein bißchen hat auch unser Johann Baptist Modler mitmischen dürfen, dessen Lehrer Holzinger war – von ihm stammen zum Beispiel die stukkierten Musikinstrumente an der Orgelempore. Ansonsten ist Vornbach aus einem Holzinger-Guß, zartfarbig, leicht, von raffinierter Ornamentik und voller schöner figürlicher Details an Altären, Kanzel, Wänden – bis in die Sakristei ziehen sich Eleganz und Dekorlust dieses Artisten. Wer die großen oberösterreichischen Stifte Wilhering und St. Florian besucht hat, kennt seinen überbordenden Einfallsreichtum.

Das Klosterdorf ist Teil der größeren Gemeinde Neuhaus am Inn, fünf Kilometer südlich, wo wir auf der alten, bloß nicht auf der häßlichen modernen Innbrücke nach Österreich hinüberkreuzen. Nur die alte Brücke bringt uns umweg- und vorortlos gleich hinein ins historische Herz der schönen Innviertler Stadt Schärding, wo am Schiffsanleger der etwas unförmige hölzerne Ausflugskahn namens »Gerda« auf seine Flußpassagiere wartet.

Auf der Terrasse der »Burgtaverne am Wassertor« zu Schärding, hoch auf der alten Stadtmauer, überlegen wir uns, ob wir uns »Mohr im Hemd«, Marillenknödel oder Topfennockerl auf Beerenragout zum Sacherkaffee einverleiben, und schauen übers Wasser auf das rosé- und weißtönige Rokokoschloß von Neuhaus hinüber, das auf einer Felsinsel im Inn klebt wie nicht ganz echt. Wie eine schwimmende Torte sieht dieser absurd exponierte Palazzo aus, fast rührend aufgeputzt und unpassend in feindlicher nasser Welt, aber auch unwirklich festlich mit seiner Spiegelung im breiten Fluß. Vom berühmten Johann Michael Fischer stammt die Rokokofassade, wie oft sie wohl schon überschwemmt war? Der halbe Ort Neuhaus wurde nach ständigen Hochwasserverheerungen von 1962 bis 1974 in höhere Trockenzonen umgesiedelt, 52 Anwesen insgesamt, das Schloß aber blieb auf seinem Felsensockel bestehen und mit ihm das Institut der Englischen Fräulein, das hier seit 1859 als Mädchenschule residiert. Auch an der Schärdinger Innlände kann man Wasserhöhen bis an die Dachkanten studieren – Leben mit einem ungebärdigen Gletscherfluß, einem der schnellsten und reißendsten Mitteleuropas, bis ihn die

Wasserwirtschaftsämter in Fesseln legten. Heute ist der doppelt soviel Wasser wie die Donau führende Inn ungefährlicher als diese; 16 Kraftwerke bändigen seinen bayerischen Verlauf – und trotzdem hat allein seine stromartige Breite hier im Unterlauf, haben die Wassermassen, die im Moment so ruhig rollen, etwas leise Beunruhigendes.

Wir beschließen, in Schärding über Nacht zu bleiben, daß dieses Städtchen österreichisch ist, paßt uns umso besser. Ach, die kleinen Pläsirs des nachbarlichen Landes – die anderen, und meist besseren, Speise- und Wein- und Kaffeehauskarten, »Presse«, »Standard«, »Oberösterreichische

Nachrichten« und »profil« in der Trafik besorgen fürs Hotelzimmer, und irgendeinen anständigen nativen Wein findet man auch in den Supermärkten allemal. Wie oft quert man als bayerischer Anlieger die nahe Inn-Salzach-Grenze bloß aus dem Grund, ein paar Stunden drent statt herent zu verbringen? Um Kotanyi-Paprika und Mautner-Markhof-Apfelkren und Staud-Marmeladen und Kamptaler Wein und Meinl-Kaffee heimzubringen? Und wie gern hört man der anderen Sprachmelodie in den Wirtsstuben und Schanigärten zu, auch wenn man als Piefke heute öfters etwas sekkiert wird: Was is'n los mit eirer Wirtschaft? Ja, ja, der Osten hat eich 's Kreiz broch'n. Wir ham ja hier scho soo vü deitsche Gastarbeiter … etc.pp. Im urigen (und guten) Gewölbe-»Wirtshaus zur Bums'n« stehen im Hof noch die schönen, einfachen hölzernen Gastgarten-Stühle, die früher gesamtösterreichisch typisch waren, und man setzt enthemmt seine austriakischen Tafeleien mit Backhendl und Baumgartner-Bier fort. Schärding ist bei Tag fast zu bilderbuchhübsch und bunt – bei einem Abendspaziergang durch die sehr überschaubare Altstadt entfalten die matteren nächtlichen Farben und das einsame Schrittehallen in den stillen Gassen einen gedämpfteren, leicht melancholischen Zauber. Die »Silberzeile« am Hauptplatz, diese spektakuläre Aufreihung barock geschwungener Giebel, die schönen Fassaden am Untermarkt und in den Seitengassen, die bauchigen alten Tore – im Mondlicht bekommt das alles ein wenig Geheimnis zurück. Bei Tag sollte man auch einen Blick ins besuchenswerte Heimat- und Granitmuseum tun – neben der Salzschiffahrt auf dem Inn hat der Granitabbau der Stadt über lange Zeiten Wohlstand beschert. Die sowjetischen Besatzer nach 1945 schleppten die Innviertler Steine allerdings ohne Entlohnung nach Rußland heim – der halbe Rote Platz in Moskau ist mit Schärdinger Pflaster belegt.

Am Vormittag dann begeben wir uns aufs Wasser, auf das kastenartige Holzschiff mit 53 cm Tiefgang, Aussichtsplattform und einem Maximaltempo von 21 km/h, das uns innabwärts bis Wernstein-Neuburg befördern wird. Dies ist eine wirklich befriedigende Wasserpartie. Wir rauschen gemächlich an Inseln und Auwäldern vorbei, und da sind auch wieder

Schloß und Park und Doppelzwiebeln von Vornbach, vom Wasser noch
schöner anzusehen als von Land. Die kleine Bernaschek-Insel, so lernen
wir, ist von 120 verschiedenen Pflanzenarten besiedelt, zum Teil alpiner
Herkunft – hat alle der Inn hier deponiert. Dann tauchen wir in die »Vornbacher Enge« ein, einen imposant schluchtartigen Flußabschnitt, den sich
der Inn durch sehr steile, felsige Granithänge gefräst hat, nur sechzig Meter breit ist hier das Tal. Zu Zeiten, als der Gletscherfluß Inn durch diesen
Engpaß noch mit voller Wucht toste, konnte man von den schmalen Trei-
delpfaden am Ufer das »Singen« der Unmengen von mitgeschleppten
Geröllsteinchen hören – keine Chance, daß sich bei diesen rasenden Wassern Sedimente oder Kiesbänke bildeten. Die Treidelpfade liegen nun unter dem neuen, höher gewordenen Wasserspiegel – die tonnenschweren
Salzschiffe früherer Zeiten gegen die Strömung zu schleppen, muß für
Mensch und Tier mörderisch gewesen sein. Bis zu dreißig Meter tief hat
sich der Fluß hier sein Bett gegraben, in solchen grünstrudelnden Ab-
gründen kann man sich Wassermänner und Flußnixen lebhaft vorstellen.
Beim Doppelort Wernstein-Neuburg weitet sich das Tal wieder ein wenig – hier verlassen wir unsere häuschenartige Ausflugsplätte, die noch bis
kurz vor Passau durch die ziemlich menschenleere Mischwaldgegend des
Neuburger Waldes weiterschippert. Ein wahrer Segen für den Reisenden,
daß es seit September 2006 den neugebauten »Mariensteg« gibt, der die
österreichischen und bayerischen Ufer für Fußgänger und Radler miteinander verbindet. Über viele Jahre war zwischen Wernstein und Neuburg,
die sich auf ein paar Meter gegenüberliegen, kein Hinüberkommen –
eine kleine Seilzugfähre hatte man nach einem schweren Unglück mit etlichen Ertrunkenen 1961 eingestellt, jeder Weg mußte kilometerlange
Umwege über Schärding oder Passau nehmen. Jetzt können wir am
Wernsteiner Anleger unseren kleinen Rucksack schultern und über den
leichten Hängesteg mit seinem hohen Pylon zum bayrischen Ufer wandeln, dann müssen wir ein Stück weit ziemlich bergan schnaufen, zur
Neuburg hinauf, durch den Laubwald aus Eschen, Eichen, Buchen, zu einer der eindrucksvollsten Burgen Niederbayerns.

Fünf mächtige mittelalterliche Türme hat sonst keine Wehranlage hierzulande vorzuweisen – vier davon gehören zum Befestigungsring der Vorburg, den man auf dem Plateau zunächst erreicht. Am Rand des Steilhangs liegt eine bezaubernde Überraschung aus späterer Zeit: ein formeller kleiner Renaissance-Garten, mauerumfaßt und durch ein Portal mit toskanischen Pilastern zugänglich, ein Paradiesgärtlein mit Buchs-Parterre, Brünnlein, steinernen Figurinen und einer halbrunden Muschelgrotte. Man muß die zahllosen eingegipsten Muschelschalen genauer betrachten, denn der Erbauer Graf Sinzendorf ließ sie als Exotica aus allen afrikanischen und südamerikanischen Weltmeeren heranschaffen. Die zierliche Anlage ist der letzte Überrest weitläufiger Lustgärten, die sich im 17. Jahrhundert den ganzen Steilhang abwärts zogen, terrassiert und gekiest, mit beschnittenen Bäumchen und Pomeranzenhäusern – alles seit langem verbuscht und von hohen Bäumen zugewachsen.

Die Neuburg, im frühen Mittelalter vom mächtigen Grafengeschlecht der Vornbacher errichtet, ist über die Jahrhunderte durch sehr viele Hände gegangen – ihre Besitzer wußten die Lage wirtschaftlich alle zu schätzen. Hoch über dem Inn auf ihrem Bergsporn, vom Hinterland durch einen schluchtartigen Graben getrennt, bot sie beste Möglichkeiten, die Schiffahrt auf dem Inn raubrittermäßig um beträchtliche Mautgebühren zu erleichtern. Dazu spannte man gern eine Eisenkette über den Fluß, und in der kleineren Nebenburg am Wernsteiner Ufer wartete der Mautner auf die vom gefahrvollen Gestrudel und Gewirbel der Vornbacher Enge erschöpften Mannschaften und kassierte ab.

Für die Neuburg gibt es kein reguläres Besichtigungsprogramm – sie ist als Tagungsstätte der Passauer Universität, als Seminar- und Begegnungsstätte dem Publikum nur bedingt zugänglich. Man kann aber auf dem weitläufigen Burggelände wunderbar herumspazieren, eine Ausstellung der Landkreisgalerie besuchen oder vom Südzwinger in die Ferne blicken. Und wenn man in der »Hoftaferne« gleich gegenüber der Vorburg einkehrt, welche die Seminarräume der Burg vermietet, findet sich bei Nachfrage vielleicht auch eine Möglichkeit, die Innenräume anzuse-

hen. Der schön restaurierte, mit einem Delphinfresko und Sonnenuhr ge-
zierte Barockbau der Taverne ist ohnehin unbedingt einen Besuch wert,
im Biergarten oder in den historischen Gaststuben. Die junge Betreiber-
familie Ott ist mit dem sehr renommierten niederösterreichischen Winzer gleichen Namens verwandt, und nicht nur dessen Weine lohnen das
Probieren, sondern auch die Küche ist vorzüglich. Auch als Nachtquartier
ist die Neuburg eine sehr gute Wahl; man hat nur einen Katzensprung
nach Passau und wohnt, nicht billig aber sehr komfortabel, in den alten
Burgstall- und Mälzereigebäuden im Burgbereich. Und kann sich dann
mit Sicherheit auch die Renaissanceräume der Hauptburg besehen: das
»Grüne Salettl«, den weiß- und den rotmarmornen Saal mit ihrem Terra-
kotta-Dekor und das »Träxl-Zimmer« mit den leider nur mehr sehr spär-
lichen Resten einer hochbedeutenden Wandbemalung. Einer der großen
Maler der Donauschule, der Passauer Wolf Huber, hat um 1530 die
Räume entworfen und freskiert. Zu erkennen ist neben ein paar archi-
tekturmalerischen Fragmenten nur eine verblaßte Szene des Paris-Urteils.
Wenigstens ein Fetzchen, und kein besonders typisches, dieser umwerfen-
den Malerschule im Übergang von der Spätgotik zur Renaissance, das sich
in der Ursprungsgegend erhalten hat – sonst ist diese großartige Malerei
ja in alle Winde verstreut, Altdorfer in der Alten Pinakothek und vor allem
im Stift St. Florian, Rueland Frueauf in Klosterneuburg, Wolf Hubers
phantastische Landschaftszeichnungen in allen möglichen graphischen
Sammlungen … Immerhin kann einen die Landschaft bei Neuburg ausgesprochen an donauschulische Bilder erinnern. Die flimmernden und
zerfransten Kronen der hohen Bäume, die Turmhauben mit ihren eisernen Wetterfahnen darüberlugend, das Wasserband in der Tiefe – das sieht
nicht so viel anders aus als auf einer »Baumstudie mit Burg« von Wolf
Huber oder einem tiefenscharfen Hintergrund bei Albrecht Altdorfer.

Wir beschreiten gern noch einmal den völkerverbindenden, mit hohen EU-Beihilfen subventionierten Mariensteg nach Österreich zurück
und schlagen in Wernstein den »Kubin-Weg« ins Dorf Zwickledt ein.
Heute sind wir wirklich brav zu Fuß unterwegs – das ist noch einmal ein

Hatscher von gut 45 Minuten, aber nicht mehr ganz so steil, sondern über sanftere Felderhöhen bergan. Der moderat herrschaftliche Freisitz etwas abseits des Dorfes, den der große phantastische Zeichner Alfred Kubin über ein halbes Jahrhundert, von 1906 bis zu seinem Tod 1959, bewohnt hat, ist auch heute noch ein sehr suggestiver, stimmungsvoller Platz. Ein minderes Schlößchen, blaßgelb und weiß, mit seinem hölzernen Dachreiter halb verborgen hinter dem dichten Baumbestand eines verschatteten Gartens, ein schwärzlicher Tümpel, um den Stauden und Buschwerk wuchern – die Magie, die dieser weltverlorene Ort ein Leben lang auf den Künstler ausübte, überträgt sich osmotisch auf den Besucher. »Das alte Haus hat vier Bewohner, meine Frau und mich und zwei Mägde. Obst- und Gemüsegarten, Geflügelzucht, Ziegen und Schweine schützten uns auch in den schlimmsten Kriegszeiten vor unmittelbarer Nahrungsnot. Der von einem eigenartigen Stimmungszauber unerschöpflich erfüllte Ort ist mir zum Schicksal geworden ...«, schrieb er 1927 an den Münchner Essayisten Wilhelm Hausenstein. Bis auf seine frühen Arbeiten entstand Kubins gesamtes Lebenswerk, unfaßliche 20 000 Zeichnungen verschiedener Technik, in Zwickledt, dessen zeitabgewandte Verwunschenheit nicht nur Wohnort war, sondern sein abgründig-sinistres Werk auch hochgradig anregte und bestimmte. Seine »Arche« nannte er die Wahlheimat, und als solche hat er sie auf einer Federzeichnung dargestellt: Da schwimmt das Turmschlößchen mit Schlagseite im hochwogenden Meer, bedroht von Haien und Meeresungeheuern – noch durchaus harmlosere von den Dämonen und Schauergestalten, die Kubins alptraumhafte Graphik bevölkern. Von den unzähligen Federzeichnungen, Mappenwerken, Buchillustrationen ist im Zwickledter Haus nur eine minimale Auswahl zu sehen; die größte Sammlung, Tausende von Blättern, besitzt die oberösterreichische Landesgalerie in Linz und zeigt sie in ihrem »Kubin-Kabinett« in thematisch wechselnden Werkschauen.

Was einen an diesem Künstlerdomizil in Bann zieht, ist also wesentlich das Atmosphärische; man fällt in der Zeit um viele Jahrzehnte zurück und wird eingesponnen von einer Aura des Abgelebten – das Haus blieb

bis ins winzigste Detail so erhalten, wie es dem Ehepaar Kubin als Wohnsitz diente. Das geht bis zum leicht moderigen Geruch, der stumpfen Patina der Linoleumböden, der Verblichenheit von Gardinen aus dem Jahre 1908. Die Läufer und Teppiche sind dünn geworden, blind die Spiegel, die Dielen ächzen, der blutrote Samt der Fransensessel in der Bibliothek ist verschossen. Im dunklen Gewölbegang hängen Stock und Mantel des Zeichners am Haken, geradeso, wie er sie täglich ergriff für seine zweistündigen Geländewanderungen bei jedem Wetter. Im kühlen Dämmer der unteren Stube wird vorstellbar, wie Kubin dieses Haus einst bevölkerte mit jeder Art von Getier, mit afrikanischen Fröschen und Skorpionen, Leguanen, Eichhörnchen und Haselmäusen, Käfern, Eichhörnchen und Schlangen und einer Krähe namens Thekla; mit allen Lebewesen wurden Gespräche geführt, auch das Treiben des Holzwurms aufmerksam beobachtet. Kubin war kein Freund des Fortschritts, sein kleines Arbeitsatelier blieb bis zum Lebensende von mönchischer Kargheit. Federn, Pinsel, ein verbeulter Farbkasten liegen auf dem winzigen Küchentisch wie zur Arbeit bereit, die meist nachts stattfand, im Schein einer kleinen Nachttischlampe mit eingedelltem Pergamentschirm, in der aufgezogenen Schublade klemmt schräg ein vernutztes Zeichenbrett. Und dann ist da das Schlafzimmer, das hochragende dunkelhölzerne Ehebett, der Kanonenofen in der Ecke und der bräunliche Anstrich. Wie war das wohl alles zu ertragen? Kubins Ehefrau Hedwig war Morphinistin und mußte immer wieder von einem Hamburger Apotheker und Kubin-Sammler mit Drogen versorgt werden, dauernde Krankenhausaufenthalte waren bis zu ihrem Tod 1948 nötig. Wie waren Einsamkeit und dörfliches Mißtrauen auszuhalten, lange Winter und das Verrinnen der Zeit – die Alters- und Existenzängste der späten Jahre? Und was bedeuteten wohl Kubins »acht Monate Siechtum« an einer Blasenkrankheit, in diesem Zimmer bettlägerig, mit Blick auf die kastenförmige Deckenlampe, bis er 1959 starb? Die Düsternis von Kubins Werk hatte ihre Entsprechung in der Realität dieses abgeschiedenen Hauses, nicht nur in seinen beklemmenden Traumvisionen, seinem Hang zum Okkulten und in seiner seelischen Disposition, die er einmal so beschrieb: »Melancholischer Grundton, Elend der Verlassenheit und Kampf mit dem Unverständlichen.«

Der Ansitz von Zwickledt atmet Schwermut, Verfall, Vergänglichkeit, gerade weil er so sorgfältig in einer Zeitkapsel konserviert ist. Man käme hier in dunkle Sinniererei − wenn man denn ein bißchen in Ruhe gelassen würde. Doch leider befindet das Kubin-Haus, eigentlich im Besitz des Landes Oberösterreich, in Obhut einer »Kuratorin«, deren Qualifikation darin besteht, die Nichte von Kubins vormaliger Haushälterin zu sein, eine wichtigtuerische Dame von penetrantem Redefluß, die vom Hausherrn als »der Alfred« spricht und kein Ende findet mit lustigen G'schichterln und des Meisters »heiterer Seite«. Ich habe Zwickledt schon öfters besucht, immer in der leisen Hoffnung, es einmal ohne diese stimmungstötende Betreuerin haben zu können, aber nein, unlängst hat sie sogar ein anekdotisches Kubin-Buch verfaßt, das ich nicht mit der Feuerzange anfassen werde.

Wir müssen zu unserem Schiffchen nach Wernstein zurück. Eine schöne Vorstellung wäre es, wir könnten flußaufwärts bis zur Brücke Mühldorf auf den Wassern des Inn bleiben, dann hätte er uns nämlich fast vor unsere Haustür befördert. So fahren wir von Schärding überland heimwärts, auf einer der schnellen Straßen jetzt, Teil einer frühabendlichen Scheinwerferkette, und haben das Gefühl, nach knapp hundert Kilometern von einer weiten Reise heimzukehren.

REISEHINWEISE

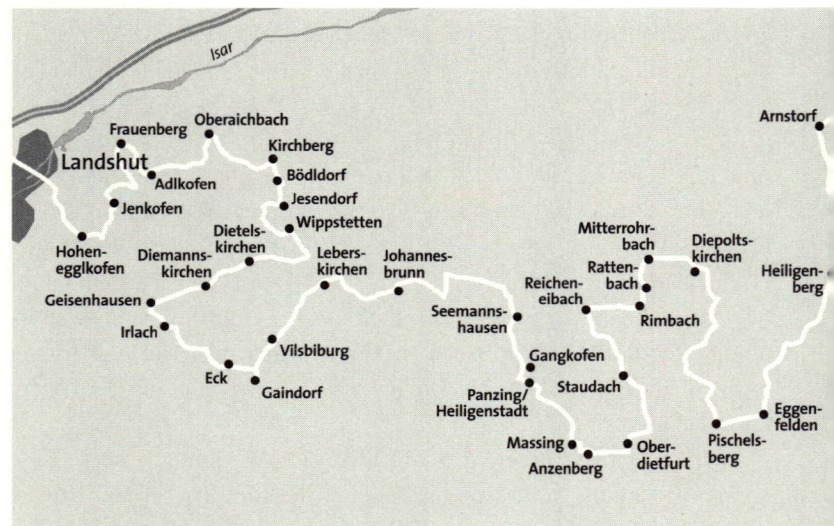

Route

Dietelskirchen – Diemannskirchen – Geisenhausen – Irlach – Eck – Gaindorf – Vilsbiburg – Leberskirchen – Johannesbrunn – Seemannshausen – Gangkofen – Panzing/
Heiligenstadt – Massing – Anzenberg – Oberdietfurt – Staudach – Reicheneibach –
Rimbach – Mitterrohrbach – Rattenbach – Diepoltskirchen – Pischelsberg – Eggenfelden – Heiligenberg – Schönau (Rundfahrt Rottalschlösser: Arnstorf – Mariakirchen –
Münchsdorf – Haidenburg – Johanniskirchen – Guteneck – Baumgarten – Dietersburg – Wald – Gambach – Thurnstein – Schönau) – (Fahrt Anna Wimschneider-Spu-
ren: Schönau – Neuhofen – Strass – Weng – Wald – Schwarzenstein – Gartlberg) –
Pfarrkirchen – Obergaiching – Anzenkirchen – Hirschbach – Bad Birnbach – Bad
Griesbach – Bad Birnbach – Schwaibach – Asenham – Hölzlberg – Steinberg – Kößlarn – Rotthalmünster – Schönburg bei Pocking – Poignham – Rotthof bei Ruhstorf –
Kleeberg – Tettenweis – Asbach – Weng – St. Wolfgang – Buchet – Einöd – Rieders-
ham – Grongörgen – Haarbach – Bergham – St. Salvator – Kronholz – Rainding –
Sammarei – Parschalling – Ortenburg – Jägerwirth – Aussichtslokal »Platte« – Klein-

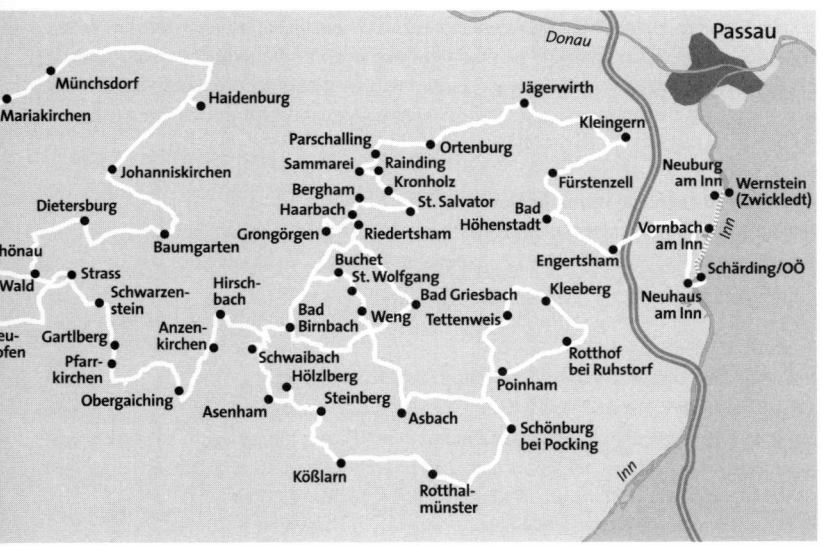

gern – Fürstenzell – Bad Höhenstadt – Engertsham – Vornbach am Inn – Neuhaus – Schärding/OÖ – Schifffahrt auf dem Inn nach Neuburg/Wernstein (Zwickledt) und zurück nach Schärding

Karten:

Generalkarte 1: 200 000 »Bayern Süd«

Topographische Karte des Bayerischen Landesvermessungsamts 1: 50 000

Blätter »Landshut und Umgebung«, »Vilsbiburg«, »Pfarrkirchen«, »Rottaler Bäderdreieck«

ÜBERNACHTEN:

Grundsätzlich sind etwas spezielle, komfortable, vielleicht sogar mit etwas historischem Flair versehene Nachtquartiere, vor allem im westlichen Bereich dieser Route,
kaum zu finden. Auch im Rottal ist man eher auf längeren Bauernhof-Familienurlaub
eingerichtet als auf durchreisende Kurz-Übernachter; größer ist die Auswahl dann im
Raum um das Bäderdreieck. Manche der Hinweise gelten also mit einem gewissen
Vorbehalt, in Anbetracht des Vorhandenen.

Vilstal, westliches und mittleres Rottal:
Pension »Haarbacher Mühle«, Mühlenweg 1, 84137 Haarbach bei Vilsbiburg,
Tel. 08741/91215, Fax 08741/91225, pension@haarbacher-muehle.de,
www.haarbacher-muehle.de.
Ländliche Pension in renovierter alter Mühle, EZ und DZ neu möbliert im Hellholz-Land-
hausstil, EZ 31 €, DZ 46 €.
Hof »Aiteröd«, Aiteröd 1, Foelke Revenstorf, 84137 Vilsbiburg,
Tel. 08741/4286, Fax 08741/4249.
Schöner alter Dreiseithof, einsam in Bachtal nördlich der Vils gelegen, stilgerecht re-
noviert, eigener Badeweiher. Apartment 140 qm mit Galerie 75 €, DZ 50 €.
»Haus Grasberger«, Rattenbach, 84326 Rimbach, zu buchen über
www.tourist-online.de/Deutschland/Haus-Bayerischer-Wald.
Sehr großzügiges und schönes, stilvoll möbliertes denkmalgeschütztes Bauerhaus an
freiem Dorfrand, 240 qm Wohnfläche, von bis zu neun Personen bewohnbar. Holzdie-
lenböden und Solnhofener Platten, 35 qm Wohnraum, Bauernstube, Küche, etliche
Schlafräume oben, Riesenbad mit freistehender Wanne. Guter Ausgangspunkt für
Fahrten im Landshuter und Rottaler Raum. Nur wochenweise zu mieten, Kosten für
das ganze Haus dann 555 €.
Hotel Bachmeier, Schönauer Straße 2, 84307 Eggenfelden, Tel. 08721/97100,
Fax 08721/9710100, info@hotel-bachmeier.de, www.hotel-bachmeier.de.
Moderneres, bürgerlich-komfortables Stadthotel, etwas abseits vom Hauptplatz, Zim-
mer etwas gehobenen Standards EZ 57 €, DZ 80 €. Küche mehrfach ausgezeichnet
von »Feinschmecker«, »Gault-Millau« und »Michelin«.
Ponzaunerhof, Ponzaun 2, Emmi und Florian Gruber, 84332 Hebertsfelden,
Tel. 08726/1348, Fax 08726/910600, ponzaunerhof@t-online.de,
www.ponzaunerhof.de.
Eine der schönsten Bauernhofadressen Niederbayerns, Einödhof von 1784 in freier
Lage bei Schönau, drei großzügige, bildschön und stilgerecht mit bäuerlichen Antiquitäten möblierte Ferienwohnungen, 60–110 qm. Pro Wohnung bis 4 Personen 49 €

bis 83 €, Nebensaison 40 bis 69 €, für zwei Personen günstiger. Sehr nette junge Vermieter.

»Ferienhaus Sonnenschein«, Holzhamm 23, Barbara Fiedler, 84332 Hebertsfelden, Tel. 08726/96090, Fax 08726/96098, fiedler.manfred@t-online.de, www.ferienhaussonnenschein.de.

Sehr komfortables, komplettes Fünf-Sterne-Ferienhaus in schöner Einzellage nahe Schönau, behaglich-modern und bestens ausgestattet, Pool, Sauna, W-Lan etc. Tierfreundlich, Hunde willkommen. Das ganze Haus für zwei Personen 75 € (Nebensaison 65 €), Winter 85 €, jede weitere Person 10 €.

»Herbstmilchhof Maieröd«, Maieröd 1, Siegfried Nöhmeier, 84389 Postmünster, Tel. 08726/1425.

Schön und allein gelegener, denkmalgeschützter Blockbau-Einzelhof im Schönauer Land, Schauplatz der »Herbstmilch«-Verfilmung von Joseph Vilsmaier. Ferienwohnung in historischem Umfeld. Achtung – nicht immer zu vermieten, frühestens wieder ab Frühjahr 2007, man muß telefonisch bei Familie Nöhmeier nachfragen.

»Ferienhaus Gunderding«, Gunderding, Thomas Starke, 84378 Dietersburg, Tel. 0171/1241815, thus-@web.de, www.gunderding.de.

Ehemaliges Kleinbauernhaus, liebevoll als privates Ferienhaus renoviert. Idyllische, einsame Waldrand- und Wiesenlage mit 20000 qm Grund und kleinem Bachlauf mit Badebecken. 80 qm Wohnfläche, bis fünf Personen. Nähe Pfarrkirchen und Bäderdreieck. Miete pro Tag 33 bis 45 € (nach Saison), pro Woche 200 bis 280 €.

Thalhauser Hof, Thalhausen 3, Resi und Rudi Zauner, 94424 Arnstorf, Tel. 08723/3704, Fax 08723/979957, zauner.rudolf@freenet.de, www.thalhauser-hof.de.

250-jähriger klassischer Blockbau-Bauernhof mit ausgebautem Getreidekasten, nahe Schloß Mariakirchen im Kollbachtal, angenehm bäuerlich-traditionell möblierte große Ferienwohnungen im historischen Haus oder mit Galerie im Stadel, 105 und 110 qm. Bis vier Personen pro Wohnung, sehr kinderfreundliches Quartier mit vielen Aktivitäten. Miete pro Wohnung 62 bis 75 €, Nebensaison 55 bis 68 €.

Bäderdreieck, Klosterwinkel, Inn:

Für die unzähligen Kur- und Wellness-Hotels der Badeorte Bad Birnbach und Bad Griesbach aller Kategorien hier zwei Beispiele (wenn schon Verwöhn-Luxus, dann richtig), der sehr gehobenen Viersterne-Superior-Kategorie:

»Wellness-Hotel Sonnengut«, Am Aunhamer Berg 2, 84364 Bad Birnbach, Tel. 08563/3050, Fax 08563/305100, info@sonnengut.de, www.sonnengut.de.

Modernes Wohlfühlhotel mit allen Schikanen, großer eigener Thermen-, Sauna- und Beautylandschaft, gehobenem Restaurant, komfortablen Zimmern und Suiten, Rundum-

Exklusivität zu entsprechenden Preisen: Übernachtung mit Halbpension im DZ pro Person um 90 €, in den Suiten um 125 €. Viele günstigere Wellness-Pauschalangebote.

»Fürstenhof«, Thermalbadstr. 28, 94086 Bad Griesbach-Therme, Tel. 08532/9810, fuerstenhof@hartl.de, www.hartl.de/fuerstenhof.

Noch etwas luxuriöseres, weitläufiges Thermalhotel in schöner Bad Griesbacher Aussichtslage, 3300 qm »Health- und Wellness-Bereich« mit großen Innen- und Außen-Thermalpools, noble Zimmer und Suiten, mehrere Restaurants, darunter ein sehr gutes Fischlokal. Auch hier viele Mehr-Tage-Arrangements möglich. Übernachtung mit Halbpension im DZ nach Saison zwischen 92 und 105 €, in den Suiten zwischen 139 und 144 €.

»Altstadthotel«, Sparkassenstraße 6, 94086 Bad Griesbach, Tel. 08532/96220, Fax 08532/962216, info@altstadthotel-griesbach.de, www.altstadthotel-griesbach.de.

Kleines Hotel mit Charme und Geschmack im alten Kern des Städtchens Griesbach, abseits vom Kurbetrieb. Zwei-Frauen-Betrieb, darauf wird Wert gelegt. Schön und hochwertig eingerichtete Zimmer mit Balkons oder Terrassen, netter Gastgarten. EZ 30–40 €, DZ (Biedermeier) und Dachsuite 80–90 € (für zwei). Für 10 € zusätzlich Halbpension im ausgezeichneten und gemütlichen Restaurant »Lebzelter«, das zum Haus gehört. Auch Wellness-Specials. (siehe »Einkehren«)

»Schwaibacher Hof«, Neudecker Str.2, 84364 Schwaibach – Bad Birnbach, Tel. 08563/976259, info@schwaibacherhof.de, www.schwaibacherhof.de.

Schöner, alter Walmdachhof in Dorf, ca. 1,5 km von der Rottal-Terme entfernt, Fußweg zum Thermalbad und stündlich gratis Badebus. Angenehme Zimmer für 29 €. Auch netter eigener Wellnessbereich und Poolanlage im Innenhof. Biergarten, gemütliche Kachelofen-Gasträume, bayerische Küche.

Kirmer-Hof, Eggersham 17, Gertraud Biser, 94060 Pocking, Tel. 08531/7130, Fax 08531/91 34 95, info@kirmer-hof.de, www.kirmer-hof.de.

Alter Rottaler Blockbauernhof für Hotelzimmer und Apartments adaptiert, mit vielen bäuerlichen Antiquitäten ausgestattet, Garten und historische Kachelofenstube für die Gäste, Übernachtung Apartments für zwei Personen 48 €, Im DZ 37 €.

»Hofgut Hafnerleiten«, Brunndobl 16, 86364 Bad Birnbach, Tel 08563/91511, Fax 08563/91512, post@hofgut.info, www.hofgut.info.

Alternativ-Urlaub der edlen Sorte auf parkartigem Gutsgelände rund um zwei Badeteiche mit verschiedenen hölzernen »Themenhäusern« für Romantiker, die Wert auf noble Designer-Schlichtheit legen. Schöne Landschaft nördlich Bad Birnbachs. Phantasievolle italienische Küche gehört zur Halbpension. Schön, etwas geschmäcklerisch und kostspielig: 150 € pro Person und Nacht kostet ein Holzhäuschen mit Abendessen, zwei Nächte sind Minimum, ab drei Nächten 130 €. Wünsche nach bestimmten »Themenhäusern« werden erst ab vier Nächten erfüllt.

»**Klosterhof St. Benedikt**«, Hauptstr. 52, 94094 Asbach bei Bad Griesbach, Tel. 08533/2040, Fax 08533/20444, Restaurant Tel. 08533/1859, info@kloster-asbach.de, www.kloster-asbach.de.

Gutbürgerliches Hotel in den renovierten alten Klostergebäuden der Benediktinerabtei, Klosterzellen als komfortable Zimmer, Kreuzgang, stuckierte Säle und Frühstücksraum, schöner Innenhof. Gutes Restaurant. EZ 40 € (ab zwei Nächten 35 €), DZ pro Person 35 € (ab zwei Nächten 29,50 €). Auch günstige Pauschalen inclusive Therme Bad Griesbach.

»**Klosterhof St. Salvator**«, Klosterberg 15, 94086 St.Salvator bei Griesbach, Tel. 08542/961910, Fax 08542/961919, info@klosterhof-st-salvator.de, www.klosterhof-st-salvator.de.

Noch eine barocke Klosteranlage als Beherbergungsbetrieb, Apartments von 55 bis 155 qm im ruhigen Konventskarree, mit Stuck-, Gewölbe-, Holzbalkendecken, mit Erkern oder Freitreppe in den Klostergarten, klassisch gediegen möbliert, jeder Komfort, Sauna und Solarium im Haus. Preise von 48 € für eine kleinere Wohnung (2 Personen) bis 104 € für eine große 4-Personen-Wohnung. Auch Pauschalangebote mit Ermäßigungen.

Hof »**Grillenöd**«, Grillenöd, Mona Zimen, 94542 Haarbach, Tel. 08535/912399, mail@grillenoed.de, www.grillenoed.de.

Bildschönes, weitläufiges Anwesen mit Häusern im Schwedenstil der Witwe des verstorbenen Wolfsforschers Erik Zimen, sehr kinderfreundlich, mehrere Kindercamps im Sommer. Eine 120 qm-Ferienwohnung im lichten Skandinavienstil, für 3 bis 6 Personen auf zwei Etagen, Familien bevorzugt, ab 89 € pro Nacht.

In der reizvollen barocken Altstadt von Schärding am österreichischen Innufer gibt es drei Hotels, die in historischen Häusern untergebracht sind: das

Hotel zur Stiege, Schloßgasse 2, Tel. 0043/7712/30700, Fax 0043/7712/307084, hotel.stiege@aon.at, www.stiegenwirt-schaerding.at,

mit Blick auf die spektakuläre »Silberzeile«, österreichischer Küche, italienischer Bar und Zimmern mit normalem Stadthotel-Komfort (ÜF ab 36 €). Ferner den traditionsreichen

Schärdinger Hof Scheurecker, Innbruckstraße 6–8, Tel. 0043/7712/44040, Fax 437712/4408, info@schaerdingerhof.at, www.schaerdingerhof.at,

repräsentatives, gelbes Renaissancehaus, bekannt für gute österreichische Küche, Zimmer geräumig und üblicher Komfort. (ÜF 50 € im EZ, 39 € im DZ.) Die teuerste und von der Ausstattung her plüschig-luxuriöseste Adresse ist das

Romantikhotel Forstinger, Unterer Stadtplatz 3, A-4780 Schärding am Inn, Tel. 0043/7712/23020, Fax 0043/7712/23023, info@hotelforstinger.at, www.hotelforstinger.at,

Zimmer mit Antiquitäten, Neo- und Bauernbarock möbliert, ÜF im EZ 75 €, im DZ 57 €, in den Suiten 72,50 €, auch günstigere packages. Das Traditionsflair des Forstinger hat aber sehr gelitten, seitdem sich im Erdgeschoßgewölbe statt des vormaligen ausgezeichneten Restaurants eine Daddelhalle der »Casinos Austria« mit grellen Spielautomaten befindet.

»Schloß Neuburg, Hotel und Hoftaferne«, Am Burgberg 5, 94127 Neuburg am Inn, Tel. 08507/911000, Fax 08507/911911, empfang@schlossneuburg.de, www.schlossneuburg.de.

Man wohnt in der mittelalterlichen Vorburg und speist niederbayerische Gourmetküche in der historischen Hoftaferne, unschlagbares historisches Ambiente, das seinen Preis hat. Die dezent-edlen, modern eingerichteten Burgzimmer kosten 87 € als EZ, 148 € als Doppelzimmer. Kurze Wege nach Passau, schöner Burgpark. Auch Pauschalen und Arrangements.

EINKEHREN

Vilstal, westliches und mittleres Rottal:
»Sebastianihof«, Brunnenstr.9, 84175 Johannesbrunn, Tel. 08744/919445, Fax 08744/919446, sebastianihof@t-online.de, www.sebstianihof.de.

Dorfrestaurant in hübsch umgebautem Dreiseithof, junges Team, das frisch und kreativ mit regionalen Zutaten kocht, Wild- und Fischgerichte, gute Desserts und Weine. Geöffnet Mi–Sa ab 18 Uhr, So 11–16 Uhr. Mo/Di Ruhetag.

»Klosterbräu Seemannshausen«, Seemannshausen 8, 84140 Gangkofen, Tel. 08722/312, Fax 08722/314, obermayr@klosterbraeu-seemannshausen.de, www.klosterbraeu-seemannshausen.de.

Traditionsreiches Bräustüberl in altem Kloster, besonders schön und eine Institution der ganzen Region ist der sommerliche Biergarten. Hausgemachte Brotzeiten, hausgebraute Biere. Geöffnet nur Fr–So ab 14 Uhr.

»Museumsstüberl im Schusteröderhof«, im Freilichtmuseum Massing, Steinbüchl 5, 84323 Massing, Tel./Fax 08724/451, www.freilichtmuseum.de.

Schönes Museumswirtshaus in prachtvollem Rottaler Stockhaus, alte Stube mit langen Holzbänken und -tischen, niederbayerische Küche, z. B. »Rottaler Kartoffelbratl« etc. Kann auch ohne Museum besucht werden, allerdings nicht von November bis Mitte März, wenn das Freilichtmuseum geschlossen ist. Geöffnet Di–Sa 9–18 Uhr (nach Vereinbarung auch bis 23 Uhr), Mo Ruhetag.

»Unser Wirtshaus«, Stadtplatz 2, 84307 Eggenfelden, Tel. 08721/507777, Fax 08721/506261, wirt@unser-wirtshaus.com, www.unser-wirtshaus.com.

Seitdem das Gasthaus am Eggenfeldener Stadtplatz keine Bürger-AG mehr ist, serviert

es auch leider nicht mehr die unverfälschte und originelle bayerische Küche, um die man sich damals bemüht hat, sondern hat eher eine 0815-Speisekarte. Trotzdem sitzt man noch gut in den Räumen im traditionellen Wirtshausstil. Geöffnet tägl. 9–1 Uhr.
»Unterwirt«, Hofmark 27, 84307 Eggenfelden, Tel. 08721/126767, Fax 08721/126768, www.schlossoekonomie.de.
Bodenständiges bayerisches Wirtshaus auf dem Gelände der früheren »Schloßökonomie Gern«, die zu einem Kulturzentrum verwandelt wurde (siehe »Kunst und Kultur, Sehenswertes«), nette Terrasse, bei Einheimischen beliebt. Geöffnet tägl. 11–14 Uhr und 17–24 Uhr. Mi Nachmittag und Sa Ruhetag. Weitere Einkehrmöglichkeiten in Eggenfelden: »Luibl-Haus« am Stadtplatz mit Bistro-Küche, »Weinstube Stadtwache« im alten Stadttor, nur abends, und diverse Cafés.
»Schloßbräu Mariakirchen«, 94424 Arnstorf-Mariakirchen, Tel. 08723/978899, Fax 08723/978898, www.schlossbraeu-mariakirchen.de.
Weitläufiges Bräustüberl in den böhmischen Gewölben der restaurierten alten Stallungen von Schloß Mariakirchen. Ausgeschenkt wird das eigene unfiltrierte und naturtrübe Bier, nur kleine Imbißkarte, aber Brotzeiten können mitgebracht werden. Besonders schön der Kastanienbiergarten mit Blick auf das Wasserschloß. Geöffnet tägl. 16–23.30 Uhr, So 12–23.30 Uhr. Im Mai 2007 soll ein gepflegtes »Schloßparkhotel« neu eröffnen.
»Schloßwirt Haidenburg«, Am Haidenburger Berg 31, 94501 Aldersbach, Tel. 08543/91330, Fax 08543/91310.
Dorfwirtschaft mit altem Gesicht und nettem Biergarten direkt beim privaten Schloß Haidenburg, bayerische Küche, ein Fremdenzimmer gibt es auch. Haidenburg gehört schon zur Gemeinde Aldersbach, mehr darüber in Kapitel 3. Geöffnet Mi–So 10–24 Uhr, Mo und Di Ruhetag.
»Gasthof Schachtl«, Passauer Str.28, 84347 Pfarrkirchen, Tel. 08561/8179, Fax 08561/71189, info@gasthof-schachtl.de, www.gasthof-schachtl.de.
Beliebtes Einheimischen-Wirtshaus mit getäfelter Gaststube, Stammtischen, schönem Biergarten. Bayerische Spezialitätenküche mit Brotsuppe, Spanferkel in Biersoße, Milzwurst etc. Mittagmenü 4.90 € für z. B. Suppe mit Gulasch oder Dampfnudel. Geöffnet tägl. 9.30–1 Uhr, Di Ruhetag.

Bäderdreieck, Klosterwinkel, Inn:
»Gasthaus Kirschner«, Dorfplatz 3, 84364 Hirschbach bei Bad Birnbach, Tel. 08563/91411, Fax 08563/91413.
Behäbiger, alteingesessener Dorfgasthof mit eigener Metzgerei, die für hervorragende Frische und Fleischqualität steht. Innenräume modernisiert, traditionelle bayerische Fleischküche, opulente Portionen, auch selteneres Serviertes wie Hirnbavesensuppe,

»G'wixte Knödel mit Kraut«, Surbraten etc. Geöffnet tägl. 11–21 Uhr, So 11–14 Uhr. Mo Ruhetag.

»**Zisslerwirt**«, Kauflandener Str. 9, 84371 Lengsham bei Triftern, Tel. 08562/704, Fax 08562/963535, info@gasthaus-zissler.de, www.gasthaus-zissler.de. Freundliches Familienwirtshaus mit kleinem Biergarten in Dorf zwischen Pfarrkirchen und Triftern. Spezialität Braten aller Art, aber auch Forellen und Brotzeiten, Alltagsküche mit Sorgfalt, alle Zutaten aus der Region. Tägl. warme Küche 11.30–14 Uhr und 18–21 Uhr, Fr Ruhetag.

»**Gasthaus und Café zum Lebzelter**«, Sparkassenstr. 6, 94086 Bad Griesbach, Tel. 08532/96220, Fax 08532/962216, info@altstadthotel-griesbach.de, www.altstadthotel-griesbach.de (siehe »Übernachten«).
Eine der angenehmsten Speise-Adressen in der Rottaler Bäderregion, in der Altstadt von Griesbach. Bayerische Küche mit Raffinement: Bauernente, Hasenkeule, Kartoffelsuppe, aber auch leichte Fischküche. In Restaurant und Café täglich die köstlichen frischen Blechkuchen und Mehlspeisen, die von der Oma des Hauses gebacken werden; Butter- und Streuselkuchen, Rohrnudeln, Kirschmichl oder Millirahmstrudel. Geöffnet tägl. ab 11 Uhr, Mi Ruhetag.

»**Gasthof Herndl**«, Marktplatz 39, 94094 Rotthalmünster, Tel. 08533/912886, www.gasthof-herndl.de.
Traditionsbewußter altbayerischer Kleinstadtgasthof wie aus dem Bilderbuch, in stattlichem Renaissancegebäude, schön renovierte Stuben im althergebrachten Wirtshausstil mit massiven Tischen und Bänken, Tonnengewölbe, Treffpunkt der Einheimischen. Vielfach prämierte regionale Küche mit Schlachtplatte, Hirschkalb, Gansbraten, Saibling – je nach Saison. Geöffnet Mi–So 10–24 Uhr, Mo 10–15 Uhr, Di Ruhetag.

Klostertaverne »**Beim Resch**«, Abt-Rumpler-Str. 10, 94152 Vornbach bei Neuhaus am Inn, Tel. 08503/8430. Geöffnet werktags 11–15 Uhr und 18–1 Uhr, am Wochenende durchgehend, Mo und Di Ruhetag.
Sympathisches altes Wirtshaus mit Biergarten mitten im schönen Klosterdorf Vornbach, echter Einheimischentreff, bayerische Küche. Oft Kabarett- Musik- und Kleinkunstprogramme, im Sommer Jazzfrühschoppen unter Bäumen, nette Wirtsleute.

»**Wirtshaus zur Bumsn**«, Denisgasse 8, A-4780 Schärding, Tel. 0043/7712/3061, Fax 0043/7712/30614, wirtshaus@bumsn.at, www.bumsn.at.
Den neckischen Namen dieses Wirtshauses gibt's schon lange, er stammt vom Wummern der hereinrollenden Bierfässer an den Tresen. Trotzdem eine solide und beliebte Adresse für bodenständige Innviertler Kost wie Bratl in der Rein, G'röstl, gefüllte Ente etc., alter Brauereigasthof seit 1605 mit Gewölberäumen und nettem Gastgarten im Innenhof. Geöffnet Mo–Do 8.30–24 Uhr, Fr/Sa 8.30–1 Uhr, So und Feiertag Ruhetag.

»Gasthof Post Prienbach«, Poststr. 1, 94166 Stubenberg, Tel. 08571/6000, Fax 08571/60230, info@hotel-post-prienbach.de, www.hotel-post-prienbach.de. Feine niederbayerische Küche in gepflegtem Traditionsrestaurant, Jugendstilbau etwas nahe der Bundesstraße, saisonale Spezialitäten z. B. ein Wild-Gourmet-Menü für 34 €. Geöffnet Mo 18–24 Uhr, Di–So 18–24 Uhr.

»Zum Wirt's Edl«, Floriansstr. 3. 94148 Schambach, Tel. 08533/1758. Schöne Bauernwirtschaft in der Nähe von Bad Füssing, bodenständig niederbayerisch, bei Einheimischen beliebt. Geöffnet Mi–Sa ab 16.30 Uhr, So/Feiertag 11–14 Uhr und ab 17 Uhr. Mo/Di Ruhetag.

KUNST UND KULTUR, SEHENSWERTES

Heimatmuseum Vilsbiburg, Stadtplatz 39–40, 84137 Vilsbiburg, Tel. 08741/3821, info@museum-vilsbiburg.de, www.museum-vilsbiburg.de, Öffnungszeiten So 10.30–11.30 Uhr, Mi 14–16 Uhr, erstes Wochenende im Monat zusätzlich Sa/So 14–16 Uhr. Sonderführungen telefonisch mit Musemsleiter Lambert Grasmann zu vereinbaren, Tel. 08741/7828, lambert.grasmann@gmx.de.

Freilichtmuseum Massing, Steinbüchl 5, 84323 Massing, Tel. 08724/96030, Fax 08724/960366. www.freilichtmuseum.de. Öffnungszeiten Mai bis September, tägl: 9–18 Uhr, März, April, Oktober 9–17 Uhr, November bis 15. März geschlossen. Mo Ruhetag (außer an Feiertagen).

Berta-Hummel-Museum Massing, Marktplatz 32, 84323 Massing, Tel. 08724/960250, Fax 08724/96299, www.hummelmuseum.de. Öffnungszeiten Mo–Sa 9–17 Uhr, So 10–17 Uhr.

Interessanteres kleines Museum, als man annehmen möchte, wenn man die weltweit beliebten, zuckerigen Hummelfiguren zum Davonlaufen findet. Ihre Erfinderin war eine hochtalentierte Aquarellistin und Zeichnerin, Franziskanernonne mit einem schweren Leben vor allem in der NS-Zeit, 37-jährig an TBC gestorben und gar nicht so einverstanden mit der süßlichen Vermarktung ihrer Entwürfe – während der Nazizeit ließen diese das Kloster allerdings überleben. Wechselausstellungen, auch von Horst Janssen z. B.

Schloßökonomie Gern, Rathausplatz 1, 84307 Eggenfelden, Tel. 08721/7080, stadtinfo@eggenfelden.de, www.schlossoekonomie.de (siehe »Einkehren«) und Hans-Reiffenstuel-Haus, Bahnhofsplatz, 84343 Pfarrkirchen, Tel. 08561/30611, Fax 08561/30635, info@pfarrkirchen.de, www.pfarrkirchen.de.

Bei den Kulturzentren der beiden Rottaler Städte hat man vorhandene Baulichkeiten geschickt und phantasievoll restauriert und genutzt – in Eggenfelden die weitläufigen Ökonomiegebäude der früheren Hofmark, in Pfarrkirchen ein großes Jugendstil-Lagerhaus – und sie sind architektonisch sehr sehenswert. Veranstaltungen, Ausstellungen etc. jeweils aktuell zu erfragen.

Zwei Kuriositäten: **Meterstabmuseum**, Mecklweg 2, Sallach, 84326 Rimbach, geöffnet nach tel. Vereinbarung mit Walter Kerscher, Tel. 08735/427 und **Landmaschinenmuseum** Leo Speer, Rattenbacher Str. 10, Mitterrohrbach, 84326 Rimbach, Tel. 08727/1203, Öffnungszeiten Di–Sa 10-12 und 14-16 Uhr, So 10-17 Uhr.

Arboretum Obergaiching, Obergaiching, 84347 Pfarrkirchen, zu besuchen nach tel. Vereinbarung mit Wolfgang Reiffenstuel, Tel. 08562/421.

Museum Kloster Asbach, mit Zweigmuseum des Bayerischen Nationalmuseums, Hauptstr. 52, 94094 Asbach/Bad Griesbach, Tel. 08533/2040, www.kloster-asbach.de.

Besonders sehenswert wird das Münchner Zweigmuseum sein, wenn ab Frühjahr 2007 die spektakuläre Sammlung Kriss zum altbayerischen Volksglauben ausgestellt ist. Auch öfters interessante Wechselausstellungen, zuletzt Paul Floras Karikaturen oder Erotisches und Satirisches bei Franz von Stuck. Öffnungszeiten Di-So 11-17 Uhr. (siehe »Übernachten«)

Museum und Geburtshaus Franz von Stuck, Kirchplatz, 96167 Tettenweis, Tel. 08534/1299, a.messmer@woerlen.de, www.tettenweis.de.
Öffnungszeiten Mi–So 14-16.30 Uhr, Mo/Di geschlossen.
Jährlich wechselnde Werkausstellungen aus dem Oeuvre des späteren Münchner Symbolisten und prunkvollen Salonmalers im bescheidenen Mühlenhaus seiner Herkunft.

Kloster Fürstenzell, Rokokobibliothek, Marienplatz 12, 94081 Fürstenzell, Tel. 08502/91100. Geöffnet tägl. ab 15 Uhr und nach tel. Vereinbarung. So/Feiertag geschlossen.

Kubin-Haus Zwickledt, Zwickledt 7, A-4783 Wernstein, Tel. 0043/7713/6603, kubinhaus@landesmuseum.at, www.alfredkubin.at.
Öffnungszeiten Di–Do 10-12 und 14-16 Uhr, Fr 9-12 und 17-19 Uhr, Sa/So 14-17 Uhr. Führungen (durch die Wohnräume Kubins) 10.30 und 14.30 Uhr, Fr. 10.30 und 17.30 Uhr, Sa/So 14.30 und 16 Uhr. Auch Ausstellungen moderner Künstler.

Wer sich für die im Rottal und im südlichen Niederbayern überhaupt zahlreich verstreuten modernen Kunstschaffenden und Kunstgewerbeproduzenten interessiert, wird vielleicht über die Webadresse **www.ateliers-in-niederbayern.de** fündig, die viele Künstler mit ihren ländlichen Atelieradressen und kurzem Werkprofil vorstellt. Außerdem wird dort auf den jeweils aktuellen »Tag des offenen Ateliers« hingewiesen.

Wem's vor gar nix graust, der sollte wenigstens einmal über das schwer faßliche bayerische Disneyland des **Haslinger-Hofs** bei Bad Füssing spazieren. In diesem »Erlebnispark« hat man die bajuwarische Pseudo-Volkstums- und Jodelwelt beieinander, wie sie Kurgäste offenbar blendend unterhält. Viele denkmalgeschützte Stadln und Häuserln wurden hier aufmontiert, mit Country-Deko überhäuft und dienen nun der Devise »Hier bin ich glücklich«: Handwerks- und Shoppingstadl oder Landbar, Mega-Tanzbod'n und Musikantenhütt'n, Hofbader, Hasenhof, Sinnesgarten, GoCart- und Abenteuerbereich, Marktwirtshaus und Wohlfühlstüberl – uferlos sind die Offerten und die Events, von der Oldtimer-Rallye zur Mystischen Nacht, vom Keltischen Feuerfestival zu den Blutwurz-Buam. Wenn man da wieder draußen ist, atmet man dankbar durch bei jeder einsamen Landkapelle.

(Haslinger Hof, Ed 1, 94148 Kirchham, 08531/2950, 08531/295200, erlebnis@haslinger-hof.de, www.haslinger-hof.de)

EINKAUFEN

Für kontrolliert natürliche Lebensmittel der Region aus Bio-Produktion wurde im Landkreis Rottal das »Plinganser«-Logo entwickelt, das Fleisch und Wurst, Schnäpse und Honig, Bier und Backwaren zieren darf. Plinganser-Fleisch wird zum Beispiel von der **Metzgerei Hahn**, Lauterbachstr. 22, 84307 Eggenfelden, Tel. 08721/7535, und der **Metzgerei Wasner**, Emil-Schwate-Str. 24 in 84364 Bad Birnbach, Tel. 08563/2930, vermarktet; Plinganser-Brot ist bei der **Bäckerei Sedlmaier**, Stadtplatz 26, 84307 Eggenfelden, Tel. 08721/8276, oder bei der **Bäckerei Herrndobler**, Marktplatz 19; 94149 Kößlarn, Tel. 08536/678 erhältlich. Das Plinganser-Bier-Etikett haben u.a. die **Graf von Deym'sche Schloßbrauerei** im Oberen Schloß 3, 94424 Arnstorf, Tel. 08723/515, aber auch die kleine **Hausbrauerei Büchner**, in Heilmfurt 76, 84333 Malgersdorf, Tel. 09954/303, erhalten. Für Most und Schnaps nach den strengen Plinganser-Maßstäben wurde die **Brennerei Ludwig Pöltl** in Oberthal 31, 84307 Eggenfelden, Tel. 08721/1432, ausgewählt, und viele der zertifizierten Produkte, vom Honig über Fruchtsäfte bis zum Angusrindfleisch gibt es beim Bio-Bauernhof-Laden von **Angela und Josef Wimmer** in Rockern 3, 84347 Pfarrkirchen, Tel. 08561/1879 (nur Fr geöffnet). Weitere Erzeuger über das **Landratsamt Rottal-Inn**, Ringstr. 4–7, 84347 Pfarrkirchen, Tel. 08561/20161, landratsamt@rottal-inn.de, www.rottal-inn.de (Der rührige Landkreis betreibt übrigens auch das einzige Landkreistheater Deutschlands, das »Theater an der Rott« in Eggenfelden und veranstaltet alljährlich eine Vielzahl sogenannter »Rottaler Spaziergänge«, kleine, recht spezielle Wanderungen mit ausgewiesenen Kennern zu Kultur und Natur der Region. Auskünfte siehe oben)

Darüber hinaus lohnt der Einkauf auf den Bauernmärkten von Eggenfelden (täglich) und Bad Birnbach (jeden Samstag). Der Ortenburger Bauernmarkt mit Obst und Most dieser Streuobstwiesenregion findet jeden ersten Samstag im Monat statt. Das hervorragende Lammfleisch von **Gut Polting**, Familie Riederer von Paar, 84389 Postmünster bei Neuhofen, Tel. 08726/1314 wird samt Wild- und anderen Spezialitäten immer am Freitagnachmittag im Hofladen verkauft. **Die Baumschule Baumgartner** mit 500 alten und seltenen Obstsorten befindet sich in der Hauptstraße 2, 84378 Nöham bei Dietersburg, Tel. 08726/205, www.baumgartner-baumschulen.de, und bei **apropos wein** von Max Schmalhofer im Städtchen, nicht im Badeteil von Bad Griesbach, Seilerberg 6c, Tel. 08532/7508, info@aproposwein.de, www.aproposwein.de, findet man eine gute Weinauswahl, vor allem besserer österreichischer Winzer.

LEKTÜRE

- Dieter Vogel (Hrsg.): Rottal-Inn. Kunst- und Kulturführer. Kiebitz 2005
  Ders.: Das Rottal. Heimatbuch. Kiebitz 2001
  Beides sehr gründliche, reich illustrierte und gut lesbare Hintergrundbücher, Heimatbände im besten Sinn.
- Günter Eich: Sämtliche Gedichte in einem Band. Herausgegeben von Jörg Drews. Suhrkamp 2006
- Mechtilde Lichnowsky: Kindheit. Fischer TB 2000
- Marbacher Magazin – Mechtilde Lichnowsky. Deutsche Schillergesellschaft 1993
- Wilhelm Dieß: Stegreifgeschichten. dtv 1979
  Ders: Das Geständnis. dtv 1979
  Ders. Der Blitz. dtv 1979
  Ders. Madeleine Winklholzerin und nachgelassene Erzählungen. dtv 1981
  Die Erzählungen des Autors aus Bad Höhenstadt, mit viel Rottaler Lokalkolorit, sind nur noch antiquarisch greifbar.
- Peter Assmann: Alfred Kubin – Ein phantastischer Bilderbogen. Bibliothek der Provinz 2005

» Setz mi hi aufs Wassa
Fahr abi auf Passa
Fahr abi auf Wean
Daß i's guat Leben lern.«

Kapitel 3

GROSSER FLIESSENDER MAGNET
GÄUBODEN UND DONAULAND

IM REICH DES GURKENFLIEGERS

Im Gäuboden bekommt man Sehnsucht nach der Donau. Der alte Name »Dungau« scheint schon vorauszuweisen auf ihren Sog. Man sehnt sich nach Schatten und Baumgrün, nach feuchten Senken und glucksenden Strömungen. Man sehnt sich einfach nach reichlich Wasser.

Der Gäuboden ist für den Reisenden schwer zu mögen. Meistens fetzt man einfach nur durch, auf den langen, geraden Straßen, die ein kahles Dorf mit dem nächsten verbinden. »Agrarsteppe« heißt so eine Landschaft heute – früher nannte sich diese brettflache Gegend mit den extrem fruchtbaren Lößlehmböden »Kornkammer«. Schön wär's ja, es gäbe noch die golden wogenden Weizenfelder bis zum Horizont – heute ist der Gäuboden in amtlichen landschaftsplanerischen Gutachten als »monoton, weithin ausgeräumt, wenig erlebnisreich« charakterisiert. Die riesigen Maisfelder, die Rübenäcker, die Anbauflächen für das Feldgemüse; im Hochsommer brüten sie unter einem graustichigen, schwülen Glast. Es ist paradoxerweise ein Flachland ohne die Anmutung von Weite, Wind und Offenheit – es fehlen die großen Wolkenhimmel, die Wiesen, die strukturierenden Knicks und Heckenreihen des Nordens. Maisfelder sind immer wie Mauern und, wie Krautäcker, nur struppig und öde, wenn abgeerntet. Im Winter hängt gern der Nebel über der aufgebrochenen Erde mit ihren klebrig glänzenden Lehmschollen so weit das Auge reicht. Im Frühjahr liegt ein anderer Glanz über dem Land: jener von Quadratkilometern schwärzlich-silbriger Plastikfolie, welche flächendeckend die jungen Gemüsekulturen schützt. Und gläsern-metallischer Glanz geht auch aus von den BMW-Produktionsstätten um Dingolfing samt ihren gewaltigen Fertigungshallen und dem polierten Blech ihrer Großparkplätze. Es ist in dieser Ebene, und den angrenzenden, reliefarmen Tälern und Anhöhen um untere Isar und Vils, alles so unverhohlen nutzungs-, produktions- und ertragsorientiert, daß der Reisende am liebsten mit halb zugekniffenen Augen unterwegs wäre. Das empfiehlt sich aber schon deshalb nicht, weil der motorisierte Mitverkehr äußerst rasant zugange ist – hier wird gedüst,

Der Gurkenflieger

was das Zeug hält. Es ist, als wollten alle möglichst zügig den Anblicken jener »stark anthropogen überformten« Außenwelt entkommen, die zwar Wohlstand spiegelt (mit dem es heute auch nicht mehr so weit her ist), aber eine freudlose Szenerie hinterlassen hat, die aufs Gemüt geht. Aus einem durchaus nachdenklichen, keineswegs verklärenden Gäuboden-Heimatbuch ist mir ein doppelseitiges Foto unvergeßlich: Es zeigt aus der Vogelschau ein Dreiseitgehöft, freundlich gerahmt von Gemüsegarten und Hausbäumen. Nur liegt dieser Bauernhof, wie eine Hallig in der Nordsee, inmitten eines anbrandenden Ozeans aus schwarzer Mulchfolie, aus schnurgerade gezogenen Vliesfurchen, Plastik bis zum Horizont. Gründlicher läßt sich Landschaft kaum pervertieren, es ist fast schon komisch.

Was auf diesem, als Erde nicht mehr kenntlichen Grund heranreift, wird dann vermutlich mit dem Gurkenflieger geerntet. Über diese ungefügen Gerätschaften, die man überall aus den Ackerweiten ragen sieht, hat man vor einigen Jahren noch gestaunt, mittlerweile sind sie eine Art

regionales Sinnbild. Der Gäuboden und die angrenzenden landwirtschaftlichen Gebiete sind heute Deutschlands größtes Anbaurevier für die
allseits beliebten sauren Gurkerln; möglichst klein und jung müssen die
krummen Früchte vom Acker geholt werden. Dazu werden wie eh und
je Menschen benötigt, viele Menschen, die zu Erntezeiten aus vorzugs-
weise Polen, Rumänien, der Slowakei anreisen, um sich reihenweise für
zwölf Stunden täglich und ca. 10 € Stundenlohn bäuchlings auf die ausladenden Flügel der großen, leistungsstarken Schlepper zu betten. Dann
setzt sich der »Flieger« in Bewegung, und mit den Händen werden die
meist gut versteckten Gurken abgerupft und auf mitfahrende Förderbän-
der geworfen. Die Anstrengung dieser seltsamen, sturen Liegearbeit muß
enorm sein; Gliederschmerzen und Steifheit, desorientierter Blutkreislauf
sind normale Folgen. Aus der Nähe sieht der Arbeitsplatz Gurkenflieger
jedenfalls trostlos aus: die Plastikplanen, die vor Regen schützen sollen,
die von Schlammspritzern verschmutzten provisorischen Polsterungen,
wie die Schlafsäcke von Obdachlosen; und die Unterkünfte »u bauera«,
wie die deutsche Saisonarbeit in Polen heißt, dürften auch nicht sehr erholsam sein: Container, die in den betonierten Hofräumen aufgestellt
werden, manchmal auch Zelte oder Ställe. Trotzdem tauchen sie treu alljährlich wieder auf, die im Gegensatz zu schnell ermüdenden deutschen
Arbeitslosen offenbar strapazierfähigeren Erntehelfer aus dem Osten,
ohne die der großräumige Feldgemüseanbau im Gäuboden auf-
geschmissen wäre – 1200 € Monatsverdienst sind immer noch ein Vielfaches des heimischen Durchschnittseinkommens.

Ihre Arbeitgeber, die niederbayerischen Landwirte, können auch nicht
mehr so aus dem Vollen schöpfen wie in jenen goldenen Zeiten, als man
sie »Bauernkönige« nannte. Gäubodenbauer – das war in der Vergangenheit das Synonym für allergrößte Gewappeltheit, für solideste Reichtü-
mer. Die Tracht zeigte die Wohlhäbigkeit ungeniert her: jene goldenen
Quastenschnüre an den platten Hüten, die langen schwarzen Gehröcke
aus gutem Tuch, die verziert und behängt waren mit Silberknöpfen, Sil-
berketten, Silbermünzen, daß die Träger auf den Viehmärkten oder Volks-

festen in Straubing fast vornüber gekippt sein müssen vor der klirrenden Last ihrer edelmetallenen Statussymbole. »Die Weiber«, so ein Chronist des 19. Jahrhunderts, »sind der vielen Röcke wegen äußerst verpolstert.« In späteren Jahren war die Gäubodenmetropole Straubing berühmt-berüchtigt für die Opulenz ihres Rotlichtmilieus – die begüterten Agrarier des Umlandes hatten den Ruf, nicht kleinlich zu sein, wenn sie es krachen ließen.

Was den Durchreisenden freilich verwundert und auch bekümmert, ist der Umstand, wie wenig Spuren der notorische Gäuboden-Reichtum in baulichen und architektonischen Traditionen hinterlassen hat. Im Gäuboden herrscht funktionelle Kahlheit; die Ortsbilder, die Einzelanwesen, sind bestürzend nackt und phantasielos. Die Höfe sind oft riesig, gewiß, und man könnte sich vorstellen, daß der eine oder andere Hallenbäder oder Wellness-Oasen vom Feinsten beherbergt. Aber ihr Dekor, wenn überhaupt, besteht aus den Herrlichkeiten zeitgenössischer Baustoffindustrie: Erker, Loggien, Wintergärten, die ganze »postmoderne« Bandbreite von Verglasungs- und Überkupferungs-Schnickschnack, Schmiedeeisenzäune zum Fürchten, Gauben aus der Retorte und frischer Putz in der gesamten Barbie-Farbenpalette. Die Hofräume sind meist voll verplattelt – sie müssen ja auch stabilen Untergrund bieten für all jene Ungetüme in den fabrikgroßen Fahrzeughallen, an denen sich heute bäuerlicher Wohlstand erweist, den neuesten John-Deere-Traktoren oder 280-PS-McCormick-Schleppern, Kartoffelvollerntern für 150 000 €, dazu noch Turbo-Pkws für jedes Familienmitglied – »die Technik ist des Gäubodenbauern liebstes Kind«, geht der berechtigte Spruch.

Öfters zuckelt man hinter einem langsameren Gefährt über die Landstraßen: Das sind die schwankenden, mit erdverkrusteten Zuckerrüben beladenen Anhänger, die ihre Fracht bei »Südzucker« in Plattling abzuladen unterwegs sind. Und entdeckt dabei am Straßenrand immer wieder ein »www-rettet-die-zuckerruebe.de«-Poster. Der Strukturwandel in der Landwirtschaft hat den Gäuboden nicht verschont – das Sterben minderer Bauernanwesen und die Konzentration auf immer größere Betriebe

ist in vollem Gange – und wird ihn weiterhin nicht aussparen. Die Zuk-
kerrübe, seit längerem »Brotfrucht« der Region, ist durch die Zucker-
marktreform im EU-Rahmen massiv bedroht. Die Welthandelsrunde ist
der Auffassung, daß der hiesige subventionierte Preis, 632 € für die Tonne
statt 230 € Weltmarktpreis, auf alle Fälle fallen muß; um 40 Prozent Ein-
nahmeeinbußen für die niederbayerischen Rübenbauern sind schon fast
sicher. Was wird dann im Gäuboden wachsen? fragt sich der Ausflügler,
der an diesem drückendheißen, jeglichen Klimawandel lebhaft vorstellbar
machenden Sommertag endlich ein Eiscafé in Landau/Isar gefunden hat –
Spargel gibt es hier ja schon seit einiger Zeit und Erdbeerfelder ohne
Ende: Zitronenbäumchen vielleicht oder die Syrah-Traube?

Die kleinen Städte am Gäubodenrand, Dingolfing, Landau, sind auf
eine hitzedunstig verlangsamte und verschlafene Weise recht angenehm
an solchen hochsommerlichen Wochentagen. Alle Welt, so sie nicht Bröt-
chen verdient, platscht in Spaßbädern namens Caprima oder Ergomar,
Elypso oder Aquatherm herum, und auf dem heißen Pflaster der sehr
übersichtlichen Stadtkerne klappert man öfters allein seiner Wege. Man
hat sie schnell durch, diese Klein- und Mittelzentren mit ihren weithin
auslappenden gewerblichen Rändern. Dingolfing ist um einiges pittores-
ker als Landau, Plattling um einiges monotoner. Plattling tut einem
manchmal fast leid: Der Name klingt schon so lautmalerisch nach nieder-
bayerischem Kaff, und Ortsbild samt Atmosphäre sind denn auch von be-
trüblicher Fadesse. Herbert Achternbusch war zu dieser Ansiedlung besonders gemein: »In Plattling ist das Nichts. In Plattling wohnen keine
Menschen.« Landau steht zwar von weitem hübsch aufgebaut über der
Isar, aber das ist ein wenig irreführend. Außer dem exzellent gestalteten
und zu Recht mit dem Europäischen Museumspreis versehenen Archäologiemuseum im mittelalterlichen Kastenhof ist auch hier das Stadtbild
nüchtern und etwas nichtssagend. Wir empfinden zugegebenermaßen einige Bewunderung für den vormaligen Berliner und Hamburger Dada-
Künstler, den hochverschrobenen Johann Baader, der, in Kriegszeiten
nach Landau evakuiert, es hier zwölf Jahre bis zu seinem Tod 1955 im

Altenheim aushielt und seine Wahl- oder Zwangsheimat auch noch be-
sang: »Landau an der Isar Auen / Ist des Himmels liebste Stell' / Wer's
nicht glaubt, kommt in die Höll!«

Der hierorts 1961 geborene Schriftsteller Norbert Niemann, der das
Städtchen verschlüsselt in seinem etwas wortreich-anstrengenden, sehr
postmodern-inszenierten Jugend- und Provinzszene-Roman »Wie man's
nimmt« dargestellt hat, lebt jedenfalls seit Jahren am Chiemseestrand. Da
wäre man jetzt ehrlich gesagt auch lieber. Die sehenswerte Friedhofskapelle Heiligkreuz mit ihren drei gotischen Altären ist außerdem noch
versperrt. Man tröstet sich mit dem »Altstadtcafé« und den Buchhandlungen »Cactus« oder »Wegmann«, wirft einen Blick in die unter Ensemble-
schutz gestellte Höckingergasse und liest ein wenig in Norbert Niemanns
in der »SZ« publizierten Landau-Erinnerungen herum, an den »bierseli-
gen Nihilismus, den apathischen Sarkasmus« im selbstverwalteten Jugend-
haus, an die »alles betäubende Dunstglocke« jener Jahre. – »Niederbayern,
das ist zwanzig Jahre ein Gefängnis für mich gewesen – aber auch ein
Schlupfwinkel … Die Kleinstadt erschien uns als metaphysisches Vakuum,
als Nicht-Ort repräsentativ für den historischen Stand der Dinge.« Heute
gesteht der Autor eine »melancholische Sympathie, eine scheue Zuneigung für das Zerschundene und Zerschnittene, Ausgeblutete und Ab-
geschriebene dieses Landstrichs«, so daß er fast »das befremdliche Wort
Heimat in den Mund nehmen« möchte. Diese beinahe trotzige Nei-
gungsbezeugung kann man verstehen. Und etwas bockig machen wir uns
auch auf die Suche nach den versteckten und inselhaften Schönheiten
dieser herben und reizarmen Region – den Chiemsee schön finden kann
schließlich jeder, aber den »wachsenden Felsen von Usterling« zu finden,
ist gar nicht so leicht.

Hier, in den baumbestandenen Isarleiten, ist es endlich einmal schattig. Und der wachsende Felsen ist ein wahrhaft kurioses erdgeschicht-
liches Monument: Wie eine aufrecht stehende, etwas schimmelige und
verkrümmte Brotschnitte ragt diese über Jahrtausende gewachsene natürliche Tuffsteinwand aus dem Hang, fast fünf Meter hoch, aber nur so dick

Die Stadtmauer von Dingolfing

wie eine einfache Ziegelwand, inzwischen auf 25 Meter Länge ange-
wachsen, von Moosen und Algen überkrustet. Ein winziges, stark kalkhal-
tiges Bächlein hat die dünne Mauer aus seinen eigenen Tuffausscheidun-
gen aufgebaut, sich entgegen allem gesunden Menschenverstand in die
Höhe statt in die Tiefe arbeitend, und fließt jetzt als schmales Rinnsal in
ihrer oberen Kante. Am Ende rieselt es in ein natürliches Becken. Sein
Wasser hat einen uralten Ruf als Heilmittel bei Augenerkrankungen und
wird gerne, vor allem am Johannistag, zum Benetzen abgefüllt. Eine
kleine Kapelle und ein »Heiligenhäuschen« aus dem 18. Jahrhundert ver-
leihen der seltsamen Örtlichkeit zusätzlichen Zauber. Und in der Dorfkirche von Usterling finden wir den »wachsenden Felsen« noch einmal:
Auf der linken unteren Tafel des wunderschönen spätgotischen Flügelal-
tars ist der sonderliche Stein konterfeit – Christus wird mit dem Rinnsal
vom Usterlinger Tuffstein getauft.

Dingolfing, einige Kilometer isaraufwärts über die flußnahe Neben-
straße via Mamming zu erreichen, ist dann auch nicht nur BMW-Zweig-
werk, obwohl dieses die Größe von 380 Fußballfeldern hat und über
22 000 Leute beschäftigt – die Stadt selbst hat nur 18 000 Einwohner. In
Dingolfing läßt es sich überraschend behaglich herumschlendern, vom
tiefer gelegenen, umtriebigen Marienplatz mit einigen schönen Giebel-
häusern und dem zinnenbewehrten Wollertor zur imposanten dreischiffigen Hallenkirche St. Johannis mit dem »kolossalen Herrgott« als Chorbo-
genkruzifix; eine jener Gekreuzigten-Darstellungen von wuchtigster,
gequälter Expressivität. Gleich hinter der Kirche liegt ein freundliches barockes Pfarrhof-Ensemble, und gegenüber dem Südportal die gotische
»Erasmi- und Schusterkapelle« aus Backstein, die im Inneren ihres »See-
lenkammerls« einen Karner-Aufbau mit aufgereihten bemalten und beschrifteten Totenschädeln birgt. Durch den Steinweg mit einem mittelalterlichen Bürgerhaus, in apartem Schachbrettmuster verputzt, und das
Reisertor gelangen wir bergauf zum stillen, baumbestandenen Hauptplatz
der Oberstadt, um den sich einige besonders schöne alte Häuser versam-
meln: die ehemalige Metzgerfleischbank zum Beispiel, vor allem aber die

hochbedeutende »Herzogsburg« von 1421, ein fast zierlicher, eleganter gotischer Zinnenbau, von den Wittelsbacher Herzögen gern als Jagdquartier genutzt. Im mittelalterlichen Hof befand sich allerdings auch ein Backofen, »zur Torquierung Gefangener ausgebaut« – wie in einem Backofen torquiert, also gefoltert, wurde, das fragt man sich eine Zeitlang auf der Weiterfahrt.

Zur nun fälligen ausgiebigen Einkehr kreuzen wir die Isar und die Autobahn auf der Rennstrecke nach Mengkofen und Straubing, verlassen die Hauptstraße nach ein paar Kilometern Richtung Obertunding und fahren auf einem kurvigen Landsträßchen zum in einem Waldwinkel versteckten Schloß Tunzenberg samt löblicher Schloßwirtschaft. Das ganze Tunzenberger Ensemble ist sehr reizvoll und ein einigermaßen märchenhaftes Kleinod in diesem sonst so sachlichen Teil Bayerns. Der verwachsene Park mit den hohen Bäumen rund ums Schlößchen mit seinem Zinnenturm, dem Marmorbrunnen, dem weinlaubüberwucherten Innenhof, der barocken Kapelle … kein Wunder, daß Tunzenberg ein beliebter Auftrittsort für Lesereisen, Musik- und Kleinkunstdarbietungen ist. Harry Rowohlt, Konstantin Wecker, Joseph von Westphalen, Sigi Zimmerschied und viele andere sind hier schon auf der Bühne gestanden und haben anschließend vielleicht auch in den wunderschön altmodisch möblierten Zimmern genächtigt.

Aber auch die Schenke in einem spaliergeschmückten Nebengebäude bietet ausnahmehaft liebevolle und komfortable Fremdenzimmer, dazu die angenehmsten Gaststuben weit und breit, einen schönen Biergarten – und eine Küche, die Bayerisch-Bodenständiges und Ambitionierteres aus Fisch und Wild gleichermaßen gut beherrscht. Dies wäre ein wohliger Ort zum Bleiben, uns aber muß es weitertreiben, ins flachgeneigte Hügelland hinaus, über die sachlichen Großdörfer Ottering und Großköllnbach, Richtung Pilsting.

»DER MARKTPLATZ« –
HANS CAROSSAS KINDHEIT IN PILSTING

Markt Pilsting ist ein klassisches Ackerbürgerstädtchen mit einem in der Sonne brütenden, endlos hingebreiteten Marktplatz, der als einer von Niederbayerns schönsten gilt, was uns, zumindest im jetzigen Zustand, nicht ganz nachvollziehbar ist. Eher können wir den Schrecken des kleinen Knaben begreifen, der aus ländlicher Idylle des Tölzer Voralpenlandes, »Bergesnähe witternd«, mit einem Mal ins ferne Unterland, in dieses strenge, monotone Häuser-Karree versetzt wurde. Der sich nun »zwei langen und zwei kurzen Gebäudereihen gegenübergestellt sah, die mit geschwungenen und gestuften Riesengiebeln ihn einschüchterten und mit unzähligen Fenstern und Luken auf ihn äugten, während er selbst ihnen wenig anhaben konnte«. Am südlichen Ende des gedehnten Platzes, unweit des neuen Rathauses, steht das Gasthaus »Landshuter Hof«, das in Hans Carossas »Eine Kindheit«, seinem wohl schönsten Buch, »Zu den drei Helmen« heißt. Im ersten Stock hatte die Familie Carossa im Jahre 1886 »eine Wohnung mit vielen großen Zimmern« bezogen, als der Vater den verwaisten Posten des Landarztes übernahm. »Kading« heißt Pilsting in Carossas Erinnerungen – und Kading ist ein magischer, zwielichtig illuminierter, keinesfalls besonnter und verklärter Kindheitsort, der uns da in allerlei skurrilen Episoden vor Augen kommt. Carossa hat das schmale Buch in den Schützengräben des Ersten Weltkriegs zu schreiben begonnen, sich »zwischen einschlagenden Geschossen und schreienden Verwundeten in die Welt eines höchst schrulligen Knaben zurückversetzt«. Es ist in der Tat ein kindlicher Außenseiter, dem wir in diesem Kading des späten 19. Jahrhunderts begegnen, ein in sich gekehrtes, neugieriges, aber einsames Bürgerkind, von der Mutter aufgeputzt, von der Landjugend verspottet: »Mit kurzen Hosen, langen Strümpfen und Halbschuhen hätten sie sich gewiß abgefunden, dagegen blieb ihnen der gestärkte Leinenkragen mit blauem,

weißgetüpfeltem, von der Mutter täglich mit Sorgfalt gebundenem Schlips unerträglich…« Die Kadinger Mitschüler »kamen im Sommer barfüßig, im Winter mit Holzschuhen zur Schule, trugen lange weite Hosen, dazu buntwollene Jacken und gar verwegene spitze Filzhüte, die mir übrigens ungemein gefielen … Fast alle Knaben waren bis nahe zur Stirn heran so gut wie kahlgeschoren, hier aber durfte das Haar in schmaler Zone beliebig nach vorne wachsen, so daß es wie ein Dächlein herabstand … Dazu trugen sie feine Goldringelchen in den Ohrläppchen; sie sagten, die wären das beste Mittel gegen Augenkrankheiten und Kurzsichtigkeit.«

Diese Schilderung findet sich in »Vorspiele«, der ersten Fassung von »Eine Kindheit«, die Carossa später verwarf, für die wir aber, aufgrund ihres ausführlicher gemalten Kolorits, durchaus dankbar sind. Das Viereck des Marktplatzes ist jedenfalls die ganze Welt: »So fuhr ich auf dem Platze durch die Zeit wie auf einem Schiff, über dessen hohen Häuserbord ich nicht wegblicken konnte.« Alles spielt sich auf diesem Markt mit den geschweiften und gestuften Giebeln ab, den doppelten Bogentoren, die in weite Fletze hinter den Fassaden führen: »Jahrmärkte, Pilgerzüge, durchmarschiererende Truppen, Zigeunerbanden und Tanzbären« kommen und gehen, über den Marktplatz zieht »der fast schmerzhafte Prunk« der Fronleichnamsprozession auf einem dicken Teppich aus zerblätterten Pfingstrosen und Narzissen, am Marktplatz, »die Metzgerhäuser blaßrosa getüncht, die Wirtshäuser bräunlich, Kirche, Pfarrhof und Schule aber weiß«, steht das Haus des verrufenen Nachtwächters und Totengräbers in seiner schwarzer Zipfelmütze, den das Kind aber trotzdem ehrt, weil er über ein so wunderbares Kippbild der Heiligen Dreifaltigkeit über seiner Haustür zu bestaunen ist.

Rund um den Marktplatz erlebt das Kind Finsteres und Unheimliches. Es ist dabei, als der Vater zur Leiche einer im Wirtshaus erstochenen jungen Frau, der »Schmeroldin«, geholt wird, registriert die vergebliche Ätherspritze und das nachträgliche Gurgeln in der Kehle der Toten. »Das schwarze Kopftuch war von der Stirne weit zurükkgeglitten, man sah sorgfältig aufgekämmtes weißblondes Haar, die Augen standen offen und schielten ein wenig. Über den Tisch hing eine Hand mit schmalem Ring, die Füße standen auf einem umgefallenen Maßkrug auf, ein schaumiges Gemisch von Blut und Bier tropfte auf den Steinboden.« Hoch über dem Marktplatz, auf dem eigenen, verbotenen Dachboden hinter der schweren Falltür, macht es eine grausige Entdeckung. Es ist ein Speicher wie aus unser aller Angstlustträumen: »Das Alte, Schwüle, Todelnde des Raumes trieb mich zunächst wieder dem Ausgang zu ... Von mehreren Ziegeln standen sonderbare graue Zapfen herab ... ich riß den nächsten los; er fühlte sich an wie Fließpapier und ließ sich zerblättern; aber plötzlich krochen mir kleine Wespen über die Hand ...« Der Knabe steckt sich mumifizierte Fledermäuse zur weiteren Verwendung in die Hosentasche, desgleichen alte, gummierte Totenkopf-Giftetiketten und schwefelsaure Kupferbrocken aus einem alten Arztschrank, »jede Schublade barg irgendein scharf duftendes Kraut oder Pulver«. Und da ist noch eine Kiste, »die mit veralteten Instrumenten gefüllt war.

Messer, Scheren, schauerlich gekrümmte Zangen, Sägen, Pinzetten und Spatel … da geriet ich an einen Gegenstand, welcher sich anders anfühlte als alles andere … braune runzelige Finger, leicht gekrümmt und gespreizt, standen zwischen allerlei Geräten hervor, und fast war mir, als hätte ich eine schwache Bewegung wahrgenommen.«

Dem »ganzen schlotterigen Menscharm samt Schulterblatt und Schlüsselbein«, den der Knabe schließlich, entschlossen weiterzerrend, freilegt, »vom Handgelenk an aufwärts fehlte die Haut, eingetrocknete Wülste und Stränge umhingen die großen Knochen«, werden wir in »Eine Kindheit« noch öfters begegnen. Er spielt eine verhängnisvolle Rolle in einem Streich, der mitten auf dem Marktplatz dem schlimmsten Bubenfeind gespielt wird, er dient den Eltern als unsentimentales Demonstrationsobjekt, mit dem sie dem Sohn und späteren Arzt Hans Carossa die Muskel- und Sehnenfunktionen erläutern.

Im Wirtshaus am Markt erlebt das Kind eine niederschmetternde Pleite als Möchtegern-Zauberkünstler, und rund um den Pilstinger/ Kadinger Marktplatz tobt dann schließlich auch das Kinderwettrennen, das, vom kleinen Hans ersonnen und mit selbstgebastelten glitzernden Preisrosetten und Seidenfahnen prämiert, ihm schließlich unter den einheimischen Buben einigen Respekt verschafft.

Jene hohle, verkrüppelte Weide etwas abseits des Ortskerns, einem Schlangenkopf mit aufgerissenem Maul ähnelnd, das der Knabe Hans zum Kadinger Abschied, auf dem Absprung zu Landshuter Internatszeiten, mit allen möglichen Paraphernalia seiner Kinderjahre, Ringelchen, Mandelsternen, versilberten Nüssen, füttert, können wir natürlich nicht mehr finden. »Von den ersten Häusern noch einmal hinblickend, bemerkte ich einige Elstern, welche die Stätte schreiend umflogen; ja, eine hatte sich auf dem Schlangenkopf niedergelassen und schien eifrig hineinzupicken, worüber mich unendliche Freude befiel, ich wußte nicht, warum.« – Man kann die Farbigkeit, die Intensität von Stimmung und Schilderung dieses kleinen Buches »voll heimlicher Dämonie« nur andeuten, das zu den Lieblingsbüchern von Hesse, Rilke und Hofmannsthal zählte (»so eigenartig bildhaft leuchtend und zugleich voll Geheimnis und Hindeutung«, rühmte Hofmannsthal den Kollegen in einem Brief).

In Pilsting erinnert nur die Volksschule an Hans Carossa, nicht einmal die offizielle Orts-Website erwähnt ihn unter den Rubriken »Kultur« oder »Geschichte«. Aber einen Gedenkort wollen wir doch aufsuchen, nämlich die traditionsreiche Essigbrauerei Kriegl, Marktplatz 24, Ecke Färberstraße. Heute kann man hier Apfelessig, Fruchtwein-Balsamessig, Gärungsessig erwerben, »in ansprechender Verpackung«, in Holzbottichen gereift, aus dem Wasser des hauseigenen »Artesier-tiefbrunnens« gefertigt – vielleicht auch (»Erleben Sie Essig haut-nah!«) an einer Essigbrauereibesichtigung, schönes deutsches Wort, teilnehmen. Ein Vorfahr des heutigen Besitzers Peter Kriegl kommt in Carossas Erinnerungen durchaus markant vor. Da erscheint näm-lich Herr Kriegl, Besitzer der damaligen Lebzelterei und Wachszie-herei, in des Vaters Sprechstunde, um sich einen verletzten Finger be-handeln zu lassen, und fordert das Kind Hans auf: »Komm doch ein wenig in meinen Laden am Nachmittag! Dort habe ich allerhand Gutes für dich!« Hans Carossa läßt sich bei Kriegls mit Met und Orangentorte bewirten, staunt über die Menge der »hustenstillenden Malzzeltchen«, die aus einer ausgewalzten, glasig braunen Masse her-ausgeschnitten werden. »Ach bitte, Herr Kriegl, bitte, laß uns doch deine Finger abschlecken«, betteln die herumstehenden Kinder. Aber am meisten beeindrucken ihn »zahllose Bänder, Blätter und Schnitzel eines weißlichen Stoffes, der die ganze Luft umher wohlriechend machte«. Gebleichtes Bienenwachs ist das, von welchem er eine Handvoll mitnehmen darf und aufbewahrt. Später werden daraus jene unförmig grotesken Hirten-, Engels- und Satansköpfe für seine selbstgebaute Krippe, über deren Mißglücktheit er in maßlose Rage gerät. Ins Landshuter Internat hat er trotzdem einige als Talismane mitgenommen.

Versteht sich, daß wir mit einer Flasche Kriegl-Apfelessig im Kofferraum unsere Fahrt fortsetzen. Nach Ganacker sind es nur ein paar Kilometer; die Kirche ist eine der letzten St.Leonhards-Kirchen, die rundherum mit einer viele Meter langen Eisenkette umwickelt sind; früher konnte man diese symbolische Viehkette zu Ehren des Viehpatrons Leonhard öfters sehen. Von den wunderschönen archaischen Eisenvotiven in Tierform haben sich in Ganacker nur wenige erhalten; die meisten sind im Landauer Museum gelandet. Bei den Wallfahrten lagen diese Rinds- oder Pferdefigürchen in offenen Kisten aufgehäuft, die pilgernden Bauern nahmen so viele Rosse, Kühe oder Schweine, wie sie jeweils im Stall hatten, für ihre Fürbitten heraus, legten sie in den Hut und umrundeten damit den Altar. Welche Pilgerherberge damals auch immer Vorläuferin des »Wohlfühlgasthofs Axthammer« gewesen ist, Schweinelendchen Hawaii mit Gitterkartoffeln und »pfiffige Cocktails« hat sie gewiß nicht kredenzt.

Westlich des Dorfs, neben der zwiebelbehelmten Pestkapelle, erinnern nur zwei Granitsteine an Ganackers finstere Geschichte während der letzten Jahre des Zweiten Weltkriegs, Mahnmal an etwa 150 Tote, die dem KZ-Außenlager Ganacker, unter Kommando des Konzentrationslagers Flossenbürg, zum Opfer fielen. Wir sind nun in Richtung Straubing unterwegs; und zu Autofahrten auf den verlassenen, langgedehnten Gäubodenstraßen, das hat ja alles schwer was von Bayrisch-Texas, passen ganz ausgezeichnet die ziehenden amerikanischen Slide-Guitar-Klänge, von Ry Cooder zum Beispiel: Haidenkofen, Paitzkofen, Makofen – Nothing Out There ... I Can't Win ... Leaving Missouri ... The Way We Make A Broken Heart ... Theme From Southern Comfort ... In Stephansposching ist das Tape zu Ende, und da ist auch endlich das Wasser, der »große fließende Magnet«, so hat Carossa sie genannt, die Donau. Wir müssen nur durch den Einschnitt in der Böschung und hinunter zur Autofähre rumpeln, da strömt sie dahin, welche Freude. Ein bißchen Wartezeit bleibt zum Übergesetzt-werden, bis sich die Plattform mit Fahrzeugen gefüllt hat. Wie viele denn drauf gehen? fragt man den alten Fährmann. »Normal viere, von Eahmer'm achte«, witzelt der, mit despektierlichem Blick auf unseren Kleinstwagen.

Die Donau bei Straubing

DER GROSSE SILBERNE FISCH –
AN DER ALTBAYERISCHEN DONAU UM STRAUBING

Man möchte am liebsten ein paar Mal hin- und herkreuzen, so euphorisch wird man dann auf den Wellen, der saugenden Strömung ganz nah, den Wind im Gesicht, den Wassergeruch in der Nase. Uneingezwängt liegt der Fluß hier im flachen Ackerland, locker eingefaßt von Auwäldern und Dämmen, die Waldberge des Bayerischen Vorwaldes stehen unfern im Norden. Natürlich muß man bei dem eigenen winzigen Querweg über dieses Wasser an seine unendliche Langstrecke denken, fast 3.000 Kilometer vom Donaueschinger Schloßpark bis zum Schwarzmeerdelta. Natürlich hat man Claudio Magris im Gepäck, Eva Demskis »Mama Donau« – es gibt ja eine Flut von Donau-Literatur, fasziniert vom großen Sog dieses strömenden Bandes durch halb Europa. Einige der schönsten Donau-Gedichte stammen von dem Regensburger Georg Britting, ein paar Zeilen kann ich auswendig: »Der große silberne Strom kam breit hergeflossen / Wie ein großer silberner Fisch, Wälder waren seine Flossen. / Mit dem hellen Schwanz hat er am Himmel angestoßen.« Immer hat es etwas Magisches, Mystifizierendes, an diese Gestade zu gelangen, da spürt

man auf einmal einen großen Durchzug in diesem behäbigen Bauernland, Weitertreibendes, das Aroma der Ferne. Das Fließen hier, immer
mächtiger werdend, verbindet uns mit Wien und Preßburg, Esztergom
und Novi Sad, Rustschuk und Tulcea – wie weitet das unsere brave Heimat. Wir lehnen am Geländer der altmodischen Rollfähre, eine der letzten ihrer Art, überm weißroten Rettungsring, die Stephansposchinger
Turmzwiebel wird kleiner, der Mariaposchinger Spitzhelm kommt näher,
das Wasser eilt grüngrau dahin. Im kleinen Biergartl am Mariaposchinger
Anleger trinken wir ein Weißbier, um noch etwas in Donaunähe zu verweilen. Und wirklich müssen wir noch mal zurück, der Fährmann lacht,
weil wir auf der Südseite etwas vergessen haben, nämlich die Kirche von
Loh bei Wischelburg zu besuchen.

Loh: das ist ein funkelnder Edelstein, ein Hochkaräter der ganzen
Region. Den hohen Zwiebelturm sieht man schon weithin im flachen
Land – aber äußerlich scheint die Wallfahrtskirche Heiligkreuz doch eine
Dorfkirche von vielen zu sein. Ihr Inneres ist freilich einer der reichsten,
künstlerisch bedeutendsten Rokokoräume ganz Bayerns, konkurrenzfähig mit den viel berühmteren Asam- oder Zimmermann-Interieurs,
von heller Leichtigkeit und höfischer Raffinesse. Die geradezu exzentri-
sche Eleganz in diesem abgelegenen agrarischen Umland verdankt sich
den beauftragten Münchner Künstlern: Der Stukkateur Franz Xaver
Feichtmayr und der Freskant Christian Wink arbeiteten üblicherweise am
kurfürstlichen Hof der Hauptstadt, unter anderem mit François Cuvilliés,
dem Schöpfer des Münchner Theater-Gesamtkunstwerks in der Residenz. Loh war ein Wagnis – seitens des auftraggebenden Klosters Metten,
aber auch für die Künstler, die sich dafür über vier Jahre in der niederbayerischen Einöde vergruben, um, ohne Rücksicht auf Kosten und zu
erwartende Honorare, das Rokoko noch einmal förmlich lodern zu lassen. Mein kunsthistorischer Führer beschwärmt Loh ausgiebig: den überaus phantasievollen Rocaillestuck mit den überraschend aufblitzenden
Spiegeln, die feinen farbigen Abstufungen der Kirche, von »Schnee im
Schatten« über »herrliches Lachsrosa« bis zu Graublau, Flieder und zartem

Ockergelb, Gold und Brokatmustern. »Ein Spiel der Kurven und Schwellungen … Nichts steht unverbunden im Raum.«

Einmal habe ich die Kirche von Loh bei einem sonntäglichen Hochamt erlebt. Da sang von der Orgelempore ein etwas dünner, aber durchaus könnerischer ländlicher Chor herab und versetzte einen in dem hinreißenden Raum vollends in eine Art bayrisch-katholischen Taumel, der sich dann, ebenfalls sehr bayrisch-katholisch, zwischen den Fieranten-Buden des »Kirta«, des Kirchweihfestes, mit einer Breze in der Hand, sehr schnell wieder verflüchtigte. Der heutige Loher Kirta ist ein schwacher Abklatsch des menschenwimmelnden Volksfestes im Spätsommer, zu welchem sich bis zu Anfang des 20. Jahrhunderts Tausende, Bauern, Bürger, Händler, Dienstboten, aus dem weiten Umland um die Kirche ballten. Bis weit in die Wiesen ketteten sich damals die Dult-Buden aneinander, dazwischen Musikanten, Bettler, Wahrsager, brutzelnde Kessel, staunende Kinder in Sonntagstracht. Anlaß des Schutzengelfestes war natürlich ein frommer: Groß-Beichttag, Sündenerlaß vor allem für die »Erntekerle«, die landwirtschaftlichen Helfer, und die »Ehhalten«, die Knechte und Mägde, die zu diesem Datum, an der »kloa Lichtmeßn«, auch ihren Lohn erhielten. Der wurde in Loh schnellstens wieder umgesetzt, nicht nur beim Bier und den traditionellen »Gurkenweibern« mit ihren Essigbottichen direkt neben dem Kirchenportal, sondern auch das kunterbunt vertretene Handwerk machte Bombengeschäfte. Eine zeitgenössische Chronik: »Es legen in Loh ihre Ware aus: einige fünf Schuster und ebensoviel Schneider, Kufner, Wasenmeister, Lederer, Weißgerber, Siebler, Hutmacher, Sattler, Mühlärzte, Hafner, Drechsler, Geschmeidmacher, Wäldler mit Leinwand, Krämer aus Dörfern und Hofmarken, Stadthandelsleute, Kürschner, Seiler, Lebzelter, Schlosser.« Auch die Handelsware wird uns detailliert aufgelistet: »Hasenfelle, Leiblzeuge, Unterjanker, Leinwand, Hosen, Röcke, Schuhe, Strümpfe, Stiefel, Pantoffel, Troddelmützen, Vers, Vers und wieder Vers, dem Hansl eine nagelneue Kutte, dem Sepp ein schwarzgleißender Lampelpelz, Drischelhauben, Wetzsteine, Kümpfel, Windmühlen, Kuhketten, Säcke, Krautfaßln, Sensen, Sicheln, Schnittmes-

ser, Stricke, Kessel, Gabeln, Rechen, Gsodstühle, Kleegaißen, Hafnerge-
schirre aller Art, Schnellfeuer, Spinnräder, Geißelstecken, Peitschenstiele
und anderes mehr.« Gewerbegebiet dazumal, bloß etwas spannender (was
sind »Vers, Vers und wieder Vers«, was sind »Mühlärzte« und »Gsodstühle«?) als Obi und Lidl.

Zur Weiterfahrt westwärts entlang der Donau haben wir die Wahl: Das
ruhige Sträßchen am Südufer über Irlbach und Entau begleitet das Ufer
recht nah. In den dicht wuchernden, feuchten Mischwäldern des Kapel-
len- und Auholzes lassen sich nach Überschwemmungen öfters deutliche
Spuren des Hochwassers beobachten. Wenn die Donau ihren Damm
überspült hat, ist dort alles halb mannshoch mit einem blaßgrauen Schlick
überzogen, Gräser, Blattwerk, Stämme wie mit Krapfenzuckerguß überkrustet, bis zur geraden, waagerechten Linie des vormaligen Wasserstands.
Auf der nördlichen Strecke müssen, dürfen wir noch mal zwei Euro für
die Fähre berappen und kommen bei Rastwünschen oder Hungergefüh-
len in die Nähe zweier interessanter Gastronomiebetriebe, einwandfrei
edel der eine, stark volksnah der andere. Wir kurven nordseitig weiter, auf
leeren, schmalen Straßen zwischen Gemüse- und Maisäckern, durch stille
Dörfer mit bescheidenen Kleinhäusleranwesen; prächtig blühend sind
allerdings oft die Hausgärten. Es gibt beidseitig der Donau in den Fluß-
niederungen ein paar versteckte Landschlösser, alle von Bäumen und
Hecken beschirmt in Privatbesitz, auf deren Reiz man höchstens einen
Zaunesblick erhascht: Südseitig liegt, gut eingewachsen in einer Talsenke,
Schloß Irlbach, im Besitz der altbayerischen Freiherrenfamilie Poschinger-
Bray; die außergewöhnlich intakte klassizistische Innenausstattung samt
Reliefs und Büsten von Ludwig Schwanthaler und Berthel Thorvaldsen
können wir nur auf Bildern betrachten. Nicht zugänglich ist auch das zinnenbewehrte Wasserschloß Schambach mit seinen Spitzdachtürmen, bewohnt von den Freiherren von Oefele, und auf der Nordseite steht der
schöne, parkumstandene Renaissancequader von Schloß Loham, an dem
eine kleine barocke Dachreiter-Kapelle klebt; der bürgerliche Besitzer
wurde vor einigen Jahren mit dem Denkmalschutzpreis ausgezeichnet.

Willkommen sind wir im höchst gediegenen, von allen Gourmetführern bedachten »Landgasthof Winkler« im kleinen Welchenberg, ein traditionsreiches, hochgiebliges Haus mit Salettl und Schattengarten vis-à-vis, für dessen feine Landküche wie Kalbsnierndln auf Champagnerlinsen oder geeisten Kaiserschmarrn wir jetzt allerdings nicht präpariert sind. Bei Waltendorf sind wir noch einmal bis direkt an den Donaudamm gefahren und die Böschung bis ans Wasser hinuntergestiegen. Wegwarten blühen eisblau vor der Strömung, gegenüber auf den Sandbänken baden ein paar Kinder, sonst gibt es in der Stille nur Vogelgezwitscher. Erstaunlich wenige Donauweg-Radler sind uns bislang begegnet, eine Spezies des homo freizeitiensis, die man gern in quietschbunten Reihen auf den Dammkronen ihrer Wege strampeln sieht. Die meisten haben sich offenbar gerade im »Gasthaus zum Donauufer« zu Pfelling verabredet, wo auch wir im Kastanien-Biergarten gleich überm Fluß durstig eingekehrt sind. Da sitzen sie in Scharen, in ihren violett-giftgrünen bzw. orange-türkisen Wursthaut-Outfits, ungeachtet figürlicher Voraussetzungen, die spitz zulaufenden Hartschalenhelme, die fatalerweise deutlich an jene Lederschutzkappen erinnern, die man sturzgefährdeten Schwerstbehinderten in den Anstalten umschnallt, öfters noch auf dem Kopf – Radsportmode gehört zum Schaurigsten, was die Fun-Bekleidungsindustrie unserer Gegenwart sich hat einfallen lassen. Die Toiletten in Pfelling sind mit vielen akribischen Computerausdrucken zur Benutzung von Spülung, Abfallkübeln und Automatik-Wasserhähnen versehen, und an der Gangschänke hängt ein geradezu planwirtschaftlicher Zettel: »Eis am Stiel für dieses Jahr ausverkauft!« Im Garten führen zwei ältere einheimische Männer ein melancholisches Gespräch, ein treuer Hund ist verschieden: Gestern hod's eahm 's G'stell eizogn, er hod nimmer geh kenna. – So schnell geht ebbs, hod er a Schlagerl g'habt? War's d'Hitz? – Jojo, jojo, jomei …

D'Hitz hat sich gemildert, und im samtigen Spätnachmittagslicht steuern wir unser heutiges Etappenziel an, die Höhe des Bogenbergs, ein mächtiger, solitärer Inselbuckel, der uns nun direkt vor der Nase liegt. Der Bogenberg ist ein niederbayerisches Heiligtum, und von manchen Blickpunkten sieht er auch noch sehr stolz und würdig aus. An anderen Seiten wird er derart von der Bauwut in die Zange genommen, daß es mit der Ehrfurcht nicht sehr weit her zu sein scheint. Fast auf der Anhöhe, vorne an der Kante, steht der Gasthof »Zur schönen Aussicht«, eine unspektakuläre, preiswerte Unterkunft; ihr Vorzug sind Terrasse, Panoramascheiben und Zimmerbalkons nach Süden. Von Chronist Aemilian Hemmauer anno 1791 stammt die Schilderung des Bogenbergs, »der seinen Gipfel frey und hoch in die Lufft schwinget, als wollte er gleichsam das gantze Bayrn ringsum besichtigen...« Der Blick geht wirklich endlos, über das Donauband am Bergsockel, die ebenen Felderkarrees des Gäubodens, das tertiäre Hügelland des südlichen Niederbayern, und an Föhntagen reicht er bis an die Alpen, »das tyrolische und steurmarckische Gebürg«. Eine »von der Natur inventierte, herrliche Landschaft« ist es jedoch leider nicht mehr, was wir da im Augenfeld haben, vor allem gegen Westen nicht. Das war immer ein besonders schöner Ausguck in den Abendstunden: sinkende Sonne, roter Schimmer über dem dunstig-grünen Felderland tief unten, die Donau wie eine lange, silberne Schlange mitten drin. Heute liegt uns bei Sonnenuntergang Sand vor der Nase, das Gewerbegebiet Sand, 218 Hektar mitten in der Donauaue, eines der größten ausgewiesenen Industriegebiete Bayerns, vom Bund Naturschutz in sein »Schwarzbuch Gewerbegebiete« als besonders krasser Konfliktfall aufgenommen. Noch ist die Gemarkung keineswegs vollzementiert, aber schon jetzt nehmen sich die Baulichkeiten, zyklopische Flachhallen, Hochbauten und Peitschenleuchten und Parkhalden dazwischen, von »Ingram Micro«, dem »Paketzentrum der Deutschen Post«, von »Sanitär-Heinze«, Lidl, der Straubinger Konservenfabrik und wie die Betriebsansiedlungen alle heißen, hochgradig deprimierend aus.

Dabei ist der Bogenberg ein landschaftlich und historisch höchst markanter und schützenswerter Ort, prähistorisch besiedelt, ein niederbayerisch-katholischer Kristallisationspunkt, eine uralte und hochbedeutende Wallfahrt. Am Abend ist man allein auf dem kurzen Anstieg zum Gipfel, vorbei am winzigen Anwesen Link, dem von Blumentöpfen und Garten-

Der Bogenberg

zwergen umlagerten Mesnerhaus, wo eine alte Frau bei Lampenlicht in der sehr niedrigen Küche werkelt, entlang der alten Friedhofsmauer in die jetzt schon dämmerige Kirche. Der dreischiffige gotische Raum wirkt mit modernen Glasfenstern und Altären, mit barocken Einsprengseln, etwas uneinheitlich, aber er beherbergt eigenwillige und originelle Ausstattungsstücke. Da ist das Gnadenbild selbst, eine sehr seltene »Maria in der Hoffnung«, bei der das Jesulein segnend aus einem Glasfensterchen im Bauch seiner Mutter blickt. Da hockt an der rechten Seitenwand hinterm Altar eine fast unheimliche, archaische Steinmadonna, ein frühmittelalterliches, strenges Werk der Volkskunst, das an außereuropäische primitive Kunst erinnert. Und da ragen, rechts und links vom Chorbogen, zwei dreizehn Meter hohe, mit roten Wachsfäden umwickelte Fichtenstämme in die Höhe. Jedes gottgegebene Jahr seit 1475 wird so eine »lange Stang« zu Pfingsten vom 75 Kilometer entfernten Dorf Holzkirchen in einer Fußwallfahrt auf den Bogenberg gewuchtet. Über Land trägt man sie waagerecht, aber ab dem Fuß des Berges wird der einen Zentner schwere Stamm in die Senkrechte gekippt und aufrecht von starken Männern, die sich manchmal sehr schnell abwechseln müssen, den steilen Hang hinaufbalanciert. Seit über fünfhundert Jahren halten die Holzkirchner ihr Gelübde ein, der Muttergottes auf dem Bogenberg ihr schwergewichtiges Kerzenopfer darzubringen, weil sie im Spätmittelalter einmal von einer Borkenkäferplage in ihren Wäldern befreit wurden; unverändert blieb das Ritual. Die meisten alten Votivbilder in der Kirche sind einem Brand zum Opfer gefallen, aber in den erhaltenen »Mirakel«- oder »Guttatenbüchern« der Barockzeit sind uferlos Wunderheilungen bezeugt; so an einem »Edlmann zu Cölln am Rhein, fiel mit ein Pferdt im Eyß hinein« – 255 Strophen dieses Art schließen sich an, 255 Mal »Du Himmelszier, Dich grüßen wir«. Einerseits erging man sich in diesen frommen Ergebenheits- und Dankbarkeitslitaneien, aber der Heilige Geist hieß in katholischen Bauernhäusern auch gern der »Suppenbrunzer«, weil er, als Taube in einer Glaskugel, direkt über der großen »Rein«, dem gemeinsamen Suppentopf auf dem Stubentisch zu hängen pflegte. Ein Suppenbrunzer ist neben an-

derem bäuerlichen Hausrat aus dem Bayerischen Wald im sehr sehenswerten Heimatmuseum auf dem Bogenberg zu beäugen. Überdeutlich
werden aus diesen Objekten die kümmerlichen Lebensumstände ihrer
Nutzer: Eine »Breinstampf« diente zum Hirseschälen – Hirsebrei war die
Hauptkost der armen »Waidler« früherer Zeiten –; mit der »Spangeiß«
schälte man Holzspäne von Birkenstämmen, die einzige Lichtquelle ärmlicher Katen; die »Haubelrechen« benutzte man zum Auskämmen von
Blaubeeren in den Wäldern und die »Heinzelbank« für die karge Heim-
arbeit, die Handfertigung von Holzrechen, Heugabeln, Holzschuhen.

Am nächsten Morgen, unten in Kloster Oberalteich, geraten wir dann
wieder in feudale klerikale Prachtentfaltung. In der Kleinstadt Bogen
müssen wir uns nicht aufhalten, wir steuern in der Donauebene geradewegs auf die Oberalteicher Doppeltürme mit ihren gequetschten Zwiebeln zu. Um 1725 entschloß man sich, in der Klosterkirche allen vorhandenen Stuck abzuschlagen und den neuen – aus Kostengründen? – einfach
aufzumalen. So ist ein merkwürdig kulissenhafter, über und über nur mit
Farben dekorierter Raum entstanden, illusionistisch bis zum trompe l'œil,
eine große Rarität des bayerischen Barock, in dem der Stuck eigentlich
immer dominierendes Dekorelement ist. Hier ist jedes Ornament, alles
Band- und Rankenwerk nur gepinselt, en grisaille auf rosagetöntem oder
goldgemustertem Grund; es wuselt und wabert in theaterhafter Farbigkeit
um die Bildkompositionen »teppichhaft verwoben, dicht gedrängt, in
kaum übersehbarer Figurenfülle«, wie der Dehio anmerkt. Das komplizierte theologische Bildprogramm der Deckengemälde hat den lokalen
Künstler »stellenweise sichtlich überfordert«, so mäkelt der Dehio weiter,
aber immerhin konzediert er »koloristischen und motivischen Reichtum,
eine pompöse, dekorative Wirkung«.

Der Klosterwirt liegt gleich um die Ecke, in einem hochgieblig en
mittelalterlichen Haus, und hat eine Stube mit originalen Balkendecken,
alten Stühlen, Anrichten und gescheuerten Tischen, wie wir sie mögen.
Ein reges Kulturforum ist hier im Klostergeviert zugange, bei dem auch
Gerhard Polt, Haindling und andere bayerische Ikonen auftreten, und das

Bier im Steinkrügerl ist ein Irlbacher Graf Bray aus der kleinen Schloßbrauerei jenseits der Donau, »Baron Poschingers ganz privates Bier« seit
1812, das nun auch dem Volke munden darf. Jetzt aber liegt Straubing voraus, eine Stadt, auf die ich mich freue, in der es mir immer behagt hat.

»DIESE SCHOENE UNND MIT STEINERN HAUSER WOHL-
ERBAWTE STATT AN DER THONAW« – IN STRAUBING

Ich hätte es wirklich gerne einmal verstanden, warum ich zum Beispiel in
Straubing lieber bin als in Regensburg. Warum ich nie mehr nach Fulda
will, mir aber in Ulm jedes Mal warm ums Herz wird. Warum Neu-
burg/Donau, aber nicht Eichstätt. Nördlingen wunderbar! Miltenberg
dagegen ein Graus. Objektive Gründe gibt es nicht, das sind alles besuchenswerte Städte von Reiz und Reputation. Und trotzdem rastet in
manchen so ein Aufgehobenheits-Sentiment ein, während man mit den
anderen nicht warm wird als Besucher, fremd in den Cafés sitzt, leeren
Gemüts durch die Fußgängerzonen, die Parks, die Kunststätten treibt,
sinnloser Reisender durch die deutschen Provinzen, wo die Hotelzimmer
dann die Schwermut in die Nacht verlängern. Meistens merkt man rasch,
wie es einem gehen wird: Ob über einer Stadt ein blitzendes oder flaues
Licht liegt, ob man gern Tritt faßt auf dem Pflaster der Plätze und Gassen,
ob man Passantengewusel als bedrängend oder belebend empfindet, einen
großen, leeren Platz als gottverlassen oder als frei und weit. Es ist nicht das
Wetter – durch manche Städte latscht man auch bei Regen unermüdlich,
an anderen kann man sich partout nicht freuen trotz Kaiserwetters. Natürlich spielt die eigene Vorgestimmtheit mit, sicher auch das Mitmensch-
liche: Wenn sich im Rückspiegel gleich jemand hysterisch an die Stirn
tippt, weil man auf Straßensuche auch mal ein bißchen abbremsen muß,
macht einen das nicht geneigt. Wenn man im Wirtshaus nett nach dem
Woher-wohin-des-Wegs gefragt wird, ist man dagegen umgehend ein
Sympathisant. Manchmal nimmt man nur freudlose Gestalten in den Straßen wahr, anderswo möchte man gleich familiär werden.

Der Straubinger Stadtplatz

Straubing hat, zumindest von München und Oberbayern aus, nicht gerade einen glamourösen Ruf: nördliche Pampa, riesige Strafanstalt und krachertes Gäubodenfest. Warum ich gerade für Straubing eine spezielle Vorliebe habe, kann ich wieder mal nicht begründen – rätselhafte Chemie muß da wirksam sein.

Vorm »Café Krönner« pflanze ich mich auch diesmal gleich in ein Alusesselchen und erfreue mich am Anblick des Stadtplatzes, wahrhaft einer der schönsten Bayerns. Eine sechshundert Meter lange Achse, von Grandezza und Luftigkeit, zweigeteilt durch den mittelalterlichen Stadtturm mit seinen fünf spitzigen Helmen, ein richtiger Kinderturm wie aus alten Baukästen. Und die Bürgerhäuser, die an Ludwigs- und Theresienplatz aufgefädelt sind, könnten auch alle Musterbeispiele für einen historischen Baukasten darstellen, quer durch die Jahrhunderte: Spätgotik, Barock, Rokoko, ein wenig Klassizismus und Biedermeier, die Neuzeit wie überall durch Geschäftsverglasung vertreten. Straubings Spezialität ist die Sichtbarkeit großer, unterschiedlich hoher und steiler Dachschrägen – nach einem Brand stellte man die Bauten gern traufseitig an den Platz, die Satteldächer durch zinnenbewehrte Brandmauern getrennt, die nun wie dekorative Zackenlitzen zwischen den Ziegelflächen klemmen. Vieles steht noch genauso da wie auf Jacob Sandtners Holzmodell der Stadt aus dem 16. Jahrhundert, das im Gäubodenmuseum in Kopie zu betrachten ist. Reihenweise ließen sich die Hausnummern besonders ansehnlicher Häuser aufzählen: Ludwigsplatz Nr. 12, mittelalterlich, Nr. 16, der ehemalige Gasthof »Goldene Gans« mit Renaissance-Turmerker, Nr. 39 mit dem übermächtigen Steildach, die Löwenapotheke, in der Carl Spitzweg 1829 als Provisor arbeitete, der ehemalige Getreidekasten am Theresienplatz 11, das spätgotische, schön erhaltene »Gasthaus zum Geiß«, Theresienplatz 40, die repräsentative Barockfassade mit Akanthus- und Muscheldekor von Nr. 23. Einen Hammer muß es natürlich auch geben: das turmartige, salatsaucen-farbige Hotel am vormaligen Theresientor, in jenem monumentalisierenden Glasbogendekor der Postmoderne errichtet, das inzwischen so überständig ist wie die Krissel- und Föhnfrisuren derselben Zeit, bloß leider nachhaltiger. Der Stadtplatz lag in früheren Jahrhunderten exakt im Kreuzungspunkt zweier großer Fernrouten, und er war für das ganze bäuerliche Umland Großmarkt, Handelszentrum, Kontaktbörse, Vergnügungsort – jedes zweite Haus ein Bräu, an Kundschaft mangelte es nicht. Er war aber auch Scheidepunkt jener niederbayerischen Zweiteilung zwischen Arm und Reich, zwischen den Hungerleidern aus dem unfruchtbaren, dunklen Waldgebirge im Norden und den Bauernfürsten aus dem ertragreichen Gäu im Süden, denen ihre Äcker zu Gold wurden. Den Gesindemarkt auf dem Stadtplatz, an den sich Betroffene noch lange bitter als an eine Art Sklavenhandel erinnerten, gab es bis in die Mitte des 20. Jahrhunderts. Wenn es alljährlich Zeit für die große Kornernte war, machten sich die Bedürftigen aus dem Wald auf den bisweilen beschwerlichen Weg »ins Gäu ausse«, Zweitsöhne ohnehin ärmlicher Gütl, Holzknechte, Handwerker, Bauerntöchter, Heimarbeiter, Ta-

St. Jakob

gelöhner und Soldaten – mindestens 17jährig und höchstens Anfangsfünfziger sollten die »Arner« sein, um die Wochen härtester Knochenarbeit durchzustehen. Dann standen sie in Ballungen um den Stadtturm herum, am Strohhut oder einem Papierzettel am Filzhut als Verdingkräfte kenntlich, ließen sich begutachten, abschätzen und schließlich anheuern. Wenn der Großbauer lieber beim Bier saß, delegierte er die Anwerbung an Makler, einen »Schmuser« oder eine »Hindingerin«, die dann etwas Geld oder zwei Maß Bier erhielten. Die Entlohnung von »Arnkerl« oder »Arndern« lag um die Jahrhundertwende bei etwa 18 Mark pro Woche, vor dem Zweiten Weltkrieg um 50 Mark.

Die Gassen der Straubinger Altstadt gehen vom Stadtplatz wie Rippen vom Rückgrat ab, und die meisten Straubinger Kirchen erreicht man über die Seitenstraßen der Nordseite; in der südlichen Hälfte hatten von jeher Handwerker, einfache Gewerbe und kleine Leute ihr Quartier.

Die Hauptkirche St. Jakob und Tiburtius ist das Straubinger Pendant zu St. Martin in Landshut: ebenfalls eine ragende, sehr späte gotische Hallenkirche, ebenfalls erheblich von den Bürgern finanziert, vom gleichen Baumeister Hanns von Burghausen hingestellt. Der Turm von St. Jakob kommt an die Pracht des Martinsturms aber leider nicht entfernt heran: Vor allem ähnelt seine Haube weniger einer Zwiebel als eindeutig einer Rübe, was zum Dom des Zuckerrübenanbaugebiets ja nicht übel paßt. Backsteinschiff und Steildach erheben sich freilich imponierend über den Altstadthäusern, und der dreischiffige Innenraum mit seinen überlangen Rundsäulen ist zwar weniger transparent und filigran als der Landshuter, aber ebenso hochstrebend und weitläufig. Das Licht in St. Jakob ist gedämpft, gefiltert durch die Farben der Glasfenster, von denen sich noch einige aus dem Spätmittelalter erhalten haben. Altaraufbau und Gesprenge des sehr golden leuchtenden Hochaltars sind neugotisch, Figuren und Bildtafeln stammen aber aus dem Atelier des Dürer-Lehrmeisters Michael Wolgemut; sie wurden aus Nürnberg im 16. Jahrhundert angekauft. Allerdings hat man sich mit den Heiligengestalten ein paar recht komische Anverwandlungen erlaubt. Jakob und einen Tiburtius, die Namenspatrone der Straubinger Kirche, hat man einfach mit wenig Aufwand aus einem vorhandenen Hl. Johannes und einer Hl. Katharina umgeschnitzt – wenn man's weiß, glaubt man zu sehen, wie faschingsmäßig angeklebt die Bärte dieser beiden aussehen. Und vor allem der Hängeschnauzer im weichen Katharina/Tiburtius-Gesicht verhilft dieser Figur nun zu einer gewissen physiognomischen Ähnlichkeit mit Matthias Platzeck.

Die überaus reiche und bewegte Rokokokanzel, von der zahlreiche Putten ihre kurzen, dicken Tanzbeinchen in den Raum schwingen, ist zumindest teilweise ein Werk des Straubinger Stukkateurs Matthias Obermayer, ein Künstler, in den man sich in dieser Region regelrecht verschaut, den man zu suchen und zu sammeln beginnt. Seine buntesten und originellsten Altäre stehen in Kloster Windberg, aber er war lokal viel beschäftigt und hat eine Menge phantasievoller Bildwerke, in Kirchen, als Fassadenstuck, hinterlassen. Ein höchst eigenwilliger, so naiv-verspielter wie ausdrucksstarker Bildhauer des 18. Jahrhunderts, eines von dreizehn Bauernkindern aus Oberschneiding, den Kunsthistoriker als ewigen Geheimtip anpreisen und mit den viel berühmteren Wessobrunnern gleichsetzen. Im Greisenalter mußte er, am Verhungern, Bettelbriefe schreiben und »um ein wenigen beytracht« ersuchen, weil »ich so Lange um Keinen Kreuzer Keine arbeith hab«. Zwei Gulden und 24 Kreuzer Almosen erhielt er von der Kongregation Mariä Verkündigung und starb 1799 in größter Armut.

Einige der markantesten Kunstwerke von St. Jakob findet man im Kapellenumgang hinter dem Hochaltar. Hier kann man die schönsten alten Glasfenster betrachten, ein Altarbild, das Hans Holbein zugeschrieben wird, einen fast privaten, gut versteckten, dekor-überschäumenden Asam-Altar. Und hier steht man vor zwei Epitaphen, Grabmälern der frühen Renaissance und des Manierismus, die man gewiß nicht vergißt. Das eine ist das lebensgroße Porträt des Ratsherrn Ulrich Kastenmayer auf seiner marmornen Grabplatte von 1431, das einen Toten in holländischer Tracht, mit weitärmeligem Mantel und großem Hut, zeigt, die feingeäderten Hände übereinandergelegt. Aber es ist das Gesicht, das einen nicht losläßt, schräg geneigt, die Lider halb geschlossen, ein Antlitz »in extremis«, wie Walther Panofsky schrieb, voller Harm und Schmerz, aber auch Ergebenheit und Fassung – großartigster Realismus und Überhöhung zugleich, ein Kunstwerk von absolutem Weltrang. Vor dem anderen Memento mori, dem Epitaph für den Prediger Johannes Gmainer, schrickt wohl jeder erst mal spontan zurück. Es ist ein Horror-Relief – ein Leichnam in Auflösung, dem verwesende Haut und Muskeln in Fetzen von den Knochen hängen. Diesem Toten schlängeln sich in wilden Windungen Nattern aus dem Totenkopf-Mund, kringeln sich um den Knochenhals, in den Relikten der Eingeweide nisten Kröten und Molche, schartiges Kriechgetier hockt auf allen Gliedmaßen – diese Drastik ist schon nicht mehr realistisch, sondern hochmaniert, von jener abgedrehten Phantastik, die wir aus Monster-Movies kennen. Da erholt man sich direkt vor der Grabplatte des Doktors Magnus von Schmiechen – dieser verstorbene gelehrte Herr, dessen Haupt auf Büchern ruht, war einfach nur ziemlich fett: hamsterbackig, basedow-äugig, von Speis und Trank formlos und entgleist. Die Bildhauer dieser ungeschönt wahrhaftigen bis krassen Menschendarstellungen im Übergang vom Spätmittelalter zur Renaissance sind unbekannt. Ebenbürtig in Expressivität und Realismus ist die Tumba des Herzogs Albrecht II. in der nahe gelegenen, gleichfalls backsteingotischen, später opulent barockisierten Karmelitenkirche, allerdings aus einem derart weißscheckigen Rotmarmor gefertigt, daß einem die Konturen vor den Augen flackern.

Wiederum nur ein paar Schritte haben wir zur unauffälligen Straßenfassade der Ursulinenkirche in der Burggasse, dem letzten gemeinsamen Werk der Gebrüder Asam. Es scheint eine Art Deal auf Gegenseitigkeit gewesen sein, daß die damals höchst prominenten und gefragten Münchner Hofkünstler Cosmas Damian und Egid Quirin Asam dem bescheidenen Provinzkonvent eine Kirche von extravagantem Rang bauten. Die Straubinger Ursulinen hatten einige Jahrzehnte zuvor die erste öffentliche Schule für Mädchen gegründet, samt Internat für »Kostjungfrauen« – und der Maler Cosmas Damian hatte zwei halbwüchsige Mädchen zu versor-

gen. Die Korrespondenz mit den Asams wird heute noch im Kloster bewahrt: »Wann demnach meine größere Dochter Anna Theresia den Clo-
ster geist hat, und das Glükh aufgenommen zu werden erlangete, khunten
2000 fl. zurükh gehalten werden meinerseits ...«, lautete Cosmas Damians
Verrechnungsangebot an die Oberin. Beide Asamtöchter wurden bei den
Ursulinen aufgenommen, die jüngere nahm später auch als »Maria Ne-
pomucena« den Schleier, und die Künstlerbrüder, damals in den Fünfzi-
gern, schufen das letzte ihrer strahlenden Gesamtkunstwerke, für ein ge-
ringeres Honorar, als sie gewohnt waren. Weil sie eben auch größtes
Vergnügen an ihrer Arbeit hatten: »Das mir ein Freidt haben eine schöne
Kirchen zu bauen und zu zieren«, schrieb Egid Quirin 1736 der Äbtissin,
und versicherte ihr, daß sie »in ausziehrung und Mahlerey ihriger Kirchen
ein sattsames Contento und große freüdt haben werden«.

Hätten wir nachgeborenen Betrachter auch gern, contento und
freüdt, aber da ist leider wieder mal ein Gitter davor. Das ist wirklich ein
Kreuz für den herumschweifenden Kunstfreund, daß er heute in so vielen Kirchenräumen vor einer schmiedeeisernen Blockade steht, die ihm
keine Detailanschauung mehr gestattet, kein Drehen und Wenden im
Raum, das einem gerade Barockkirchen erst in ihrer Bewegtheit und
Fülle erschließt, daß kein Blickwechsel mehr möglich ist vom Ausschnitt
aufs Ganze, von der Nahsicht auf den Gesamteindruck. Jenseits der leidigen Gitter stehen wir oft wie vor einer flachen Postkarte, ein Opernglas
leistet gewisse Dienste, aber wir sind doch nicht *im* Raum, können nicht
mitschwingen mit Ellipsen, Kuppeln, Altarnischen und Balustraden. Niemals sehen wir die Orgelempore, weil wir darunter ausgesperrt sind, nie
sehen wir die Feinheiten von Stuck, Gemälden und Bildhauerkunst. Daß
man heutzutage jeden Besucher wie einen potentiellen Kunsträuber be-
handelt, hat natürlich seine Gründe in eben den hassenswerten Kirchen-
diebstählen, aber manchmal fragt man sich doch, ob die Absperrungs- und
Sicherheitsmaßnahmen nicht zu Lasten derer übertrieben werden, die oft
weite und gewundene Fahrten unternehmen, viel Zeit investieren, um
einen bedeutenden Kirchenraum selber in Augenschein zu nehmen –

und sich dann gleich mit dem Kunstband zu Hause hätten begnügen können.

Wir pressen also Backen und Nase durch die Gitterstäbe der Ursulinenkirche und versuchen den wunderschönen Zentralraum der Asams, »das Rundell«, soweit wie möglich zu erfassen. Die Farben sind erstaunlich blaß und zart, weißgrau mit ein wenig Gold, dafür ist die Skulpturen- und Stukkatorenkunst um so elaborierter. Große, goldene Kronreife, von tänzerischen Engeln gehalten, schweben über den Altären, die Erzengel über dem Hochaltar, besonders der Reisepatron Raphael auf einem glubschäugigen Delphin, sind hinreißend. Eher etwas erheiternd finden wir heute die religiöse Ekstase der extrem bewegten Altarheiligen Karl Borromäus und Ignatius von Loyola, vor allem letzterer kniet in opernhafter Erregtheit, den Mund offen, neben seiner gedrehten Marmorsäule; sein flammendes Herz quillt ihm demonstrativ oben aus dem Priesterumhang. Beide Heiligen waren kämpferische Hauptrepräsentanten der Gegenreformation, Ikonen für das barocke wittelsbachische Bayern, in dem streng das »Prinzip der ausschließlichen Katholizität« herrschte. In der Straubinger Veitskirche, südlich des Stadtplatzes, ist die nachhaltige Verschränkung von Staatsmacht und katholischer Kirche, die in diesem Land über Jahrhunderte ja nicht wenige gequält hat, in liebreizender Symbolik dargestellt. Da sitzen über dem Chorbogen zwei schöne Damen, »Ecclesia« und »Bavaria«, lassen die Röcke flattern, halten sich an den Händen und fragen: Quis nos separabit? Wer wird uns je trennen?

Wir aber wenden uns nun Weltlichem zu: zunächst einer Leberknödelsuppe im alteingesessenen »Gasthof Seethaler« am Stadtplatz, und dann jener auch sehr unfrommen passionierten Liebschaft zwischen Badhur und Herzogssohn, dem Mythos um Agnes Bernauer, der dem niederbayerischen Straubing Weltruf verschafft hat. Über die Brücke gleich beim Herzogsschloß, von welcher die unstandesgemäße mutmaßliche Augsburger Baderstochter am 12. Oktober 1435 in die Donau gestoßen worden sein soll, tobt heute der Autoverkehr Richtung Cham. Die Quellenlage ist mager, und nicht allzuviel ist wirklich belegt von dieser schaurigschönen

Stich aus dem 19. Jahrhundert

Geschichte. Fest steht, daß sich die Bernauerin und der wittelsbachische Erbprinz Albrecht in Augsburg 1428 kennenlernten, ob bei einem Turnier oder in den Dämpfen einer anrüchigen Badstub, ist schon wieder fraglich. Daß sie sich zusammentaten, über Jahre in München, Vohburg und Straubing zusammenlebten, weiß man; die heimliche Eheschließung ist sehr wahrscheinlich. Wie sehr Albrechts Vater, der Wittelsbacherherzog Ernst, die extrem unpassende, aber wohl wirklich sehr intensive Liebesverbindung mißbilligte, ist aus Dokumenten nachgewiesen. Daß »sein sun beladen sey gewesen mit einem poesn weyb«, schrieb er an den Kaiser, nennt die Bernauerin »stolz und ybermietig«, erwähnt immer wieder ihre »posshayt«. Allfällige Charaktermängel der Bernauerin waren aber natürlich nur vorgeschoben: Entscheidend war die Machtfrage. Kinder aus dieser Mesalliance wären nicht erbfolgeberechtigt gewesen, sein Teilherzogtum wäre an die wittelsbachischen Vettern in Landshut und Ingolstadt gefallen. So war das Todesurteil für Agnes Bernauer besiegelt. Ob es, nach ihrer Gefangennahme im Straubinger Schloß, zu einem oft beschriebenen Scheinprozeß wegen Hexerei und »Schadenszauber« kam, ist nicht amtlich dokumentiert. Historisch gesichert ist die Hinrichtung der etwa 25jährigen durch Ertränken am 14. Oktober 1435, während ihr Mann zu einem Jagdausflug im Landshuter Gebiet weilte. Wie diese kaltblütige Ermordung aus Staatsraison vor sich ging, darüber gibt es unterschiedliche Chronistenberichte. Johannes Aventin, der Vater der bayerischen Geschichtsschreibung, beschrieb einige Jahrzehnte später den Tod der Bernauerin durch »Säckung«, eine besonders schimpfliche und widerwärtige »Leibesstrafe«, bei der die Opfer zusammen mit kleinen Tieren wie Hunden, Affen, Schlangen in Säcke eingenäht und so in schrecklicher Todesgemeinschaft ersäuft wurden. Kaum weniger scheußlich ist die von Augenzeugen überlieferte Todesvariante, nach welcher die gefesselte »Duchessa« in den Donaufluten einen Fuß aus den Stricken befreien konnte und »mit heiser klagender Stimme ›Helft! Helft!‹ rufend« das Ufer zu erreichen suchte. Dort habe dann der Scharfrichter gestanden und mit einer Stange, die er in ihr langes Haar wickelte, ihren Kopf unter Wasser gedrückt, bis ein Ende war. In Carl Orffs musikalischem Volksschauspiel »Die Bernauerin« wird dieser Vorgang in suggestiv rhythmisierter Sprache von einer Gruppe Hexen untermalt: »Itzt druckt er auf d' Stangn / itzt druckt er auf d' Stangn / itzt druckt er auf d'Stangn … itzt kummt's nimmer hoch … abgrittne, abgfeimte, bübische Böswichtin.« – Der Witwer, als er von der Untat seines Vaters erfuhr, wollte zunächst gegen diesen zu Felde ziehen, doch über den vorrangigen dynastischen Interessen kam es bald zur Aussöhnung. Schon 1437 heiratete Albrecht eine der Standesordnung perfekt entsprechende Welfenprinzessin und wurde mit ihr zum Stammvater von Generationen ungemischt blaublütiger Wittelsbacher.

Das Volk aber liebte seine arme Agnes und begann sie alsbald zu mystifizieren. Das Mordopfer mutierte zu einer Art Königin der Herzen, vom ausgehenden Mittelalter bis in unsere Tage. Agnes Bernauer wurde gewissermaßen immer blonder, immer unschuldiger, immer engelhafter. Unzählige Male wurde der Stoff literarisch bearbeitet, in frühen Bänkelliedern zunächst, später vom bedeutenden Barockdichter Christian Hofmann von Hofmannswaldau, der sich in einem endlosen Dialoggedicht in die Seelenlage von Agnes und ihrem Gatten versetzte: »Dein Agnes schreibet hier mit Banden an den Händen / Mit Riegeln wohlverwahrt die mehr als stählern seyn …« So edelmütig geht es über Seiten dahin. Unfreiwillig komisch wie seine gesamte lyrische Produktion ist auch das Memento-Gedicht von König Ludwig I. an Agnes Bernauerin: »Ein holdes Veilchen blühtest du verborgen/ In kindlicher Zurückgezogenheit, / An deines Lebens harmlos stillen Morgen, / Bewußtlos deiner Liebenswürdigkeit. / Da fiel versengend hin, auf dich gerichtet, / Der Fürstenliebe unheilvolle Gluth, / Dein kurzes Leben wurde schnell zernichtet, / Doch deine Liebe endet nicht die Fluth…« Es gab in Folge Hebbels berühmtes – und sehr staatstragendes – Drama (»das große Rad ging über sie hinweg«), alle möglichen wohl zu recht in der Versenkung verschwundenen »vaterländischen Schauspiele« und andere Bühnenstücke sowie die künstlerisch bedeutsame Orff'sche Musikfassung über »die Badmagd und Riberin«. Franz Xaver Kroetz hat die Bernauerin in die Gegenwart transponiert, und die Kabarettistenschwestern von den »Wellküren« haben ihr ein Lied auf ihrer CD »Das Mensch« gewidmet.

Unrühmlich ist die Geschichte des Straubinger Festspiels zum Thema, das auch heute noch in vierjährigem Rhythmus in der Herzogburg aufgeführt wird, das nächste Mal 2007. Bis 1995 inszenierte man am Ort des historischen Geschehens das Bernauer-Spiel des überzeugten NSDAP-Parteigängers Eugen Hubrich, eines Kötztinger Oberstudienrats, der auch NS-Kreiskulturwart der Region war. Agnes Bernauer war in diesem Machwerk eine Art Vorläuferin der NS-Frauenschaft, eine hehre Frau aus dem Volke, ein Opfer von »Eigennutz und Geldsackstreben«. Da wurde natürlich auch der Gatte Albrecht als »Künder einer neuen Zeit« heroisiert – warum? Weil er 1435, im Todesjahr seiner Gemahlin, das erste große Straubinger Judenpogrom verantwortet hatte. Der Nazi-Oberstudienrat Hubrich kommentierte sein eigenes Werk: »Die Urenkel sollen … erkennen, daß Agnes ein Volksopfer war …, das aber in Reinheit auferstehen kann in der glücklichen Zeit, die die Erneuerung des Blutes und der Sitte vom Volk her aus dem Urborn des Lebens verwirklicht.«

Herr Hubrich wirkte noch lange im »Bayerischen-Wald-Verein«, nunmehr eher als Volkskundler und Liadl-Sammler im Heimatschollen-Tenor, und blieb ungeächtet. Sein Oeuvre verschwand endgültig erst nach sechzig Jahren – die heutige Fassung des Laienspiels ist modern und zumindest politisch unangreifbar, und es durfte zu Ende des 20. Jahrhunderts die Bernauerin sogar von einer türkischstämmigen Straubingerin namens Feride Niedermeier dargestellt werden. Heute ist der Name der Duchessa natürlich auch eine schallende Marke: Agnes-Bernauer-Torte, ICE »Agnes Bernauer«, ein Donau-Ausflugsschiff »MS Agnes Bernauer«, und zur Verdauung all dessen nehmen wir dann gern einen Magenbitter »Agnes Bernauer« aus der Theresienapotheke zur Brust.

Unweit der Kirche St. Peter im Straubinger Osten gab die Donau der Überlieferung nach den Leichnam der Bernauerin frei. Wir müssen uns ein Stück aus der Altstadt hinausbewegen, um ihren Epitaph auf dem Petersfriedhof zu betrachten, ein Weg, der uns zum wundersamsten Ort Straubings, zu einem der eigenartigsten und verwunschensten Topoi ganz Bayerns führt. Man betritt diesen uralten, von einer hohen Wehrmauer umgebenen Kirchhof rund um den romanischen Bau von St. Peter durch ein abblätterndes, geschweiftes Barocktor. Alles liegt plötzlich weit hinter einem: die properen Reihenhäuschen draußen, der Parkplatz in der Sonne – das Licht hat sich geändert, die Luft hat ein anderes Rauschen, die Füße gehen über gemuldete Kopfsteinpfade und knorzige Wurzelarme, Spinnenweben wehen einem ins Gesicht. An einem hellen Sommertag hat der Petersfriedhof tausend Schattierungen von Grün, vom Gelbgrün überständigen trockenen Grases über graustichiges Flechtengrün, alle Moostönungen, alle Blattfarben hoher Laubbäume bis zum Schwarzgrün verschatteter Efeupolster. Wenn man den Blick hebt, sieht man nur jahrhundertealtes Gemäuer, spitzgiebelige gotische Kapellen, die romanischen Tympanons und Rotunden der Hauptkirche, in deren Außenmauern verwitterte Grabplatten eingesenkt sind. Und man sieht um sich die zahllosen Gräber, die nicht in Reihen zu stehen scheinen, sondern in Kurven und Schlangenlinien hügelauf und -ab, die manchmal

Der Petersfriedhof

halb eingesunken sind ins Erdreich, überwuchert vom Wachstum eines wahrhaft wilden Gottesackers, ihre Steine schief, die Kreuze von Grünspan und Rost überzogen. Wir sind hier im Reich einer wunderbaren Totenruhe, die den Namen wirklich verdient, einer geisterhaften Anderswelt der Dahingegangenen, die nichts Morbides, nur etwas fast heiter Friedsames hat: Willkommen, Vergänglichkeit, wie beruhigend Verfall und Vergehen sein können, »alles Fleisch ist wie Gras ...«.

Lange geht man umher, die wenigen anderen Besucher scheinen auch in Verlangsamung und Stille gefangen. Seit 1879 wurde hier kaum noch bestattet, nur manche der Grabaufschriften sind noch entzifferbar: »Magdalena Hampersberger, Privatiersgattin dahier, Wirthstochter zu Falkenberg«, zum Beispiel. »Maria Steindle, Waisenmutter dahier, Kunst- und Handelsgärtnergattin«. Manchmal ahnt man die Tragödien noch heute: »Ludwig Weiß, Student und einziger Sohn, im Bade verunglückt am 7. Mai 1834«, noch keine sechzehn. Manchmal muß man auch kichern, so über die Würdigung von Johann Baptist Kriegelsteiner, königlich bayerischer Postverwalter, 1844 verschieden, dessen »biederer Charakter und große Dienstgefälligkeit« nachgerühmt werden. Der Reichtum der sepulkralen Kunstformen ist schier unermeßlich: wundervoll filigrane Schmiedeeisenkreuze, aus etwas späterer Zeit die gegossenen schwarzen Kreuze in klassizistischen Formen mit Rankenwerk, Blatt- und Traubengehängen, moosüberzogene gotische Lichthäuschen und Weihwasserschalen, ernste, granitene Obelisken, Grabsteine aus Kalk- und Grünsandstein, überdacht und geschwungen. An den Grabmalen lehnen trauernde Genien und Engelsfiguren; andere sind mit geborstenen Säulen und gesenkten Fackeln, mit Vanitassymbolen wie Schädeln und Knochen, Sanduhren, oder einmal mit einem Seife blasenden Kind geschmückt. Auch der letzte Scharfrichter von Straubing, Josef Zankl, liegt hier unter dem Abbild seines Richtschwertes begraben, und auf dem Grabstein des Posthalters Pammer von 1833 reitet der Tod Posthorn blasend auf einem munteren Roß daher. Und überall dazwischen das bleiche, ungemähte Gras, die Rosen- und Beerenbüsche, überall Schling- und Kriechpflanzen und das Licht-Schatten-Geflirr der hohen Bäume, Hainbuchen, Trauerweiden, Säulenpappeln, Eschen, Rotdorn. Der Ort der Toten ist für andere Wesen eine Insel des Lebens, eine Heimstätte für kleineres Wildgetier. Zahlreiche Vogelarten nisten auf dem Petersfriedhof, Eidechsen und Nager haben hier eine Oase – das ganze vegetative Wuchern bedeutet allerdings auch eine massive Bedrohung. Die Kunsthistorikerin Isolde Schmid, passionierte Liebhaberin und Kennerin des Petersfriedhofs, warnt vor seiner unwiederbringlichen schleichenden Zerstörung: »Der bedeutende Grabmalbestand des Petersfriedhofs ist durch Verwitterung sehr gefährdet und wird allmählich aufgezehrt.« Behutsame konservatorische Maßnahmen, gegen den Wurzeldruck der Bäume, die Sprengwirkung der Efeuranken, die Feuchtigkeit von Flechten und Algen, sind unerläßlich, »eine Gratwanderung, einerseits die Zerstörungsprozesse aufzuhalten und andererseits den natürlichen Alterungsprozeß nicht gänzlich zu unterbrechen«. Eigentlich sollte bis 2007 ein vorsichtiges Sanierungsprogramm laufen, der Straubinger Rotary Club hat sich um die Finanzierung erster Bestandssicherungen verdient gemacht, doch seit 2001 geht aus Geldmangel nichts recht voran, 1,25 Millionen Euro werden derzeit gebraucht, um den unvergleichlichen Petersfriedhof für die Zukunft zu erhalten. Das Spendenkonto, das man auf einem verblaßten Zettel am Ausgangstor vorfindet, schreibt man sofort in sein Notizbuch ab.

»Bernauerin, am Gesange / der Amsel erkannte ich dich / im Schlummer der wilden Rose / die unter der Mauer verblich«, fängt Günter Eichs Gedicht »Friedhof in Straubing« an. Eine der drei spitzgiebligen gotischen Kapellen im Baumschatten des Friedhofsareals ist die »Sühnekapelle«, die jener Herzog Ernst, der Agnes ermorden ließ, ein paar Jahre später zu ihrer posthumen Ehrenrettung in Auftrag gab. Wieder mal ein Gitter vorm Eingang – vor ein paar Jahren konnte man der Bernauerin auf ihrem senkrecht in die Kapellenwand eingelassenen Grabstein noch ganz aus der Nähe ins Antlitz blicken, jetzt nur mehr auf einige Distanz. Als Kind hätte ich diese so offensichtlich Tote unheimlich gefunden, diese überlängte Figur in einem sackartigen Mantel, die hervortretenden Augenbälle unter geschlossenen Lidern, den bitter verzogenen und zerfransten Mund, die in ihrem Gewand verbissenen, verkrümmten Hündchen, von manchen als Symbole ehelicher Treue, von anderen doch als Hinweis auf ein besonders gräßliches Sterben gedeutet. Das Bernauer-Epitaph ist ein weiteres Beispiel der realistischen Straubinger Grabmalkunst um die Wende vom 14. zum 15. Jahrhundert. Dagegen sind die Totentanzbilder des Felix Hölzl, eine Kapelle weiter, in ihrer bunten Naivität fast lustig. Wieder dürfen wir nicht hinein, keinen Blick in den schachtartigen Keller mit seinen »Backofen«-Katakomben werfen, in die man ehedem die Särge schob, und müssen auch für die Details der Totentanzszenen und ihre jeweiligen mahnenden Reime den kleinen Kirchenführer und das Gedächtnis zu Hilfe nehmen. Dieser Maler des Rokoko war alles andere als ein Könner, seine Farben sind kreidig-grell, seine Gestalten ungelenk und verquer, und dennoch berührt uns dieses allgemeine Abberufenwerden durch den Sensenmann: der Apotheker unter seiner Karodecke, der Sterndeuter mit dem Fernrohr, der Bauer mit der Hacke im Feld, der vom Sessel zu Boden gestürzte Chirurg, der Wucherer neben seiner Dukatenkiste, Nonne, Wickelkind – auf alle wartet das grinsende Gerippe. Und natürlich auf uns – da steht der Tod mit Pfeil und Bogen und deutet auf eine Reihe leerer Gräber: »Der Köcher ist noch voll die Pfeile mangeln nicht. / der grueben gibt es vill sie seindt gleich Zuegericht / vileicht bist du der erste der oder die diß List! / Wer gibt Dier Brief dafür, das du es noch nicht bist?«

Beim Vorort Kagers verlassen wir Straubing und werfen einen letzten Blick auf seine historische Turmsilhouette – von einem Bauwerk aus, das uns mit einiger Kraßheit wieder in unsere Jetztzeit katapultiert: dem bunkerartigen Stauwehr über die Donau, das die Rhein-Main-Donau-AG hier zu Anfang der Neunzigerjahre errichtet hat. Hier stehen wir an einem Scheidepunkt. Stromabwärts von dieser monumentalen Sperre beginnt der etwa 70 Kilometer lange »freifließende« Abschnitt der Donau bis Vilshofen – die letzte Flußstrecke in Deutschland, die noch unverbaut ist und der Donau ihren natürlichen Weg läßt. Stromaufwärts sind die Wasser gestaut und befestigt. An der Staustufe von Kagers läßt sich in schönster Evidenz studieren, wie hochtechnisierte Flußverbauung aussieht, wie brachial Land und Wasser vergewaltigt werden, wenn es um größere Wirtschaftlichkeit des »Transportwegs Donau« geht. Seit vielen Jahren gibt es Krieg um den geplanten Donauausbau, um die verbesserte gewerbliche Schiffbarkeit der letzten naturbelassenen Fließstrecke. Wirtschaftsverbände, Hafenbehörden, Schiffahrtsgesellschaften fordern den sogenannten »harten Ausbau«, mit neuen Stauwehren bei Waltenhofen und Aicha, die eine durchgängige »Abladetiefe« von 2,50 Meter sicherstellen und damit den ganzjährigen ungehinderten Frachtschiffverkehr ermöglichen würden. Für die breite Front der Gegner wären diese »Varianten C und D« ein Umweltfrevel ersten Ranges, die mutwillige Vernichtung einer der letzten intakten Flußlandschaften Deutschlands samt desaströsen Folgen für die reichen Naturbestände des Fließwassers und der Auengebiete, für Hochwasserschutz und Agrarflächen, vom Erholungs- und Tourismuswert ganz zu schweigen. Sie würden einzig die Ausbauvariante »A« akzeptieren, den »sanften Ausbau«, der mit Buhnen und Fahrrinnenbaggerungen Fließgeschwindigkeit und Strömungsdynamik der Donau erhalten und dennoch verbesserte Schiffahrtsbedingungen schaffen würde. »Variante A« war eigentlich auch beschlossene Sache, ein großes Aufatmen ging 2002 beim entsprechenden Entscheid der damaligen Bundesregierung durch die Lande, aber die bayerische Staatsregierung stellte sich quer und ließ ab 2005 doch wieder den Staustufenbau prüfen. Anno 2006 hat die bayerische Regierung nun in einem Raumordnungsverfahren die sogenannte »Variante C« empfohlen, von der an gegebenem Ort noch die Rede sein wird. Noch ist das keine Entscheidung, beide Seiten sitzen zur Zeit gewissermaßen in ihren Gefechtsständen und warten ab.

Das Bollwerk von Kagers ist ein Bau, der in seiner martialischen Kantigkeit körperliches Unbehagen verursacht. Wie trostlos das alles vor sich hin brütet, an diesem Sommernachmittag, die schrägen Stützpfeiler der Staumauer, das Betriebsgebäude mit seinen Eisentüren, die beengenden Spundwände der Schleusen, Beobachtungsturm, Hebekräne, Kraftwerksturbinen und Umspannwerk, alles von hohen Maschendrahtzäunen versperrt – die Donau dahinter nurmehr ein flaues großdimensioniertes Industriebecken, schattenlos in Beton gefaßt, eine kaum bewegte Wasserwüste. Wir parken auf einem Werkssträßchen unterhalb der Staubauten; am Zaun fordert uns ein Schild auf, auf einer Wanderung die neuentstandene Landschaft »Donau im Wandel« genießend zu erkunden. Die Rhein-Main-Donau AG hält sich auf diese ihre modernste Staustufe von 1995 durchaus etwas zugute; man ist ernsthaft stolz auf die »ökologischen Ausgleichsmaßnahmen«, um die man sich hier erstmals bemühte. In der Tat ist das Hinterland der nunmehr abgeschnürten »Öberauer Schleife« zum Naturschutzgebiet erklärt, doch helfen keine alljährlichen Wässerungsmaßnahmen dagegen, daß dieser ehemalige Flußmäander halt doch

versumpft und verlandet. Es fehlen bloß noch die schwärzlichen Zuck-
mückenwolken, die für einige Jahre nach dem »Vollstau« die Anrainer in
ihren Häusern und Gärten zum Wahnsinn trieben. Rund um die stati-
schen Stehgewässer fanden die Insektenschwärme ideale Lebensbedingungen, in Folge Scharen von Spinnen, die sich von diesen Mücken er-
nährten. Und man wurde der Gelsenplage erst Herr, als man großflächig
das Pestizid BTI zu versprühen begann.

Während wir in düsterer Stimmung auf einer ins Wasser ragenden, ze-
mentierten Schräge herumstehen, ist hinter uns ein riesiger »Pajero«-Ge-
ländewagen mit Chamer Kennzeichen aufgetaucht, der ein dito gewaltiges Boot auf dem Schlepper hat. Ein beleibtes, übellauniges Ehepaar in
Bermudas entsteigt den Autositzen und macht sich unter viel gereiztem
Krakeelen (»Nun lots' mich doch mal ordentlich« ... »Siehst du denn
nicht, daß es hier klemmt«...) daran, seinen Prunkkahn zu Wasser zu lassen. Und nicht einmal bei diesen entschlossenen, hochgerüsteten Freizeit-
lern hat man den Eindruck, daß ihnen ein genußreicher Nachmittag auf
der müden, faden Wasserfläche bevorsteht, die einmal die Donau war.

HÜHNERLOCH, HERRNFEHLBURG, HAGGN – EINE SCHLEIFE DURCH DEN BAYERISCHEN VORWALD

Wir werden schöneren Orts wieder an unseren Strom zurückkehren,
dort, wo er noch nicht kasteit und korsettiert ist, aber nun wollen wir uns
ein Stückchen wenigstens in die grünen Waldberge hocharbeiten, die nun
schon so lange unsere nördliche Kulisse sind. Noch im Weichbild von
Straubing, in der Flußebene, liegt die unbedingt sehenswerte Wallfahrtskirche von Sossau, die laut Legende wie ein Gepäckstück von Engeln
herbeigeflogen und über die Donau geschippert worden ist. Ein paar Mal
mußten sie rasten und sich orientieren – über der heutigen Staustufen-
landschaft hätten sie vermutlich ihren Ortssinn verloren –, dann setzten
sie das hochgiebige Bauwerk des Nachts mitten ins Dorf, als Überra-
schungspaket, morgens klingelte das »Frauenglöcklein«, und alle staunten.

Blick vom Bayerischen Wald in die Donauebene

Die Kirche ist ein hoher gotischer Raum, in der Barockzeit reich und originell ausgeschmückt. Skulpturen und Dekor des schwungvollen Hochaltars mit dem Gnadenbild in der Mitte stammen von dem uns aus Oberalteich und Straubing nun schon bekannten Matthias Obermayer: Hier herrscht rund um die Gnadenmutter ein Gewusel aus Puttenflügeln und Silberwölkchen, und zu ihren Füßen staken grinsende Baby-Engel einen Goldkahn über die Donau; Anker, Steuer, Leinen, Flagge – alle nautischen Attribute sind genau wiedergegeben.

Jenseits von Kirchroth, auf der Straße nach Saulburg, kommen wir allmählich ins Wald- und Hügelland, lassen die Lößebenen des flachen Donaulandes unter uns. Dann werden, im allmählichen Anstieg, die Wälder wirklich dicht. Laub- und Mischwälder sind es hier in den über Kilome-

ter unverbauten, schattigen, einsamen Donauleiten, den am weitesten in
die Ebene vorgezogenen Ausläufern des Bayerischen Waldes, dem Waxen-
berger Forst. Die einzelnen Flurabschnitte dieses zum Verlaufen und Verschwinden einladenden menschenleeren Waldgebietes tragen besonders
sprechende Namen: Hühnerloch heißen sie, Haselstaude und Zigeunerta-
fel, Ratzelbuche, Roßstich und Schöner Herzschlag. Am Rande dieser
großen rauschenden Wälder liegt in einer Lichtung das »Waldgasthaus
Schiederhof«, schon zur Gemarkung Wiesenfelden gehörig, wo wir diesmal zur Nacht bleiben wollen.

Was mich betrifft, nicht das erste Mal. Ich verbinde mit diesem unaufwendigen Landgasthaus, wo man solide bayerisch ißt und ganz alltäglich-
sommerfrischenhaft, nicht auffällig schön, logiert, meine nachhaltigsten,
eichendorffischen Deutscher-Wald- Empfindungen. Ich war vor etlichen
Jahren einige Male auf Kursen und Seminaren des Bund-Naturschutz-
Bildungswerks in Schloß Wiesenfelden und habe im Schiederhof genächtigt. Jeden Morgen, beim ersten Licht, bin ich geradezu manisch allein in
die Wälder gestürmt, die gleich hinter dem Gastgarten beginnen und
dann kein Ende nehmen. Kein Joggen, aber strammes Gehen über viele
Kilometer, unter den hohen Buchen, durchs alte Laub raschelnd, tau-
benetzte Spinnweben im Gesträuch, nichts als Vogelstimmen und das Sausen
in den Kronen, irgendwann die aufgehende Sonne hinter den Stämmen –
man wurde geradezu süchtig nach den stillen Wundern dieses unberühr-
ten Morgenwalds. Nicht weit jenseits dieser grünen Meere liegt das
Hochschloß Wörth, das Albrecht Altdorfer zu Beginn des 15. Jahrhunderts in einer Tannen-, Wolken- und Flußlandschaft malte, eine der ersten
reinen Landschaftsdarstellungen der deutschen Kunst.

Schloß Wiesenfelden ist ein blaßgelber, würfelartiger Frühbarockbau
mit riesigem Mansartdach, etwas erhöht über dem gleichnamigen Dorf –
hier en passant bloß mal hereinzuplatzen, ist nicht der sinnvollste Weg,
diesen wichtigen Ort der deutschen Naturschutz- und Ökologiebewe-
gung wirklich kennenzulernen. Man sollte sich schon etwas ausführlicher
darauf einlassen. Wiesenfelden hat mir mal – es ist gut zehn Jahre her –

eine ganze Menge bedeutet. Eine BN-Karteileiche war ich damals schon, aber in diesem Schloß mit seinem immer mehr verwildernden Park, der bruchlos in eine offene, sehr natürlich belassene Landschaft übergeht, habe ich viel gelernt und meine vage sympathisierenden umweltschützerischen Standpunkte entschieden gefestigt. Das Schloß gehört Hubert Weinzierl, dem langjährigen Bund-Naturschutz-Vorsitzenden, ein leiser, charismatischer Mann, jetzt ein Siebziger, der vielleicht wirkungsmächtigste, nachdenklichste und hartnäckigste Stratege und Kämpfer der deutschen Umweltbewegung. Er lebt mit seiner Frau Beate ganz in der Nähe zwischen Bach und Wald, im alten Forsthaus Füchslmühl, umgeben von viel Getier. Beate Seitz-Weinzierl, ein gutes Stück jünger, hat im Schloß das »Bildungswerk des Bundes Naturschutz« aufgebaut, ein sperriges Etikett, das für eine weit lebendigere und originellere Programmatik steht als der Name vermuten läßt. Wiesenfelden, das war ein unangestrengter, »ganzheitlicher« Lernort von entschieden sinnenfreudigem Zuschnitt, das Gegenteil aller muffigen Teppichboden-Bildungsstätten. Bei allen Seminaren, ob Fastenwoche, Gartenkurs oder hohe Umweltpolitik, galt das Motto »Mit Kopf, Herz und Gummistiefeln« – da stand während einer Wanderung plötzlich eine opulente Kaffeetafel mitten in der Maienwiese, da dufteten die Stucksäle nach Ananasminze und Heiligenkraut, das vollwertige Essen der Schloßschenke war ebenso wohlschmeckend wie der Biowein. Es wurde viel gehatscht an dieser Wiesen-, Feld- und Waldakademie; gern wanderte Hubert Weinzierl mit den Gruppen und klärte unaufwendig viele Fragen – von den Lebensformen eines verlandenden Tümpels bis zu aktuellen Problemen der Agrarwirtschaft. Wer ein paar mal da war, der kannte die Linden bei der St. Rupert-Kapelle, den Kobelbergrundweg, die Waldpfade nach Falkenfels, das Panorama vom »Büscherl« und selbstredend das der natürlichen Sukzession überlassene Parkgelände, im Dorf »dem Weinzierl sein Verhau« geheißen.

Manches läuft aus im Leben – ich bin ewig nicht mehr hier gewesen. Hätte ich mit Kindern zu tun, würde ich die bunten und vielfältigen Wiesenfeldener Wildnisprogramme vermutlich öfters nutzen, die Wildkatzenstation, das Luchsgehege, das kleine Naturkundemuseum über Biber und Teichleben ansehen, vielleicht in der Ökoküche etwas Gourmet-Vegetarisches brutzeln lernen. Bei den Seminarprogrammen scheinen mir die »härteren«, meinetwegen theorielastigeren politischen Umweltthemen, die mich mehr interessieren würden, zunehmend an andere Veranstaltungsorte des Bildungswerks ausgelagert, und an Seminaren namens »Wolfsmärchen und Kräutertänze« oder »Wilde Blütenträume und Schmetterlinge aus Filz« habe ich keinen Bedarf. Aber die Erinnerung ist freundlich – und auf das »Büscherl« steige ich mit meinem Kartenrucksack hinauf, schaue auf die Landkarte und in die Gegend und trinke einen Schluck aus meiner Thermosflasche auf die Weinzierls und ihre mir dereinst so bekömmliche Oase im Vorwald.

Heute wollen wir uns überhaupt einen Schöne-Aussichten-Tag machen. Der Rundblick von der Aussichtswarte des Büscherl, schon die Rückschau ins Donautal im Ansteigen, bei den Höfen von Hauptenberg und Halmgrub, ist ein guter Einstieg an diesem klaren Sommertag mit lichtblauem Himmel, die Augen werden weit schweifen können. Ein gutes Gefühl, mal wieder auf den Höhen zu sein nach so viel Flachland, der Wind geht spürbar bewegter, die Luft steigt einem frischer in die Nase.

Wir lassen die Wiesenfeldener Teichlandschaft links liegen – das sind ehemalige klösterliche Fischweiher aus der Barockzeit, die inzwischen von einer natürlichen Seenplatte nicht mehr zu unterscheiden sind. Der Hammerweiher ist Naturschutzgebiet, im Neuweiher darf man auch baden. In der Heilbrunner Wallfahrtskirche können wir uns etwas wunderwirkendes Gnadenwasser abfüllen, dann rechts hinüberbiegen und über die Weiler Schwemm, Rothenbrunn (bei Kesselboden schöne Fernsicht) und Großneundling den Ort Pilgramsberg ansteuern, von dessen gleichnamiger Kuppe – ein kurzer Anstieg, aber auch ein Fahrweg führen hinauf – wir den nächsten klassischen Rundblick überland haben, einen der berühmtesten des bayerischen Vorwalds. Vom Kircherl auf der Höhe schauen wir, unter der Linde auf einer Holzbank sitzend, über eine buckelige und mugelige Hügellandschaft, gescheckt von Waldstücken und

Wiesenhängen, bis in die Ebene hinaus. Im Osten baut sich die erste Kette von dunkelgrün waldigen Tausender-Bergen des Bayerischen Waldes auf, Käsplatte, Pröller, Predigstuhl, Hirschenstein und Rauher Kulm heißen ihre Gipfel. Ein paar Kilometer südlich liegt die Burg Falkenfels mit ihrem Zinnenturm, das etwas merkwürdige (»Hunde nur entfloht und entwurmt mitbringen«), auch etwas ramponierte Burghotel wird derzeit renoviert. Hoffentlich bleibt der sehr spezielle Swimmingpool zwischen uralten Bruchsteinmauern auf einer Burgterrasse erhalten.

Von Pilgramsberg nehmen wir ein Zwergensträßchen östlich über Gschwellhof nach Ederszell und kreuzen die pfeilgerade Rasestrecke der B 20, kurz bevor wir nach Herrenfehlburg gelangen. Hier ist das bayernbekannte Prinzip »Kirche & Wirt« wörtlich genommen – die beiden sind nicht nur eng benachbart, sondern die Gastwirtschaft hängt direkt am Gotteshaus dran. Die Einkehr ist ein ehemaliger Edelsitz, seit 1806 aber im Besitz der bürgerlichen Familie Ettl, die dort gut und bodenständig kocht. Es gibt beim Schloßwirt auch einen einfachen, schönen Stucksaal, in dem gern auch Darbietungen und Ausstellungen des kritischeren Kabarett- und Kleinkunst-Spektrums stattfinden.

Der nahe Berg Gallner ist nicht nur ein Augenschmaus wegen seiner offenen Belvedere-Lage, sondern auch wegen der Baulichkeiten, die sich auf seiner Höhe erhalten haben. Es ist ja im Großen und Ganzen leider so, daß die Bautätigkeiten der letzten Jahrzehnte dem gesamten Bayerischen Wald alles andere als zum Vorteil gereicht haben. Ich habe mir an diesem Tag zum Beispiel extra eine Strecke gestückelt, die die größeren Orte fast alle umgeht, denn fast ausnahmslos sind sie unschön modernisiert, haben lieblose, verwechselbare Ortsbilder, die man auch mit nachträglichem Granitpflasterverlegen nicht entscheidend aufwerten kann. Der ganze Bayerische Wald war, als der Tourismus kam und die wirtschaftliche Lage sich besserte, als vormals überaus arme und bedürftige Region besonders gnadenlos mit dem Ausräumen und Wegrupfen alter Bausubstanz, die nur an kümmerliche Zeiten erinnerte. Weil die gestaffelten, gemuldeten Weitblicks-Szenerien hier so besonders traumschön sind, schmerzt der metastasierende Eigenheimbau, der immer größere Flächen überzieht, natürlich besonders. Wie Pickel in einem schönen Gesicht sitzen sie allüberall, diese Musterkataloghäuschen mit Wintergärten, Ziererkern, Gauben, mit gebeizten Drechselbalkonen, pastellig verputzt, wie sie identisch überall in Mitteleuropa wuchern, ob Haunkenzell, Hadersleben oder Hoppenrade. Man muß dieses Lamento loswerden, denn die kleinkarierte Eigenheim-Verbauung beeinträchtigt seit ein paar Jahrzehnten jede auf Landschaftsglück gestimmte Rundfahrt im Bayerischen Wald. Einer, der diesen Wandel, den modernisierten, mißverstanden-touristischen Bayerwald in all seinen Betonschönheiten in exzellenten, manchmal saukomischen Schwarzweißbildern dokumentiert hat, ist der einheimische Fotograf Herbert Pöhnl. Seine Bildbände, »Hinterbayern« zum Beispiel, beim »Lichtung«-Verlag im nahe liegenden Viechtach erschienen, seien jedem ans Herz gelegt, der sein Mißbehagen mit immerhin einigem Erkenntnisgewinn ventilieren möchte.

Auf dem Gallner, wie gesagt, ist es anders. Es scheint so leicht, so selbstverständlich zu sein, daß ein Bauten-Ensemble »richtig« auf seinen Gründen steht wie dieses. Dabei waren für die seit vielen Generationen ansässige Familie Urban, die den Gallnerhof und das benachbarte Troadhaus, den umgebauten Getreidespeicher, bewohnt, erhebliche konservatorische Anstrengungen nötig. Sie haben sich gelohnt, das finden die Bewohner, mit etlichen Denkmalschutzpreisen ausgezeichnet, heute selber. Ein stattlicher, weißgekalkter Hof aus dem 19. Jahrhundert ist das, mit einfachen Holzfenstern und breit ausladendem Pfettendach, der hölzerne Lattenzaun vorm Bauerngarten paßt genau dazu. Kein falscher Zierat, keine importierten Schmuckelemente, genauso wie beim 300jährigen Troadkasten, der sensibel und mit viel Eigenarbeit zum Wohnhaus umgebaut wurde. Ein Blockbau aus dunkel verwittertem Holz steht da nun wie eh und je, mit handwerklich gefertigten hölzernen Kastenfenstern; die umlaufenden Balkons sind geschlossene »Schrote«, die in der harten Witterung des Bayerischen Waldes immer üblich waren. Der Bewohner Peter Urban, eines von sieben Kindern des Gallnerhofes, arbeitet übrigens als

Automobilverkäufer – es müssen nicht immer nur die auswärtigen Geschmäckler sein, die Gespür haben für Schönheit und Wert der eingewurzelten ländlichen Hausformen.

Wir verlassen die Gallner-Anhöhe über Forsting und geraten im kleinen Dorf Denkzell in eine weitere Ansiedlung von einigem Reiz und Charakter. Nicht ohne Grund wurde der Ort 1995 mit der Bundesgoldmedaille als schönstes Dorf Deutschlands ausgezeichnet. Die Ortschaft hat ein freundliches Gesamtbild, und das Wirtshaus »Schedlbauer« ist eines, wie es sich gehört, wo die Chefin selber gediegen kocht, sich die Vereine treffen und man für 17,50 € sehr preiswert nächtigen kann. Zumindest lohnt es sich, für die Fahrt Wegzehrung vom Schedlbauer mitzunehmen: Bauerngeräuchertes, Bienenhonig, Leberwurst im Glas und »Glaslfleisch«, eine ostbayerische Spezialität, sind alle aus eigener Herstellung. Das »Glaslfleisch«, ein Einweckglas mit im eigenen Saft konserviertem Schweinefleisch, darf nach EU-Verordnung eigentlich gar nicht mehr so heißen, sondern muß sich »Schweinefleisch in Aspik« nennen, was unter boarischen Dialektschützern bereits Protestgeschrei ausgelöst hat. Der Konsument, der das Glaslfleisch aus übler Erfahrung immer etwas mißtrauisch beäugt, kann allerdings auf das super-einheimische Etikett gern verzichten, wenn sich dahinter ein gräßlicher knorpelig-flachsiger Gallert verbirgt. Das Schedlbauersche hat aber einen guten Ruf. Und die kleine Kapelle am Ortsrand, an die einige der bayerwald-typischen Totenbretter genagelt sind, ist ein angenehmer Jausenplatz; Theresia Weiglsberger, verblichene Gastwirtsgattin, wird unsere Brotzeit bestimmt nicht pietätlos finden.

In südlicher Richtung kurven wir weiter, über Wiesenanhöhen und kleine Dörfer, die Großhöfling, Pöslaberg und Redlingsfurth heißen, dann wiederum gewunden über Hitzenberg und Hiening, dann über Kufhäusern hinauf zum beliebten Bergasthof »Kreuzhaus«, mit ganz großer Rund- und Fernsicht, vor allem nach Norden in die Chamer Senke zum Hohen Bogen und Arber, die man allerdings manchmal mit einer Menge Paraglidern und Drachenfliegern teilen muß.

Der Bayerische Wald bei St. Englmar

Die Kreuzhaus-Anhöhe ist Teil eines langgezogenen, mittelhohen Gebirgsbogens, der sich in südöstlicher Richtung über etliche Kilometer zieht und den man auf einem Höhenweg entlang der Gipfel Hadriwa, Birkenberg, Prünster abwandern kann. Obwohl Teil des Europäischen Fernwanderwegs, ist es hier oft still und einsam, was man von St. Englmar nicht behaupten kann. Dieser Luftkur-, Ski- und Wellness-Ort ist Tourismus pur, das Zentrum des Fremdenverkehrs im ganzen Vorwald, und es ist ihm optisch nicht bekommen. Nach Sankt Englmar – wie heimelig das klingt – bin ich einmal mehr oder weniger aus Versehen geraten und schnell wieder umgekehrt. Es besteht wesentlich aus hängezudeckend hochgestapelten Beherbungsbetrieben, meistens in der Kippfenster-, Satellitenschüssel-, Grillplatz-Standardausfertigung – Baulichkeiten, die hauptsächlich durch ihren meterlangen Geranienschmuck zusammengehalten scheinen. Das ärgste Trumm steht in exponierter Lage auf einem Sattel, eine Apartmenthaus-Betonfestung der Siebziger, wie Köln-Stadtrand an die Predigtstuhlhänge ausgelagert. St. Englmar wirbt damit, »im Großen und Ganzen immer noch ein echtes Bayerwalddorf« geblieben zu sein, und hat zum Beweis seinen Kurpark mit einem »Erlebnishof Alte Mühle« versehen, mit Kräuterspirale, Wasserrad, Bauernlädchen und Streichelzoo, wo man regelmäßig Schau-Brotbacken, Schau-Sensedengeln oder Schau-Holzschuhschnitzen zu sehen bekommen kann, »Natur ungeschniegelt und undressiert« nennt sich das. Oder, auch sehr schön: »Ihr Traumhotel – wo die Natur dem Wald die Hand reicht.«

Was das Hotel angeht, das im Umkreis von St. Englmar ehedem meine erste Wahl gewesen wäre, rate ich, darum nun einen weiten Bogen zu machen. Der »Schmelmerhof« gehört zur Kette der eher hochklassigen »Romantikhotels« und hatte dieses Etikett als alter, zur Nobelunterkunft gewandelter Einfirsthof in schöner Wald- und Wiesenlage auch verdient. Er erhielt eine Medaille in Gold des Bayerischen Umweltministeriums für seine Verdienste als umweltbewußter Hotelbetrieb und wirbt mit dem Slogan »Wo die Natur zu Hause ist ...«. Dieses ist, seit anno 2005, schlicht eine Unverschämtheit. Da tat sich nämlich der Hotelier, dessen Übernachtungszahlen wie im ganzen Bayerischen Wald rückläufig waren, mit der BMW-Motorsport GmbH zusammen, um auf seinen ans Hotel angrenzenden Ländereien ein Testfahrten-Areal für Geländewagen zu errichten, ein »Fahrertrainingszentrum« mitten im Landschaftsschutzgebiet. Auf 5,2 Hektar soll in der Lichtungsinsel von Rettenbach, am Hang des Hirschensteins, nun ein Geländewagen-Geschicklichkeitsparcours entstehen, mit einer Asphaltscheibe von 120 Metern Durchmesser für winterliche Eisschleudertrainings und sommerliche Aquaplaningübungen; die bestehenden Waldwege will man zum Off-Road-Parcours umbauen. Zu diesem Zweck mußte der Kreistag Straubing-Bogen das fragliche Gebiet aus dem Landschaftsschutz herausnehmen, was er mit 42 gegen 14 Stimmen bereits getan hat.

So sollen denn in Bälde die hochrädrigen, breitärschigen, PS-starken Benzinschlucker-Karren in die friedsame Waldgegend am Hirschenstein emporbrettern, wo sie sich dann endlich mal beim Powerslide, auf Wippen und Steilfahrstrecken austoben dürfen, »Spielplatz für zahlungskäftige Büro-Cowboys« nannte der BN den »Offroad-Funpark« für Geländewagen und Enduro-Motorräder. Wen scheren die angrenzenden Biotope, in denen das äußerst seltene Auerwild noch zu Hause ist, der Schwarzstorch, das Haselhuhn, Hohltaube und Sperlingskauz, sowie rare Fledermaus- und Schmetterlingsarten? »Nur Natur, soweit sie schauen können« liest man auf der Website des »Schmelmerhofs«, »Spazieren Sie in unseren Wäldern und Wiesen! Hören Sie den Vögeln beim Zwitschern zu!«

Wir hören den Vögeln ganz gewiß lieber anderswo zu, zum Beispiel zwischen den Obstbäumen rund ums Kirchlein von Pürgl, wohin wir vom Aussichtspunkt Kreuzhaus auf einem ruhigen Hügelsträßchen über Elisabethzell, Saign, Pillersberg und Ratzing gelangt sind. Die qualitätvolle Pürgler Kirche St. Pauli Bekehrung mit ihrem verschindelten Dachreiter lohnt auch einen Blick ins Innere. Das Deckenbild im Chor zeigt Johannes und Paulus als Wetterheilige über einem Kornfeld schwebend. Draußen, im Bachtal und in der ganzen Umgebung von Neukirchen, unserem nächsten größeren Dorf, wachsen in einer milden Klimazone viele

Obstbäume heran, besonders schön im Spätfrühling zur Baumblütezeit. Im sehr hübschen Landschloß von Neukirchen-Haggn mit seiner verwinkelten Turm- und Erker-Architektur, einer ehemaligen Wasserburg. läßt sich wochentags leider erst ab 17 Uhr im »Schloßgasthof zur Einkehr« speisen. Statt dessen erfreut ein schöner Spaziergang ins schmale, von keiner Straße verunzierte Perlbachtal hinein – sehr idyllisch zum Frischluftholen und Füßevertreten.

Weiter gondeln wir ein Stück die Straße nach St. Englmar, biegen dann aber rechts auf ein kleines Auf-und-ab-Sträßchen nach Untermühlbach, Angermühle und über Oberbucha, Böhmhöfl (gleich links vom Wege die Kapelle der alten Einsiedelei von Kreuzweg) hinauf ins Klosterdorf Windberg, das auf alle Fälle längeres Verweilen lohnt. Der sehr alte Prämonstratenser-Konvent sitzt auf einer nach Südwesten vorgeschobenen Kanzel, mit Blick auf die Rückseite des Bogenbergs und seine Bergkirche – die Grafen von Bogen waren im 12. Jahrhundert auch die Stifter Windbergs das in Bayern allgegenwärtige weißblaue Rautenmuster stammt ursprünglich aus ihrem Wappen. Windberg ist aber weniger überlaufen als die Bogenberg-Wallfahrt – und das schönere Ensemble. Man kann vorm Klosterladen an der sehr gelungen sanierten stimmungsvollen Dorfstraße parken; alte Spalierhäuser reihen sich hier bergauf aneinander, und im Winkel der Klostermauer sitzt die mittelalterliche »Richter- und Musikantenschenke«. Durch den Torturm geht man auf das romanische Nordportal zu, das im Tympanon einen Rittersmann im Schwertkampf mit einem Löwen zeigt – ein ganz ähnliches Motiv wie an der Straubinger St. Peters-Kirche. Der Windberger Kirchenbau ist aus der romanischen Zeit fast komplett erhalten. Besonders schön sind die runden Apsiden der Rückseite mit ihren helleuchtenden Granitquadern und spitz zulaufenden Kegeldächern, das romanische Hauptportal mit einer sehr herb-archaischen Mariendarstellung, die alten Brunnen und Profangebäude vor dem Weitblick ins Land hinaus.

Vieles von diesem ganzen »alten Glump« war vor dem Jahre 2000 ungenutzt und dem Verfall preisgegeben, und es ist ein ausnahmehafter gemeinsamer Kraftakt von Gemeinde und Kloster gewesen, den historischen Baubestand nicht nur zu retten und nach allen Regeln der Kunst zu sanieren, sondern ihn auch zu beleben und attraktiv zu machen. Das mittelalterliche Amtshaus ist heute Gemeindehaus, wo die Bürger ihre Feste feiern; neben die alten Klosterbauten wurde ein hochmodernes, filigranes Gästehaus gesetzt, das viele Architekturpreise abbekam und heute eine Jugendbegegnungsstätte des Bistums und Bezirks ist. Um die Millionen, die zur Finanzierung nötig waren, kümmerte sich ein wirtschaftlich offenbar sehr ausgefuchster Prämonstratenserpater und gleichzeitiger Gemeinderat. Windberg wurde ein Musterdorf, das den Europäischen Dorferneuerungspreis »für ganzhaltige, nachhaltige Dorfentwicklung von hervorragender Qualität« kassieren konnte, als umweltbewußtes »Solardorf« liegt es in Bayern an zweiter Stelle, und das Gemeindeleben scheint, mit Ökopark, zwei kleinen Kramerlädchen, Fahrdiensten für Ältere, Ernte- und Adventsmärkten, auch recht intakt zu sein.

Man sollte im Laden eine Kirchenführung vereinbaren, denn auch das Windberger Kircheninnere ist gitterversperrt – und hier wäre es ewig schade um die Details. Hier haben wir sie nun, die Hauptwerke unseres Matthias Obermayer, jenes Bildhauers, der so bitterarm sterben mußte, und sie sind, was man von Kirchenkunst eher selten sagen kann: lustig.

Der Katharinenaltar zum Beispiel dürfte der einzige Altar für Bibliophile sein. Seine Säulen sind Bücherregale, aus denen in alle Richtungen Folianten in Rot-, Grün- oder Goldleder förmlich herauskippen und -quellen, ein Globus steht herum und Tintenfäßchen mit Schreibfedern – dies alles symbolisiert die große Gelehrsamkeit der Hl. Katharina, die, eher einer Puderperücken-Mozartfigur als einer Märtyrerin ähnlich, oben in den Wolken thront. Das alles ist bonbonbunt und sehr kindlich-lebendig, ein bißchen Bilderbuch – nichts vergleichbar Originelles, gleichzeitig der Phantastik und dem Naturalismus Zugeneigtes gibt es in der gesamten Barockbildnerei, wissen die Kunstführer. Über dem Märtyrer Sabinus, dem gleich die Hände mit einem Hackebeil abgeschlagen werden sollen, wuchert ein modellierter Dschungelwald. Und der Hl.

Windberg

Ägidius streichelt in einer krippenhaft aufgebauten Grotte eine Hirsch-
kuh, die vom bösen Gotenkönig Wamba verfolgt wurde, der sich seiner-
seits hinter einem Palmenstamm versteckt. Die Hl. Dorothea schließlich,
eine weitere Rokokoschöne in den Wolken, konnte laut Legende im
Winter Rosen und Äpfel wachsen lassen: Ein ganzer Garten ist auf ihrem
Altar dargestellt, und aus den Mäulern grotesker Fratzen fließt in Strömen
silbernes Stuckwasser, das ein Putto zu den Beeten leitet. Im südlichen
Längsschiff dann steht ein sehr altes Werk, ein wunderbarer, reich dekorierter romanischer Taufstein, auf dem die zwölf Apostel im Kreis in Bo-
gennischen sitzen, das Böse zu ihren Füßen: vier eher unglücklich aussehende Bestien mit Überbiß und Schweinsöhrchen, die den steinernen
Kessel tragen müssen, jetzt schon an die achthundert Jahre.

Windberg ist ein sympathischer Ort; wenn man hier allerdings länger
bleiben wollte, müßte man an einem Seminarprogramm des Klosters teilnehmen, denn sonst findet man zum Übernachten nichts. Einer hat hier

im Mai 1934 Exerzitien gemacht und sich in den Gästebüchern hand-
schriftlich verewigt, den man wahrscheinlich lieber aus der Chronik
striche: Adolf Eichmann war es, der sich nach Windberg »zu einer Art spi-
ritueller Sammlung zurückzog«, wie Claudio Magris in seinem Donau-
Buch weiß. Mit »Treue um Treue« habe er sich im Gästebuch bedankt.
»Der Technokrat des Massakers liebt die Meditation, die innere Sammlung, den Frieden der Wälder und vielleicht auch das Gebet«, kommentiert Magris knapp.

Angeblich hat der Waldprophet Mühlhiasl, der im späten 18. Jahrhundert in der Apoig-Mühle unterhalb von Windberg, später in der Klostermühle gelebt haben soll, ja auch das Dritte Reich visioniert. »Dann wird
ein strenger Herr kommen und ihnen die Haut abziehen. Die Kleinen
werden groß und die Großen klein. Wenn aber der Bettlmann aufs Roß
kommt, kann ihn der Teufel nimmer derreiten« – solche geraunte Pro-
phezeiungen hat man rückwirkend auf Hitler bezogen. »Wenn auf der
Donau die eisernen Hunde bellen« – das sollten die Schleppkähne späterer Zeiten sein, der »eiserne Wolf« die Eisenbahn, der Wald, der »Löcher
wie des Bettelmanns Rock« haben werde, deutete natürlich auf das Wald-
sterben hin, die »Rotjankerl aus dem Osten« auf die kommunistische Bedrohung, die sich ja nun erledigt hat, und am Schluß werde das große
»Bänkabräumen« kommen, das finale Armageddon, Feuer vom Himmel
fallen, das große Sterben übers Land gehen und im ganzen Wald kein
Licht mehr brennen, »so viel Feuer und Eisen hat noch kein Mensch gesehen«, und wer es überleben will, »muß einen eisernen Schädel haben«.
Womöglich »steht's nimmer lang an«, so lautet die wiederkehrende War-
nung, weil »die Weiberleut daherkommen wie die Gäns«, und der Glaube
so klein geworden ist, »daß man ihn unter einen Hut hineinbringt« – böse
Vorzeichen des Weltuntergangs.

Solche Endzeitszenarien haben ja, von Nostradamus bis zum Huter-
schen Astrologenkalender, immer Konjunktur, in wirtschaftlich etwas
beklommenen Zeiten verschärft, und so ist es kein Wunder, daß der
Mühlhiasl-Kult im ganzen Bayerwald ein gewaltiger Ausflügler- und

Touristenmagnet ist. Besonders profitiert hat davon ein Glasgestalter bei Viechtach, in dessen »Gläserner Scheune« sich die Busladungen drängeln: Er hat des Mühlhiasls düstere Hellsehereien in einem schön-schaurigen Riesen-Comic aus feuersbrunstfarbigem Glas gefertigt, und der Gruseleffekt, vom künstlerischen Wert wollen wir lieber schweigen, ist eine Riesenattraktion. Es gibt mehrere Mühlhiasl-Freilichtspiele, Mühlhiasl-Wirtshäuser und natürlich deutendes Schrifttum ohne Ende. Der lokale Historienverbrater Manfred Böckl, der sich auch Agnes Bernauers melodramatisch angenommen hat, stellt den Müller von der Apoig-Mühle dabei gleich in die keltisch-druidische Tradition, auch das ja allzeit beliebter Obskurantenstoff, und die Spekulationen über seine genaue Identität und seinen Lebensweg schießen immer neu ins Kraut.

Dabei ist es höchst fraglich, ob der Mühlhiasl als Seher überhaupt existiert hat, ob der Müller Matthias Lang von Windberg die mindesten halluzinatorischen Begabungen hatte – es gibt keinerlei biographische Belege für die Existenz eines Waldpropheten. Die ersten schriftlichen Aufzeichnungen der hochpopulären Visionen stammen aus dem 20. Jahrhundert, und ernsthafte Volkskundler nehmen inzwischen an, daß es sich dabei um mündlich immer weiter tradierten anonymen Mythenstoff handelt, eine Sammlung allgemein verbreiteter Fortschritts- und Zukunftsängste. Wenn man vom Kloster Windberg hinuntersteigt zur Klostermühle tief im schattigen Bachtal ist das ja noch ein Ort, der Assoziationen an einen sagenumwobenen Müllerpropheten erlaubt. Die ehemalige Apoig-Mühle dagegen ist ein modernisiertes Häusl nahe der Durchgangsstraße, mit Satellitenschüssel. Die Tele-Visionen, die eine solche heute liefert, kennt jeder. Und schließlich sind die ja oft genug finsterer als all das, was sich ein Mühlhiasl im Traum hätte ausmalen können.

Die Weiterfahrt ist jetzt eine Art verlangsamter Sinkflug, wieder der Donauebene entgegen. Über Meidendorf, Oppersdorf und Einfürst (wo mit dem »Gasthaus Artmeier« eines der ältesten und urigsten der Region steht) kurven wir Richtung Markt Schwarzach. Das Teilstück Einfürst-Gaißing fahren wir mit Bedacht, denn hier ist ein ganz besonderer Asphalt verlegt: ein höchst umweltfreundlicher Straßenbelag aus Raps-Bitumen, von der Gesellschaft »CARMEN« für nachwachsende Rohstoffe in Straubing entwickelt und hier testweise im Einsatz. Noch einmal wollen wir hinauf in aussichtsreiche Höhen, bevor wir auf dem Donautalboden ankommen, und suchen uns die sieben Kilometer lange Strecke auf den Grandsberg hinauf. Um in knapp zwei Stunden den Hirschensteingipfel über den Schuhfleck zu besteigen, ist es für heute zu spät, aber auch der Rundblick in der Abendsonne von der Terrasse des 850 Meter hoch gelegenen Berggasthofs »Menauer« ist nicht zu verachten.

Wir aber wollen an den Fluß zurückkehren, der Donau einen Abendbesuch im späten Licht abstatten. Bei Kleinschwarzach steigen wir auf die Deichkrone und sitzen dann noch lange auf den donauseitigen Stufen neben den Pegel-Meßstrichen, schauen aufs Wasser, das hier noch frei strömen darf, und auf weidenbewachsenes Auenland im rosa-silbergrauen Abendlicht. Unsere Einkehr zum Abendessen haben wir uns schon ausgeguckt, die besonders schöne und liebevoll eingerichtete »Schloßtaverne Offenberg«. Der hochgiebelige spätmittelalterliche Bau an der Dorfstraße, mit Dachgauben, Spalierbäumen, kleinen Rundbogenfenstern und einer Sonnenuhr, stammt von 1465 und ist einer der ältesten Einkehrorte Niederbayerns. In den dickwandigen Stuben oder dem ummauerten kiesbestreuten Hof unter Kastanien sitzt man sehr kommod, kann sich Entenessenz mit Windbeuteln, Kalbsvogerl und gute Wachauer Weine einverleiben – von letzteren nicht zu viel, denn ein Stückchen müssen wir noch reisen zu unserem Nachtquartier. Wir bleiben an diesem Abend in schloßherrlichem Ambiente und fahren über Metten nach Schloß Egg hinauf, wo es im Schloßhotel im alten Stallgebäude etwas altväterisch behagliche Zimmer und Appartements als Logis gibt. Die Besichtigung der neugotischen Burg, die ein Unikum des Historismus ist und auch etwas von einer britischen »folly« hat, sparen wir uns für den nächsten Morgen auf.

Zu Gast in Schloß Egg

AM FREIEN FLUSS – IM DONAULAND UM DEGGENDORF

Nach dem Frühstück kann man die Zeit bis zur ersten Führung angenehm in der Morgensonne am Springbrunnen im Gartenhof vertrödeln; fast mediterran ist es zwischen Fontänengeträufel, Palmen- und Oleandertöpfen; vor der Nase diese Ritterburg, die im Kern zwar noch mittelalterlich ist, deren romantisches Prunken sich jedoch ganz dem 19. Jahrhundert verdankt. Turmspitzen und Zinnen, Altane und Erker, Spitzbogenfenster, Söller, Zierbrunnen – alles stammt aus den Jahren nach 1840, als der damalige Besitzer von Schloß Egg, Graf Joseph Ludwig von Armannsberg, seine Domäne nach der Mode jener Jahre aufputzen ließ. Er hatte als Staatskanzler unter dem jungen bayerischen König Otto von Griechenland Karriere gemacht und wünschte eine seinem Status gemäße repräsentativere Behausung – heute kann man es als Glücksfall betrachten, daß Schloß Egg bis in die Details als Adelssitz des Historismus, als Beispiel der »Burgenromantik« erhalten ist.

Es ist alles so wunderbar Courths-Mahler oder Eugenie Marlitt an diesem Schloß, »Gartenlaube«-Flair von den weinlaubbewachsenen Mauern bis zum leicht staubig-stockfleckigen Geruch der Interieurs. Man kann sich hier tränenselige Romane vorstellen, die vielleicht »Die Töchter der Hohenthals« heißen oder »Das Schloßfräulein und der Maler«. Und eine solche Affäre gab es in der Tat im späten 19. Jahrhundert, als sich eine Komtesse Eichthal in ihren jungen Münchner Porträtisten Albert Keller verliebte – die Ehe wurde erst gebilligt, als der Hochzeiter ein »von« erhielt und Akademieprofessor wurde, ein Marlitt'sches Happy End. Man sieht die jungen Damen in den Gobelinsesselchen ihrer Neo-rokoko-Kemenaten vor sich, wie sie aus den Bogenfenstern in die Baumwipfel des Parks träumen, die Musselinvorhänge wehen im Sommerwind, die Stickrahmen sind in den Schoß gesunken … Aber man kann sich auch den Herrn Papa in einer pokulierenden männlichen Runde vorstellen, in der Trinkstube mit den rebenverzierten Ledertapeten oder im Rittersaal mit den gewaltigen Renaissanceschränken – Zigarrenrauch, Zinnhumpen, Rotspon –, wie die Bratenrock-Herren vielleicht über Bayern & Bismarck politisierten oder sich in launigen Trinksprüchen mit selbstgewählten Rittersnamen hochleben ließen. Im Spielzimmer gab es für die langen Kartennächte ein Handwaschbecken mit elegantem Wasserhahn; man kann es heute noch betrachten. Aber leider, erklärt die junge Schloßführerin, hatte das Becken keinen Ablauf – das Schmutzwasser mußten die Bediensteten morgens von Hand ausschöpfen, wie auch den großen Spucknapf in der Trinkstube. So gesehen, sind wir bürgerlichen Schloßbesucher dann doch froh, daß die herrschaftlichen Zeiten der Montfort oder Schrenck-Notzing, Armannsberg, Cantacuzène, Eichthal, Hohenthal, und wie die hochmögenden Egger Bewohner alle hießen, vorbei sind, und daß sich die Privilegien des heutigen Besitzers Georg Luitpold Hartl darauf beschränken, seinen »CC«-Mercedes (der Geschäftsmann ist Honorarkonsul des Kongo) unübersehbar mitten auf dem Fußgängerweg zu parken. Die Familie Hartl bewohnt das Schloß in der zweiten Generation, liebt es ganz offensichtlich und hat sich um Erhaltungszustand und vorsichtige Sanierung sehr verdient gemacht – wenn sie vielleicht noch auf das Plastik-Partyzelt im stimmungsvollen Schloßpark verzichten würde, wäre die eigenwillige Atmosphäre des Ensembles perfekt.

Metten, ein paar Minuten unterhalb, hat sich leider zu einem etwas schwammigen und ausgefransten Deggendorfer Vorort entwickelt, mit Schlecker-Markt, Tankstellen und »Pizzeria Zack Zack«, aber das Benediktinerstift, eines der bayerischen Urklöster, noch heute samt renommiertem Gymnasium und Internat, ist ein kunstgeschichtlicher Höhepunkt an der bayerischen Donau. Wenn die Dachhaube der Straubinger Hauptkirche einer Rübe gleicht, so sehen Mettens übergroße Doppelzwiebeln eher aus wie zwei gewaltige Kohlköpfe. Für die berühmte Klosterbibliothek ist es heute eh zu spät – man kann sie nur um zehn Uhr morgens und drei Uhr nachmittags besichtigen –, also trinken wir noch einen Cappuccino auf der Terrasse des netten, spalierbewachsenen »Café am Kloster«; am Nebentisch streiten sich Mutter und Teenie-Tochter (»Dei Reißverschluß is scheps!« – »Wenn i's dir sag: des g'heert so!«) über Modefragen. Die Kirchenfassade liegt breit und imposant ausgebuchtet in der Sonne – und im Inneren gibt es ausnahmsweise kein Gitter. Ein weitgespannter, lichterfüllter Wandpfeilerraum ist die Mettener Kirche, hallend und angenehm kühl; allein klappert man über den Steinboden, betrachtet Cosmas Damian Asams Chorraumfresko, am Hochaltar Karl den Großen und Benedikt von Nursia, Skulpturen des Straubinger Bildhauers Franz Mozart, der auf seinem Gebiet bei weitem nicht so exzeptionell war wie sein Salzburger Neffe auf einem anderen. Der außergewöhnliche Bildhauer und Stukkateur in Metten hieß Franz Ignaz Holzinger; von ihm stammen einige geradezu krasse Figuren an den Seitenaltären. Ganz überdreht expressive, fast ungeschlachte Gestalten sind das – wie frühe Vorläufer der wilden, wulstigen Bildwerke von Markus Lüpertz, die auf öffentlichen Plätzen den Bürgersinn immer so aufbringen. Noch nie habe ich so riesige Pranken gesehen wie bei der Holzingerschen Kaiserin Helena, und ihr Gewand sieht aus, als sei der Hurrikan Wilma hineingefahren. Der König Heraklion trägt einen Umhang, der aus Krötenhaut gemacht scheint, und die Beinschützer seiner Rüstung haben wüste Rübe-zahl-Masken auf den Knien. Sein Gesichtsausdruck wirkt aufs äußerste belästigt, die gerunzelten Brauen treten vor wie dicke Stricke – eine merkwürdig grenzwertige, berserkerhafte Bildhauerkunst.

Derselbe Holzinger hat auch die wuchtigen Atlantenpaare geschaffen, die in der Bibliothek, Mettens bedeutendster Raumschöpfung, anstelle von Säulen die Gewölbe stemmen. Ein geradezu delirierender, vollkom-men übertriebener und manierierter Barockraum ist das, ein Farben- und Formentaumel, in dem die Bücher die geringste Rolle spielen. Das ge-samte Dekor, Stuckgebilde wie Gemälde, gehorcht freilich einem kompli-zierten theologisch-wissenschaftlichen Konzept, das der »sapientia«, der Weisheit, gewidmet ist. Und im Land der bedrohten Donau unterwegs, bleibt der Gedanke nicht aus, daß es den Planern des rabiaten technischen Fortschritts nicht übel anstände, sich an den hier dargestellten Christentu-genden ein Beispiel zu nehmen: der »moderatio« zum Beispiel, der Mäßi-gung, sowie der »prudentia«, der klugen Voraussicht, was dann ja zur »illu-minatio« führen könnte, das nicht alles Machbare wünschenswert ist.

Im Festsaal, wie die Bibliothek nur per Führung zugänglich, begegnen wir dann auch unserem Freund Matthias Obermayer wieder, der in die-sem hochherrschaftlichen Prunkraum die Stuckausstattung schuf. Wieder erfreut er einen besonders: mit seiner Darstellung der exotischeren Erd-teile als Mohr, Indianer im Federschmuck, Turban-Orientale zum Bei-spiel, mit seinen jugendlichen Engeln, die ihre hübschen Marmorbeine ins Leere baumeln lassen, und speziell mit einem Putto, der sich, die Arme verschränkt und bockigen Ausdrucks, jeglicher Tätigkeit verweigert.

Zu Metten gehört das kleine Sommerschlößchen Himmelberg, nur einen Katzensprung westlich, und man sollte beim Touristenbüro im Ort keine Mühe scheuen, sich einen Besichtigungstermin zu verschaffen. Es geht dabei nur um ein einziges Kunstwerk: den Deckenstuck des Saals von Johann Baptist Modler, für mich eine der größten und schönsten Überraschungen dieser niederbayerischen Fahrten, ein verstecktes, zartes Wunder. »Eine der originellsten Leistungen des deutschen Rokoko«, schwärmt der Dehio – und eines von Modlers gelungensten Werken, weitab von Kößlarn. Wir stehen unter einem flachen Spiegelgewölbe in ganz blassen Farben, weiß, zartviolett, gelblichgrau. Die stukkierten Szenen an dieser Decke sind filigran und hingetuscht wie eine Federzeichnung, Landschaftenreliefs mit Palmen und Nadelbäumen, Felsen, Wolken, Mauerstädtchen, fliegenden Wildgänsen – in vier großen Eckenfeldern sind die Jahreszeiten dargestellt. Ein Mann trägt einen Blumentopf in seinen Frühlingsgarten, ein Schnitter schwingt die Sense im sommerlichen Feld, ein Jäger gibt im Herbst einen Fehlschuß auf einen Bären ab, und die Winterlandschaft zeigt einen munteren Schlittenfahrer. Das Deckenfeld ist am allerschönsten: St. Benedikt als Einsiedler in der Schlucht von Subiaco, wie er seine Schriften studiert. Ein Mitbruder will ihm gerade Speise an einem Seil herablassen, was der Teufel zu verhindern versucht. Dieser Teufel! Klein und tückisch und bocksfüßig lauert er zwischen den Büschen, mit hängenden Frauenbrüsten, langer Nase und endlosen Hörnern, und hält einen Steinbrocken in den erhobenen Pratzen, um die Hilfsaktion zu unterbinden – ein richtig infamer »Hörndlmeier«, wie man den Satan in hiesigen Sagen auch nennt. Das Ganze ist umgeben von geradezu abstrakten, zerrissenen und zerfetzten Rocailleformen, sogenannten »Capricci«, in »unbegrenzter Wandlungsfähigkeit des Muschelwerks« (Dehio). Ach, man ist zum echten Modler-Fan geworden auf diesen niederbayerischen Fahrten – einmal wird uns der Kößlarner noch begegnen.

Der Tag ist heiß, und wir geraten nun in die Industrie- und Verkehrsagglomeration von Deggendorf, die mit Autobahnbrücken und -knoten, Industrie- und Hafenanlagen, Gewerbegebieten und Schnellstraßen alles andere als ein Idyll ist. In Deggendorf war ich vor vielen Jahren mal beruflich und habe es als eine wirklich sehr verschnarchte niederbayerische Landstadt in Erinnerung. Da hat sich fraglos was getan. Der Stadtplatz, weit und breit wie der Straubinger und ebenfalls mit einem mittelalterlichen Turmbau mittendrin, ist zwar längst nicht von so attraktiven historischen Bürgerbauten umstanden, sondern, weil es oft gebrannt hat, mit

Deggendorf

allenfalls biedermeierlichen und jugendstiligen Häusern des 19. und 20. Jahrhunderts. Aber er wuselt vor Leben, auf dem hellen Plattenpflaster stehen Unmassen dieser Zehn-Quadratmeter-Sonnenschirme und Caféhausstühle, ein Lokal am anderen. Die flotte italianità, mit der sich bayerische Kleinstädte nun schon seit Jahren kostümieren, hat Deggendorf offenbar in ganz besonderem Ausmaß erfaßt. Es wird flaniert, geschwatzt, sich gesonnt, als wären wir in einem centro storico der Emilia-Romagna und nicht an den Hängen des »Nordwalds«. Borgo di Deggo! Jedenfalls manifestiert sich die »Einkaufsstadt Deggendorf« zum Glück nicht nur in den Monsterhallen des »Globus-Markts« weit draußen im Gewerbegebiet, sondern auch noch auf dem angestammten Marktplatz in ihrer Mitte. Und man muß heutzutage dankbar sein für den Fortbestand des Karstadt-Stahlbetonklotzes am Oberen Stadtplatz – eine Baulichkeit, über die der Architekturkritiker Gerhard Matzig schrieb, sie ähnele einem Haufen Eiswürfel, der in der Sonne vergessen und dann als verlaufener Klumpen panisch wieder eingefroren worden sei. Solche Warenhäuser der Siebzigerjahre, heute fast schon anheimelnd gegen die »Malls« draußen in der Pampa, halten als »Leitbetriebs«-Platzhirsche auch die kleineren Geschäfte am Leben: »Wäsche-Vietze« und das Reformhaus Luber, »Krauth-Moden« oder »Ruland Obst und Gemüse«.

Die Doppelt- und Dreifachfamilie, junge Frauen, Schwiegermütter und ein Haufen Kinder, die sich zu mir auf die langen Bierbänke im Kastaniengarten des »Weißbräu« plumpsen läßt, hat jedenfalls Power-Shopping hinter sich. Tüten rascheln, Tanktops und Ziergürtel und auch eine Pantolette wandern über den Tisch, Michi, wos mogst? An ofenfrischen Schweinsbratn? Naaaa! Michi ist mit einer Plastik-Fantasy-Landschaft beschäftigt, die sich Stück für Stück aus seinem Großkarton materialisiert, Drachenflügelwesen, Mauerbrocken, Wikinger, »ois lebensecht«, versichert er seiner desinteressierten großen Schwester, die ihrerseits frisch erworbene bunte Freundschaftsbändchen sortiert. »Die stehn alle für was, weltweit«, sagt sie träumerisch ins Leere, »faith, woaßt scho, und friendship...« Den ofenfrischen Schweinsbraten futtern derweil die Mütter,

und jeder ist auf seine Weise zufrieden im Lichtgeflimmer und Stimmengewirr des Weißbräugartens, Deggendorf Bräugasse, an einem sommerlichen Freitag.

DISPLACED PERSONS –
JÜDISCHE GESCHICHTEN AUS DEGGENDORF

Das schönste Bauwerk der Stadt ist der elegante, überschlanke Zwiebelturm der Grabkirche, ein Frühwerk des großen Barockarchitekten Johann
Michael Fischer, der markant in den Luitpoldplatz vorgeschoben steht.
Diese Kirche hat allerdings eine finstere und schmachvolle Geschichte –
im Stadtmuseum hat man sie nunmehr gründlich dokumentiert. Diese
selbstkritische Auseinandersetzung ist neueren Datums: Erst 1992 wurde
die Wallfahrt »zur heiligen Gnad'« vom Regensburger Bischof verboten.

An der Stelle der Grabkirche stand im Mittelalter die Synagoge. 1348
wurde sie niedergebrannt, wie auch das Ghetto der Stadt; die jüdische Bevölkerung starb in den Flammen oder wurde hingemetzelt – ein Groß-
pogrom, das zahlreiche weitere in Niederbayern nach sich zog. Der
Grund war der übliche: Es hatte Mißernten gegeben, die man den jüdischen »Gottesmördern« als Sündenböcken zu Last legte, zudem wollte
man sich seiner Schulden bei den jüdischen Geldverleihern entledigen.
Mit dem Geld, das sie durch das Massaker erbeutet hatten, errichteten die
frommen Christen ihre Kirche zum Heiligen Grab. Und ersannen gleich
die passende Rechtfertigungslegende dazu, auch diese in der antijudaisti-
schen katholischen Tradition durchaus gängig: Hostienschändung. Die
Deggendorfer Juden hätten sich in den Besitz mehrerer geweihter Hostien gebracht und diese mit Schusterahlen, Dornen, Hämmern, in einem
glühenden Ofen gequält, bis Christi Blut herausgequollen sei, sie sodann
in einen Brunnen geworfen und diesen vergiftet. Einem Priester seien die
Hostien schließlich wundersam von selbst in den Kommunionkelch ge-
schwebt; in der Grabkirche wurden sie hinfort abgöttisch verehrt. So
hatte man sich rückwirkend ein Motiv für den Judenmord konstruiert

(»das ellend iamerige und trostlose volck der juden … hat zu deckendorf das allerhailigst sacrament vilfeltigelich gestochen … und zu letzt auf eim ampays mit hemern geschlagen … do warden die iuden mit gepürlicher peen des tods gestraft«, berichtet die Schedel'sche Weltchronik von 1493). Und hatte sich zugleich einen Mirakelort geschaffen, die »Heilige Gnad« zu Deggendorf, an welchem man alljährlich für fünf Tage des Großen Sündenablasses teilhaftig wurde, wie ein päpstliches Edikt 1401 verfügt hatte. Nunmehr strömten die Wallfahrermassen zu Zigtausenden in die Donaustadt, zu Fuß bis von Böhmen und Schlesien her, um in der »Sühnekirche« (Sühne nicht etwa für das Massaker an den Juden, sondern für deren »Hostienfrevel«) die Wunderhostien zu bestaunen, zu beichten und gnadenhalber ihre Sündenlast loszuwerden. In guten Jahren kamen 140 000 Pilger zur »Gnad«, ein Vielfaches der Einwohnerschaft – und deren hauptsächliche und überaus lukrative Einnahmequelle –, eine der größten Heiligblut-Wallfahrten der katholischen Welt.

Bis in die Sechzigerjahre des 20. Jahrhunderts – ältere Deggendorfer erinnern sich noch gut daran – konnte man sich in der Grabkirche an der sogenannten »Gruft« oder dem »Judengrab« gruseln: Da sah man lebensgroße jüdische »Hostienschänder«-Figuren, wie sie das Sakrament mit Hämmern bearbeiteten. Diese Skulpturen sind nun in gebührendem dokumentarischen Rahmen im Museum zu betrachten. Und auch die 14 Tafeln des 16. Jahrhunderts, die den »Frevel« drastisch darstellten und kommentierten, verschwanden erst 1969 von den Kirchenwänden, obwohl sich schon im 19. Jahrhundert der Protest gegen die antisemitisch motivierte Wallfahrt zu artikulieren begann. Der berühmte bayerische Historiker und Schriftsteller Ludwig Steub hatte bereits 1866 in seinen »Altbayerischen Kulturbildern« darauf verwiesen, daß die Hostienwallfahrt auf der Vertuschung eines Judenpogroms basiere. Es dauerte dann bloß noch knapp 130 Jahre, bis man sich dazu aufraffte, die »Gnad« auch amtskirchlicherseits dubios zu finden. Erst eine Doktorarbeit des katholischen Theologen Manfred Eder von 1991 gab den Anstoß zum bischöflichen Hirtenwort aus Regensburg: »Da *jetzt* (Hervorhebung von der Autorin) die Haltlosigkeit jüdischer Hostienschändungen auch für den Deggendorfer Fall endgültig bewiesen ist, ist es ausgeschlossen, die ›Deggendorfer Gnad‹ … weiterhin zu begehen.« Zu ergänzen ist nur noch, daß die katholischen Proteste gegen dieses Verbot einer beliebten Manifestation des »Volksglaubens« auch noch 1992 schallend gewesen sind.

Manchmal fragt man sich, ob die jüdischen »Displaced Persons« der Nachkriegsjahre aus ihrem Quartier in der Alten Kaserne gelegentlich in die Deggendorfer Altstadt gekommen sind und womöglich mit den Zeugnissen des eingewurzelten Antisemitismus in der Grabkirche konfrontiert wurden. Aber sie sind fast völlig unter sich geblieben, die Bewohner des »DP-Lagers Deggendorf«, »She'erit Hapletah«, der »Rest der Geretteten«, wie sie sich nach einer Bibelstelle nannten. Es waren an die zweitausend jüdische Überlebende der Shoah, viele von ihnen aus Theresienstadt befreit, die von 1946 bis 1949 ein Unterkommen in dem massigen, neuromanischen Zweckbautenkomplex gefunden hatten, der 1843 als »Kreisirrenanstalt« am nördlichen Stadtrand errichtet wurde und dann später eine NS-Heeresunteroffiziersschule war. Die Geschichte der DP-Lager, dieser abgeschotteten jüdischen Enklaven mitten im Land der Täter (das letzte in Südbayern wurde erst 1957 aufgelöst), ist in der Bundesrepublik lange unbeachtet und ungeschrieben geblieben. Die deutsche Verdrängung und Amnesie, die eigene Schuld betreffend, schloß auch das Ignorieren der wenigen Überlebenden des NS-Terrors ein, die da in enger Nachbarschaft, unter dem Schutz der amerikanischen Besatzungmacht, ihre eigenen Kommunitäten bildeten. Die Juden ihrerseits, »displaced«, deplaziert im Wortsinn, ihrer meist osteuropäischen Heimat unwiederbringlich beraubt, zutiefst traumatisiert und physisch wie psychisch beschädigt, hatten begreiflicherweise keinerlei Drang, sich mit dem Tätervolk ins Benehmen zu setzen. Sie betrachteten die DP-Camps, in denen sie, wiewohl »befreit«, doch wieder ein Lagerleben fristen mußten, nur als Sprungbrett in die wirkliche Freiheit, als Wartestation auf die ersehnten Visa für Palästina/Israel oder die USA.

Doch während der britischen Palästina-Blockade, bis zur Staatsgrün-

Geburtstagsfeier im Lager

dung Israels und bis die Vereinigten Staaten ihre Immigrantenquoten erhöhten, steckte man paradoxerweise jahrelang im Peinigerland fest, in einer Art »Dekompressionskammer«, wie ein ehemaliger KZ-Häftling die
DP-Lager nannte. »Wir sitzen immer noch in den Lagern wie in einem
luftleeren Raum«, schrieb ein anderer, »was Europas Krematorien nicht
verdaut haben, ist als ständiger Bissen im Rachen der internationalen Po-
litik hängengeblieben.« Der größte Hoffnungsträger im Lager, so weiß die
1949 im DP-Lager Deggendorf geborene Literaturwissenschaftlerin Rachel Salamander, war der Postbote, der den Spitznamen »Konsul« trug,
weil er die Visa in seiner Tasche trug. Ihr Vater Salomon, so erinnerte sie
sich, der auf wirren Fluchtwegen aus Polen über die Sowjetunion nach
Deggendorf geraten war, hatte in der Alten Kaserne über Jahre eine große
Holzkiste vor der Tür stehen, in der er als gelernter Spengler selbstgefer-
tigtes Werkzeug sammelte – für den Neuanfang in Israel. Doch dazu kam
es nie – ihre Mutter Riva war als Folge der NS-Verfolgung chronisch
krank und durfte, wie die vielen TBC-Kranken, wie Alte und Ge-
schwächte, nicht ausreisen.

Während des langen Bangens und Wartens entwickelten sich in Deggendorf und den anderen DP-Lagern aus den eigentlichen Provisorien

kleine »Staaten im Staat« mit einer denkbar konträren Lebensweise zu jener ihres bayerisch-ländlichen Umgriffs. In Deggendorf und Pocking, Föhrenwald und Feldafing entfaltete sich »zum letzten Mal auf europäischem Boden die Lebensform eines Schtetls«, so Rachel Salamander. Man lebte nach chassidischen Traditionen und Ritualen, den Geboten der Religion, es gab Synagogen, Mikves, koschere Küchen, Thoraschulen und Yeschivas, die Sprache war Jiddisch. Rachel Salamander hat erst als Siebenjährige, neu und fremd auf einer Münchner Volksschule, Deutsch gelernt. Andererseits war Deggendorf wie die anderen DP-Camps ein Vorgriff auf »Eretz Israel«, auf die Sozialformen der Kibbuzim, auf die Aufbruchs- und Gemeinschaftsstimmung des jungen Staats. Wirtschaftlich unterstützt von der UNRRA und amerikanischen jüdischen Hilfsorganisationen, nahmen die jüdischen Shoah-Überlebenden mit einem erstaunlich energischen Zukunftsoptimismus ihr Leben in die Hand: Es gab in den Lagern perfekt funktionierende Bildungseinrichtungen aller Art, Bibliotheken, Theater-, Kabarett- und Orchestergruppen ohne Zahl. Die Geburtenraten – Kinder waren die Hoffnung überhaupt – lagen hoch. Man gründete eigene Sportvereine und Zeitungen – in Deggendorf die »Center Review« und »Cum Ojfboj«, und es existierte sogar eine eigene Währung, der »Deggendorf Dollar«. In den DP-Lagern habe die »Subjektwerdung der Juden als Nation« ihren Anfang genommen, schrieb der Historiker Dan Diner. Das alles mißtrauisch beäugt vom nachkriegsdeutschen Umfeld, das mit Hunger- und Flüchtlingsproblematik als Kriegsfolgen zu kämpfen hatte und seine antisemitische Gefühlslage allenfalls in die Latenz abgedrängt hatte: Daß diejenigen, die eben noch die »Untermenschen« gewesen waren, nun die doppelte Kalorienzuteilung erhielten, zählte für so manche mehr als die Besinnung auf die eigene Schuld- oder Mitläuferfunktion im NS-Gewaltsystem. Erst kurz vor der Jahrtausendwende fand im Deggendorfer Stadtmuseum eine Ausstellung über das DP-Lager statt. Sie zeigte unter anderem die weltweit berühmten, schockierenden Handzeichnungen von Alfred Kantor aus Auschwitz, Birkenau und Theresienstadt. Die Originale hatte er in den Konzentrationslagern aus Sicherheitsgründen zerstören müssen; in Deggendorf nach der Befreiung zeichnete er sie in rasendem Tempo aus der Erinnerung nach, um das Zeugnis nicht verlorengehen zu lassen.

Die »Alte Kaserne«, dieser weitläufige 19.-Jahrhundert-Ziegelkomplex am Stadtpark, wurde nach 1950 in günstigen Wohnraum umgewandelt und ist das bis heute geblieben; viele alte Leute und »sozial Schwache« leben dort, teilweise unter Substandardbedingungen. Vor einigen Jahren schrieb die Stadt einen internationalen städtebaulichen Wettbewerb zur Aufwertung des Areals aus, mit dem Ziel der »Transformierung in ein lebendiges, durchmischtes Quartier«. Hoffentlich bleibt bei dieser »Durchmischung« dann auch ein Fetzen Erinnerung zurück an Alfred Kantor, an Adele Linder, Laszlo Spiro, Pauline Buchenholz, Karola und Simon Freimark und all die anderen, für die ihre Deggendorfer Zeit, nach Jahren der Qualen, einen ersten Lichtblick bedeutete. Von den drei angestammten Deggendorfer jüdischen Familien, Lauchheimer hießen sie, Roederer und Scharf, die zu Kriegsbeginn in den Osten und dann in die Vernichtungslager deportiert wurden, ist nie jemand zurückgekehrt. Drei Straßen am Stadtrand tragen heute ihre Namen.

»EINE GRÜNE ÖDNIS ... MIR WIRD SCHLECHT« – HERBERT ACHTERNBUSCHS BREITENBACH

Als Rachel Salamander in Deggendorf zur Welt kam, ging Herbert Schild aus Breitenbach bei Mietraching gerade in die zweite Klasse des Comenius-Gymnasiums, nur ein paar hundert Meter von der Alten Kaserne entfernt. Erst 21jährig wurde er von seinem unehelichen Vater, einem Münchner Zahnarzt und seinerzeit überzeugten NS-Parteigänger, als Sohn angenommen und hieß fortan Herbert Achternbusch. Wenn wir die Stadt auf der Ruselbergstraße verlassen, am Gewerbegebiet Marienthal vorbei und durch das heute vorstädtische Mietraching fahren, liegt der Weiler Breitenbach an einer Sackstraße nach Süden. Im Anwesen Nr. 1 wohnt die Familie Alois Anzenberger aus der weitläufigen großmütterlichen Verwandtschaft Herbert Achternbuschs, seit 700 Jahren auf diesem Hof ansässig. Mit jenem Kinderort »Breitenbach«, der in Achternbuschs monströs ausgewuchertem, unmöglich noch zu überblickendem Oeuvre immer wieder bedeutsam aus den blubbernden Assoziationssümpfen auftaucht, hat die säuberliche, modernisierte Ansiedlung rein gar nichts mehr zu tun. »Wo ist Breitenbach?« hat der Autor schon 1986 im gleichnamigen Prosabuch geklagt. »Eine grüne Ödnis sehe ich, durch die rötlich der Erdboden durchschimmert. Mir wird schlecht. Die Leere im Magen zieht mich weg: die Erhebungen und Einbuchtungen sind planiert. Wo ist der Bach? Wo der Weiher? Wo das Bienenhaus? Wenigstens der alte Birnbaum steht noch in der Kotwiese am Knie des Weges ins ehemalige Geigenholz … In meinem Kopf lauf ich als Kind durch Breitenbach, und um Breitenbach bis an die Grenzen der Welt. All die Jahre habe ich beschützend meinen Geist über Breitenbach gehalten, weil ich sonst nichts konnte.«

Ob des »Herbertls« kompromißlose literarische Verwertung der Mietrachinger/Breitenbacher Jugendzeit von seiner dörflichen Herkunftswelt ausgerechnet als »beschützend« empfunden wurde, darf bezweifelt werden. Für Verklärungen und Idyllisierungen ist der Berserker, der »wildeste Geist« des neueren bayerischen Kunstschaffens, nicht gerade namhaft. In den letzten Jahren ist es bemerkenswert ruhig geworden um den nunmehr bald Siebzigjährigen, der sich, wie man hört, heute im Waldviertel damit begnügt, sein Forsthaus über und über bunt einzufärben, Eselsherden aus Lärchenholz zu schnitzen und an griechisch-mythologischen Themen zu malen. Selbstredend schreibt er auch noch weiter an den Bruchstücken seiner uferlosen Autobiographie »in progress«, aber es scheint, daß Öffentlichkeit und Leserschaft weitgehend vor seinem monoman mäanderndem Assoziationsstrom kapituliert haben. »Wer mich liest, dem ist nicht zu helfen«, hat er selbst einmal gesagt, und »in meinen Büchern führen sich die Wörter und Gedanken wie eine tausendköpfige besoffene Masse in einem Oktoberfestbierzelt auf«. Da ist was dran – gäbe es nicht inmitten des Krakeelens und Zeterns, des wüsten Schlingerns und Schwadronierens immer wieder diese Passagen staunenswerter Luzidität, originellsten Witzes und tiefer Sensibilität und Zartheit. Als Achternbusch-Leser, selber schuld, wenn man einer ist, kennt man das schon: *Nie wieder* tu ich mir den an, denkt man sich, ich schinde mich doch nicht freiwillig noch mal durch diese selbstmitleidigen Nabelschauen, diesen egozentrischen Furor, diese Kalauereien und Wutschnaubereien … Und dann bleibt man doch wieder rätselhaft an irgendeiner Ecke dieses gewaltigen Prosa-Steinbruchs hängen und kann nicht mehr aufhören sich durchzuackern, weil darin immer wieder die pure Poesie aufleuchtet wie eine Goldader oder ein frecher, überraschender Gedankengang, ein sehr wuchtiges oder ein ganz filigranes Bild, eine absurde Komik, wie man sie nirgendwo sonst findet als in der »Wörterküche« dieses bayerischen Wilden Manns.

»Breitenbach« also habe ich unlängst gelesen, »Der Tag wird kommen«, »Wind« und »Land in Sicht« – alles Texte, aus denen einem das versunkene Achternbusch'sche Kindheitsland hoch über der Donau immer wieder entgegenflackert. »Eines Tages tauchte aus dem zerkriegten Deutschland meine Großmutter auf, lachte, so daß ich wußte, daß ich nicht mehr hinfalle, und nahm mich von der Landeshauptstadt mit auf einen Speicher im Landesinnern. Das war ein Bauernhof mit Stimmengewirr. Hier war alles rauh, vom Pferdehaar bis zum Mädchenknie, der Rost auf den Geräten … Überall konnte es übel riechen. Nichts war heilig, auch wenn alle in die Kirche rannten, kein Werkzeug und keine Waffe. Wurde uns nicht gerade damit nachgestellt, durften wir sie gebrauchen. Der Mann schlug zu, die Frau schrie auf. Der Mann hatte das Handinnere dunkel wie ein Arschloch. Die Frau zwängte ihm den Schwanz an der Tür ein, das war ihr höchster Spaß. Die Oberen schissen ihnen in den Kopf wie Gott, dahinter nichts als der Zweite Weltkrieg. Zwischen seine Füße eine stumme Wiese geklemmt wie ich. Hier fand ich mit vier Jahren meinen blauen Enzian …« Das Stadtkind teilt mit der Oma die Schlafkammer, deren »kugelrunder Bauch« ihm als »steilster Berg des Bayerischen Waldes den Weg in die Welt versperrte«, kränkelt ständig, steht »blaß und bewegungsscheu« herum, was ihm den Namen »Käsejacke« einbringt, und flüchtet sich in die Natur: »Sie war schön wie ein unendliches Kleid von meiner Mutter … Unbeobachtet träumte ich in das Blätterdach über mir hinein und hinaus, und ich untersuchte mit krummen Fingern den Waldboden, der raschelnd von dürren Blättern bedeckt war, die nach unten zerfallend in feinsten Humus verstummten, bis ein grauer Stein grob und laut Halt! sagte … Am Bienenhaus hörte ich die Hühner singen und ich weiß, daß niemand so schön die Hühner in Breitenbach singen hört wie ich.« Das Kind hält beim Sauschlachten den Schweinehuf am Strick fest, »den ich vorsichtshalber auch ein paar Mal um die Angel der Stalltür wickelte … Die Tante Lena hat das Blut gerührt … Der Großvater hat immer gleich den Magen aus den Gedärmen geschnitten … Mein Groß-vater ließ mich immer den Magen ausbürsten, was ein jedes Mal umsonst gewesen ist, weil meine Tante es nicht zuließ, daß der Magen mit in die Leberwürste verarbeitet wurde.« Die Gänse werden abgemurkst, indem die Großmutter ihnen den Hals auf den Boden drückt, einen Kochlöffel quer darüberlegt und sich draufstellt, bis der Vogel erstickt ist. Tierliebe ist kein Thema, auch nicht beim Enkel: »Ein Hase machte Männchen. Auf der Erde sind hunderttausend Tiere, und eines sieht blöder aus als das andere. Und der Mensch muß alle diese Mißgeburten bemerken und Langmut muß er ihnen auch noch gewähren.«

Fünfzehn Jahre hat Achternbusch im Breitenbacher Gehöft gelebt, überstand die »Eiszeit« des Deggendorfer Gymnasiums, entwand sich langsam dem »Haifischgebiß der Kirche«, so weit, daß er eine Mitschülerin schwängerte und schimpflich von der Schule geschmissen wurde. Aber ohnehin lockte nun die Außenwelt, die Ferne: »Die Fenster waren jetzt zu tief und zu klein. Sie hätten meine Zukunft nicht hereingelassen.« Das Milieu der tiefen und kleinen Fenster hat er später wohl am eindringlichsten in seinen Theaterstücken vergegenwärtigt, in »Ella« und »Gust«, basierend auf Tonbandaufzeichnungen der Lebenswege von Onkel und Tante aus Mietraching, gnadenlose Monologe aus einer grausamen, versteinerten Kleinbauernwelt. George Tabori hat »Ella« inszeniert,

Sepp Bierbichler den Gust großartig gespielt – einhellig gefeierte Erfolge auf den Bühnen der Metropolen. Diese Stücke werden kaum vergessen werden, auch wenn der in den Siebziger- und Achtzigerjahren so kultmäßig bestaunte anarchistische Autor/Filmer/Maler Achternbusch derzeit wenig à la mode zu sein scheint. In »Breitenbach« steht er einmal abends auf der Donaubrücke von Deggendorf, dieser »schlaffen Stadt« am Fuß der dunklen Berge, schaut den Schleppern und einer glitzernden Stromschwelle hinterher, denkt an Wien, die Puszta, das Eiserne Tor: »Gespensterisch beißen sich Menschenmassen nach Geschäftsschluß auf der Brücke in die Schultern. Doch bald wird es still sein, und noch ein Schein wird über das Geländer huschen, nämlich wenn ich meinen Dynamo eingeschaltet habe und mein altes Fahrrad umdrehe und nur anfangs fröstelnd nach Breitenbach hinaufradle, das Dreckloch.«

DER BAYERISCHE AMAZONAS

Vom Deggendorfer Zentrum queren wir bei den Werftanlagen und dem Hafen die Donau in Richtung Fischerdorf und landen bei Altholz auf einmal im flachen, wilden, wasserreichen Auenland des Mündungsgebiets der Isar in die Donau, auch »Bayerisch-Amazonien« genannt. Wer sich für diese einmalige Wildlandschaft, in der das Verweilen sehr lohnt, ein etwas konventionelles, aber komfortables Logis nehmen will, der könnte gleich hier im »Landhotel Hutter«, Altholz, bleiben, einem neuen Etablissement im gepflegten Countrystil. Man ist hier ganz nah am Rand der Flußauenwildnis, allerdings, mangels Brücken, nur der linksseitigen. Eine Isarbrücke auf die andere Seite gibt es leider erst wieder, daran führt kein Weg vorbei, in Plattling

Ach nein, eine Schönheit ist dieser fladenartig ausgewucherte, sachlich-gewerbliche Eisenbahnknotenpunkt halt leider wirklich nicht. Aber Achternbuschs »Plattling ist das Nichts – auf Plattling wurde geschissen und dann wurde es zubetoniert« findet man dann doch allzu fies. Der gedehnte, kastanienbestandene Ludwigsplatz präsentiert sich bei einem Eis-

kaffee gar nicht so unfreundlich hinter der schönen Zinnenfassade des Bürgerspitals haust ein sorgsam konzipiertes Kulturhaus mit besonders nettem Hintergarten. Und warum nur hat man bisher immer den kurzen Abstecher zur Kirche St. Jakob versäumt, einem wirklichen Juwel jenseits der Isarbrücke? Ein massiver romanischer Bau steht da im Abseits der Stadt; das dämmerige Langhaus mit seinen unverputzten Rundbögen, dem Boden aus grob behauenen Steinplatten, dem archaischen Taufbecken atmet frühestes Mittelalter. In den spätgotischen Sternrippen-Chorraum dringt mehr Tageslicht durch die Maßwerkfenster – einige bemerkenswerte Kunstwerke sind hier versammelt. Der Flügelaltar von 1500 mit reichem, goldenem Sprengwerk besitzt ein exquisites Predellagemälde der Donauschule, eine Beweinung Christi vor den typischen schrundigen Felsen und zerfetzten Koniferen, der gewitterig verfinsterten Wald- und Felsenlandschaft dieses Malstils. Ein kalksteinernes Sakramentshäuschen reckt seine Fiale dem Gewölbe entgegen, und eine ganze Menge holzgeschnitzter Patrone und Fürsprecher aus der Spätgotik, Barbara und Katharina, Nikolaus und Jakobus, offerieren ihre frommen Hilfsdienste. Eines der bedeutendsten Glasfenster Ostbayerns findet sich in der linken Chorwand: ein würdevoller Hl. Johannes aus dem 13. Jahrhundert in faltenreicher moosgrüner Tunika; besonders elegant sind seine schmalen Hände und Füße geformt.

In Plattling sollte man bei den Fahrradhändlern David oder Stadler ein Radl leihen, denn schon vom Friedhof St. Jakob aus könnte man sich auf Stichwegen über die Messerer- oder Hafnermühle in die feuchte Wildlandschaft des Naturschutzgebietes Isarmündung stürzen. Oder man fährt noch ein paar Minuten weiter ins Dorf Moos, wo einen in der »Schloßwirtschaft« günstige Fremdenzimmer in einem sehr atmosphärereichen Traditionsgasthaus erwarten. Die Gastlichkeit der »Schlowi« ist weithin beliebt; ihr Biergarten mit dem alten Baumbestand, den Holztischen im Gras und dem Blick auf Pferdekoppeln gilt als einer der idyllischsten Niederbayerns. Aber auch die Wirtsstuben mit ihren Balkendekken, Kachelöfen, Umlaufbänken, nachgedunkelten Schützenscheiben und

Familienbildern verströmen viel Behagen ohne Chichi – und das Wirts-
ehepaar Kurz ist überaus boarisch-g'standen. Das Dorf Moos hat eine
noble, durchgeplante Anmutung mit etlichen barocken Walmdach- und
Amtsgebäuden – die Hauptsache freilich verbirgt sich in einem Park jenseits einer schönen Lindenallee. Schloß Moos ist ein »durchaus seigneura-
ler« (so mein bayerisches Schlösserbuch) vierflügeliger Renaissancebau
mit überkuppelten Ecktürmen, über Jahrhunderte Besitz der gräflichen
Familie Preysing-Lichtenegg-Moos, heute durch Verehelichung Eigen-
tum der Grafen Arco-Zinneberg, die neben der Brauerei auch eine re-
nommierte Araberzucht betreiben. Eine der großen niederbayerischen
Herrschafts-Domänen, typisch in dieser Mischung aus repräsentativer
Vornehmheit und naturnaher, grün eingewachsener Diskretion.

Im frühesten Licht dann brechen wir in die Auwälder auf, in der
Kühle des jungen Tages liegt nicht nur eine wundervolle, verschleierte
Morgenstimmung über unseren Wegen, sonders es sind auch die »Staun-
zen«, die Stechmücken der Feuchtgebiete, noch zu faul für ihre lästigen
Aktivitäten. Durch ebenes Felderland und die ersten fremdartig engstäm-
migen, schlingpflanzenverhängten Sumpfwälder radeln wir nordwärts zur
ehemaligen Maxmühle, wo sich das »Infohaus« für das Naturschutzgebiet
Isarmündung angesiedelt hat. Dieser sehr besuchenswerte Holz- und
Glasbau öffnet seine Türen erst um zehn Uhr; es bleibt uns also Zeit zum
freien Herumschweifen auf dem Fahrrad, oder auch zu Fuß, wenn die
kleinen Stichweglein, die durch den taufeuchten Schatten dieses niederbayerischen Dschungels zu Altwasserarmen und schilfgerahmten Moos-
tümpeln, zu Pfeifengraslichtungen oder »wechselnassen Streuwiesen«
führen, allzu holperig werden. In Bayern gibt es solch eine Landschaft
kein zweites Mal: Auenwälder, die im Jahr mehrmals überflutet werden,
sind eine große Seltenheit geworden. »Bayerischer Amazonas« ist natürlich ein touristisches Schlagwort, aber für das Undurchdringliche, Ge-
heimnisvolle, Urwaldartige dieses Feuchtgebiets gar nicht so unpassend.
Als käme man nur mit Macheten durch, so sieht es abseits der Pfade aus:
Waldreben sind bis in die höchsten Weidenwipfel geklettert, wilder Hop-

fen rankt an Erlenstämmen empor, überall krautiges, buschiges Stauden- und Strauchgewucher in allen Grünschattierungen, über gurgelnden Gründen mit fettem, scharfem Gras. Amphibisches Land ist das, vor allem innerhalb der Deiche, von deren Kronen man das unzugängliche Kerngebiet, immer wieder von Wasserflächen durchzogen, gut überblicken kann. Libellen stehen wie Helikopter in der Luft, Bläulinge schwanken überm Wollgras, und man muß an einen der schöneren Carossa-Verse denken: »Helle Wolke streift vorüber / uns umweht ihr Schattenlauf / Große blaue Falter schlagen / sich wie Bücher vor uns auf.«

Das Isarmündungsgebiet ist den menschlichen Eindringlingen nur sehr rudimentär zugänglich, es soll ein wirkliches Rückzugsrevier für die Kreatur darstellen – und *was* für eine Kreatur das ist. Eine Ahnung vom Kreuchen und Fleuchen in diesen weglosen Auen vermittelt einem die morgendliche Geräuschkulisse – ach, hätte man nur einen Birdwatcher oder Vogelstimmenexperten an der Seite! Was ist das nur alles, was da keckert und fragend fiept, schnarrt und quäkt, hochtönig präludiert und im Basso continuo grunzt? War dieses sprunghafte Flöten vielleicht ein Pirol, das wetzende Knarren ein Teichrohrsänger? Ist dieses kellertiefe Quarren vielleicht einer der letzten der hochgefährdeten Moorfrösche, *rana arvalis*? Hat es da am Wasserrand nicht eben blau geblitzt – Eisvogel oder Blaukehlchen –, eine der größten Populationen Europas hat hier ihr Revier? Sie verbergen sich halt gern vorm homo sapiens, die in dieser Wildlandschaft so ungeheuer reichhaltig wurlenden und wesenden Existenzen – wir begegnen Schlagschwirl und Ralle nicht, keinem Wespenbussard und keiner Zwergdommel. Wachtelkönig und Wiesenpieper meiden uns, der Verschiedenfarbige Schlammschwimmkäfer, dieser Zungenbrecher, wie sein Verwandter, Herr Zahnflügel-Tauchkäfer. »Artenvielfalt« – was ist das für ein bürokratisches Wort. Hunderte von phantasiereichen Fauna- und Floranamen, die sich mit dieser letzten Überflutungsaue Deutschlands, einer der »großen Naturschutzraritäten Europas« assoziieren, stellen uns farbiger vor Augen, für wen alles diese paar in Ruhe gelassenen Hektar Wasserwildnis, gezwängt zwischen Autobahnen,

Schienenstränge, Hafenanlagen, eine »Arche Noah«, eine letzte Zuflucht bedeuten. 700 Arten von Blütenpflanzen gedeihen im Mündungsland der Isar, viele hochgefährdet wie die Ragwurz-Orchideen, das Wanzenknabenkraut, die Glänzende Wolfsmilch oder das Gottesgnadenkraut. Nur noch hier haben sich sogenannte Verlandungsgesellschaften an Altwässern halten können, wie die irgendwie etwas bösartig klingende »Froschbiß-Krebsscheren-Gesellschaft« oder der »Wasserkressen-Wasserfenchelsumpf«, überall sonst ist das »Banater Seggenried« ausgestorben – und »Schlammlingsfluren«, Knoblauchsgamander samt Pimpernuß haben anderswo auch schwer zu kämpfen. Zum Symbol Bayerisch-Amazoniens ist eine kleine Wasserschnecke geworden, gelbbraun mit schmalen Zickzackstreifen, *theodoxis danubialis*, der Donau Gottesgeschenk. Die Donaukahnschnecke galt schon als ausgestorben, bis man vor einigen Jahren noch etliche Exemplare entdeckte, angeklebt an Felsen im schnell strömenden Wasser des Isar-Donau-Einmündungsgebiets. Nun dient das winzige Tierchen als eine Art Kampffanal für alle diejenigen, die sich erbittert dagegen wehren, diese so hochmerkwürdige wie extrem empfindliche Wildlandschaft der Vernichtung anheimzugeben. Die Tiere dieser Zone haben recht mit ihrer Menschenscheu: Homo sapiens hat Ärgstes mit ihnen vor in ihrem bisherigen Schutzreservoir.

Ich bin vom sehr lehrreichen und gut gestalteten Infohaus ins Dörfchen Isarmünd weitergeradelt und zu Fuß zur Mündung vorgelaufen. Nun sitze ich im schattigen Biergarten der abgelegenen »Waldgaststätte Grieshaus« mitten in den Auwäldern und brüte am Holztisch mal wieder über Papierstößen zum leidigen Dauerthema Donauausbau. Stand der Dinge ist momentan also folgender: Die Regierung von Niederbayern hat sich im Raumordnungsverfahren 2006 *für* den Staustufenbau an den letzten siebzig Kilometern freifließenden Flusses ausgesprochen, und zwar für die sogenannte »Variante C« bzw. »C 2.80«. Diese bedeutet ein Stauwehr etwa zehn Kilometer flußabwärts von hier beim Dorf Aicha, im Falle von »C 2.80« würde die Donau auf 2,80 Meter Tiefe ausgebaggert. Der Rückstau, und das ist das Entscheidende, würde bis über das Isarmündungsgebiet hinausreichen. Die Schäden für die Lebensgemeinschaften der Überflutungsaue, deren Reichtum sich aus ständig wechselnden Wasserständen natürlicher Fließgewässer generiert, wären unermeßlich. Als erste müßte die Donaukahnschnecke nunmehr final dran glauben, denn sie hat in gestauten Gewässern keine Überlebensmöglichkeit. Ebenso aussterben würden die letzten Donaubarsche, äußerst rare Fischlein mit den schönen Namen »Streber«, »Zingel« oder »Frauennerfling«, auch sie können sich an Staugewässer nicht anpassen und nur in schnellen Fließgewässern bestehen. Brachvogel und Uferschnepfe, Blaukehlchen und Wachtelkönig würden ihre Brutgebiete einbüßen, ihre Auwiesen und die Altwässer fielen der Verbreiterung des Flusses zum Opfer. Die zahllosen Wasservögel, die zum Überwintern die freifließenden, einzigen nicht gefrierenden Abschnitte der unteren Isar und der Donau dringend benötigen, verlören ihr Nahrungs- und Rastbiotop. Gleiche Verluste gelten für die raren Pflanzengesellschaften im »Einstaugebiet« – es würden fast alle der raren »Weichholzauen« mit ihrer botanischen Vielfalt entlang der Ufer verschwinden, da der Grundwasseraustausch zwischen Flüssen und Aue abgeschnitten wäre.

Man ist geneigt, jener Mühlhiasl-Prophezeiung rechtzugeben, die da lautet: »Das Bayernland wird verheert und verzehrt von seinen eigenen Herrn.« Ironischerweise wird die nunmehr gutgeheißene Ausbauvariante seitens der Staatsregierung auch noch als »Kompromiß« verkauft – schließlich ließe man es ja bei einer Staustufe bewenden statt bei dreien, zunächst jedenfalls. Daß diese an der denkbar prekärsten Stelle, was Naturzerstörung angeht, errichtet werden soll, fällt unter den Tisch – ebenso wie die Sinnlosigkeit sogenannter ökologischer »Ausgleichsmaßnahmen«. Daß ein kümmerliches »Umgehungsgerinne« niemals die natürlichen Kräfte der Fließgewässer Isar und Donau wird ersetzen können, sollte einem schon der sprechende Name sagen.

Der einzige Trost in diesem Debakel ist der nun schon seit Jahren, eigentlich Jahrzehnten, unermüdliche Kampfgeist der Ausbaugegner. Und daß es viele gibt, denen der Slogan »Donau verbaut – Heimat versaut«

einleuchtet, hochseriös durch alle Bevölkerungsschichten – Bauern und Anwälte, Fischer und Kommunalpolitiker, Ökos und Wertkonservative. Das Kloster Niederaltaich, unser nächstes Ziel, ist eines der Zentren des Widerstands gegen den delirierenden Ausbau-Irrsinn; seine schönen Doppeltürme sieht man wie mahnende Zeigefinger schon weithin über das ebene Land und die noch ungehindert strömende Donau ragen. Im Dorf Thundorf lassen wir das Auto stehen und setzen mit der kleinen Fußgänger- und Radler-Fähre »Altaha« über den Fluß. Linkerhand sehen wir das ebenfalls vom Untergang bedrohte Naturschutzgebiet »Staatshaufen« liegen, ein großes, artenreiches Altwassergebiet, um das es ebenso jammerschade wäre wie um die Isarmündung. Am jenseitigen Ufer steht das große Kreuz mit gewelltem Querbalken, an dem der Niederaltaicher Altabt Emanuel Jungclaussen schon vor vielen Jahren mit seinen monatlichen Segnungen des freien Flusses begann. Ein gewichtiger, streng katholischer alter Mann, mit dessen Verunglimpfung sich bayerische Staatsregierung und Rhein-Main-Donau-AG etwas schwerer tun als mit den üblichen Verdächtigen aus Naturschutzverbänden und Ökoparteien. In Niederaltaich wird überhaupt viel gebetet für die Donau –, sie können einem zuweilen etwas auf die Nerven gehen, diese »Morgengrüße an die Schöpfung«, diese »Gebetsfahnen der Freundinnen der Donau« – ein bißchen viel Heiliges Wasser manchmal. Aber die uralte Benediktinerabtei, im Frühmittelalter Hauptmotor von Rodung, Urbarmachung, Zivilisierung der ganzen Gegend, ist im 3. Jahrtausend nun geradezu ein Rebellennest gegen überzivilisatorische, technokratische Auswüchse geworden, als welche hier die rein ökonomisch begründeten Staustufenplanungen gewertet werden. Sie stoßen sich ja auch hart im Raum, die bewahrende Schöpfungsphilosophie der Benediktiner und die Sprache der Macher aus den Schiffahrtsverbänden und Wirtschaftskammern, welche die Donau »ertüchtigen« wollen, den »Verkehrsträger Donau« nur dann als einen »echten Standortvorteil« sehen, wenn sich für die Binnenschiffahrt »logistische Abläufe optimal gestalten lassen«. Heimatpfleger und Naturschutzverbände, ökologische Parteien, Bauern-, Fischerei- und Kanutenver-

bände, Bürgerinitiativen, Gemeinden und viele, viele Einzelmenschen sehen an ihrem Heimatfluß eher die »Standortvorteile« jahrtausendealten
Kulturlandes und bemerkenswert bewahrter Naturzusammmenhänge
und hätten das Tal der freifließenden Donau gern als UNESCO-Weltkul-
turerbe ausgewiesen. Alljährlich treffen sie sich rund ums Kloster Niederaltaich zu großen Donaufesten und -foren, bei denen auch bayrische Pu-
blikumslieblinge wie die »Biermösl Blosn«, Gerhard Polt, Hans-Jürgen
Buchner von »Haindling« auftreten, und tanken Zuversicht. Die Naturschutzverbände sind jedenfalls gründlich munitioniert, unverdrossen pro-
zeßbereit, mit Sperrgrundstücken versehen und vorbereitet auf womöglich jahrelange Einzel- und Verbandsklagen bis zum Europäischen
Gerichtshof.

Unser Stoßgebet für diese Flußlandschaft, an der das Herz wahrlich
hängt, sparen wir uns noch auf für die schönste Kirche am Fluß, die nicht
jene von Niederaltaich ist. Die weitläufigen Konventsbauten, die ja noch
eine voll funktionierende, bedeutende Benediktinerabtei beherbergen,
mit renommiertem Gymnasium, Tagungshaus, einer byzantinischen Bru-
derkirche, einem großen, begrünten Klosterhof und natürlich Klosterladen und Schenke, empfinde ich als Besucher immer als etwas sachlich und
atmosphärearm. Auch die von der Größe her imponierende Barockkirche – Niederaltaich war über Jahrhunderte Bayerns reichstes und wich-
tigstes Kloster – läßt eher kalt. Ein recht steifer, repräsentativer Raum mit
hohen Emporen-Seitenschiffen und einem würdevollen Hochaltar – das
Bildprogramm der über 200 Kuppelfresken zur gloriosen Klosterge-

schichte seit dem 8. Jahrhundert schlägt einen nicht sonderlich in Bann, und sogar der Dehio rügt »teigige Kartuschen«. Eine Besonderheit sind die kreisrunden Löcher in den Seitenschiffkuppeln, auf der Empore oberhalb von zierlichen Gittern gesäumt wie Brunnen – Niederaltaich ist die einzige Kirche, die ich kenne, in der die Nebenschiffe mehr faszinieren als die Hauptachse. Als Kleinod des Konvents gilt die kunstvolle Ausstattung der Sakristei, nur mit Führung zugänglich, auf die wir jetzt nicht warten wollen. Wir kreuzen lieber wieder mit »Altaha« retour aufs Südufer und werfen einen Blick in die Dorfkirche von Thundorf, die einen vergleichsweise bezaubert. Keine Berühmtheiten, nur lokale Künstler haben an diesem Landkircherl gearbeitet und doch ein einheitliches Rokokogewand »von bemerkenswert kraftvoller Wirkung« (Dehio) geschaffen.

Hinter den Deichen kurven wir auf kleinen Sträßchen südostwärts. In Haardorf ist das Kreuzbergkirchlein auf seiner Hügelkuppe, mit einer ungewöhnlichen Arkadenhalle gegenüber der Fassade, ein verstecktes Idyll. Die Donau holt hier zu einer großen Schlinge aus, dem letzten noch nicht begradigten Mäander in ihrem bayerischen Verlauf. Jedoch auch über der »Mühlhamer Schleife« dräut bereits Verhängnis. Bevor wir uns aufs neue erregen müssen über die unendlichen Gemeinheiten der Donauverhunzungslobby, wollen wir erstmal im »Mühlhamer Keller« ausrasten, einem der angenehmsten Biergärten an danubischen Gestaden.

»GANZ UNGEZWUNGEN UND MIT FREYESTEN GEMÜETHE« – DIE BRÜDER ASAM IM DONAULAND.

Von nirgendwo sonst geht der Blick so frei über den schnellen und starken Strom wie von dieser Terrasse unmittelbar überm Wasser. »So schwamm er schnaubend in die Ebene hinein …« Brittings Donaubild paßt zu diesem breiten und energischen Gewässer, dessen Wogen sich mal kräuseln wie Plissee, dann wieder ganz glatte Spiegel bilden oder flachgeneigte Wellenkämme in rollender Bewegung. Es riecht naß und frisch, ein kühler Windhauch fächelt die Kastanienblätter über den Gartentischen.

Cosmas Damian Asam

Jenseits der Donaukrümmung schaut die Kirchturmzwiebel von Aicha über das Grausilber der Auwälder, dahinter im Dunst stehen die Kuppen der Hochwälder. Es ist eine Vedute aus dem weißblauen Schatzkästlein, »Heimat Niederbayern« als Kalenderbild und froher Gemütszustand. Jedoch: »Der Haß der Moderne auf die Schönheit ist verläßlich« – so hat Eva Demski in ihrem Donaubuch geschrieben. Und so soll unweit des Kirchturms die Staustufe Aicha in die Höhe gezogen werden, möglichst schnell, die Bayerische Staatsregierung drängelt schon in Berlin. Damit nicht genug: Die ganze Mühlhamer Donauschleife würde durch einen bequemer schiffbaren Stichkanal abgesägt, so sieht es die Ausbauplanung »C« vor. Wer daran glaubt, daß die Wasser trotzdem weiterhin so munter unter der Terrasse des »Mühlhamer Kellers« dahinrauschen würden, der sei an das triste Schicksal der zuvor ähnlich lebendigen Öberauer Schleife im Straubinger Staubereich erinnert. Auch dort hatte man den Fortbestand eines natürlichen Fließgewässers versprochen, bevor man den Mäander im Sinne der Frachtschifferei abschnürte und ihm seine Wasser entzog. Heute ist die schleichende Versumpfung und Verlandung dort ein Trauerspiel – es bleibt einem der gebratene Zander im Hals stecken bei der Vision, vom Mühlhamer Keller böte sich irgendwann ein ähnlicher Anblick.

Zeit wird es für ein eigenes »Save-the-Danube«-Stoßgebet, und für diesen hohen Zweck wollen wir es nicht unter dem grandiosesten Gotteshaus des Landstrichs tun. Nur der Region? Die Asamkirche von Osterhofen-Altenmarkt zählt zu den allerschönsten Barockkirchen der Welt. Man nähert sich ihr, zugegeben, nicht so idyllisch wie der x-mal berühmteren Wieskirche, sondern durch eher flaue Vorortsbebauung. Und auch von außen wirkt der große Bau auf einer Anhöhe eher schmucklos. Nichts bereitet auf den explosiven Glanz dieses Raumes vor, auch nicht die Klosterpforte, hinter der eine ältere Schwester ein Nickerchen hält, und nicht der karge Konventshof. Wenn man dann die Kirchentür aufdrückt, fehlen einem die Worte. Weil das so ist, übergebe ich an den bedeutenden Kunstreisenden und Essayisten der ersten Hälfte des 20. Jahrhunderts, Wilhelm Hausenstein, der das Osterhofener Mirakel bravourös

besungen hat: »Denn in der Tat: Das Innere ist so großartig, daß es er-
schreckt. Es ist in des Wortes eigentlichstem Sinn ›fabelhaft‹. Der erste be-
stimmtere Eindruck nach anfänglicher Sinnes- und Seelenverwirrung ist
die unfaßliche Verbindung von Üppigkeit und Klarheit in dieser Kirche …
Das barocke Schaudrama entwickelt alle anstachelnden, sinnlich-agita-
torischen Mittel, und es eröffnet all seine verwegenen Schleusen und
Perspektiven ins Übersinnliche mit vollendeter Anschaulichkeit. Das
Theatergenie des Barocks bildet sich hier bis zu seiner äußersten Leiden-
schaftlichkeit aus … Und trotzdem: Die Kirche ist ein Bild der umfassen-
den, Leib und Seele sicher umschließenden, unentrinnbaren Festigkeit.
Die S-Form, die Bauschung, die Schlingung feiern in der Höhe alle ihre
barocken Feste. Überall dehnt sich die Kirche; überall strebt sie ins
Schwellende, Geschmeidig-Bedrängende − ein von Lebenssäften erfüllter
Körper der Architektur. Überall wuchern Schraubensäulen mit tropischer
Kühnheit und Absonderlichkeit aus dem Erdboden … Jede Art barocken
Ornaments ist überreichlich hereingeholt: bis zu den nachgeahmten dun-
kelgrünen Zypressen auf der Orgelbrüstung, bis zu den goldenen Kronen,
die ausgestreut sind wie Königreiche über die Welt … bis zu den Deckenmalereien, die mit der edlen Dumpfheit des Tones von Wirkteppichen inmitten der weißen Stuckdekorationen ruhen oder vielmehr großartig ge-
stikulieren … Teile des ungeheuren und wahrhaft genialen ›Elans‹, der das
Ganze einer barocken Kirche nie aus dem Auge verliert. Es ist wichtig zu
erkennen, das Barock ist ein ›summarischer‹ Stil: die tausend Einzelheiten
sollen und wollen eine ›simultane‹ Wirkung tun …«

Und doch wird in der Damenstiftkirche zu Osterhofen-Altenmarkt,
diesem Gemeinschaftswerk der allergrößten Barockmeister überhaupt,
Johann Michael Fischer als Baumeister, Cosmas Damian und Egid Quirin
Asam als Ausstatter, anno 1740 fertiggestellt, jeder seine Details und Blick-
winkel finden, die ihn ganz besonders begeistern. Über eine halbe Stunde
etwa bleibe ich diesmal ganz allein mit dem ganzen Spectaculum, dann
kommt ein jüngeres Paar dazu und macht Boh!- und Wow!-Geräusche.
Ich deponiere stumm meine Donau-Bitten vor der jungen Madonna des

seitlichen Rosenkranz-Altars – die »ybergebenedeytiste Jungfrau Muetter Gottes«, wie sie Egid Quirin Asam in seinem Testament nannte, wird schon die Richtige sein. Der Brücken- und Wasserheilige Nepomuk eines Seitenaltars böte sich für Donau-Belange ebenfalls an: Das lustigste Detail an seinem Altar sind zwei ziemlich schräg mit Kopfputz und Schärpen aufgeputzte Engelchen, von denen einer triumphal eine kleine Goldmonstranz in die Höhe reckt. Das Schauobjekt darin ist eine längliche Zunge, jene des Heiligen nämlich, der für die Wahrung des Beichtgeheimnisses in den Opfertod ging. Und wie lebensnah ist das greise, faltige Gesicht der Hl. Anna auf dem Sippen-Altar gestaltet, wie unernst die angeblich frommen Stifterpaare auf den Brüstungen hinterm Choraltar, die in ihrer Rokokokostümierung mit Spitzenkragen und frivolem Fächerschwung eher an Madame Pompadours Tage als ans frühe Mittelalter gemahnen. Was für staunenswerte jünglingshafte Schönheiten sind die beiden silberglänzenden Tabernakel-Engel, vor allem jener, der mit geradezu frechem Grinsen und zierlichster Fingerhaltung einen Weihwasserkessel schwingt. Wie raffiniert ist der goldgelbe Lichteinfall aus dem Dreiecksfenster im Chor, wie unendlich reich schattiert die Farbpalette dieses um den Betrachter tanzenden, sich entgrenzenden Raums.

Wie immer hat in Osterhofen der jüngere Asambruder Egid Quirin die Bildhauer- und Stukkierarbeit besorgt, Cosmas Damian die Freskenmalerei, die in dieser Kirche als besonders meisterlich gilt. Die »quellende Phantasie und Formkraft« der Brüder, bei denen Stuck- und Gemäldetechniken stets mühelos zu einem prangenden Gesamtkunstwerk verschmolzen, wurde dem großen Architekten Johann Michael Fischer in Osterhofen allerdings zum Dorn im Auge – immerhin war er für die schwingenden, bewegten Grundformen des Raumes zuständig, die ihm dann doch unter allzu opulentem Dekor zu verschwinden schienen. Zwar ist die Nachwelt einhellig der Meinung, daß gerade Osterhofen eine wunderbar gelungene Einheit darstelle, aber seinerzeit kam es doch zum Streit, und die drei Genies haben nie mehr zusammengearbeitet.

Diese Arbeit, vor allem die des Freskierens, muß beinhart gewesen

Die Engelchen im Nepomuk-Altar

SECRETUM
MEUM
MIHI

sein. In einem versteckten, kapellenartigen Nebenraum unter der Orgelempore hat sich der Deckenmaler Cosmas Damian selbst konterfeit, als
Zöllner oder armen Sünder mit nachdenklich gesenktem Haupt. Wir sehen da sehr realistisch einen schon etwas müden, mittelbejahrten Mann
mit stattlichem Schmerbauch, die Kappe in der knotigen Hand, der vor
einer hohen Treppe verharrt. Der ältere Bruder war, im Gegensatz zum
hochfliegend-phantasievollen Egid Quirin, der ein Leben lang ledig blieb,
ein fürsorglicher Familienmensch – viele seiner originellen Briefe an die
Lieben daheim sind erhalten. Als er in Osterhofen malte, lag seine erste
Frau, mit der er acht Kinder bekommen hatte, auf den Tod darnieder –
dennoch forderte seine Freskantentätigkeit unablässiges, zügigstes und si-
cherstes Arbeiten. Auf dem Rücken liegend, auf einem wackeligen Gestell
unter der Decke, hatte er achtzehn Bilder zu vollbringen – das zentrale
Deckenfresko viele Quadratmeter groß –, und beim Farbauftrag in den
nassen Putz durfte kein Pinselstrich danebengehen, weil sich Fehler nach
dem schnellen Trocknen nur noch per Abschlagen hätten korrigieren lassen. Er mußte also rasend fix und dazu noch ohne jeden Patzer arbeiten –
und unfaßlich ist uns heute, wenn wir vom fernen Kirchenboden zu den
raffinierten Perspektiven und Untersichten der großen Fresken empor-
blicken, wie sich die kalkulierten Verzerrungen bewerkstelligen ließen, die
ja erst beim Hinaufschauen ihre Wirkung entfalten sollten.

Rasch mußte es auch gehen, weil die Brüder als »berimbte Mayster«
im ganzen katholischen Mitteleuropa, von der Schweiz bis Schlesien,
überaus gefragt waren und ein Auftrag den anderen jagte. Sie waren frei-
schaffende, selbstbewußte Künstler; »ganz ungezwungen und mit freye-
sten Gemuethe« (eine Formulierung aus Egid Quirins Testament) war
vermutlich bei aller Frömmigkeit ihre Einstellung zu Kunst und Leben,
die hohe Originalität und Lebensnähe ihres Schaffens läßt nicht auf auto-
ritätshörige Kleingeister schließen. Sie haben auch anständig verdient (die
Kontoführung der »Firma« besorgte z. B. Cosmas Damians Ehefrau) und
ihren arrivierten Künstlerfürsten-Status gern und stolz hergezeigt. Daß
sich ein Stukkateur und ein Maler in der Münchner Sendlinger Straße

eine eigene prunkende Familienkirche errichteten, das gab es nie zuvor und nachher auch nicht mehr, dazu ein nobles Schlößchen in den Thalkirchner Gründen. Alt sind sie beide nicht geworden, die hohe Arbeitsleistung wird ihren Tribut gefordert haben. Die Straubinger Ursulinenkirche, die wir ja schon bewundert haben, war ihr letztes gemeinsames Werk. Cosmas Damian starb 1739 mit 53 Jahren, sein Bruder folgte ihm 1750, er wurde 57 Jahre alt.

Osterhofen ist vielen ihrer Bewunderer die liebste Asamkirche – mir auch. Ich finde sie heiterer, lichter als die dunkelleuchtenden Inszenierungen von Weltenburg und München, weniger spektakulär theatralisch als Rohr, verspielter und schwebender als Aldersbach. Aber dieses Kloster, dessen Kirche ein weiteres brüderliches Hauptwerk ist, liegt nun dermaßen nah, daß wir den kleinen Abstecher von der Donau, des Vergleiches wegen, unbedingt machen müssen. Über die kleinen Dörfer Langenamming und Wallersdorf sind wir rasch im benachbarten Vilstal und halten auf den unübersehbar prächtigen, roséfarbenen Barockturm von Aldersbach zu.

Mag Osterhofen die noch etwas bestechendere Asamkirche sein, Aldersbach ist das reizvollere Ensemble und für den Reisenden der gastlichere Aufenthalt. Es gibt im und um das Klosterareal gleich drei Möglichkeiten, vor der nächsten großen Kirchenimpression eine angenehme Zäsur einzulegen: den gediegenen altbayerischen »Gasthof Mayerhofer« außerhalb des Portals, den schön renovierten »Klosterhof« innerhalb des historischen Abteibereichs und das deftige »Bräustüberl«, wo man im ehemaligen Mönchsrefektorium die anerkannt guten Aldersbacher Biersorten ausprobieren kann. Der Klosterladen offeriert ein überdurchschnittliches Sortiment an Geschenkartikeln und regionalen Produkten: Zwischen Kunstbüchern und Landkarten, Hochprozentigem und österreichischem Wein, allerhand Deko-Objekten und Gmundner Keramik stöbert man gern länger herum. Als Nachtquartier für den Rest unserer Exkursionen würde sich Aldersbach gut eignen (auch zum Unteren Inn und in den Klosterwinkel, nach Passau und ins Bäderdreieck hätte man's nicht weit), zumal es hier zwei Logiermöglichkeiten mit dem Charme des Nichtalltäglichen gibt. Im »Klosterhof« wohnt man im alten Prälaturbau des Zisterzienserklosters, in schlicht und puristisch renovierten Klosterzellen, kann sich im Kreuzgang und im Klostergarten ergehen und in den »Modlersälen« unter allerschönsten Farbstuckaturen unseres Kößlarner Meisters Johann Baptist Modler speisen. Altmodisch-originelles Quartier bietet das spätmittelalterliche Schloß Walchsing, direkt an der gewundenen Vils im Nachbardorf gelegen. Das hochragende, burgartige Walmdachschloß ist kunsthistorisch bedeutsam: mit gotischer Maßwerktreppe im Inneren, Wandmalereien, historischen Kachelöfen, Renaissancetüren, alten Truhen und Balkendecken versehen. Die hohen, dickwandigen Gästezimmer sind liebenswürdig-gestrig möbliert: massive, hölzerne Paradebetten, Schnitzmobiliar, alte Schränke, Kommoden und Spiegel; daß sich Bad und Toilette nur auf der Etage befinden, stört einen bei dem günstigen Übernachtungspreis nicht weiter. Wenn wir also gestärkt oder akkomodiert sind, haben wir auch den Kopf wieder frei für den nächsten Kunstschwall, den wiederum überwältigenden Raum der Klosterkirche Mariä Himmelfahrt.

An der Aldersbacher Kirche haben die Asams zehn bis zwölf Jahre vor Osterhofen gearbeitet, ab 1720. Der erste Raumeindruck ist ein ganz anderer als in Osterhofen. Dieser riesengroße, sonnenhelle Festsaal steht festgefügt und feierlich, die vielen schwingenden, sich bauchenden Formenspiele, die raffinierte Buntheit von Osterhofen gibt es in dieser ordentlich gestaffelten Wandpfeilerkirche nicht. Kulissenhaft reihen sich die Seitenaltäre hintereinander, immer prunkvoller aufgeputzt in Richtung Hochaltar, der das vor Pracht fast platzende Chef d'oeuvre des Passauer Barockschnitzers Johann Michael Götz darstellt – allein im goldschimmernden Auszug tummeln sich neben der Heiligen Dreifaltigkeit gezählte 88 Engel. Egid und Cosmas Asam waren in Aldersbach für Stuck und Malereien zuständig – und wieder ist es wesentlich ihr wundervolles Kleid gewesen, das dieser Kirche alles Steife und Schematische des Grundrisses genommen und auch sie zu einem bewegten, atmenden

Der Walfisch in der Heiliggrab-Kapelle

Lichtpalast gemacht hat. Helligkeit – das ist die Hauptimpression von
Aldersbach. Die Farbenpalette variiert um Weiß- und Ockertöne, Gold
und ein dominierendes bläßliches Rosé. Vollends fasziniert ist man vom
zwanzig Meter langen Hauptfresko des Cosmas Damians an der Lang-
hausdecke. »Das gewöhlm ist schön wie sein solle«, hat C. D. Asam seine
fertige Kuppelmalerei einmal zufrieden bilanziert. Ich bin ja von den per-
spektivischen und illusionistischen Verrücktheiten barocker Deckenmalerei immer zu beeindrucken, aber die Aldersbacher Plafondbilder sind besonders unvergeßlich. Da ist diese täuschend echt wiedergegebene
Balustrade, auf deren Stufen lässig und träumerisch ein junger Mann in
weißen Strümpfen hockt: Das ist der Heilige Bernhard, Hausheiliger des
Zisterzienserordens, vor dem sich in einer surrealistischen Stallarchitektur
die ganze Weihnachtsgeschichte entfaltet, dazu noch der Himmel mit
Gottvater und zahllosen Flatterengeln – und ein bißchen Zeit braucht
man, bis man an diesem verwirrenden Firmament die »Aldersbacher

Schwalbe« entdeckt hat. Die muß jeder selber finden, so will es der Brauch, »sonst ist man in Aldersbach nicht gewesen« – ich verrate also nicht, wo sich dieses Vögelchen auf seiner Sitzstange verbirgt. Ziemlich versteckt ist auch einer meiner liebsten Anschauungsgegenstände dieser Kirche, im Kapellenkranz hinterm Hochaltar nämlich. Dort steht man in der Heiliggrabkapelle vor einer absoluten Kuriosität: einem Walfisch mit Glotzaugen und starker Schwanzflosse, der eine Wasserfontäne in die Luft bläst. Aus seinem Maul lugt, fast so groß wie der Wal und begreiflicherweise verwirrten Ausdrucks, der alttestamentarische Prophet Jonas, der bekanntlich von so einem Meeresriesen verschluckt wurde. Das ganze Volkskunstobjekt ist von großer Situationskomik – die abstrusen Größenverhältnisse, der festgehaltene Moment der Ratlosigkeit: Wo bin ich? Rein oder raus? Was wird jetzt? Und den Betrachter freut's, daß sich biblische Geschichte mal so erzählen läßt, daß man lachen muß.

Auch die Modler'schen Stuckbilder in den Sälen der Prälatur (die man ebensowenig versäumen sollte wie das Bibliotheks-Deckengemälde des großartigen Matthäus Günther) haben den erzählfreudigen, farbigen Witz, den man an dem Kößlarner so schätzt. Wer nach Passau weiterfahren will, das ja wahrlich nicht fern liegt, sei noch hingewiesen auf sein Hauptwerk, die delikaten Stukkaturen in der fürstbischöflichen Residenz. Wir nehmen in Aldersbach Abschied von diesem liebgewordenen ländlichen Meister. Die bunt kolorierten Flachreliefs hier haben etwas putzig Bilderbuch-, fast Comic-haftes; kaum zu glauben, daß man sie unter zwanzig Tüncheschichten begraben und erst 1985 wieder freigelegt hat. Modlers Szenerien tendieren gern ein wenig ins Groteske – das gedrängte Abendmahl ähnelt eher einer Kneipenversammlung; der wirrhaarige Judas sieht aus, als habe er schwer über den Durst gebechert.

Aldersbach ist wahrlich nicht nur Asam. Ein ganz bezauberndes Kunstwerk befindet sich in der bescheidenen »Portenkapelle« am Eingangstor zum Klosterbereich, in der während zisterziensischer Zeiten die Gottesdienste für Frauen stattfanden, denn diese durften in die mönchische Zone nicht weiter vordringen. Das Deckenbild mit Szenen aus dem

Marienleben von Matthäus Günther ist ein Werk von größter Zartheit und Transparenz, in matten bläulich-braunen Farbtönen um eine durchscheinend leere Wolkenmitte gestaltet. Vor allem die »Flucht nach Ägypten«, bei der ein müder Joseph den Esel mit Mutter und Kind über eine Felsenhöhe zieht, ist von rührender Schönheit.

Wenn man, von Schloß Walchsing zum Beispiel, ein paar Schritte laufen will, bietet sich ein Spaziergang entlang der Vils ins nächste Dorf Kriestorf an, das noch einige alte Bauernhäuser in hölzerner Blockbauweise besitzt, eine Mühle von 1790 etwa, und besonders den prächtigen »Goderhof« an der Würdingergasse. Man muß in das Vierseitgehöft vordringen, um einen Blick in die Kriestorfer Kirche zu tun, die mit einem bildschönen gotischen Flügelaltar überrascht – nach den opulenten Barockfesten des heutigen Tages ist dieser karge kleine Netzgewölberaum, der den Blick auf ein einziges außergewöhnliches Kunstwerk konzentriert, von geradezu meditativ-beruhigender Wirkung. Und am Morgen dann kehren wir an die Donau zurück – ein letztes Mal auf dieser Fahrt.

»DREI TAG LANG IMMER PAMP UND G'SCHLAMP!« VILSHOFEN UND SEIN SKANDALAUTOR HEINRICH LAUTENSACK

In meinen allerersten Berufsjahren mußte ich am Aschermittwoch zu nachtschlafender Zeit aufstehen, was damals, als man noch manchmal Kehraus gefeiert hatte, nicht leicht fiel. Dann ging's im Morgengrauen von München nordostwärts, Landstraße forever, bis ans Ende der Welt, das Vilshofen hieß. Dort gesellte man sich müde an einen Pressetisch, in einem altmodischen, zweistöckigen Wirtshaussaal mit schweren Gußeisenlüstern, »Wolferstetter Keller« mit Namen, der schon bei Ankunft so vollgestopft, lärmig, bierdunstig und rauchverschwadet war, daß man nach Luft rang. Irgendwann ertönten bayerische Tuschs und Traras, und im Scheinwerferlicht der ziemlich kleinen Bühne erschien unter frenetischem Getöse ER – Franz Josef Strauß. Das waren die folkloristischen Glanzzeiten des »Politischen Aschermittwochs«, der ja heute zu einer gähnend öden Pseudo- und Parteienproporz-Veranstaltung mutiert ist. Damals mußte man als blutjunge Nachrichtenagentur-Mitarbeiterin höllisch aufpassen, daß man die FJS-Kampftiraden für eine Meldung richtig gewichtete – heute erinnere ich mich nurmehr an das Dampfende dieses fremdartigen niederbayerischen Biotops, an Straußens Stimmlage und rukkelnde Schulterbewegungen am Rednerpult, an seine apoplektische Gesichtsfarbe und die Unmassen irdener Maßkrüge auf den langen Biertischen – in jenem von FJS auf der turnhallenartigen Bühne befand sich angeblich Champagner. Bald nach diesen Jahren wurde der »Wolferstetter Keller« dem Großen Vorsitzenden zu klein, und die CSU verlagerte ihren Politischen Aschermittwoch in Passauer Hallen, die Tausende fassen – Stoiber hat Tee im Maßkrug, heißt es, und erlaubt den Bierausschank ans Volk erst ab Redebeginn. Und im »Wolferstetter Keller« darf sich nun die Bayern-SPD mit etwas bajuwarischer Polit-Folklore abmühen – »es is nimmer dees«, sagt man hier zu solchen Entwicklungen. Das Bräuhaus in der Bürg 21 zu Vilshofen kann man auch an ganz normalen Tagen besuchen, immerhin ist es noch ein bayerisches Wirtshaus, während aus dem altehrwürdigen Kirchenwirt »Zorbas, der Grieche« geworden ist, und die Gastronomie der Donaustadt auch sonst hauptsächlich aus Italienern und Eiscafés und McDonald's zu bestehen scheint.

Vilshofen ist kein Städtchen, das für den Reisenden übertriebene Kurzweil bereithält – sieht man von seinen Saisonereignissen der renommierten Jazzwochen und eines »schwimmenden Christkindlmarkts« ab. Seine Highlights sind ein schöner barocker Stadtturm und der überschlanke Spitzturm der Stadtpfarrkirche, dazwischen ziehen sich ein schmaler Stadtplatz, ein paar Gassen und die Donaulände am Ufer entlang, die mit dem geschmackvoll renovierten »Wittelsbacher Zollhaus« immerhin ein qualitätvolles Hotel bietet. In

der Donaugasse 40 um die Ecke ist 1881 ein bedeutender Sohn der Stadt zur Welt gekommen, mit dem der Umgang freilich nicht gerade einfach war. Ein Aushängeschild der Kommune konnte man den Dichter Heinrich Lautensack schwerlich nennen – zeit seines kurzen Lebens waren seine Schriften überwiegend von der Zensur verboten, seine Vita und sein Werk hauptsächlich für ihre Skandalträchtigkeit namhaft.

Heinrich Lautensack war der Sohn eines aus dem Pfälzischen stammenden Textilhändlers und Fieranten, der mit seinen Krawatten, Socken, Barchenthemden und Hosenträgern über die Jahrmärkte des Bayerischen Waldes und des niederbayerischen Tieflandes zog, ein »Billiger Jakob«, dem sein Sohn einige liebevoll-ironische Skizzen gewidmet hat: »Kauft, Leutche, kauft«, ruft die Marktschreierfigur in Lautensacks Stück »Hahnenkampf«. »Was steht ihr wieder da, die Händ' im Sack und lasst euch von de Flöh die Fingernägel abbeiße? … Da hab ich grade noch eine wollene gestrickte Herrenunterhose, groß genug für de schtärkste Mann …« Mutter Lautensack war früh gestorben, und weil der Vater seine Überlandgeschäfte verfolgen mußte, kam der kleine Sohn zur Vilshofener Seilermeistersfamilie Schmader in Pflege. Auch über diesen offenbar sehr geliebten Pflegevater und sein interessantes, ausgestorbenes Handwerk des »Überfuhr«-Baus, die Errichtung unzähliger kleiner Plettenfähren an Seilzügen über die Donau, hat er in seinem schmalen Werk einen eindringlichen, farbigen Text hinterlassen. Später lebte die Familie in Passau, und 1899 ging Heinrich Lautensack zu einem Geometerstudium nach München, wo er alsbald und gründlich in den Umtrieben der Schwabinger Bohème versackte. Er lernte die Kreise um Frank Wedekind kennen, den er zeitlebens vergötterte, und wurde eine Art Mädchen für alles und »Henkersknecht« bei den »Elf Scharfrichtern«, jenem das Makabre und Todessüchtige, das Schwarzhumorige und Vamphafte mit Gusto inszenierenden literarischen Brettl, für das »der lange Lackl aus Niederbayern« bald auch eigene Bürgerschreck-

Texte schrieb. Lautensack, für Akademisches verloren, heiratete eine Schauspielerin, von der er rasch wieder geschieden wurde, verehelichte sich 28jährig ein zweites Mal mit einer Diseuse und lebte fortan als brotloser, wenngleich von experimentellen Kollegen geachteter Schriftsteller in Berlin. So recht wohl war ihm im Literaten-Dunstkreis des »Romanischen Cafés« aber auch nicht, oft und gern kehrte er ins niederbayerische Donautal heim und saß lieber mit den heimatlichen Freunden Carossa und Kubin im Passauer Provinzcafé »Wittelsbach« herum. In seinem Elternhaus, in sieben Tagen schrieb er schließlich sein berühmtes Skandalstück »Pfarrhauskomödie«, das 1911 in siebenhundert Exemplaren erschien, der Zensur aber trotzdem nicht entging. Keine deutsche Bühne, wiewohl sich bedeutende Häuser darum bewarben, durfte diese im altbayerischen Volkston gehaltene antikatholische Posse aufführen, in der es der Klerus munter mit dem Küchenpersonal treibt, der Herr Pfarrer Achatius Achaz die Köchin Ambrosia Lindpaintner ebenso schwängert wie (vermutlich) die Küchengehilfin Irma Prechtl, die ihrerseits auch ein Gschpusi mit dem ebenfalls geistlichen Kooperator Vincenz pflegt, weswegen man nicht so genau weiß, von wem das zweite Pfaffenbankert denn nun ist.

Das Stück ist viel besser, merkt man beim Lesen, als so eine krude Inhaltsangabe vermuten läßt. Keine grelle Satire, kein antiklerikaler Haudrauf-Affekt, es geht eher menschlich und teilnahmsvoll mit der erotischen Verwirrtheit dieses von Triebstau und Zwangszölibat geplagten Milieus um. Mit liebevoll-ironischer Genauigkeit sind bayerische Wortkargheit und Sprachnuancen getroffen; der Ton ist der eines stimmigen realistischen Volksstücks. In unserer Zeit wird es gar nicht selten aufgeführt – die Problematik katholischer Sexualunterdrückung hat sich bekanntlich seit hundert Jahren nicht im mindesten erledigt. Lautensacks hinterlassenes Gesamtwerk paßt in einen Band: seine, heute schwer lesbaren, erotomanen und symbolistischen Gedichte, seine anderen Theaterstücke, die immer wieder um den

Zwiespalt von Fleischeslust und asketischer Gläubigkeit kreisen. 1912 wandte sich der stets am Existenzminimum lebende, nur in abseitigen Lyrikanthologien veröffentlichte Exzentriker begeistert dem neuen Medium Film zu, versuchte sich als Drehbuchautor und Dramaturg. Dann kam der Erste Weltkrieg, den er als Landsturmmann in Masuren verbrachte, und seine Syphilis brach aus. Zunehmend wahnsinnig verbrachte er seine letzte Lebenszeit in Heilanstalten, tauchte noch einmal bei Frank Wedekinds Beisetzung auf, an dessen Grab auf dem Münchner Waldfriedhof er zusammenbrach. 1919 ist er in Eberswalde bei Berlin 37jährig gestorben. »Sollst gesegnet sein, armer Lautensack«, hat ihm der Starkritiker Alfred Kerr ins Grab nachgerufen, als die »Pfarrhauskomödie« posthum 1920 in Berlin dann ihre Uraufführung erlebte, und dort wie in anderen deutschen Städten zum großen Erfolg und zum Eklat gleichermaßen wurde.

Weniger bekannt sind Lautensacks sozusagen »harmlose« Skizzen aus Vilshofen und Passau, in der Sammlung »Altbayerische Bilderbogen« zusammengefaßt. Seine eigene ambivalente Katholizität und seine enge Bindung ans heimatliche Donauland werden in diesen Schilderungen bayerischer Alltags- und Festtagsbräuche deutlich, die ein wenig exaltiert, aber auch sehr bildkräftig und lebendig erzählt sind. Rund ums Kirchenjahr, von Ostern bis Heiligabend, entsteht da ein buntes volkstümliches Panoptikum, das dem etwas langweiligen Gegenwarts-Vilshofen ein entschieden schmückendes Kolorit verleiht. »Drei Tag lang immer Pamp und G'schlamp« beschreibt die lästigen Fastentage vor Ostern, mit »Kuhfuttersuppen und sonst einem Schmarrn« bis endlich wieder – Auferstehung! – der Duft von Kälbernem und »rasselndem Fett« durch die Häuser streicht. Die kleinen Kinder, »Krabaten« genannt, drücken sich derweil die Nasen platt an den Schaufenstern vom »Schaudick-Bäck« in der Donaugasse, wo ganze Armeen von schneeweißen Zuckerguß-Osterlämmern aufgebaut sind, das »Vliesige« wunderbar getroffen. Liebevoll wird der »Fischerpeterl« beschrieben, eine Holzfigur der Fischerzunft, die dreijährlich von Haus zu Haus wanderte und bei jedem Umzug mit Münzen behängt wurde. Das Preiskegeln der »Flickschneider, Fleckl- schuster, Knödlbrotbäcker, Sacklträger« wird ebenso ausgemalt wie ein sogenannter »Pemperlbräu«, ein Biergarten der armen Leute und deren kleines Glück mit Braunbier und Sonnenschein. Das ist ein ganz anderer Lautensack als der Provokateur – und eigentlich sollten wenigstens in seiner Heimatstadt diese sehr niederbayerischen Mini- aturen als aparter kleiner Reisebegleiter durchs hiesige Donauland erhältlich sein, wenn seine Werke schon sonst komplett vergriffen sind.

Die Seilzugfähren über die Donau, die Lautensack geschildert hat, sind fast alle verschwunden, von der Stadt Vilshofen führt eine breite, vielbe- fahrene Brücke ans Nordufer hinüber. Das Tal ist hier enger, verschatteter geworden, die Hänge dem Fluß näher gerückt. Wir fahren ein paar Mi- nuten nach Westen und im Dorf Hilgartsberg einen gewundenen Fahr- weg zur gleichnamigen Burgruine hinauf. Das sind sehr eindrucksvolle, stattlich ragende Überreste einer vormaligen Raubritterburg, und man kraxelt über viel bröckeliges Gemäuer bis zum höchsten Aussichstpunkt, bei dem sich noch einmal ein Rückblick auf die frei fließende Donau öffnet, denn ab Vilshofen ostwärts herrscht bereits »Staubereich«. Neben dem Ausblick vom Bogenberg ist jener von Hilgartsberg vielleicht das schönste Panorama des breiten, leicht bogigen Stroms mit seinen Inseln, Kiesstränden und Weidenwäldern – und wir nehmen das Bild in der Er- innerung mit, wenn wir nun auf der schnellen Straße am Südufer von Vilshofen ostwärts fahren, wo die Donau durch das Stauwerk Kachlet schon vor Jahrzehnten sieben Meter angehoben wurde »und nun so bla- sig-lautlos dahinschleicht«, wie Hans Carossa schrieb.

Carossas Anwesen in Seestetten

LANDARZT MIT BLESSUREN –
HANS CAROSSA IN SEESTETTEN AN DER DONAU

Das Dorf Seestetten, auf der Schattseite des hier ziemlich schmalen und steilen Flußtals, wächst mit allerhand Neubauten über Bahnlinie und Bundesstraße 8 die Uferhänge hoch und ist kein Ort von größerem Reiz. Den weißgekalkten »Gasthof Danzer« immerhin hat man nicht zur Unkenntlichkeit modernisiert. Man kann sich ganz gut vorstellen, wie er um die Jahrhundertwende aussah, als er schon genauso hieß und das Heim der feschen Wirtstochter Amalie Danzer war. »Ein Mädchen, straff und sanft, vornehm und wild«, und der erste große Schwarm des jugendlichen Hans Carossa, der Pennälerferien an der Donau machte und in jenem alten Bauernhaus wohnte, das später für Jahrzehnte sein Zuhause wurde. Seestettener Straße 15 ist heute die Adresse des denkmalgeschützten Baus; das flachgeneigte Dach, das hölzerne Obergeschoß mit dem »traufseitigen Schrot«, dem geschnitzten Säulchenbalkon, sind noch wie damals – als noch keine laute B 8 das Anwesen vom Fluß trennte.

Hier, in dieser eingesenkten, etwas engbrüstigen Tallandschaft, begegnen wir dem niederbayerischen Dichter nach seiner Gäubodenkindheit und den Landshuter Schülerjahren also noch einmal – eine Gegend, in die es ihn zufällig verschlug und an die er sich, »von Höhen allzu dicht umschlossen«, gewöhnen mußte. Carossas Mutter hatte das kleinbäuerliche Anwesen von einem unverheirateten Onkel geerbt, und die Arztfamilie war 1897 aus Pilsting übersiedelt. Das klamme, nicht sehr sonnenreiche, von Hochwassern und Eisbrüchen bedrohte Donautal kann für Angegriffene keine besonders gesunde Heimstätte gewesen sein, und das »Lenzenbauernhaus« mit den niedrigen Stuben und dem undichten Dach wohl auch nicht, beide Eltern starben nach einigen Jahren, und Carossa selbst litt immer wieder an bedrohlichen fiebrigen Lungeninfektionen und Herzbeschwerden. Dennoch ist die Seestettener Landschaft diejenige niederbayerische Region geworden, die ihn am tiefsten geprägt hat, die Donau, »der große, fließende Magnet«, die endlosen, menschenleeren Bergwälder, die sich hier hart an den Fluß drängen, die felsigen Bachschluchten des Setzenbachs und des Laufenbachs, durch deren moosige Granitgründe er unzählige Male, manchmal fluchtartig, in die Waldeinsamkeit emporstieg. Zum Ausruhen zum Beispiel, wenn ihn seine Fron des »vielverfolgten« Lungenfacharztes wieder einmal derart ausgelaugt hatte, daß er dort oben auf dem Erdboden einschlief: »Ich war sehr müde, sah viele kriechende, beflügelte und unbeflügelte Wesen an mich herankommen und regte nicht die Hand, sie zu verscheuchen.«

Bis zu der schattigen Holzbank am »Amalienstein«, wo eine kleine Tafel an Carossa und seine Jugendfreundin erinnert, habe auch ich das Laufenbachtal erklommen und komme dort noch einmal ins Sinnieren, warum mich dieser Schriftsteller, der seit einigen Jahrzehnten recht démodé ist und dessen belletristische Hervorbringungen nicht wirklich zu meinen literarischen Favoriten zählen, dennoch so beschäftigt. Ich habe, sehr zur Verwunderung meiner bücherlesenden Mitwelt, sämtliche dicken Tagebuch- und Briefbände von Carossa konsumiert, viele Zeitzeugnisse über ihn, mit Gewinn seine vier autobiographischen Bücher, mit gemischten Gefühlen die Gedichte und mit ziemlichem Grausen einen Teil seiner sonstigen Prosa. Die Zwiespältigkeiten und Unklarheiten, die sich durch

Carossas Leben zogen, übertragen sich offenbar auf einen heutigen Leser – man schwankt zwischen Sympathie und stiller Wut, zwischen Lektürefreude und -pein, zwischen Beifall und Unverständnis. Das gravierendste Dilemma ist für nachgeborene Leser natürlich seine Rolle in der NS-Zeit, die seinen Ruf bis heute schwer beschädigt hat. Im Gegensatz zum sehr viel zynischeren, scharfsinnigeren Gottfried Benn und zum ebenfalls zeitweilig sympathisierenden Doderer hat er die Nazis von Anfang an durchschaut, als »Machthaber von gewalttätiger und pathologischer Verfassung, das »Widerwärtigste vom Widerwärtigen«, wie er schon 1933 schrieb, die »grenzenloses Unheil« bringen würden. In Kriegszeiten wußte er aus Frontberichten heimkehrender Soldaten detailliert Bescheid über die Bestialität der Vernichtungsstragien hinter der Ostfront, hat seine entsetzten Geheimaufzeichnungen über die Greuel sogar in Felsritzen und Löchern des Laufenbachtals versteckt. Und hat sich als »Stiller im Lande«, als populärer Goldrandautor des Eskapistisch-Heilen, dennoch auf eine Weise mit den Nazis verstrickt, die als »innere Emigration« nun wirklich nicht mehr zu verharmlosen war. Nicht nur hat er einen peinlichen Hymnus zu Hitlers Geburtstag abgeliefert, seine Gedichte für ein Goebbels'sches Repräsentationspaket zur Verfügung gestellt, sondern noch 1943 ein gräßliches Durchhaltegedicht verfaßt: »O, wie bekräftigt sich das Leben / gestreift vom Todeswind … Der Dienst ist groß, er läßt kein Grauen / an unsern Mut heran…« Und vor allem hat er sich 1941 nicht gewehrt gegen die Vereinnahmung durch den Propagandaminister Goebbels für eine braune »Europäische Schriftstellervereinigung«, deren Vorsitz Carossa übernahm und die nichts als eine Verhöhnung überfallener und besetzter Nachbarländer darstellte. Obwohl er den »bösartigen Karneval« erkannte, diente er dem Regime als Feigenblatt und Aushängeschild und hoffte sogar noch auf den guten Kern leitender Parteigenossen, »die zwar auf Hitler schwören, aber auch ohne Stifter, Hölderlin und Mörike nicht leben mochten …«

Das klingt alles ziemlich furchtbar, auch wenn er etlichen NS-Bedrohten durch seine Eingaben und Stellungnahmen höchsten Orts wohl das Leben rettete, auch wenn der Emigrant Zuckmayer ihn als einen »Einzelgänger von unbedingter Integrität und Noblesse« exkulpierte, auf dessen Weste »kein Fleck oder Hauch« zurückbleiben würde. In den letzten Kriegstagen bemühte sich Carossa noch, den Untergang der Stadt Passau durch alliierten Beschuß zu verhindern, indem er den Bürgermeister zur friedlichen Übergabe aufforderte – das hätte ihn ums Haar den Kopf gekostet. Aber Hans Carossa selbst war sich bewußt, im Gegensatz zu vielen ganz gewissensreinen Kollegen der NS-Schriftstellerei, daß seine die längste Zeit nur »bangende« Zaghaftigkeit, seine »unverantwortliche Innerlichkeit« und seine Willfährigkeit ihn mit Schuld beladen hatten. Er hat das eilfertige Vergessenwollen der Nazizeit-Verbrechen im Nachkriegsdeutschland als »widerlich« gebrandmarkt und Thomas Manns Diktum, allen reichsdeutschen Büchern zwischen 1933 und 1945 hafte »der Geruch von Blut und Schande an«, keineswegs empört zurückgewiesen wie so viele. »Und auf allem lag der Schatten / einer unsühnbaren Schuld« – so eine Schlußzeile eines Carossa-Gedichts klingt nicht nach verharmlosender Selbstrechtfertigung.

Über dem Laufenbachtal sind Wolken aufgezogen und vertiefen den Dämmer zwischen den laubüberstreuten Hängen. Und man selbst besinnt sich an diesem bevorzugten Ort des Dichters mit dem sehr gemischten deutschen Lebensweg, warum man ihn *auch* als einen Autor für sich entdeckt hat, der einem überraschend sympathisch geworden ist. Auf Pilstinger und Landshuter Kolorit in den sensibel erzählten Jugenderinnerungen wurde ja schon hingewiesen, den jungen Erwachsenen lernt man am originellsten aus den Briefen kennen. Ein Rebell im »Bad der Freiheit« wollte er als Student sein, ein freier Dichter im lockeren Schwabinger oder Leipziger Künstlermilieu (»Ich bin ganz außer Rand und Band, ich preise das Leben! Halleluja! Amen!«), wie »salzlose Diät« kam ihm das Donau-Engtal vor. Daß er Medizinstudium und Arztberuf ergreifen mußte, erschien ihm als »moralische Nötigung« durch den Vater, und wütend begehrte er auf gegen die heimischen »Krämer- und Philisterseelen in Hosen und Röcken! Oh weh! Mir läuft es zum Hals herauf!« Hans Carossa ist auf eine männlich-kernige Weise gutaussehend gewesen, mit schön melancholischen dunklen Augen und einem dichten Haarschopf, und die Weiblichkeit war ihm entschieden geneigt. Besonders als blutjungem Doktor in Seestetten und Passau, wo er zuweilen die Flucht vor »gewissen überlegenen Frauen« ergreifen mußte, die »ehrbar züchtig eintraten, aber sich und mich in Tiere zu verwandeln suchten, wenn sie mit mir allein waren«. Reißaus nahm er aber auch vor dem Druck heiratsfähiger Bürgerstöchter, namentlich eines Passauer »Lebkuchen-Etablissements«, die »den Herrn Hans« mit »hausgroßen Schachteln selbstgebackener Guzeln« zum Eheversprechen zu ködern suchten. »Dieses goldene Fett!«, schimpfte er brieflich, »soll ich als Paradegockel dienen, weil ich zufällig eine einnehmende Visage hab? Ich muß meine Liebe, frei, klar und wild schenken dürfen …« Seinen ersten Sohn bekam die Passauer Galanteriewarenhändlerin Valerie Endlicher jedenfalls unehelich, und es dauerte eine Zeit, bis die Verhältnisse im Seestettener Bauernhaus legalisiert wurden.

Da hatte den temperamentvollen jungen Mann – er wurde 1904 schon mit 26 Jahren zum Arzt approbiert – allerdings auch der große Lebensernst seiner beruflichen Verantwortung im Griff. Als bald sehr anerkannter und in der Region gesuchter Lungenfacharzt war er täglich wieder mit einem Ausmaß an Leid und Grauen, an Siechtum und Sterben konfrontiert, daß es für den sensiblen, eigentlich seinen Dichterambitionen nachhängenden, aber äußerst pflichtbewußten Doktor kaum zu verkraften war. Er sah Kinder elend sterben und blutjunge Mädchen, Klosterfrauen und Pfarrer, Honoratioren und Hungerleider, und immer wieder war die Belastung so massiv, daß sie ihn selber über Wochen und Monate lungenleidend aufs Seestettener Krankenlager warf, allein in der primitiven Bauernstube, »wo geselchte Fleisch-Rankerl über meinem Haupte hängen«. Fast ein Vierteljahrhundert ertrug er die auszehrende Spagat-Existenz des Arzt-Dichters, »ununterbrochen im Geschirr«, von innerer Unruhe getrieben, mit Wohnortswechseln nach München und Nürnberg, und immer wieder nach Seestetten, bis 1928 sein schriftstellerisches Renommee so groß geworden war, daß er seine Praxis schließen konnte.

Der Radius, in dem er vom Seestettener Bauernhaus aus unermüdlich seine Patienten versorgte, kommt einem heutigen Reisenden, der gerade durch diese Gegenden unterwegs war, unermeßlich vor. Fast unsere ganzen Niederbayern-Fahrten finden wir in Carossas ärztlichen Hausbesuchen überland gespiegelt. Er hatte Kranke in Landshut zu betreuen und weit hinter Kubins Zwickledt (den er oft privat besuchte) in Oberösterreich. Er kümmerte sich um kranke Nonnen des Straubinger Ursulinenklosters und Patienten am Bogenberg, er eilte in Metten, Deggendorf und im Rottal zu Hilfe, in Konzell und Cham, meistens umständlich mit der Bahn − der Umsteigeort Plattling kommt in seinen Aufzeichnungen ebenfalls öfters vor. In die bäuerliche Nachbarschaft wurde der Doktor zu Fuß gerufen, wenn Not am Mann war − all diese beruflichen Ochsentouren hatten den Nebeneffekt, daß sich sein ohnehin aufmerksamer Blick für Landschaften, Menschen und Stimmungen der Heimat immer mehr schärfte. Und Hans Carossa somit der bedachte, atmosphärestarke Schilderer niederbayerischer Topographie und jahreszeitlicher Valeurs wurde, von winzigen Naturphänomenen bis zu großen Turmausblicken, die ihn auch heute noch lesenswert machen. »Oh, wie liebe ich die Welt!«, schrieb er in einem Brief. »Alles, meine Laster, meine paar ›anständigen Gefühle‹, vor allem aber diese tiefe, diese abgrundtiefe Liebe zu den Erscheinungen!«

Diese Begeisterung findet auch der Leser sehr mitreißend − immer wieder liest man sich bei Carossa fest an den Prosastellen, die uns eben jene »Erscheinungen« in einer Art sachlich-poetischer Nahsicht darbieten: die Tierwelt samt Feuerwanzen, Hirschkäfern, Nattern und Neuntötern, das Staunen über die bleich-händchenartigen Zwiebelknollen des Knabenkrauts; Mineralisches und Nebel-, Wolken- und Wasserbilder, Winterknirschen wie Glühhitze; aber auch unschöne Krankheiten, Seltsamkeiten, Waldmenschen und Sonderlinge, manchmal mit knorzig-trokkenem Humor.

Leider gibt es auch weit Ungenießbareres. Immer wenn der ruhige Betrachter zum großen Kunstwollen ausholt, wenn er in geblähter »Gleichsam«-Sprache heilerisch-priesterlich von Weltgeheimnissen raunt, gerät ihm das zum unzumutbaren Edelkitsch. Eben dieser erhabene Weisheits-Tonfall hat ihm allerdings beim konservativen Bildungsbürgertum zeitlebens gewaltige Auflagen beschert: Carossa war bis weit in die Adenauerzeit hinein »das gute Buch« für den Schnitzschrank, Erbauungsliteratur für die Kriegsgeneration, feingeistiges Gewaber für solche, die »Führung und Geleit« suchten und »Geheimnisse des reifen Lebens« – allein diese Titel! Da bot einer trostreiche Identifikation, der Gleiches »durchgemacht« hatte in den »dunklen Schicksalsjahren« des Dritten Reichs und doch so edel und »menschlich sauber« geblieben war: So sahen sich die Mitmacher und Stillhalter im nachhinein gerne selbst. Spätestens in den Sechzigerjahren war der säuselnd hohe Innerlichkeits-Ton der Carossa/ Wiechert/Bergenguen dann radikal verpönt – bei Carossa zumindest ist es um manches schade, das die Wiederentdeckung durchaus lohnt. Aber man muß es sich mit einiger Geduld herausklauben.

Carossa, der Land- und Kleinstadtmensch, war kein Spießer. Viele Jahre lebte er seiner bieder katholischen Umwelt eine heikle Ehe zu dritt vor, ständig zu Fuß durch die Wälder unterwegs zwischen seiner kränkelnden Ehefrau Valerie, »Bole« in Seestetten, und, von dieser toleriert, der Geliebten Hedwig Kerber, die in Passau-Rittsteig eine Hefefabrik besaß. Als »Bole« 1941 starb, heiratete er die Freundin und übersiedelte aus dem »Nebelheim« in der Donau-Talsohle auf die Rittsteiger Anhöhen, wo der Blick über weite, kuppige Gefilde bis zum Sauwald und Bayerwald ging. Das allmähliche Verwelken seines Ruhms hat er nicht mehr erlebt. Alfred Kubin und er, beides alte, hinfällig Männer, konnten einander in Zwickledt und Rittsteig nun nicht mehr besuchen, und der ebenfalls hochbetagte Hermann Hesse, ein Carossa-Verehrer, schrieb ihm aus dem Tessin: »Je unwahrscheinlicher es wird, daß wir uns noch einmal sehen, desto öfter denke ich an Sie. Wir gehen im letzten Abendlicht und wissen, was wir einander zu wünschen haben.« 1956 starb Hans Carossa in Rittsteig, sein letztes, in angestrengter Krakelschrift niedergeschriebenes Gedicht endet eigentlich sehr schön: »... so will ich Gott nur um die Gnade bitten / zerfallen mich zu lassen in Atome / Aus denen sich vielleicht ein neues Spiel erbaut.«

Wir wollen auf dem Wasser von seiner und unserer Donau Abschied nehmen. »Die zweite Stunde nach Mittag schlug irgendwo, Wind hatte sich erhoben, und manchmal kam über die dunkelgrüne Flut ein kleiner, scharfer Glanz herangelaufen, der dicht vor mir in hundert große Lichter auseinanderfiel...« So ähnlich kann man das auch erleben, wenn man auf der schmalen Seilfähre von Sandbach nach Besensandbach übersetzt, einer der letzten ihrer Art. Die »Überfuhr« wird von einer freundlichen jungen Frau bedient, die stolz darauf ist, die einzige Donau-Fährfrau auf dem Fluß zu sein. Ihre Kinder im Garten am Sandbacher Ufer kann sie auch vom Wasser aus im Blick behalten und ihnen notfalls Mahnungen zurufen. Und da ist er wieder, der Sog des Stromes nach Osten, wenn man in seiner Mitte am Fährgeländer steht – bald einmal werden wir ihm folgen.

Vilshofen is a Stadtl
Und Passa a Stadt
In Linz iß i 's Bradl
Und z' Wean an Salat.

Solche Gstanzln singt man hier, damit wir kleinräumigen Provinzreisenden nicht ganz vergessen, daß die Welt groß ist entlang so eines Stroms. Und auch das folgende klingt einem zwischen Sandbach und Besensandbach eines nahen Tages sehr beherzigenswert:

Setz mi af 's Wassa
Fahr abi af Passa
Fahr abi af Wean
Daß i 's guat Leben lern.

REISEHINWEISE

Route:

Landshut – AB Landau/Isar – (Abstecher Reisbach/Vilstal – Englmannsberg) – Uster-
ling – Mamming – Dingolfing – Tunzenberg – Großköllnbach – Pilsting – Ganacker –
Haidenkofen – Stephansposching – Loh – Mariaposching – Welchenberg – Pfelling –
Bogenberg – Kloster Oberaltaich – Straubing – Sossau – Kirchroth – Saulburg –
Schiederhof – Wiesenfelden – Heilbrunn – Pilgramsberg – Herrnfehlburg – Gallner –
Denkzell – Großhöfling – Hitzenberg – Hiening – Kreuzhaus – Elisabethszell – Mai-
brunn – Pillersberg – Ratzing – Pürgl – Neukirchen-Haggn – Untermühlbach – Ober-
bucha – Hl.Kreuz – Windberg – Meidendorf – Einfürst – Schwarzach – Offenberg –
Kleinschwarzach – Metten – Schloß Egg – Kloster Metten – Deggendorf – Deggendorf-
Fischerdorf – Altholz – Plattling – Moos – NSG Isarmündung – Thundorf – Fähre zum
Kloster Niederalteich und zurück – Haardorf – Mühlham – Osterhofen/Altenmarkt –
Kriestorf – Walchsing – Kloster Aldersbach – Schönerting – Alkofen – Vilshofen – See-
stetten – Donaufähre Sandbach

Karten:

Die Generalkarte 1:200 000: Bayern Süd, Blatt 12, und Bayern Nord, Blatt 10
Bayerisches Landesvermessungsamt Umgebungskarte 1:50 000
UK 50/28 Naturpark Bayerischer Wald, westlicher Teil
UK 50/30 Naturpark Bayerischer Wald, südlicher Teil

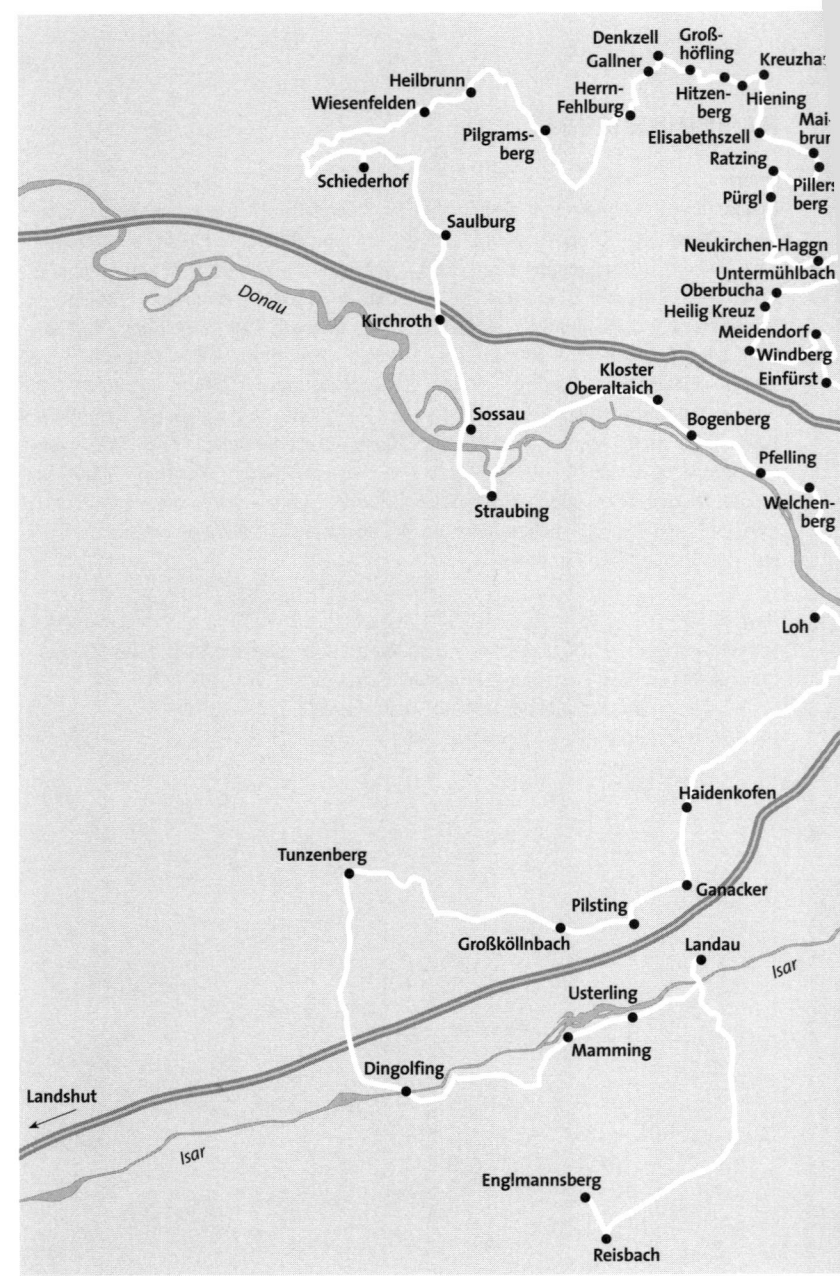

Denkzell
Großhöfling
Gallner
Kreuzha
Heilbrunn
Wiesenfelden
Herrn-Fehlburg
Hitzenberg
Hiening
Pilgramsberg
Elisabethszell
Mai-brur
Schiederhof
Ratzing
Pillers-berg
Saulburg
Pürgl
Neukirchen-Haggn
Donau
Untermühlbach
Oberbucha
Meidendorf
Heilig Kreuz
Windberg
Kirchroth
Einfürst
Kloster Oberaltaich
Bogenberg
Sossau
Pfelling
Straubing
Welchen-berg
Loh
Haidenkofen
Tunzenberg
Ganacker
Pilsting
Großköllnbach
Landau
Isar
Usterling
Landshut
Mamming
Dingolfing
Isar
Englmannsberg
Reisbach

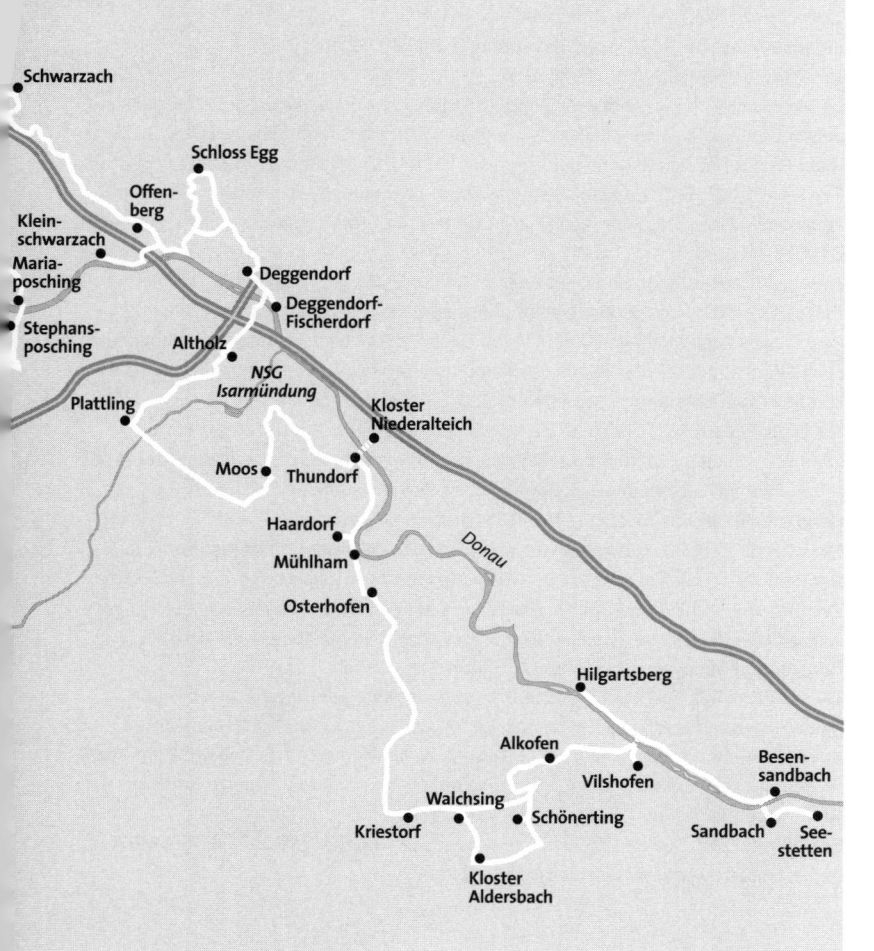

Schwarzach

Schloss Egg

Offen-
berg

Klein-
schwarzach

Maria-
posching

Stephans-
posching

Deggendorf

Deggendorf-
Fischerdorf

Altholz

NSG
Isarmündung

Plattling

Kloster
Niederalteich

Moos

Thundorf

Haardorf

Donau

Mühlham

Osterhofen

Hilgartsberg

Alkofen

Besen-
sandbach

Vilshofen

Walchsing

Schönerting

Kriestorf

Sandbach

See-
stetten

Kloster
Aldersbach

ÜBERNACHTEN

Schloß und Schloßschenke Tunzenberg, Schloßberg 5,
84152 Mengkofen/Tunzenberg, Tel. 08733/938497, Fax 08733/9389875,
info@schloss-schenke-tunzenberg.de, www.schloss-schenke-tunzenberg.de.
In der Taverne gibt es für die ländliche Region recht geschmackvolle und großzügige
Zimmer zum Übernachten. Auch im Schloß selbst kann man auf Anfrage nicht nur bei
Veranstaltungen und Tagungen, sondern auch privat in historischen Zimmern nächtigen (ÜF ab 50 €). (siehe »Einkehren«)
»Schöne Aussicht« Bogenberg, Bogenberg 6, 94327 Bogen,
Tel. 09422/1539, Fax 09422/809162.
Die Hotelzimmer im Gasthof oben auf dem Bogenberg sind nichts Besonderes, die Rundumsicht von den Balkons ist allerdings spektakulär. Auch Ferienwohnungen (ÜF ab 35 €).
Hotel Restaurant Seethaler, Theresienplatz 25, 94315 Straubing, Tel. 09421/93950,
Fax: 09421/939550, info@hotel-seethaler.de, www.hotel-seethaler.de.
Traditionsreiches Stadthotel direkt am historischen Straubinger Stadtplatz, gepflegte
Zimmer (ÜF ab 63 €).
Landgasthof Reisinger, Sossauer Platz 1, 94315 Straubing, Tel. 09421/10658,
Fax 09421/88127, essen@landgasthof-reisinger.de, www.landgasthof-reisinger.de.
Renoviertes Landgasthaus in dörflicher Umgebung gleich bei Straubing. Beliebte bayerische Küche, großzügige Pensionszimmer in Altbau mit Kreuzgewölbe (ÜF ab 30 €).
Landgasthof Schiederhof, Schiederhof 3, 94344 Wiesenfelden,
Tel. 09966/282, Fax 09966/1692, info@schiederhof.de, www.schiederhof.de.
Ländlicher Gasthof in ruhiger Waldrandlage, bayerische Küche, Ausgangspunkt für
schöne Wanderungen im wenig überlaufenen Donauwaldgebiet (ÜF ab 24 €).
Berghotel Maibrunn, Maibrunn 1, 94379 St. Englmar, Tel. 09965/8500,
Fax 09965/850100, info@berghotel-maibrunn.com, www.berghotel-maibrunn.de.
Nobles und luxuriöses Vier-Sterne-Wellness-Hotel in Aussichtslage bei St. Englmar.
Zimmereinrichtung, Restaurants, Garten und Pool, Spa- und Beauty-Angebote – alles
von feinstem Countrystil, weniger kitschig als vergleichbare Tempel (ÜF ab 45 €).
Berggasthof Menauer, Grandsberg 6, 94374 Schwarzach,
Tel. 09962/632, Fax 09962/203890, info@grandsberg.de, www.grandsberg.de.
Modernisierter Berggasthof in herrlicher Aussichtslage über der Donau, die seinen
hauptsächlichen Charme ausmacht. Standard-Gästezimmer mit Balkon. Sehr guter
Startpunkt für Wanderungen auf den Hirschenstein und über die ganze Kette der Vorwald-Tausender (ÜF ab 21 €).
Schloßhotel Egg, Schloß Egg, 94505 Bernried, Tel. 09905/289, Fax 09905/8262,
info@schloss-egg.de, www.schlosshotel-egg.de.

Im Marstallgebäude gegenüber der neugotischen Ritterburg Egg befinden sich Zimmer und Apartments des Schloßhotels, altväterischer Komfort, etwas verwohntes, aber historisch-stimmungsvolles Ambiente. Auch Restaurant. Schöner Schloßpark, Café mit Springbrunnen, Biergarten unter hohen Bäumen (ÜF 45 €).

Ferienhaus Goetz, Oberried 1, 94560 Offenberg, Tel./Fax 09421/63772, goetz-sr@t-online.de, www.ferienhaus-goetz-bayerischer-wald.de.

Das alte Holzhaus an Hang und Wald, mit seiner passend nostalgischen Einrichtung, ist eines der wenigen Beispiele einer leidlich angenehmen Ferienwohnung im Bayerischen Wald. Die meisten sind standardmöbliert mit wulstigen Kaufhaus-Sitzgruppen gleich gegenüber der Küchenzeile, noch schlimmer als die Sesselmuster sind meistens nur die Bettwäsche-Dessins. Dieses Haus mit verwachsenem Garten ist bedeutend liebevoller und landschaftsgemäßer möbliert (Wohnungen für zwei Personen ab 45 €).

Berggasthof Zottling, Zottling 1, 94265 Patersdorf, Tel. 09929/95900, Fax 09929/959010, Berggasthof-Zottling@web.de, www.berggasthof-zottling.de.

Etwa 20 km nördlich (entlang der B 11) von Deggendorf einsam gelegener Landgasthof mit sehr schönem Rundblick auf die Ketten des Bayerischen Vorwaldes und des Grenzkamms. Gepflegte, günstige Zimmer mit Balkon, phantasievolle bayerische oder mediterrane Küche (ÜF ab 26 €).

Landhotel Hutter, Altholz 6, 94447 Plattling, Tel. 0991/7320, Fax 0991/382887, info@landhotel-Hutter.de, www.landhotel-hutter.de.

Neues, komfortables Tagungshotel im gepflegten Landhausstil. Sehr gute Ausgangslage für Wanderungen und Radfahrten ins Naturschutzgebiet der Isarmündung (ÜF ab 65 €).

Schloßwirtschaft Moos, Preysingstr. 23, 94554 Moos, Tel. 09938/229, Fax 09938/1348, www.schlosswirtschaft-moos.de.

Die schöne alte Schloßwirtschaft gegenüber dem Arco-Zinneberg'schen Schloß in Moos hat einen mehrfach preisgekrönten Biergarten unter Kastanien, angenehm unrenovierte, getäfelte Stuben und gute bayerische Küche. Die Fremdenzimmer sind einfach und günstig. Noch idealere Lage für Touren ins NSG Isarmündung (ÜF ab 25 €). (siehe »Einkehren«)

Schloß Walchsing, Hausergasse 5, 94501 Aldersbach-Walchsing, Tel. 08543/652 oder 08543/1765 (im Sommer), Fax 08543/652, www.aldersbach.de/angelurlaub. Mittelalterliches Schlößchen direkt am Fluß, bedeutende historische Räume, angenehm altmodische Fremdenzimmer. Geöffnet April-Oktober (ÜF ab 20€).

Klosterhof Aldersbach, Freiherr-von-Aretin-Platz 2, 94501 Aldersbach, Tel. 08543/918410, Fax 08543/918411, info@klosterhof-aldersbach.de, www.klosterhof-aldersbach.de.

In den ehemaligen Mönchszellen des Asam-Klosters, keineswegs enge, hohe Barok-kräume, kann man auch als Individualtourist schlicht-stilvoll und nicht kostspielig übernachten. (ÜF ab 27 €). (siehe »Einkehren«)

Landhof Eineder, Schönerting 42, 94474 Vilshofen a.d. Donau, Tel: 08543/1323, Fax: 08543/91142, info@landhof-eineder.de, www.landhof-eineder.de. Ländliche Bauernhofpension im Grünen mit Wirtshaus und Garten zwischen dem Klo-ster Aldersbach und Vilshofen. (ÜF ab 22 €).

EINKEHREN

Landgasthof Hager, Hauptstr. 39, 94419 Niederhausen, Tel. 08734/7435, Fax 08734/7435. Geöffnet tägl. ab 10 Uhr.

Landgasthof Späth, Dingolfinger Str. 94, 94419 Englmannsberg, Tel. 08734/92180, Fax 08734/9218-22, gasthaus-spaeth@t-online.de, www.gasthaus-spaeth.de. Wenn man von Landau aus einen Abstecher ins nahe Vilstal machen möchte, emp-fehlen sich diese beiden Gasthöfe, beide mit schönen alten, sorgsam bewahrten bzw. restaurierten Wirtsstuben, eine Rarität in Niederbayern. Beide mit bodenständiger bayerischer Küche. Der »Späth« vermietet auch Pensionszimmer. Reisbach hat einen ansehnlichen niederbayerischen Marktplatz. Geöffnet Mi–Sa 17–24 Uhr, So 11–24 Uhr. Mo/Di Ruhetag.

Schloß und Schloßschenke Tunzenberg, Schloßberg 5, 84152 Mengkofen/Tunzenberg, Tel. 08733/938497, Fax 08733/9389875, info@schloss-schenke-tunzenberg.de, www.schloss-schenke-tunzenberg.de. Hier kann man nicht nur freundlich nächtigen, sondern aus gepflegt speisen, im kies-bestreuten Biergarten mit Springbrunnen oder in den schönen Räumen des Spalier-hauses: Bayerisches Menü mit Leberknödelsuppe, Wildschweinbraten und Crème bavaroise z. B für 15 € oder ein aufwendiges fünfgängiges »Schloßmenü« mit Zander-nockenbrühe, Wallerfilet, Rehrücken etc. für 45 €. Aber Tellersulz und Semmelknödel mit Pilzen gibt's auch. Gaststube & Biergarten geöffnet Mi–So 12–22 Uhr, Mo/Di Ruhetag. (siehe »Übernachten«)

Landgasthof Buchner, Freymannstr. 15, 94559 Niederwinkling, Ortsteil Welchenberg, Tel. 09962/730, Fax 09962/2430, info@buchner-welchenberg.de, www.buchner-welchenberg.de. Eine der gehobenen niederbayerischen Adressen, seit Jahren verläßlich in den Gour-metführern vertreten. Schönes hochgiebliges Haus in kleinem Dorf mit countrystyligen Restauranträumen, schattiger Garten vis-à-vis. Spezialitäten sind z.B. Taube mit Bre-zenfüllung, Kalbsrücken mit Speckknödeln, geeister Kaiserschmarrn. Gute Weine, z. B. aus der Wachau. Geöffnet Mi–So 10–24 Uhr, Mo/Di Ruhetag (außer an Feiertagen).

Klosterwirtshaus Oberalteich, Veit-Höser-Str. 27, 94327 Oberalteich bei Bogen, Tel. 09422/5208, klosterwirtshaus@oberalteich.de, www.oberalteich.de/klosterwirtshaus.

Alter Bau im Klosterbezirk, traditionelle Wirtsstube mit gescheuerten Holztischen, Ofenrohr und mittelalterlicher Balkendecke, deftige bayerische Küche, z. B. Kräuterflädlesuppe oder Spanferkelrollbraten. Geöffnet Mo, Do–Sa ab 11 Uhr, Mi ab 17 Uhr, So ab 9.30 Uhr. Di Ruhetag.

Wirtshaus »Zum Geiß«, Theresienplatz 40, 94315 Straubing, Tel. 09421/963922, Fax 09421/963925, info@zum-geiss.de, www.zum-geiss.de.

Urige, altbayerische Wirtschaft in mittelalterlichem Haus mit Zinnengiebel direkt am Straubinger Stadtplatz, ruhiger Innenhof. Geöffnet tägl. 9–1 Uhr.

Café und Konditorei Josef Krönner, Theresienplatz 22, 94314 Straubing, Tel. 09421/10994, Fax 09421/10992, info@kroenner.de, www.kroenner.de.

Traditionscafé mitten im Getriebe des Straubinger Stadtplatzes. Angenehm draußen und auch die Caféräume innen. Spezialität: Agnes-Bernauer-Torte. Geöffnet Mo–Fr 8.30–18 Uhr, Sa 8.30–17 Uhr. So/Feiertag (außer während des Volksfestes; 13–18 Uhr) Ruhetag.

Gasthaus Ettl, Burgstr. 2, Herrnfeldburg, 94372 Rattiszell, Tel. 09964/246.

Originelle Wirtschaft in kleinem, ehemaligem Schlößchen, das an eine Kirche angebaut ist. Solide bayerische Küche, Biergarten.

Landgasthof Schedlbauer, Denkzell 36, 94357 Konzell, Tel. 09963/864, Fax 09963/910511, info@landgasthof-schedlbauer.de, www.landgasthof-schedlbauer.de.

Ganz normales althergebrachtes Dorfwirtshaus für Einheimische wie Fremde, wie sie nicht mehr allzu häufig sind. Die Wirtin kocht selbst bodenständig bayerisch, Vereine treffen sich hier, Feste finden statt; es gibt gute Hausmacherprodukte zum Mitnehmen. Unschlagbar günstige Fremdenzimmer für 17,50 € pro Nacht. Das hübsche Dorf Denkzell wurde beim Wettbewerb »Unser Dorf soll schöner werden« Bundessieger in Gold. Geöffnet tägl. 10–20 Uhr. Di Ruhetag.

Schloßgasthof zur Einkehr, Haggn 26, 94362 Neukirchen, Tel. 09961/701170, Fax 09961/942886.

Ambitionierteres Restaurant eines jungen Wirtspaares, Wild- und Fischgerichte, auch Mediterranes, Vinothek. Schöne Gewölberäume und Gartenterrasse. Geöffnet Di–Fr 17–1 Uhr, Sa/So 10–24 Uhr. Mo Ruhetag.

Schloßtaverne Offenberg, Graf-Bray-Straße 14, 94560 Offenberg, Tel. 09906/942900, Fax 09906/9090033, info@schlosstaverne-engl.de, www.schlosstaverne-engl.de.

Klassisch-liebevoll eingerichtetes Restaurant in spätmittelalterlichem Tavernenbau, zauberhafter Mauergarten, gehobene, abwechslungsreiche Küche, gute Weine. Geöffnet Do–Sa 18-24 Uhr, So/Feiertag 11–24 Uhr, Biergarten: Do–Sa ab 17 Uhr, So/Feiertag ab 11 Uhr.

»Grauer Hase«, Untere Vorstadt 12, 94469 Deggendorf, Tel. 0991/371270, Fax 0991/3712720, info@grauer-hase.de, www.grauer-hase.de.
Renommiertes Gourmet-Lokal mit vielen Auszeichnungen und phantasievoller, leichter Feinschmeckerküche. Räumlichkeiten, Preise gehoben. Schöner Gartenhof. Geöffnet Mo-Sa 10–1 Uhr. So Ruhetag.

Weißbräu, Bräugasse 8, 94469 Deggendorf, Tel. 0991/6784, Fax 0991/343249, info@weissbraeu-deggendorf.de, www.weissbraeu-deggendorf.de.
Das mittlerweile in Lizenz und nicht mehr original gebraute berühmte Weißbier ist immer noch gut, der Kastaniengarten in der Bräugasse ein echter volkstümlicher Treffpunkt und die getäfelten Stuben mit dem hölzernen Windfang und den Glaskugellampen erfreulich unrenoviert. Küche bodenständig bayerisch. Geöffnet Mo–Mi, Fr 8–19 Uhr, Do Gesellschaftsabend 8–24 Uhr, Sa 9–15 Uhr. So Ruhetag.

Das **Schloßdorf Moos** nahe dem landschaftlich reizvollen Mündungsgebiet der Isar in die Donau hat gleich drei schöne Biergärten zu bieten. Neben der populären
Schloßwirtschaft Moos, Preysingstr 23, 94554 Moos,
Tel. 09938/229, Fax 09938/1348, www.schlosswirtschaft-moos.de.
Geöffnet tägl. 10–24 Uhr, Mo Ruhetag
(besonders gute Küche z. B. Spanferkel und Apfelkücherl), sitzt man angenehm im Kastaniengarten der
Grafenmühle gleich beim Informationshaus zum NSG Isarmündung, auch einfache Fremdenzimmer (Maxmühle 1, 94554 Moos, Tel. 09938/531). Ganz abgelegen in den Wäldern der Flußauen liegt die
Waldschenke Grieshaus, Grieshaus 1, 94554 Moos, Tel./Fax 0993/8359.
Weitläufiger, schattiger Biergarten, einfache bayerische Gerichte und Brotzeiten. Geöffnet tägl. 10–23 Uhr.

Klosterhof Niederaltaich, Mauritiushof 2, 94557 Niederalteich,
Tel. 09901/208281, Fax 09901/208141,
vinzenz@abtei-niederaltaich.de, www.klosterhof-niederaltaich.de.
Der Klosterwirt im Konventsbereich bietet in alten Gewölberäumen nicht sonderlich anspruchsvolle bayerische Küche, gut für Brotzeiten im Biergarten. Geöffnet Mai–September tägl. 11–23 Uhr; Oktober–April Di–Sa 11.30–22 Uhr, So 11.30–15 Uhr, Mo Ruhetag.

Gasthof Buchner, Kaiserstraße 14, 94544 Hofkirchen, Tel. 08545/911033, Fax 08545/911034, service@gasthofbuchner.de, www.gasthofbuchner.de.
Traditionsreicher Gasthof in der Donaugemeinde, bayerische Hausmannskost in guter

Qualität (Tafelspitzsuppe und Rinderbraten mit Serviettenknödel z.B.), ruhiger Biergarten. Geöffnet tägl. 11–24 Uhr. Mi Ruhetag.

Klosterhof Aldersbach, Freiherr-von-Aretin-Platz 2, 94501 Aldersbach, Tel. 08543/918410, Fax 08543/918411, info@klosterhof-aldersbach.de, www.klosterhof-aldersbach.de.
Der Aldersbacher Klosterhof mit Café und Restaurant ist in besonders schönen Barockräumen untergebracht, weiträumig, mit Doppeltüren, Supraporten und schönem Stuck und Deckenfresken. Auch unter den Arkaden des Hofes sitzt man angenehm. Der Klosterladen ist eine opulente Geschenkboutique, wo man von Aldersbacher Bierspezialitäten über österreichische Weine und Gmundner Keramik bis zu Kunst- und Reisebüchern vielfältig einkaufen kann. Geöffnet April–Oktober tägl. ab 10 Uhr. Der **Gasthof Mayerhofer** am Klostereingang ist ein gediegenes Flair Hotel, die Küche (eigene Metzgerei) bürgerlich gehoben.
Flair Hotel Mayerhofer, Ritter-Tuschl-Str. 2, 94501 Aldersbach, Tel. 08543/96390, Fax 08543/9639-39, hotel@mayerhofer.org, www.mayerhofer.org.
Geöffnet Di–Do, Sa/So 6.30–23 Uhr. Mo/Fr Ruhetag.

Schlemmerhof Schmalzl, Hundsöd 30, 94474 Vilshofen, Tel. 08541/5103, Fax 08541/3748, geniessen@schlemmerhof.de, www.schlemmerhof.de.
Von außen wenig attraktiver, aber beliebter Freßtempel hoch über Vilshofen, Küche ambitioniert und gelobt, ständig wechselnde Programme, wie Wildwochen, Mediterranes, Fisch, Spargel etc. Modernisierte Räume.

Wolferstetter Keller, Bürg 21, 94474 Vilshofen, Tel. 08541/1729 und 08541/5165, Fax 08541/2130, info@wolferstetter-brauerei.de, www.wolferstetter-brauerei.de.
Geöffnet tägl. ab 10 Uhr.
Alteingesessener Brauereigasthof in der Stadt Vilshofen, besonders zeitgeschichtlich interessant. Hier im vollgeräucherten Säulensaal hielt Franz-Josef Strauß über Jahrzehnte seine polemischen Aschermittwochs-Reden.

KUNST UND KULTUR, SEHENSWERTES

Niederbayerisches Archäologiemuseum, Oberer Stadtplatz 1, 94405 Landau an der Isar, Tel. 09951/2385, Fax 09951/1701, kastenhof@ithnet.com, www.kastenhof.landau-isar.de. Geöffnet Di–Fr 10–16 Uhr, Sa/So 10–17 Uhr.
Eines der modernsten Museen Bayerns im ehemaligen Herzoghof, mit dem Europäischen Museumspreis ausgezeichnet. Die Prähistorie der archäologisch reichen Landschaft Niederbayerns mit viel Multimediaeinsatz präsentiert. Keltischer Goldschatz mit fast 400 »Regenbogenschüsselchen«.
Aromagarten Stockerpoint, 84164 Moosthenning Ottering, Tel. 08731/323076 oder

0175/9976798, Fax 08731/323078, aromagarten@aol.com, www.aromagarten.de.
Geöffnet März-November Do/Fr 9–18 Uhr, Sa 9–13 Uhr.
An sonnigem Hang überm Isartal gelegener Schau- und Verkaufsgarten besonders für
Küchen- und Heilkräuter, Duftpflanzen und ausgefallenere Stauden. Viele Sorten, viele
in Vergessenheit geratene Pflanzen, kenntnisreiche Betreuung durch die Gärtnerin Ro-
semarie Klafki.

Kreis- und Heimatmuseum Bogenberg, Am Bogenberg, 94327 Bogen,
Tel. 09422/5786, www.museen-in-bayern.de. Geöffnet Ostern-Allerheiligen
Sa/Mi 14–16 Uhr, So/Feiertag 10–12 Uhr und 14–16 Uhr, oder nach Vereinbarung.
Reichhaltiges Regionalmuseum gleich bei der Wallfahrtskirche auf dem Bogenberg,
interessante Exponate zur bäuerlichen Sozialgeschichte, zu Handwerk und Volksfröm-
migkeit. Möbel- und Skulpturensammlung. Die Devotionalienbuden auf dem Bogenberg, die den Wallfahrerweg säumen, sind mittelalterlich, putzige ziegelgedeckte Stein-
häuschen. Sehenswert auch die schöne barocke Salvatorkapelle auf halber Höhe,
ehemalige Klause, heute mit Biergarten.

Gäubodenmuseum Straubing, Fraunhoferstr. 9, 94315 Straubing,
Tel. 09421/974110, Fax 09421/974129, gaeubodenmuseum@straubing.de,
www.gaeubodenmuseum.de. Geöffnet Di–So 10–16 Uhr.
Keinesfalls zu versäumen, vor allem wegen des 1950 in einem Kupferkessel aufge-
fundenen Römerschatzes. Die spätantiken messingnen Turnier-Gesichtshelme, suggestiv und seltsam, die reich verzierten Rüstungsteile und Statuetten sind einfach
wunderbar, ein weltweit einzigartiger Fund. Auch sonst viel Interessantes zur Stadtgeschichte, in schönem altem Bürgerhaus untergebracht.
In der Wittelsbacher Straße liegt eine der wenigen unzerstörten Synagogen Bayerns,
ein imposanter neuromanischer Bau. Und im Westen Straubings sollte man die sehr
originelle Wallfahrtskirche Frauenbrünnl nicht versäumen, unweit des liebenswürdi-
gen Zoos, des einzigen Tiergartens Niederbayerns mit begehbarer Storchenanlage, Do-
nauaquarium und dem Feuchtbiotop »Danubium« für Biber und Fischotter.
(Tiergarten Straubing, Lerchenhaid 3, 94315 Straubing,
Tel. 09421/21277, Fax 09421/830439, www.tiergarten-straubing.de.
Geöffnet April–Oktober tägl. 8.30–19 Uhr, November– März 9–17 Uhr)

Buchhandlungen in Straubing: Am Stadtplatz gleich drei – der in Ostbayern allgegenwärtige Großsortimenter »Pustet«, die kleinere Buchhandlung »Rupprecht« und die
traditionsreiche »Attenkofer'sche Verlagsbuchhandlung« mit vielen eigenen Veröffent-
lichungen zu regionalen Themen. Attenkofer hat zu Beginn des 20. Jahrhunderts wunderschöne Bilderbücher gemacht, die heute sehr gesucht sind (Es gibt einen neuen
Dokumentationsband über diese Produktion). Alljährlich finden in Straubing ein an-
spruchsvolles Puppentheaterfestival und das Blasmuskifestival »Bluval« von Klassik

bis Jazz, statt. Im September verwandelt sich der Stadtplatz zum »Schrannenmarkt«, bei dem regionale bäuerliche Direktvermarkter ihre kulinarischen Produkte vorstellen. Im »Kulturhaus Salzstadel«, gleich beim (stark veränderten) Herzogsschloß, befinden sich Stadtbibliothek und Stadtarchiv, wo sich reichlich Lektüre zu Stadt und Region finden läßt. Prospekte, Stadtplan und Auskünfte beim
Amt für Tourismus, Rathaus, Theresienplatz 20, Tel. 09421/944307,
Fax 09421/944103, tourismus@straubing.de, www.straubing.de.
Umweltzentrum Schloß Wiesenfelden, Straubinger Str. 5, 94344 Wiesenfelden,
Tel. 09966/1270, bw@bund-naturschutz.de, www.bn-bildungswerk.de.
Im schönen gelben Schloß des ehemaligen Bund-Naturschutz-Vorsitzenden Hubert Weinzierl kann man drei kleinere Museumsbereiche zu den Themen Teichleben, Biber, Dorfleben ansehen, außerdem im naturbelassenen Parkgelände eine Luchs- und eine Wildkatzen-Aufzuchtstation. Für Kinder gibt es eine »Wildnisarche«, ein »Krähennest«, eine »Biber-Spielburg« ein Labyrinth und vieles mehr. Am besten nutzt man das alles bei den originellen »Wildnis«-Veranstaltungen des BN-Bildungswerks. Diese und das sonstige Wiesenfeldener Programm (z. B. Öko-Kochkurse) im Internet.
Schloß Egg, 94505 Bernried,
Tel. 09905/1361, Fax 09905/8262, www.schloss-egg.de.
Die neugotische Ritterburg mit ihren sehenswerten historistischen Innenräumen kann im April/Mai und im September/Oktober tägl. von 10–16 Uhr, Juni-August tägl. 10–17 Uhr mit Führung besichtigt werden.
Benediktinerabtei Metten, Abteistr. 3, 94526 Metten,
Tel. 0991/91080, Fax 0991/9108211, www.kloster-metten.de.
Führungen in die weltberühmte Klosterbibliothek und den prächtigen barocken Festsaal täglich um 10 und 15 Uhr. Für die Besichtigung des herrlichen Stucksaals von Schloß Himmelberg wendet man sich an die
Tourist Information Metten, Tel. 0991/988050.
Kulturviertel Deggendorf; Stadt- und Handwerksmuseum, Östlicher Stadtgraben 28 und Maria-Ward-Platz 1, 94469 Deggendorf, Tel. 0991/2960555,
Fax 0991/2960559, museen@deggendorf.de, www.deggendorf.de.
Geöffnet Di–Sa 10–16 Uhr, So 10–17 Uhr.
Das erst vor einigen Jahren neugestaltete Museumsquartier von Deggendorf ist unbedingt besuchenswert. Im Stadtmuseum, einer Knabenschule der Gründerzeit, sind z. B. eine ganze Biedermeierspotheke und ein alter Tante-Emma-Laden zu sehen, ein eigener, kritischer Bereich ist der Wallfahrt zur Gnad mit ihrem antisemitischen Hintergrund gewidmet. Umfangreiche Begleitprogramme, viele interessante Ausstellungen zur Sozialgeschichte. Das Handwerksmuseum ist ebenso farbig und instruktiv konzipiert. Eine witzige, weit beachtete Ausstellung letzthin war dem Thema »Die Handta-

sche« gewidmet. Im Kulturviertel auch die Stadtbücherei und der Veranstaltungssaal »Kapuzinerstadel«.

Einige Kilometer donauabwärts von Deggendorf liegt, leider sehr bedrängt von Verkehr, Industrie- und Gewerbeanlagen, die reizvolle **Wallfahrtskirche Halbmeile**, schöner Rokokoraum mit Fresken von Christian Wink und Stuckarbeiten jenes Matthias Obermayer, der uns auf dieser Fahrt so häufig begegnet ist. Örtlickeiten (außer den bereits erwähnten) mit Obermayer'schen Stuck- und Bildhauerarbeiten, unter anderem: Oberalteich, Benediktsaltar und Pavillon im Konviktsbau; schöner Fassadenstuck an der Straubinger Rosenapotheke und am Gasthaus Krone, Stadtplatz; ferner der Hochaltar in der Straubinger Spitalkirche; die Figuren am Sossauer Hochaltar; Arbeiten in den Kirchen von Gotteszell, Feldkirchen, Schambach, Münster nördlich Straubing (überhaupt ein sehenswertes Kirchlein).

Blaudruckerei Josef Fromholzer, Marktstr. 1, 94239 Ruhmannsfelden,
Tel. 09929/1098, Fax 09929/4664, www.fromholzer.de.

Etwa 20 km nördlich von Deggendorf, über die B 11, liegt die »Färberei und Textilhanddruckerei Josef Fromholzer«. Handwerksbetrieb seit 1641, wo man die allerschönsten Mitbringsel aus dem Bayerischen Wald erwerben kann: handgedruckte Stoffe, Tischdecken, Kissenbezüge, Servietten etc. in tausenden von verschiedenen Blaudruckmustern nach uralten Modeln und Musterbüchern, die in alten Eichenschränken lagern. Nicht billig, aber was Echtes fürs Leben.

Infohaus Isarmündung, Maxmühle 3, 94554 Moos, Tel. 09938/919098,
Fax 09938/919134, infohaus-isarmuendung@web.de, www.landkreis-deggendorf.de.

Das spannend und instruktiv gestaltete Informationszentrum zum einzigartigen Naturschutzgebiet Isarmündung hat von April–Oktober tägl. 10–15 Uhr geöffnet. Sehr schöner Außenbereich zum Herumwandeln in den Altwässer- und Auenlandschaften.

Benediktinerabtei Niederaltaich, Benediktinerabtei St. Mauritius, Mauritiushof,
194557 Niederalteich, Tel. 09901/2080, Fax 09901/208141,
abtei@abtei-niederaltaich.de, www.abtei-niederaltaich.de.

Barockkirche und Klostergelände sind frei zugänglich; für die berühmte Sakristei, die Oberkirche und die byzantinische Kirche bedarf es einer Führung, die man im Klosterladen verabreden kann.

Römermuseum Quintana, Osterhofener Str. 2, 94550 Künzing, Tel. 08549/973112,
Fax 08549/973111, museum@kuenzing.de, www.museum-quintana.de.

Geöffnet jeweils Di–So Mai-September 10–17 Uhr, Oktober-April 10–16 Uhr.

Der ragende Neubau stellt leider die einzige Attraktion des bemerkenswert öden Straßendorfes in der Donauniederung dar, lohnt aber den Weg. Die Frühgeschichte dieses Ortes war nämlich überaus reichhaltig: riesige steinzeitliche Erdwerke, römisches Ka-

stell, bajuwarische Grabstätten. Viele Funde aus diesen Epochen sind ausgestellt, Modelle und Installationen machen die Lebensbedingungen der Frühzeit lebendig.
Für alle weiteren Auskünfte die Tourismusbüros der Landkreise
Dingolfing-Landau: www.lra-dgf.bayern.de/tourismus/
Straubing-Bogen: www.tourismus-straubing-bogen.de
Deggendorf: www.landkreis-deggendorf.de/tourismus/

LEKTÜRE

- Donau-Begleitbücher allgemein, vielleicht auf einer etwa dreieinhalbstündigen Schiffahrt mit der Reederei »Wurm und Köck« von Deggendorf nach Passau mit Genuß an Deck zu lesen.
- Claudio Magris: Donau – Biographie eines Flusses. Zsolnay 1996
  Der Klassiker – macht süchtig auf diesen Strom von der Quelle bis zur Mündung. Wunderbar kluges, persönlich-philosphisches Reisebuch mit vielfältigen historischen und literarischen Abschweifungen, eine Flußreise als nachdenkliche Zeit- und Lebensreise, große essayistische Schreibkunst, allerschönste Landschafts- und Ortsvergegenwärtigungen. Auch einiges über die bayerische Donau.
- Eva Demski: Mama Donau. Schöffling 2001
  Wie alle Unterwegs-Texte ist die essayistische Arbeit dieser Schriftstellerin ein elegant-ironischer Lesegenuß, farbig und persönlich. Leider ein etwas dünnes Büchlein, nur wenige ausgewählte »spots« entlang der Donau, dürfte gern doppelt so ausführlich sein.
- Bernhard Setzwein: Die Donau. Eine literarische Flußreise von der Quelle bis Budapest. Klett-Cotta 2004
  Literarischer Reisebegleiter eines wirklichen Kenners mit überraschenden und originellen Fundstücken, viele Originalzitate. Leider sehr unübersichtliches Layout, man muß oft raten, wann Zitate beginnen und enden. Sehr anregend zum jeweiligen Weiterlesen.
- Martin Posselt: Die Donauklöster. Pattloch 2002
  Umfangreicher Bild- und Textband zu Geschichte und Gegenwart der vielen berühmten Klöster an der bayerischen und österreichischen Donau, Begleitband zu einer oft wiederholten Fernseh-Dokumentationsserie.
- Georg Britting: Das große Georg-Britting-Buch. Nymphenburger 1984, nur noch antiquarisch
  In diesem Sammelband finden sich etliche von Brittings Donaugedichten und -geschichten. Wer noch mehr sucht: Die mehrbändige Gesamtausgabe des Süddeutschen Verlags von 1989 gibt es vereinzelt ebenfalls antiquarisch.

- Hans Carossa. Eine Kindheit. Insel TB 1992
  Ders.: Verwandlungen einer Jugend. Insel TB 1992
  Ders.: Das Jahr der schönen Täuschungen. Insel TB 1992
  Ders.: Der Tag des jungen Arztes. Insel TB 1992
  Ders.: Briefe (3 Bände). Insel TB 1978-1981
  Ders.: Ungleiche Welten. Insel TB 1992,
  alle nur noch antiquarisch
  Der erste Band von Carossas autobiographischem Werk ist der beste, lesenswert sind aber auch die Folgebände. Carossa war ein überaus fleißiger und oftmals farbiger Briefeschreiber – wer sich für sein zwiespältiges Leben interessiert, erfährt hier viel. »Ungleiche Welten« ist eine interessante, aber beklemmende Lektüre: Hier versucht der Autor, seine Rolle während der NS-Zeit zu erklären.
- Friedrich Hebbel: Agnes Bernauer. Reclam 1968
- Werner Schäfer: Agnes Bernauer und ihre Zeit. Biographie und Zeitbild des Spätmittelalters. Knaur 1991, nur noch antiquarisch
- Manfred Böckl: Agnes Bernauer – Hexe, Hure, Herzogin. Aufbau TB 2001
  Eine Auswahl aus dem vielfältigen, meist nicht mehr greifbaren Bernauerin-Schrifttum. Klassisches 19. Jahrhundert-Drama, solide historische Dokumentation mit viel spätmittelalterlichem Kolorit, und historischer Reißer neueren Datums.
- Wolfgang J. Bekh: Mühlhiasl – Der Seher des bayerischen Waldes. Buch&Media 2005
- Reinhard Haller: Matthäus Lang, genannt Mühlhiasl. Morsak 1993, nur noch antiquarisch
  Zwei Bücher zum angeblichen Waldpropheten aus Windberg. Das erste ist von seinen Visionen beeindruckt, das zweite ist skeptisch und hält die ganze Figur für eine Erfindung.
- Herbert Achternbusch. Breitenbach. Kiepenheuer & Witsch 1986, nur noch antiquarisch
- Herbert Achternbusch: Ella/Gust/Mein Herbert/Weg. Henschel 1988, nur noch antiquarisch
  Texte aus Achternbuschs wucherndem Werk, die sich auf seine Kindheit im Weiler Breitenbach bei Deggendorf beziehen. Der Theatermonolog »Gust« eines alten Bayerwald-Bauern ist ein Werk, das von ihm definitiv bleiben sollte; im Moment aber auch nur antiquarisch zu erhalten.
- Heinrich Lautensack: Das verstörte Fest. Gesammelte Werke. Hanser 1995, nur noch antiquarisch
  In dem Sammelband des Vilshofener Skandalautors, der zu Anfang des 20. Jahrhunderts jung starb, findet sich nicht nur die damals als obszön inkriminierte »Pfarr-

hauskomödie«, sondern auch eine Kollektion wunderbar farbiger und plastischer Skizzen aus dem Alltag der Donau-Kleinstadt.

- *Ein glänzender, so einfühlsamer wie bissiger Roman über die komplizierte Lage eines heutigen katholischen Landpfarrers in Niederbayern ist Petra Morsbachs »Gottesdiener« (Eichborn 2004).*

- *Als profunde Hintergrundlektüre zu Niederbayern sind außerdem empfehlenswert die schön illustrierten »Reiselesebücher« des lichtung Verlags in Viechtach: »Bayerischer Wald« (1993) und »Niederbayern« (1997).*

ORTSREGISTER